中国易学文化传承解读丛书

还本归宗

——六爻预测指南

王炳中　著

中国商业出版社

图书在版编目(CIP)数据

还本归宗：六爻预测指南／王炳中著. —北京：
中国商业出版社，2010.6
（中国易学文化传承解读丛书）
ISBN 978-7-5044-6917-5

Ⅰ. ①还… Ⅱ. ①王… Ⅲ. ①占卜—研究—中国
Ⅳ. ①B992.2

中国版本图书馆 CIP数据核字（2010）第106173号

责任编辑　孙启泰

中国商业出版社出版发行
010-63180647　www.c-cbook.com
（100053 北京广安门内报国寺1号）
新华书店总店北京发行所经销
北京龙跃印务有限公司印刷
*
710×1000 毫米　1/16 开　34 印张　471 千字
2010 年 8 月第 1 版　2010 年 8 月第 1 次印刷
定价：68.00 元

* * * *

(如有印装质量问题可更换)

《中国易学文化传承解读丛书》出版前言

中国传统文化以诗、书、易、礼、春秋为源头经典。《三字经》上曾讲“诗、书、易，礼、春秋，号六经，当讲求”，又说“有连山，有归藏，有周易，三易详”。在这六种（其中礼，有周礼、礼记二种）经典中，又以易经为最重要的经典。儒家将其列为群经之首，道家将其列为三玄之冠。因此，武汉大学哲学学院博士生导师唐明邦教授将易经称之为“中华文化的源头活水”。

易经文化的传承，一向分为两大部分，一部分是义理的传承，主要从哲学、政治学、社会学、伦理学等人文科学的方面进行阐释、发挥，以指导现实社会发展的方方面面；另一部分就是数术的传承，主要从未来学、预测学、咨询文化的角度进行阐释、发挥，乃至创新、改造，以适应现实社会生活和各色人等的心理咨询需求。

该套丛书，虽然也有部分文章着重从义理方面进行阐发解读，但大部分著作主要是从数术角度进行传承，进行解读。这十几部书涉及到数术中的绝大部分种类，既有古代称之为“三式”的太乙、奇门、六壬，又有八卦、六爻、梅花易数以及四柱命理等，都是作者近几年最新的研究和实践成果。

数术文化，源远流长。中华传统文化从本质上讲是一种没有宗教的文化(所谓本土宗教道教，也是在佛教等外来宗教传播的形势下，才以道家老子为鼻祖而新创的一种宗教)，而易经数术文化在中国历史上在一定意义上发挥着“准宗教”的作用，起着抚慰广大人民心灵的作用，换言之，发挥着社会心理学的作用。这就是它“野火烧不尽，春风吹又生”，能够顽强生存下来，得到持久传承的原因。即使到现代科学如此昌明的今天，有人称之为电子时代，信息化社会，但它不仅未能消亡，反而仍然在生生不息地传承着。

当今社会上人们对数术文化有着不同见解和看法。有人将它斥为“封建迷信”，有人将其视为“预测学”或“民俗学”，也有少数人盲目痴迷它，但大多数人处于不了解的状况。

为了使广大读者能够深层次地了解传统文化中的数术文化，以便独立地确定自己的意见和见解，我们出版了这部“中国易学文化传承解读丛书”，参与解读的作者都是个人研究的心得和实验的成果，正确与否，只是一家之言，一得之见。广大读者可以从中辨别真伪，或赞同，或批判，或质疑，或否定。

本丛书的很多内容讲的是预测及占筮技术。对此，我们比较赞同著名作家柯云路先生的观点，他在给本丛书之一的《梅花新易》一书的序中写道：“占筮技术在当今的实际应用则是该谨慎的。一个，是因为这种占筮技术本身的作用还是有其限度的，现代人该更多依靠科学决策。另一个，这一行良莠不齐，很容易给各种江湖骗子可乘之机。所以，对于一般大众来讲，我的告诫常常是：命一般不算，起码要少算。算错了，被误导，就真不如不算，那很有损害。而要真正使自己活得好，倒是该从大处掌握《易经》中的道理，那就是乾卦讲的‘天行健，君子以自强不息’，还有坤卦讲的‘地势坤，君子以厚德载物’。大的道理是十分简易的，再加上做事中正，为人诚信，与时偕行，知道进退，《易经》的大道理就都有了”。

目 录

下部　六爻预测高级理论与分类占断

自 序

《还本归宗——六爻预测指南》终于付梓了。

该书写了整整六年。六年来，或因事务繁忙，或是机缘未到，写写停停，停停写写，直至今日。

笔者自幼受易学环境熏陶，但可谓知之甚少。上世纪 80 年代深入研易始于易理，对易经六十四卦晦涩难懂的 64 条卦辞，386 爻爻辞，64 条大象辞，386 条小象辞，共计 900 条以及《杂卦传》等易辞都曾熟烂于胸，想从中悟到博大精深的易学真谛，但仍然体味肤浅，感觉迷茫。

在这种背景下，笔者开始了对“辞象预测”、“梅花易数”、“六爻筮法”等预测体系的研究。走进了周易的应用体系，品味周易预测中的一些原则与方法，发现易学应用体系中也一样包含着深刻的哲学道理。难怪民国易学大师尚秉和先生曾单刀直入地强调“未学易，先学筮”；当代易学前辈北京大学教授冯友兰先生也曾说：“我有个建议：研究《周易》当然以《周易》哲学为主，但《周易》本来是一部筮书。《周易》的哲学思想有些与筮法有关，因此对筮法也要作调查研究工作。”民国命理三大家之一的袁树珊论述得更是精辟：“卜虽起于数，而实根在理。就卜以言理，则理愈显；就理以论卜，则卜愈神”。

在对周易应用体系了解的基础上，笔者回过头来又去品读周易易理，顿时如入桃花源，豁然开朗。

其实，《周易》是为卜筮而创，历史和现代包括宋代理学家朱熹在内的大家都这样认为。需指出的是，从孔子的《易传》产生以后，尊理污用的思潮就出现了，多朝都没有停息，直至今日。然而，殊不知孔子也是信奉卜筮的，在《系辞传》中就有“易有圣人之道四焉，以言者尚其辞，以动者尚其变，以制器者尚其象，以卜筮者尚其占”，“以通天下之志，以定天下之业，以断天下之疑”的明确论述，更有流传下来的孔子卜筮的多个占例为佐。清李光地编撰的《周易折中》中对这一现象就有论述：“……今人说易是卜筮之书，便以为辱累了易。见夫子说许多义理，便以为易只是说道理，殊不知其言吉凶悔吝皆有理，而其教人之意无不在也。”

现代更有一提易术就如洪水猛兽者，怎能不说这背离了易的根本呢？

六爻预测是周易应用体系中常用的方法之一，多朝被誉为周易预测的大宗之法，其理论体系相对完备，入手快捷，特别是对操作者“灵性”的要求不高，使普通人都可以“登堂入室”。

笔者多年深入探究六爻预测机理与原则，在十多年的易学职业生涯中，大量将六爻预测法作为具体事项预测的主要方法。

该书笔者力争做到既尊重古人的宝贵经验，又不拘泥于古人的条条框框。所以，在尊重古法的同时，笔者在起卦、断卦等方面提出了一些个人的观点，其中一些观点是古今尚无人触及的，而书中的每一个观点，都是经过笔者多年、大量的实践检验，绝无哗众取宠、标新立异之动机。在理论方面，笔者深入探究了六爻预测的机理，提出了“耗护神”、“真假变爻”、“真假旬空”、“真假月破”、“用神破译”、“三场理论”、“星辰下界”等概念及理论。澄清了月建、日辰与流月流日的区别等令人迷惑的问题。在应用方面，笔者倡导与时俱进，使六爻预测具有丰富的时代特征。

书中近 300 个卦例除三二个引用古籍的卦例说明问题之外，都是笔者多年亲自预测的实例。

该书分两大部分内容，前半部分重点讲周易与六爻预测基础，后半部分重点讲六爻预测的高级原则与分类占断。笔者力图使该书既具有入门的基础性，又诠释出六爻预测的高级要领。对于处于零点位置的周易爱好者，可以成为入门工具书；对于徘徊于六爻预测门口多年，自觉迟迟不能登堂入室的同仁们也起到一定的导引作用，快速拿到六爻预测神秘殿堂的金钥匙！

王炳中

2008 年春于中国沈阳

上　部

周易与六爻预测基础理论

第一章　导　论

第一节　什么是六爻预测学

所谓六爻预测学，又称纳甲预测学，是易学应用范畴中的一种预测方法。是在64卦的基础上，把天干地支纳入各爻（yáo），通过研究干支之间的生克冲合进行预测的一种随机预测方法。六爻预测法主要适用于一事一测，卦到精深之处也可一卦旁及多事，含过去与未来，也就是常说的一卦多断。但决不是海阔天空，要什么有什么。尽管有的老师有时断出的事情离题万里，又很准确，似乎可以海阔天空去断了，其实并非如此。

还要知道，预测人的一生，或太久远的事情，决不是纳甲法的长项。它远非四柱命理那样准确。

现举一例说明之：

2003年2月26日，某人测求财得否？依据纳甲预测法的起卦方法得“地水师”变“地泽临”卦：

癸未年　甲寅月　庚午日

蛇	酉父	— —	应	
勾	亥兄	— —		
雀	丑官	— —		
龙	午财	— —	世	丑官
玄	辰官	———		卯孙
虎	寅孙	— —	×	巳财

财爻持世临日辰，子孙临月建动而生世，得财之象。故可断此财必得。

六爻预测学从创立以来，由于其实用性、简捷性，预测的系统性、准确性，特别是其可学性，历代广泛流传，多朝被喻为周易预测的大宗之法。

周易来自于自然，易学的一些基本原理都是自然、社会的现象和基本原理的写照，六爻预测法也是一样，六爻预测法的基本原理都与自然、社会的基本原理相一致，熟谙自然、社会、人生之理，六爻预测的原理就会了然若揭，预测的准确性也会大大增加。这一观点后篇会多处谈到。

第二节 六爻预测学的起源和发展

一、起源

六爻预测学起源于汉代，创始人京房。当时预测需要工具，即仍沿用蓍草（学名 Achillea alpina，又名“锯齿草”、“蚰蜒草”，属菊科，多年生草本，生于我国北部。河南省安阳市的羑里城可见之。）。后来，京房易发展成火珠林法，并正式使用铜钱“摇卦”。火珠林法产生后，六爻预测学已基本完备。但著作流传下来最多、可读性最强的还是明清两代的著作。其中有几部著作值得一书。但可以说，所有的著作除了基础讲解之外，几乎都是在明代重臣、易学大家刘伯温（又名刘诚意）所著《黄金策》的基础上，对《黄金策》的注释，但注释的水平却有高低之分，理解各有不同。

二、主要古籍简介

（一）《黄金策》

明朝开国重臣刘伯温著。

刘伯温（1311~1375），名刘基，字伯温，被封诚意伯。死后 139 年，即明武宗正年（1514），被追赐太师，谥“文成”，因而后人又称他文成公。生于浙江青田的武阳村。

50 岁被已起兵的朱元璋请在帐下，进献“十八策”。从此，成了朱元璋的主要谋士，宏才大略得到施展。洪武四年（1371），刘基请求告老还乡，退出政治舞台，时年61岁。生病时，服用了丞相胡惟庸送来的太医药后，病情加重，不久，便不明不白死去了，这一天是洪武八年（1375）夏历四月十六日，享年65岁。

《黄金策》是明清以来六爻法预测的宗祖之作，《黄金策》语言简约、优美，排比、对仗工整，卦理论述深刻，对六爻法的若干原则进行了准确的描述，后世的大部分六爻著作皆是在该书的理论支撑下完成，且相当多的著作干脆就是对其的注解。当今仍不失为指导我们学习六爻法的宗祖力作。建议各阶段的六爻研究者都要反复研读之。

（二）《增删卜易》

明末清初野鹤老人著。

野鹤老人，一种观点认为就是著名学者、文学大师丁耀亢先生。丁耀亢（1599~1669），字西生，号野鹤，又号紫阳道人、木鸡道人、辽阳鹤等。1599年出生在山东诸城城里，生长在名门世家。为明末清初的著名周易大师、诗人、文学家、剧作家和小说大师。一生不愿做官，专事写作。晚年因著《续金瓶梅》一书，触犯朝廷，康熙四年（1665年）八月，年过六旬的他被捕入狱，到十二月得赦，但此书几尽焚毁，沉重的打击使他双目失明，于清康熙八年（1669年）冬腊月病逝于家中，享年71岁。

《增删卜易》是一部穷纳甲预测技术至极的专著。最大的长处是对卦爻之间的生克制化、旬空月破等基本规则的论述可谓出神入化，决断事情的性质分析入微，且有大量的卦例为佐，不致于断主事模棱两可。它的不足之处是：

1. 有些观点不值得提倡，如多占法，即一卦看不懂再测一卦。再如，教后来者不必深研，只知官鬼持世有官，妻财持世有财即可断卦等，明显的站不住脚，所以，这一点也被王洪绪先生的《卜筮正宗》批得“体无完肤”。

2. 百分之百使用纯纳甲技术，而将卦爻辞、卦象、爻象都搁之不理，断卦过于单调。

3. 完全舍弃六神及刑害理论，致使断卦不够细致，在实践中站不住脚。

4. 主张绝对的一事一断，连傍击都没有。断卦不生动，太单一。

5. 全书不见窥视过去之法，预测当中无法使人信服。

尽管如此，但瑕不掩玉，建议初学者多读此书，定会从中受益。

（三）《卜筮正宗》

清代王洪绪著。

王洪绪（1669–1749），名维德，字洪绪，又字林洪、澹然，自号林屋山人，又号洞庭山人、定定子，人称林屋先生。清代江苏吴县洞庭西山人。自幼精研易理，后参师于新安杨广含先生，得到悉心培养，并获得杨广含先生数册占验笔录。从26岁，卖卜于市，直至终年，因一生卖卜，故尔占卜经验十分丰富。此书即是在杨广含先生所授之基础上，增益删杂，编辑而成。

《卜筮正宗》是一部评注《黄金策》最好的书，理解正确，分析深刻，注重分类占断，分类占断详尽，细节生动。但在断卦的技术方面阐述得则不够细致，深度也不够，且例证较少。另外，对《增删卜易》、《易林卜遗》等诸书利弊都有自己深刻的评断，大部分是正确的。十八问答是该书的又一亮点。

不足之处是该书多为对前人著作的注释与评述，没有更多属于自己的理论。

建议后来者读完《增删卜易》后读之，为恰到好处。

（四）《易冒》

清代康熙年间目盲之人程良玉著。

程良玉，字元如，歙县人。五岁病致双目失明，开始学易。早年随《易林补遗》作者张星元先生，“最后从星元先师游，独尽其传，朝夕问讯，记忆控讨，相随五载”，其六爻预测名气很大，“车马阒骈如市，日既晡，不得下簾休息”。“晚遇枯匏老人，互相质证，有所悟”。晚年“命人笔记”，历经三年《易冒》成书。遇枯匏老人后，由初作筮类五十章，增定为九十章。

该书是中国文化史上极少的，更是易学六爻预测史上仅有的两部盲人著作之一。

《易冒》确是一本简约、精练、可操作性极强的好书，又是一本摆脱

《黄金策》的论述而自成一家的佳作，里面充满了先生的实践经验。该书侧重于对具体事情定性的析断，单就其前言中的有些观点就值得当今有些著书立说者一读，如“复曰太过者损之斯成，非云吉凶，断事之成合时也。若曰用爻太过为不吉，则生扶拱合之语非矣。”

该书的另一个观点是将纯六爻理论与卦象卦名有所结合。如占婚姻一节“若咸、恒、节、泰为吉，惟合冲、变冲而不宜，睽、革、解、离为凶，虽用备化合而不吉”。

该书的不足之处是，不很注重断卦的细节，不像《卜筮正宗》、《易隐》那样，看起来出神入化。

该书的另一个不足之处是，没有卦例为佐。

建议后来者可与《增删卜易》相伴而读。

（五）《易隐》

清代著作，非一人所著，曹九锡辑。

《易隐》是一部既包揽万象，又有自己特点的六爻书，在断卦的全面性，系统性等方面要胜过《卜筮正宗》，如测求财，就分有无、难易、多少、得于何人、得何财、何日得、仗托吹嘘等内容细论。特别在卦、宫、爻位、六亲真假等方面论断细致。在断细节方面，堪称为最，在实践中也具有可操作性。所以，学习一卦多断，《易隐》不失为一本好书。

但该书也有不足，在六亲的鉴定方法，如把内卦的定为真亲，外卦定为外亲或友人之类，看真亲内卦无，宁可查伏神也不看外卦，过于僵化，与实际情况多有不符。故，此等也为其不足。另外，对前人的论述，皆原样照搬，良莠俱纳，未加评注，易使读者无法分辨。

建议后来者基本功到了一定程度再读之。

（六）《卜筮全书》

明朝中期易卜老人著。关于著者的生平资料没有流传下来。

《卜筮全书》也堪称荟萃多部前人六爻著作于一体的好书，《黄金策》、《天元赋》、《阐奥歌》等名篇均纳其间，而且注解得准确细微。但没有自己的独立论述也是该书不能与有些著作相并论的原因。

建议可与《增删卜易》、《卜筮正宗》等相伴而读。

(七)《易林补遗》

明朝礼部冠带术士张世宝先生所著。张世宝又名张星元，自幼双目失明，从孩童时学易，目盲心聪，通神灵窍。中年后周游卖卜，影响很大，曾为《易冒》作者程良玉之师，为历史上为数不多的盲人作者之一。

《易林补遗》广列条章，群汇诸事，粗细并收，分145种条目，下至百匠工艺，上至朝野战事，细则钱财琐事，大到仕宦升迁，直指筮卜要诀，对测事用神分节分条解断，一一细细阐微，使后学者直观明确，是一部不可多得的易学典藉。

尽管《卜筮正宗》的王洪绪先生把它批得体无完肤，尽管《易林补遗》中如“凡月破之爻决无解救，惟独日主临之，不为月破……”等观点笔者也不能苟同，但都难掩《易林补遗》的光辉。

《易林补遗》又一值得一提之处是，全书为作者自己心得，不像《卜筮正宗》《卜筮全书》等书那样是对《黄金策》的注解。

历史进入了20世纪80年代以后，以邵伟华先生为大旗的易学应用研究又掀高潮，以邵伟华先生的《周易预测学》、廖墨香先生的《周易预测学指南》、《周易与现代经济预测》为早期代表的六爻预测学著作如雨后春笋，蓬勃而生。

经过了20年的发展，六爻预测的方法、理论及效果都得到了继承和提高，应该说六爻预测法在新时代得到了发展。

第三节 学习六爻预测学的方法及注意事项

一、掌握正确的学习方法

1. 扎实的基本功，基本功必须扎实，所谓窍门、绝活都是在扎实的基本功基础上产生的。

2. 大量的实践，“实践是检验真理的惟一标准。”六爻预测法也是一样。特别在今天，关于六爻预测的新理论层出不穷，哪些是真的，哪些是花架子或假的，惟有通过实践才能确认。通过实践您就会知道古代书上的理论也不全对，包括前面举出的几本经典著作中的观点。比如，卦逢六冲变六冲，不论测何事，不用看六亲，必凶或不成，这一观点在古籍及当代人的多数著作中都是这样论断的，但实际并非如此。笔者就遇到过多例相反的情况，而且当时就不是照搬这一理论去断的。

3. 多读古籍，掌握各门观点。博取众长，抛弃偏见。相对来说，古籍更求实一些，所以，一般不易走偏。

4. 最后形成自己的或师门的稳定场态。

二、应用六爻预测学的注意事项

1. 要做到不该预测的事情不要乱预测，更不要胡乱说、胡乱讲。比如，国内政治、宏观经济等。

2. 严守行业的保密原则，要为各类求测者保密，这也是职业道德要求。

3. 做到不戏测。酒后不测，不信不测，玩耍不测。这样才能保证预测的准确率。初学者往往会遇到解释不清楚的卦，看事后的结果与卦理就是不一致，这种卦应属卦出错了，本来就没有反映他所问的事情，怎能断得出来，怎能断得对？

随机预测法较忌讳“打赌”、“强测”等现象。如某人干脆不信周易预测，你非要通过你的预测让他信，这是一种非常容易“失手”的行为，就当避免，与其“叫真儿”干什么？他不信就不信吧！有一天他会信的。

易学预测与现代科技的不同之处就在这里。现代科技是数据性很强的科学，如化学实验，“H”加“O”在特定状态下可形成“H_2O”——水，且只要这一条件具备，不会有第二个结果。但应用易学预测不是这样，易学预测是建立在模糊理论基础上的一门科学，是“模糊数学”，它的结果会受到周围各种场态变化的影响。

4. 违背法规、违背道德规范的事情不测。

5. 切莫走入宿命论的误区。预测是为了更好地“走路”，做到吉者趋之，凶者避之，有备无患，而不是不走路。

学周易一定要能进能出，进去了就出不来的结果是一种失败。易学工作者首先是普通人，其次才是所从事行业的不同。他和其他行业工作者不应该有本质的区别。初次与人相交，三分钟对方就知道了你是干什么的，你一定错了！

易学是一门积极的科学，学好了应该建立起一种积极的人生观。

易学是哲学，首先是人生哲学，学好了，应该使人更聪明，更有智慧，更大度，更会面对生活。

第二章　阴阳五行学说

阴阳五行学说，是中国文化的基石，中国古代一切文化都是在这个学说的基础上发展起来的，是中国人认识世界的独特路径。

阴阳五行有两种表象：一种是可以直接感受到的，如白天为阳，晚上为阴；男人为阳，女人为阴；金属为金，树木为木等。另一种是人的感知功能感受不到的，就像人体经络一样，看不见，摸不着，用刀割开什么也没有，但它却是客观存在。这种阴阳五行比如人体中，小肠为阳，心脏为阴；肝为木，胃为土之类，都是人所感受不到的。

第一节　阴阳学说

一、起源

阴阳学说起源于夏朝，是先人们在与自然的斗争中观天察地总结出的宇宙规律。

二、性质

世界上的任何事物都可分阴阳，阴阳是任何事物对立统一的两个方面，“一阴一阳之谓道”。这里所说的事物，是广义的概念，即包括精神和物质两个方面。因此，阴阳是世界的基本特征。阴阳具有：

1. 阴阳泛存观。万事万物分阴阳。

2. 阴阳对立观。如白天黑夜不能同时存在。

3. 阴阳互根观。有阳就有阴，白天过去就是黑夜；失败是成功之母，水满则溢。

4. 阴阳统一观。阴阳是一体的两个方面。任何事物内部又都分阴阳。

5. 阴阳平衡观。纯阴不生，纯阳不长。从命理学角度，古人即有“纯阴纯阳孤寡象……”之论。世界上的任何事情的发展都是阴阳平衡的结果。阴阳失去了平衡就会不稳定，直至产生新的平衡。

6. 阴阳转化观。此时为阳，彼时可能为阴；此地为阳，彼地可能为阴。比如一场战争，发起者为阳，应战者为阴，但当进行了一段时间，发起者处于劣势，应战者处于优势时，阴阳便发生了变化。

三、常见阴阳类属表

大、白、长、硬、天、男、多、上、夫、动、进、好、日、火、美、君、气、水等等为阳。

小、黑、短、软、地、女、少、下、妻、静、退、坏、月、水、丑、臣、血、山等等为阴。

总之，凡是积极的、主动的、强的都为阳，反之皆为阴，世界一切事物都可划分阴阳。

四、阴阳学说在六爻预测中的作用

阴阳学说是一切预测方法的基石。阴阳学说在预测中具有重要作用：

1. 由阴阳可定事态中的男女，阳男阴女。如某爻为阳爻，则此爻所临之人很可能就为男性。

2. 由阴阳可定在事态中的状态，阳刚阴柔、阳动阴静、阳主动阴被动等。

3. 由阴阳结合爻位可知当位与否，阳爻阴位、阴爻阳位皆不当位，当调整。

4. 高层次预测中，可将阴阳直接引入预测。

第二节　五行学说

五行学说是中国祖先对世界的认识论。先人认为，世界是由五种物质构成的，即金、木、水、火、土，这五种物质相互作用，产生了世界的千变万化。

现代科学（化学）认为，世界是由109种化学元素构成的，这109种元素相互作用，产生了千变万化的世界。

现代科学的109种元素被写进教科书，学习、研究、应用（当然是对的），而指导中国几千年文明发展的五行体系，却鲜为后来者知，甚至有人竟抡起大棒，全盘否定流传几千年的五行体系，实属遗憾。由于两者认识世界的角度不同，不能说哪个对，哪个不对，而两者当各有千秋，互不替代。因为五行体系既涵盖物质，又涵盖了意识，因此，当较化学元素具有更广泛的应用空间。我们的老祖宗高明之处就在这里，将物质和意识牢牢地捆在了一起，用一种思维模式探索物质和意识的所有问题。

一、起源与名称

五行学说起源问题众说纷纭，有一说在西周时产生，有一说在更古远的时代，更有杂说认为非地球文明，但形成较完整的五行学说在西周时代基本无争议。

何谓“行”？往来天地之间而不穷者，谓之行。“五行”即运行于天地之间的五种气，在天成象，在地成形。

二、五行特性

木：又名，曲直。源于自然界的树木。具有生发、向上、和顺的特点；

火：又名，炎上。源于自然界的火。具有炎热、向上、激烈的特点；

土：又名，稼穑。源于自然界的土。具有厚重、养化的特点；

金：又名，从革。源于自然界的金属、矿藏。具有坚硬、肃杀、清凉的特点；

水：又名，润下。源于自然界的水。具有流动、向下的特点。

五行特性在各种预测中均有应用，当熟知。比如，预测中出现的某人，如临五行金，则此人多半心直口快，肤白，具有金的特性。如临五行火，则此人多半热情，积极，脾气大，像火一样的特性。五行更多的其他特性参见《五行配属总表》。

三、五行相生

五行之间具有相生的作用，即一种五行可促进另一五行的增长。相生关系见下图：

木→火→土→金→水→木

记忆方法：

木可燃烧而生火，故木生火；

火燃烧后变成灰，灰为土，故火生土；

金属矿藏是在土地中产生的，故土可生金；

金属熔化后会变成水，故金可生水；

树木要靠水来滋养、成长，故水可生木；

五行相生原理是各类预测术的基本原理，必牢记。

四、五行相克

五行之间又具有相克的作用，即一种五行可克制、制约另一种五行的发展。相克关系见下：

木→土→水→火→金→木

记忆方法：

树木长在土中，木桩可钉入地中，故木克土；

发水要靠土来制，土堆大坝可治水，故土克水；

水可灭火，着火用水熄，故水克火；

金属需用火炼，故火克金；

金属制成的刀具可削木、伐木，故金克木。

五行相克原理也是各类预测术的基本原理，必牢记。

五、五行生克的辩证关系

五行生克不是固定不变的，而是随着各自强弱、多寡的不同而发生变化，生可变克，克也可变生。在现实生活中，也随处可见五行生克的辩证关系。

比如，有的孩子没有成才，很重要的原因是父母对孩子太溺爱造成的。父母爱孩子，即为生，但生过了便成为克，起反作用了。在自然现象中更是一样，一堆柴草引火时，当火不太大时，如果把太多的柴草都放上，则火反会熄灭。正好比下文的“土多金埋”，“水多木漂”。下面的论述需深入玩味，在各类预测方法中都有应用。

“金旺得火，方成器皿。火旺得水，方成相济。水旺得土，方成池沼。土旺得木，方能疏通。木旺得金，方成栋梁。

金赖土生，土多金埋。土赖火生，火多土焦。火赖木生，木多火炽。木赖水生，水多木漂。水赖金生，金多水浊。

金能生水，水多金沉。水能生木，木盛水缩。木能生火，火多木焚。火能生土，土多火晦。土能生金，金多土变。

金能克木，木坚金缺。木能克土，土重木折。土能克水，水多土流。水能克火，火炎水热。火能克金，金多火熄。

金衰遇火，必见销熔。火弱逢水，必为熄灭。水弱逢土，必为淤塞。土衰遇木，必遭倾陷。木弱逢金，必为砍折。

强金得水，方锉其锋。强水得木，方泄其势。强木得火，方化其顽。强火得土，方止其焰。强土得金，方制其重。”

五行生克的辩证关系还体现在五行生克的救应上，如某种五行受克，但主克的五行受其他五行之制，则为救应，受克的五行被克的程度减弱。如：木本克土，但有金来克木，如果旺衰适度，则木便无能力克土了。

五行的这种辩证关系，不仅在纳甲法中应用，在易学的其他门类中都有应用。如玄空风水大作《玄空秘旨》中的“木伤土而金位重重，虽祸有救；火克金而水神叠叠，灾不能侵；土困水而木旺无妨，金伐木而火荧何忌。”讲的就是这个意思。

六、五行数

世界离不开数，预测也离不开数，不同的五行则具有不同的数，由五行之数便可预测出所问、所求之数量。

五行数为：

水：一、六；

火：二、七；

木：三、八；

金：四、九；

土：五、十。

五行数即河图数（后论）。

其中水、火、木、金、土各二数，一天数，一地数，一阳一阴。“天一生水，地六成之；地二生火，天七成之；天三生木，地八成之；地四生金，天九成之；天五生土，地十成之”。

七、五行阴阳

每种五行又可分阴阳，木有阳木，也有阴木，参天大树为阳木，小草即为阴木；火有阳火，也有阴火，太阳为阳火，灯盏即为阴火。其他五行也是一样。

八、五行方位

木主东方，火主南方，金主西方，水主北方，土主中央。五行的方位是预测方位的重要手段之一。如测卦中某人临木爻，则该人多半在东方。某物遗失而临金爻，则当去西方寻之。

初学者往往会问：为什么东方属木呢？等等。

“五行者，往来乎天地之间而不穷者也，是故谓之行。北方阴极而生寒，寒生水。南方阳极而生热，热生火。东方阳散而生风，风生木。西方阴止以收而生燥，燥生金。中央阴阳交而生温，温生土。”

记忆方法：南方热，故为火；北方冷，故为水；东方植物繁茂，故为木；西方高山峻岭、白雪皑皑，故为金。剩下的土便在中央了。

九、五行与季节

春夏秋冬四季，每季归类一种五行，或者说，一种五行对应一个季节。具体说，春天五行属木，夏天五行属火，秋天五行属金，冬天五行属水，还剩一个土，对应每个季节的最后一个月，称为季月。也就是阳历的四、七、十和来年的一月，为土月。

十、五行旺衰

不同的五行在同一个季节处于不同的旺度。某一个五行，在不同的季节处于不同的状态，旺衰的程度分五种，即：王、旺、休、囚、死（今书多名：旺、相、休、囚、死）。当令者为王，得季生者为旺，生季者为休，克季者为囚，季克者为死。比如金，在春天为克季，故为囚态；在夏天为受季克，故为死态；在秋天为当令，故为王态；在冬天为受泄，故为休态；在四季月，受月生，故为旺态。每个季节每种五行的旺衰情况见下表：

五行 季节	木	火	水	金	土
春	王	旺	休	囚	死
夏	休	王	囚	死	旺
秋	死	囚	旺	王	休
冬	旺	死	王	休	囚
四季月	囚	休	死	旺	王

说明三点：

1. 周易预测所论季节是以节气的节为准，春季则从立春开始至立夏止；夏季从立夏至立秋；秋季从立秋至立冬；冬季从立冬至下年的立春。

2. 四季月：为每个季节的最后一个月，如清明至立夏等。

3. 从预测角度严格论之，四季月的前 12 天为本季主气王，后 18 天为土王，则四个季节，共 72 天土王日。所以，每季王气均为 72 天。

记忆方法：春天树木繁茂，故木为王；夏天热，故火为王；秋天萧条，故金为王；冬天冷，故水为王。其他依上述原则推之。

五行旺衰在具体预测中十分重要，事情的成败主要决定于旺衰，简单论之，旺者易成，衰则易败。

十一、五行配属总表

根据世界上万事万物的特点，现将其按照五行的原理归类，读此表，当结合日后所学，此表当熟记之，可长期使用。

见下面的五行配属总表：

五行配属总表

五行 类属	木	火	土	金	水
季节	春	夏	四季	秋	冬
方位	东	南	中	西	北
颜色	绿	红	黄	白	黑
数字	3　8	2　7	5　10	4　9	1　6
八卦	震　巽	离	坤　艮	乾　兑	坎
天干	甲　乙	丙　丁	戊　己	庚　辛	壬　癸
地支	寅　卯	巳　午	辰　戌 丑　未	申　酉	亥　子
五脏	肝	心	脾	肺	肾

五行配属总表（续表）

类属＼五行	木	火	土	金	水
五腑	胆	小肠	胃	大肠	膀胱
五官	眼	舌	口	鼻	耳
四德	元	亨		利	贞
气路	筋	骨	皮	气	血
五体	肌膜	血脉	肌肉	皮毛	骨髓
五精	魄	神	意	魂	志
情欲	怒	喜	忧	悲	恐
五常	仁	礼	信	义	智
五恶	风	热	湿	燥	寒
五态	生命态	气态	综合态	固态	液态
五律	角(牙)	徽(舌)	宫(喉)	商(齿)	羽(唇)
五味	酸	苦	甜	辣	咸
五臭	膻	焦	香	腥	朽
五果	籽类(梨)	核类(桃李)	房类(蒲桃)	皮类(柑橘)	壳类(栗)
谷类	大小麦	黍	大小豆	胡麻	粟
草类	五味子	天门冬	茯苓	桂心	玄参
畜肉	狗	羊	牛	鸡	猪
石类	曾青	雄黄	玉	金	赤石脂
五灵	龙	凤	人	麒麟	龟
六神	青龙	朱雀	勾陈 螣蛇	白虎	玄武
五星	岁星	荧惑	镇星	太白	辰星

五行配属总表（续表）

类属＼五行	木	火	土	金	水
方向	向上	向上	不动	向下	向下
形状	长	尖	方	圆	曲
人相	瘦高	丑红	憨胖	白美	黑智
汉字偏旁	带木、艹、⺮、禾、纟、衤、扌	带火、日、灬、心、礻、忄	带土、石、山、饣	带钅、釒、王、口、讠、言、刂、西、卩、阝	带水、氵、冫、辶、雨
笔法	瘦长	尖锋	肥厚	圆丰	曲弯

以上，只是列出了常见常用的一些事物的五行，广而论之，世界上任何事物皆分五行，不是区区一张表所能罗列的。

值得一提的是，汉字也可纳入五行，每个汉字都有一个五行类属，这在姓名学中很有用，读者可研究之。但对于“五格剖象”姓名学的汉字五行分类方法，笔者不敢苟同，如“金”，五行属木，“火”，五行属水，等等不一而足，此种分法，与易理不通，与自然不合。

第三章　天干地支

天干地支是中国文化的又一块基石。产生于五千年前的上古时期，由黄帝的臣子大挠氏发明。当初主要是用于记时之用。从后来应用的角度应理解为：天干为气，地支为形，正应“在天成象，在地成形”。天干又为物质的外观，地支则为物质的隐形。天干相当于植物的苗，地支则为植物的种子和根。天干、地支搭配起来即构成六十花甲，方为万物，“有天地，然后万物生焉”。

第一节　天干

天干共十个，分阴阳，分五行。也可与万事万物相类属。

一、天干名称

甲、乙、丙、丁、戊（wù）、己（jǐ）、庚、辛、壬（rén）、癸（guǐ）。
十天干可在手掌图上予以体现，便于记忆，见下页手掌图。

二、天干阴阳

五阳干：甲、丙、戊、庚、壬
五阴干：乙、丁、己、辛、癸

三、天干五行

甲乙属木、丙丁属火、戊己属土、庚辛属金、壬癸属水

四、天干方位

甲乙东方　　丙丁南方　　戊己中央　　庚辛西方　　壬癸北方

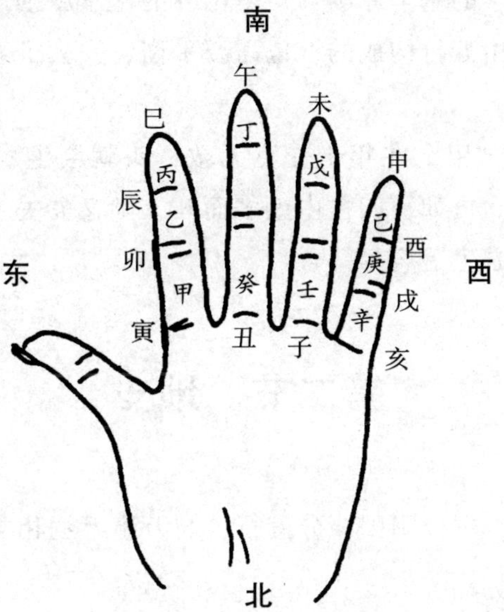

十天干十二地支手掌图

五、天干类属

天干类属与五行类属表基本一致，天干对应的五行所对应的物类属性，也是天干类属。（见五行类属表）

六、天干配人体

（一）内脏腑

阳干配腑，阴干配脏：

即甲为胆，乙为肝，丙为小肠，丁为心，戊为胃，己为脾，庚为大肠，辛为肺，壬为膀胱，癸为肾。

（二）外器官

甲为头，乙为肩，丙为额，丁为齿舌，戊己为鼻面，庚为筋，辛为胸，壬为胫，癸为足。又“甲头乙项丙肩求，丁胸戊胁已属腹，庚是脐轮辛为股，壬胫癸足一身周。”

（三）天干配人体应用导引

平衡原则是易学的基本原则，也是世界的基本原则。失去了平衡，世界就会动荡。人体是由五行构成的，也需要平衡，失去了五行平衡，人体就会生病。

比如：四柱中“甲”在年干受克无救，头就会生病。“戊”土受克严重，胃就会出毛病。再如，四柱中火多而旺，则又失去了平衡，则丁火所代表的人体器官心脏必生毛病等等。

第二节　地支

地支共十二个，也分阴阳，分五行，与万事万物相类属。

一、地支名称

子、丑（chǒu）、寅（yín）、卯（mǎo）、辰、巳（sì）、午、未、申、酉（yǒu）、戌（xū）、亥（hài）

十二地支也可以在手掌图上体现，便于记忆。见十天干十二地支手掌图。

二、地支阴阳

六阳支：子、寅、辰、午、申、戌

六阴支：丑、卯、巳、未、酉、亥

此处须特别加以说明的是，巳、午、亥、子四支，在纳甲等方法中，巳、亥为阴，午、子为阳。在四柱命理中，则正相反，巳、亥为阳，午、子为阴。由以后所学的五行生旺状态及地支藏干可解释之。

三、地支配五行

寅、卯为木，巳、午为火，申、酉为金，亥、子为水，辰、戌、丑、未为土。

四、地支方位

寅卯辰东方　巳午未南方　申酉戌西方　亥子丑北方

辰、戌、丑、未为四方之余气，五行主气为土，依次为东南、西北、东北、西南。

在实际应用中，还可以更精确地区分十二地支的方位。见下图：

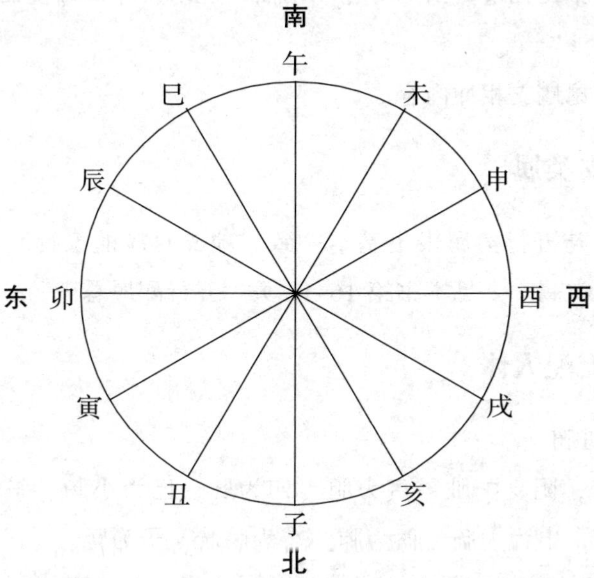

注意：画十二地支图一定是午在上、子在下、卯在东、酉在西，也就是上南下北左东右西。与现代方位的标注方式正好相反。目前市场上八卦镜等物件上面的十二地支或十二鼠方位大多错误，均按现代标注方位去排列。

五、地支配十二生肖

子、丑、寅、卯、辰、巳、午、未、申、酉、戌、亥

鼠、牛、虎、兔、龙、蛇、马、羊、猴、鸡、狗、猪

十二生肖是中国文化的精品，是将动物特性与人联系起来的绝妙安排。经古今大量的实践验证，属相确实反映人的一些性情。在人与人之间的合作方面，属相的作用就更突出。如因鼠马相冲，故属马的人应尽量回避与属鼠之人打交道。如不可回避，则可以找一属牛之人加入，因丑牛可合住子鼠，使子鼠不冲午马，则局面就会改观，实现化相冲为不冲的效果。当然，把属相之间的关系绝对化的做法是不客观的，也是不可取的。

最近有学者建议应把十二生肖申报世界文化遗产，我看很有必要，其文化价值成为世界文化遗产毫不逊色。不然，说不定什么时候又像端午节一样被人家给“抢注”了。

其他可参见地支相冲内容。

六、地支类属

地支类属与五行类属表也基本一致，地支对应的五行所对应的物类属性，也是地支类属。（见本书第 16~18 页“五行配属总表”）

七、地支配人体

（一）内脏腑

阳支配腑，阴支配脏：寅为胆、卯为肝，巳为小肠、午为心，辰戌为胃、丑未为脾，申为大肠、酉为肺，亥为膀胱、子为肾。

（二）外器官

子为耳，丑为胞肚，寅为手、发、脉，卯为指，辰为肩、胸，巳为面、咽、齿、肛，午为眼、精神，未为膈、脊梁，申为经络，酉为精血，戌为命门、腿足，亥为头。

（三）人体器官五行干支扩展

各类易学应用的书籍对人体器官都是笼统论之，即上述干支的论法。然而，人体器官博杂，绝非上述的五脏六腑这么简单，还有很多器官需要与五行干支对应。要想做到这些，必须首先了解人体解剖学，即对人体器官有一个透彻的了解。

（四）地支配人体应用导引

正因为人体与天干、地支的类属，才可根据天干、地支的变化推断人体的健康与疾病。比如：四柱中“午”火受冲克，心脏必有毛病；“卯”木受冲克，手易受伤。在纳甲预测中更是这样，子水受冲克，肾必不好；申金受伤，颈背不佳，等等。

第三节　天干地支的生、克、合、会、冲、刑、害、破简论

一、天干关系

十天干以四柱等形式组合到一起，它们之间存在生、克、合、冲的关系。

（一）天干生克

天干之间的生克由两天干的五行所决定：

相生即：甲乙→丙丁→戊己→庚辛→壬癸→甲乙

相克即：甲乙→戊己→壬癸→丙丁→庚辛→甲乙

这里需要强调的是：

阳干生阳干，阳干克阳干；阴干生阴干，阴干克阴干力量较大，生克较猛，而异性天干之间的生克则力量较小，属“善意”的生克较多。在人世间，好比二男相战必凶，男女相战必有收敛。易学的原理与人世间的道理是一致的。

（二）天干相合

1. 种类及合化

（1）甲己相合，化而为土。

甲己合为中正之合，夫从妻化。因克我者为官，我克者为财，而周易预测中官为丈夫，财为妻子，甲己化土，化成了妻的五行，故夫从妻化。

（2）乙庚相合，化而为金。

乙庚合为仁义之合，妻从夫化。乙为庚的财，庚为乙的官，而乙庚合成

金，即合成官，故为妻从夫化。

(3) 丙辛相合，化而为水。

丙辛合为威制之合，互不迁就。丙辛合成水，水即非官也非财，故双方互不迁就。但因水克火，故对丙火之官更不利些。

(4) 丁壬相合，化而为木。

丁壬合为淫慝之合（或称仁寿之合，仁慈、长寿），互不迁就。丁壬合木，即非财也非官，但可生财，故关系合好。

(5) 戊癸相合，化而为火。

戊癸合为无情之合，互不迁就。戊为成熟，癸为最小，故此二者合因年龄相差较大，论无情之合。火生土，故对官更有利些。

2. 记忆方法

(1) 理解记忆

天干合均为阴阳之合，又均为相克关系，且主克者为阳，受克者为阴。自然的道理就是同性相斥，异性相吸。

(2) 婚姻外交记忆

甲本克戊，因戊己均属土为兄妹，戊兄将自己的妹妹已嫁给了甲木，形成甲己合，则戊土便不受甲木克了，其他类推。

在人类的历史上，经常出现政治联姻。中国的封建王朝屡屡出现皇家女儿外嫁异族首领，以达政治联盟，互不侵犯。这和天干合的道理完全一致。所以说，易学的原理，就是人事、社会的缩写，无处不在。

(3) 用以后所学“五虎遁”诀来记忆

如“甲己之年丙作首”，丙为火，火生土，故甲己合土。“乙庚之年戊为头”，戊为土，土生金，故乙庚合金，其他类推。

3. 天干合应用导引

(1) 二干相合，起到互相牵制作用，相合的两干对它干的生克作用均减弱。

(2) 合化变性。当条件具备时，两干会合化成其他五行，则一干或两干的原五行作用有条件消失。

(3) 干合的特殊含义可论断人生。

“合”表示合好、合作、相亲等，故合多的人社会关系圆融，人缘好。如戊癸合为无情之合，在四柱中占戊癸合的人，夫妻往往年龄差别较大，且漂亮。再如日干合时干，与子女关系好等等，故干合有很多信息可用在人生的预测中。

如上，天干合在四柱中有着重要的作用。因纳甲法以地支为主，故天干合在纳甲法中不用。上文属知识拓展性的介绍。

(三) 天干相冲

二天干也可相冲，实践证明天干不冲是不对的。其实所谓相冲，无外乎方向相对的两种气场互相作用，产生冲击力。如金木相对，必有冲击。只不过天干的相对更多表现出了两者相克。

1. 种类

甲庚冲、乙辛冲、丙壬冲、丁癸冲，戊己居中无方位故无冲。

2. 记忆方法

除土之外，同阴阳而相克的一组天干即为相冲。阴阳不冲，这也是自然的道理。

3. 干冲应用导引

干冲会产生与合相反的效果。有时甚至是灾害的潜在标志。如甲庚冲，头易受伤。

以上关于天干的论述，在纳甲法中一般不用，但做为易学的基础知识，掌握一下是必要的，且利于尽快形成易学思维。

二、地支关系

在四柱中，地支之间的相互作用是通过合、会、冲、刑、害、破等形式得以体现的。

在纳甲法中，主要应用地支，地支之间不但存在生克，而且存在着合、冲、刑、害等关系。

（一）地支合

1. 地支六合

（1）种类及合化

子与丑相合，化而为土；

寅与亥相合，化而为木；

卯与戌相合，化而为火；

辰与酉相合，化而为金；

巳与申相合，化而为水；

午与未相合，午为太阳，未为太阴，化而为土。

地支六合有合中有生，有合中有克之不同。且相合的两组地支必为阴阳不同性，这也与自然、社会的基本道理是完全一致的。

（2）记忆方法

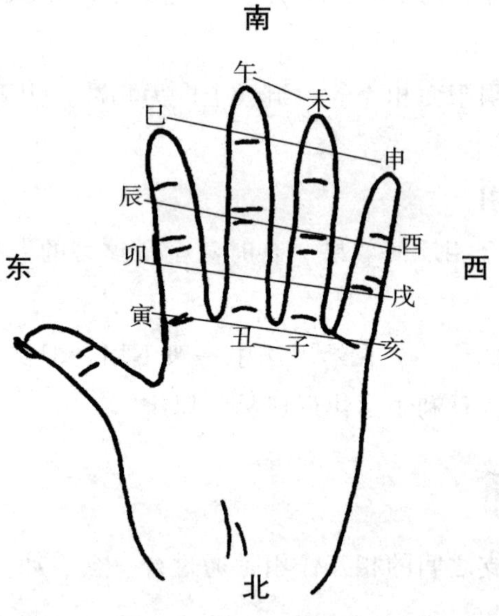

十二地支六合手掌图（图 3-3-1）

在手掌图上，平行的二个地支即为合，见图 3-3-1。

2. 地支三合

(1) 种类

寅午戌合火局，亥卯未合木局，申子辰合水局，巳酉丑合金局。

不难看出，木火金水各一局，十二地支均参与了三合局。

(2) 记忆方法

该合局的规律性极强。三合局的三个地支恰是每一五行的长生、帝旺及墓库，合成之局为帝旺之五行。如：寅为火之长生，午为火之帝旺，戌为火库，三合成火局。关于长生、帝旺、墓库之说，稍后便会谈到，读到此可参阅后面内容悟之。

3. 地支半三合

(1) 种类：

地支半三合分生地半三合和库地半三合两种，了解了三合局，就不难理解半三合。地支半三合在六爻预测中也有应用，一般用于多断。

寅午半合火局，亥卯半合木局，申子半合水局，巳酉半合金局，此为生地半三合。

午戌半合火局，卯未半合木局，子辰半合水局，酉丑半合金局，此为库地半三合。

(2) 记忆方法

记忆方法同三合局。

4. 地支合应用导引

地支合表示各种社会关系的相好，包括事业上的相帮，经济上的合作，感情上的拉近及结合等，也表示双方或其一被牵制、羁绊，暂不能发挥作用。在四柱中，地支合对六亲的影响特别大，比天干合还有力。

地支合在纳甲预测法中经常遇到，对于一卦的定性和应期都有作用，比如：

(1) 在纳甲法中，地支合有主卦两爻或三爻相合，动爻与变爻相合，动爻与日辰或月建相合，静爻与日辰或月建相合等多种情况，每种合的结果在后篇会详论之。

(2) 地支合表示多人同做一事，如用神为午，卦中又见未动来合，则此事必有他人参与。

(3) 地支合表示此事此人暂被羁绊，必待合神逢冲之时方可行事。如卦中用神午动，日辰未来合，则必待子、丑月日方可应事……

(二) 地支会局

地支会局是以方位成气论之，会局的力量最大。

1. 种类

寅卯辰会东方木局，

巳午未会南方火局，

申酉戌会西方金局，

亥子丑会北方水局，

辰戌丑未会中央土局。

2. 记忆方法

同方位三个地支相遇，即成会局。记忆简便。

3. 应用导引

三会需三支俱全，缺一不可，中间有隔也可会，三会之力最大，大于三合，更大于半三合及六合。

三会局在四柱命理中有重要应用，纳甲预测法中不用，做为一般基础了解即可。

(三) 地支六冲

冲即两地支对立相战，是立场不同，属对抗性矛盾。

1. 种类

子午冲，丑未冲，寅申冲，卯酉冲，辰戌冲，巳亥冲。

2. 记忆方法

在手掌图上相对的二个支即为相冲，参见图 3–3–2。

(1) 相冲的两支必为同性阴阳；

(2) 除丑未、辰戌两对外，皆为相克关系。

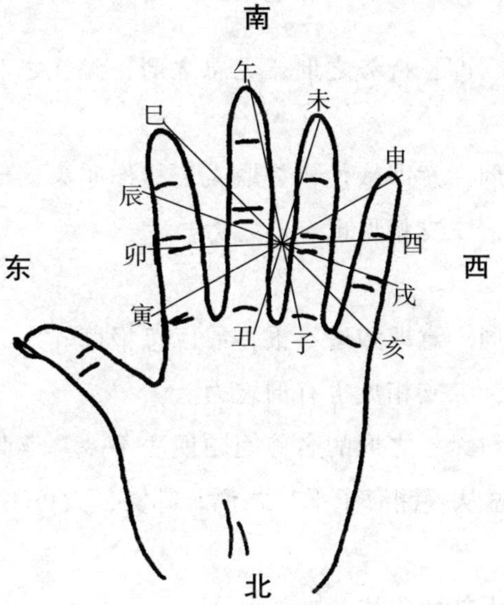

十二地支六冲手掌图（图 3-3-2）

3. 地支六冲应用导引

地支相冲意味着人事关系的对立，机体的病变以及受冲之人将动等。四柱和六爻等都很看重冲的作用。

（1）地支冲在纳甲预测法中主要有如下几种：

①卦中两动爻相冲；

②卦中动爻冲静爻；

③ 卦中变爻冲动爻；

④ 日辰冲卦中之爻；

⑤月令冲卦中之爻。

上述各种相冲的结果，在后面会详细论述。

（2）地支冲，受冲者易动，此动包括身体动、做事动等。

（3）受冲之爻如过衰无力，则易被冲散，如用神为此，则此事难成。

（四）地支刑

地支相刑多主刑罚之事，也主伤灾病痛，六亲关系不协调及六亲有灾等。刑不如冲那么烈，是非对抗性矛盾。一般需要生克的配合方得以体现。

1. 种类

地支刑共四组，即：恃势之刑、无恩之刑、无礼之刑和自刑。

(1) 恃势之刑

寅、巳、申相刑。意即依仗权势欺人，胡作非为，致犯法生灾。

三支见全为刑，二支相见也有刑之力。

(2) 无恩之刑

丑、未、戌相刑。意即知恩不报，或以怨报德。

三支见全为刑，二支相见也有刑之力。

关于恃势之刑与无恩之刑的名称问题说法不一，《渊海子平》与《三命通会》相左，本书遵从《渊海子平》之说。其实，大可不必在其名称上较真。

(3) 无礼之刑

子、卯刑。因无礼而犯法。

(4) 自刑

辰、午、酉、亥为自刑。即自我招灾引祸。自杀即为自刑的极端表现。四支中某支重叠为犯刑，四支多见也为犯刑。

2. 记忆方法

(1) 寅、申、巳、亥四生支（何为四生支，参见后面长生沐浴十二神章节）去掉亥，其余三支即构成无恩之刑。

(2) 丑、未、辰、戌四库支中去掉辰，其余三支即构成恃势之刑。

(3) 寅申巳亥四生支、丑未辰戌四库支、子午卯酉四旺支中，无恩、恃势、无礼三组刑中所剩之支即构成自刑。

3. 应用导引

在纳甲预测法中，有的观点认为刑不起作用，如《增删卜易》即此观点，实践证明是不对的，刑是有作用的，主要用于断细节和多断。

(1) 刑有爻与爻刑，也有日辰与爻刑，月令与爻刑多种情况。

(2) 如某爻受鬼克又带刑，则多主官非。

(五) 地支相害

地支相害，表示两地支之间的互相为害，当然属不吉。但其作用力要小于冲和刑，更要在生克的作用下其力方显。

1. 种类

子未相害，丑午相害，寅巳相害，卯辰相害，申亥相害，酉戌相害。

2. 记忆方法

(1) 理解记忆

子丑合，未来冲，故子未相害；午来冲，则丑午相害。

寅亥合，巳来冲，故寅巳相害；申来冲，故申亥相害。等等类推。

(2) 手掌图记忆方法

手掌上，竖看对应的两支即为相害，见图 3–3–3。

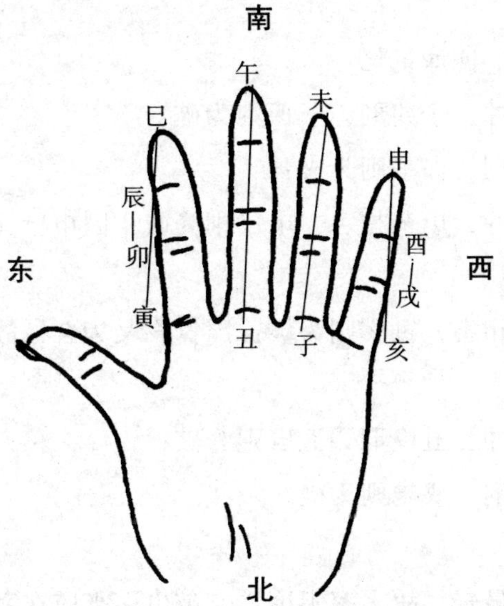

十二地支六害手掌图（图 3–3–3）

3. 应用导引

在纳甲预测法中，有的观点认为害也不起作用，实践证明，害也是有辅助作用的，主要用于多断。

(1) 害有爻与爻害，也有日辰与爻害，月令与爻害等多种情况。

(2) 如某爻受鬼克又带害，则多主疾病、灾害等。

（六）地支相破

地支破，指两个地支之间互相破坏，也多属不利。其程度比冲、刑、害之力都小，故很多书都不论之。

在四柱理论中，确立了地支相破理论，则十二地支中每两支相见就都发生了关系，或合、或会、或冲、或刑、或害、或破，至少要居其一。这一理论正是对四柱中地支间不存在生克关系的原理的补充，即任意两支没有生克却又都可发生关系。

1. 种类

子酉破，午卯破；申巳破，寅亥破；丑辰破，未戌破。

2. 记忆方法

分四正、四隅、四库记忆：

四正中，子午冲，子卯刑，子酉则为破；

卯酉冲，卯子刑，卯午则为破；

四隅中，申寅冲，申亥相害，申巳则为破；因申巳又为合，故相破之力大减，当首先论合；

寅申冲，寅巳相害，寅亥则为破；因寅亥又为合，故相破之力大减，当首先以合论。

四库中，丑未冲，丑戌刑，丑辰则为破；

戌辰冲，戌丑刑，戌未则为破。

3. 应用导引

地支破的力量最轻，故多家不论之。破也多半应在六亲及灾害、病变方面，不再详述。

三、天干地支的生、克、合、会、冲、刑、害、破举例

因还没有讲到立卦、排卦及卦爻生克原理，故下面的例子只做概念性的了解即可，或参照后章读之。

例一：辰月　辛酉日

蛇	戌孙	——	应	巳兄
勾	申财	——	○	未孙
雀	午兄	——		酉财
龙	亥官	——	世	辰孙
玄	丑孙	— —	×	寅父
虎	卯父	——		子官

此卦就世爻官鬼亥水来说，月令辰土克之，日辰酉金生之，五爻申金财爻生之，二爻丑土子孙克之，变爻未土又回头生动爻申金，寅木又回头克动爻丑土。此例为生克，下面的例子则为冲合:

例二：寅月　丙申日

龙	巳官	——	○ 应	戌父
玄	未父	— —		申兄
虎	酉兄	——		午官
蛇	辰父	——	世	
勾	寅财	——		
雀	子孙	——		

此卦应爻官鬼巳火生世爻辰土，然日辰申金合住了巳火官鬼，使之暂不能生世爻。日辰申金又冲二爻寅木财爻，使之暗动。

刑害在纳甲预测中虽难以决定事情的成败，但仍有其特殊的作用。

例三：辰月　戊子日

雀	卯官	——	○	子财
龙	巳父	——		戌兄
玄	未兄	— —	世	申孙
虎	丑兄	— —		
蛇	卯官	——		
勾	巳父	——	应	

此卦兄弟未土持世，六爻卯木官鬼，临朱雀动而克世，且卯木官鬼动而化子水妻财，日辰又临子水，且子卯相刑，故属于带刑之官鬼克世，主官非之灾。

第四章　八卦基础论

八卦是周易预测体系的又一个基础，它上承阴阳、五行之理，下生八八六十四卦。

八卦由中华祖先伏羲氏发明，说发明不如说总结，是伏羲氏在观察自然中总结出的八种基本自然现象，即天、地、风、雷、水、火、山、泽，也就是八卦。

第一节　太极论

一、什么是太极

“太”，过于、极致、很之意；“极”无穷无尽。太极即无限之意，包括时间的无限和空间的无极。即宇宙是无穷无尽的。

太极又是派生万物的本源，“易有太极，是生两仪，两仪生四象，四象生八卦，八卦定吉凶，吉凶生大业”（《易·系辞上》）就是这个意思。

太极又是一个相对的概念，有中心的含义，由这个中心向外扩展可无限大，也可无穷小。宇宙是一个太极，原子也是一个太极；中国是一个太极，沈阳市还是一个太极；一个单位、一个家庭都是一个太极。中国是一个太极，美国也是一个太极，同时存在。“其大无外，其小无内”；“一物从来有一身，一身自有一乾坤”（《周易参同契》）。确立了这种思想，在具体预测中很有用。

说到太极，不能不说太极图。太极图由阴阳两半组成，太极图呈高速运转状态。太极图的阴阳是相互转化的，阳极必阴，阴重而阳；阳中含阴，阴中又含阳，充分体现了阴阳互根、阴阳转化的哲学道理。

见太极图：

太极说与现代科技对宇宙产生的认识是一致的。现代科技认为，宇宙原为一个温度极高、密度极大的，由最基本粒子组成的“原始原子”，经过大爆炸，才产生了今天的宇宙，且今天的宇宙还在高速地膨胀着。那宇宙大爆炸前的“原始原子”就为太极，爆炸后就产生了“两仪”、“四象”、“八卦”、“六十四卦”，直至宇宙空间的万事万物。

关于太极图的旋转方向问题，说法多有不一，有说顺时针的，有说逆时针。笔者认为，上述两种说法都不能说错，这里有一个站在地球哪一半的问题，站在北半球，就应该顺时针，站在南半球，就应该逆时针，中国居北半球，当然要顺时针才对。

为什么呢？拿我们北半球来说，因南方热，南方为火；北方冷，北方为水。而东方为木，西方为金。按后天八卦来分，南方为离卦，北方为坎卦，东方为震卦，西方为兑卦。而北半球自然季节的变化正是春——夏——秋——冬，对应的方位就是东方——南方——西方——北方；一天当中太阳的相对方位也是从东到南再到西，到北的时候已经落山了，所以，八卦中央的太极图也必是按照先东而南，后西而北的顺序了，也就是顺时针。

南半球为什么相反呢？笔者认为，南半球当以北为火，以南为水，以东为木，以西为金。因为五行与方位的搭配是依据自然的现象与规律来确定的，所以，南半球的自然变化必是先东而北，后西而南，太极图也必是逆时针了。

当然这是笔者的个人观点，关于南半球的易学思想及易学应用至今还很不完善，中国老祖宗的时候，还不知道有什么南半球之说。近些年来，随着中国国际化进程的加快，与南半球来往人员的增多，有一些易学人士开始了对南半球易学诸现象的的探索，但至今还没有一个完整而公认的理论产生。

二、什么是两仪

“两仪”即阴阳，由太极派生而来。（参见第二章之第一节）

三、什么是四象

“两仪生四象”，四象用符号表示即为：

⚌ 老阳，⚏ 老阴，⚎ 少阳，⚍ 少阴。

把四象放入宇宙中，即表示时间的春、夏、秋、冬，空间的东、南、西、北，动物的龙、凤、麟、龟。

龙、凤、麟、龟被喻为四灵，为四类动物之首，也是古代灵性最强的四种动物，正如《家语》云：“龙，鳞虫之长；凤，羽虫之长；龟，介虫之长；麟，毛虫之长。”此四灵后来又演变成了青龙、朱雀、白虎、玄武四神。由中国国际易经应用科学院监制、沈阳太极文化咨询有限公司开发生产的台式富贵平安表，就引入了四灵的造型，增加了该表的神奇功能，见下图。

第二节　八卦论

一、“爻”的概念

爻是阳或阴最直观的表现形式，阳爻用“—”表示，阴爻用“- -”表示。

爻又是八卦的基本单位，每个卦都由三个爻组成，由每个爻的阳阴属性，决定了不同的卦。由下至上第一爻称“初爻”，第二爻称“二爻”，第三爻称“三爻”。

二、八卦名称及符号

（一）名称及符号

八卦即乾、坤、震、巽、坎、离、艮、兑，用符号表示如下：

☰	☷	☳	☴	☵	☲	☶	☱
乾	坤	震	巽	坎	离	艮	兑

（二）八卦的产生

八卦的产生是自然界八种自然现象的反映，正如系辞传中所说：“古者包牺氏之王天下也，仰则观象于天，俯则观法于地，观鸟兽之文，与地之宜，近取诸身，远取诸物，于是始作八卦，以通神明之德，以类万物之情。”

乾为天，坤为地，震为雷，巽为风，坎为水，离为火，艮为山，兑为泽。

（三）记忆方法

现介绍两种记忆方法：

1. 以歌诀记忆

乾三连，坤六断，震仰盂，艮覆碗，离中虚，坎中满，兑上缺，巽下断。

2. 以父母生六子的产生方法记忆

以乾坤纯阳、纯阴为父母；以震、坎、艮为长子、中子、小子；以巽、离、兑为长女、中女、少女。

母索父一阳，得长子震；　索二阳得中子坎；　索三阳得小子艮；

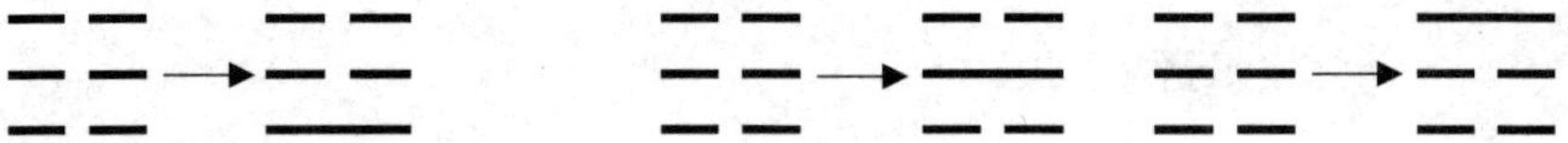

父索母一阴，得长女巽；　索二阴得中女离；　索三阴得少女兑。

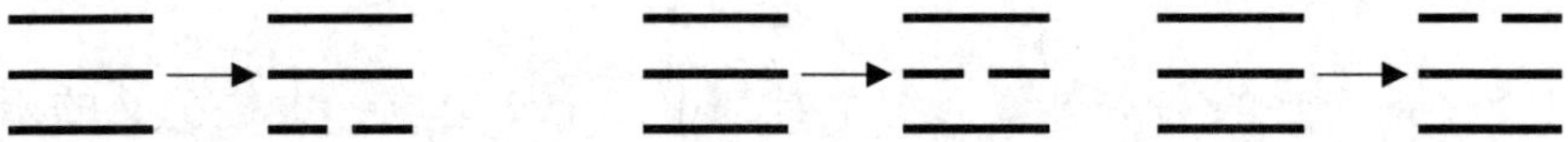

三、八卦与五行

每个卦具有一个五行属性，八卦是五行的又一种表现形式。乾、兑为金，坤、艮为土，震巽为木，坎为水，离为火。这是常规大众的划分方式。其实五行水，除了坎卦之外，还有兑卦，兑为泽也为水；五行火除离卦以外，还有震卦，震为雷，也为龙雷之火。这样一来，每种五行就都对应二个卦了。

四、相关名词

（一）经卦

即单卦，由三个阴阳爻组成的卦，故又称“三画卦”或原卦。通常称的八卦即为之。

（二）重卦

由二个三画卦组成的卦，故又称“六画卦”、复卦、成卦等。通常称的六十四卦即为之。

（三）上卦及下卦

重卦由上下两卦组成，上面的叫上卦或外卦；下面的叫下卦或内卦。

（四）动爻

一个重卦由六个爻组成，不动的爻称“静爻”，动的爻称“动爻”。所谓动爻，就是一卦中的某一个爻因为所测事情的变化而发生变化，阳爻动则变阴，阴爻动则变阳。动爻一般是所测事情的焦点，在具体预测中当重点分析之。在具体预测中，依不同的起卦方法，动爻有不同的产生方式。不同的卦，动爻又有不同的数量：有静卦，即无动爻；有一个动爻；有二个动爻；也有三个直至六个爻全动的卦。动爻越多，一般反映所测事情越复杂。

（五）变卦

一个卦六个爻可以没有动爻，则这个卦就叫静卦；可以有动爻一个至六个，有动就有变，动爻变化后就产生了一个新的卦，这个卦就叫变卦。口语中所说的“变卦了”，就是由此而来。

（六）综卦

为重卦的一个概念。一个重卦倒过来由上往下看，即形成了一个新的卦，这个卦就叫综卦，又称反卦、覆卦等。如“雷风恒”卦的综卦为“泽山咸”卦；“地泽临”卦的综卦为“风地观”卦等。综卦具有哲学内涵，即从对立面观察、思考问题，角度变了，结果就不同了，所以，综卦实际就是站在对方的角度上看问题，两个人，两个群体，两个国家，之所以发生冲突，多半是不能站在对方的角度上考虑问题。

在具体预测时，也就可以把分析综卦的观点结合进去，特别是预测彼此双方的事情时。

在此多说几句，学易的人应该比不懂易的人更聪明，看问题会多角度，也更有高度，做事更有章法，心胸更加开阔。因为易学首先是人生哲学，如果适得其反了，真对不起我们的老祖宗。

（七）错卦

一个卦每个爻阴阳均发生变化，产生一个新的卦，这个卦就叫错卦，又称旁通卦、伏卦等。错卦也具有哲学内涵，体现了阴中有阳，阳中有阴，盛极必衰，物极必反的道理。

（八）似卦

顾名思义，就是重卦象与单卦象相似，故又名象卦。常见的似卦有：“雷山小过”、“泽风大过”为“坎”卦的似卦；“风泽中孚”、“山雷颐”

为“离”卦的似卦；“地泽临”为“震”卦的似卦；“风地观”为“艮”卦的似卦等等。似卦在具体预测中也有应用，如测状态等。

(九) 包卦

为似卦的一种，即外面的卦包内部的卦，如“雷风恒”卦即为“坤”包“乾”。“山泽损”卦，即为“乾”包“坤”等。

(十) 互卦

将一个重卦掐头去尾，由二、三、四爻组成新的内卦，三、四、五爻组成新的外卦，新的内卦叫内互，新的外卦叫外互，新的重卦就叫互卦。如“地风升”卦，互卦即为“雷泽归妹”卦等。动为始，变为终，互卦则反映了事情的中间过程。故互卦在具体预测中也有应用。

五、八卦类象

(一) 八卦卦象的概念

所谓八卦卦象，就是一个卦的形象、象征。八卦来自于自然现象，又会推衍出人类社会的种种物象。比如，艮卦（☶），最基本的象征为山，而该卦正是由山这一基本自然现象而“画”出。但从艮卦（☶）的形象来看，又不止山像它，生活中的桌子、凳子、大坝、坟地等都与之相像，所以，艮卦的卦象就即为山，又为桌子、凳子、大坝、坟地等。

(二) 八卦类象概说

八卦由自然界的八种自然现象而生，依据这种基本意象又可派生出自然、社会、人文等的无穷物象。换句话说，自然界、人类社会的各种现象皆可纳入八卦。甚至每个汉字都可纳入八卦。

八卦类象在易学应用的各门类中都是极其重要的内容，熟练自如掌握八卦类象是易学应用基本功的重要体现。

其实，易学就是一种语言，是破译宇宙、自然、社会、人生奥秘的特殊语言。八卦类象就是构成这种语言的基本符号。所以，只有熟练掌握了八卦类象，才算掌握了这门语言，才能很好地应用这门语言。

你学会了易经，就掌握了这门语言。其实，易学工作者不过是多会了一门语言的普通人。

要掌握万物类象并不难，只要了解了各卦的基本特性，便可将万物万事对号入座，运用自如。在此问题上，决不能死记硬背，照搬古人，何况古代所没有的新事物不断出现，古人当然不能给我们去安排。必须靠我们对八卦类象本质的深层、灵活把握，才能准确地对号入座。

（三）具体八卦类象溯根

下面，我们循着八卦的最基本属性将八卦类象进行推衍，由基本的八卦拓展到整个世界。

☰乾卦

乾卦的最基本属性为天，由这一最基本属性可以派生出乾卦的一些基本特性，纯阳、刚健、圆的、现代、运动、首脑、开始、美好、旧的、金属等等。由这些基本特性又可派生出更多的意象——

特性一：乾为天，由此可派生出：高大、高、广阔、远处、前方、郊野、向上、广场……

特性二：乾三连，为全阳之卦，由此可派生出：男性、父亲、强大、决断、威严、激烈、侵略、丰盛、出家人、乞丐、纯净、纯粹、精华、本质、木果、腊肉、满的、实心的……

特性三：乾为刚健，由此可派生出：尊、运动不止、明亮、健全、强盛、傲慢、残酷……

特性四：乾为圆，由此可派生出：圆满、各种球类、圆形物体、圆形体育场馆、镜子、眼镜、钟表、转圈的……

特性五：乾为现代，由此可派生出：高级轿车、高级飞机、电脑、卫星、宇宙飞船、火箭、新式武器、日常高级用品、高级住宅、大会堂、京城都市……

特性六：乾为运动，由此可派生出：旋转、增长、通达、积极、运动场、高级运动员……

特性七：乾为首脑，由此可派生出：君王、总统、首相、书记、主席、领导、圣人、英雄、统治者、独裁者、掌权者、使节、议员、代表、元老、厂长、经理、会长、名人、专家、官吏、军官、一把手、祖父、父亲、家长、中心人物、统治、指挥、惩罚、制裁、强制、独霸、政府机构、趾高气扬的、专横者、傲慢者、后台人物、恶人、过于自信者……

特性八：乾为始，由此可派生出：起始、开始、出发点、坐标原点、对称中心、核心、精子、胎儿……

特性九：乾为好，由此可派生出：优秀、卓越、完美无缺的……

特性十：乾为贵重，由此可派生出：金钱、黄金、玛瑙、玉石、翡翠、珠宝、首饰……

特性十一：乾五行属金，由此可派生出：各种贵重、美观金属制品、坚硬的、寒凉的、金黄色的、小米、白色、辣味……

特性十二：乾为旧，由此可派生出：古董、文物、老成、圣地、寺院、教堂、宫殿、神物、供神用具、皇宫、博物馆、名胜古迹、古老的……

特性十三：乾为头，由此可派生出：帽子、头病、头痛、摇头丸……

☷ 坤卦

坤卦的最基本属性为地，由这一最基本属性可以派生出坤卦的一些基本特性，纯阴、柔顺、方、财、静止、众、传统、农、臣、文、容器、藏、平、贫等等。由这些基本特性又可派生出更多的意象——

特性一：坤为地，由此可派生出：大地、土、泥、水泥、灰、砖、泥瓦工、房地产商、土生食物、滋养、养育、低、厚的、厚重、承载、包容、胖、大腹之人、田野、空地、操场、广场、平原……

特性二：坤卦三爻皆阴，为纯阴，由此可派生出：女性、寡妇、阴气盛之人、妇女用品、阴暗……

特性三：坤为柔顺，由此可派生出：温柔、柔和、懦弱 、布匹、纺织工人、衣裳、布帛制品、被褥……

特性四：坤为方，由此可派生出：方形容器、正直、敦厚、忠厚、笨拙、迟钝……

特性五： 坤为财，由此可派生出：财富、粮食、五谷杂粮、面粉、米、食品、饴糖、肉类、肉类加工厂、动物“下水”、富裕、粮库、贮藏室、税务人员……

特性六： 坤为静止，由此可派生出：沉默、消极、消极者、迟缓、懒惰、谨慎、牛……

特性七： 坤为众，由此可派生出：百姓、日常用品、公共用品、公共汽车、大车、会场、通俗、普通、迷盲、杂乱、复杂物、混合物、操劳、卑贱、依赖、丑……

特性八： 坤为传统，由此可派生出：破旧的、保守的、恭敬、旧货……

特性九： 坤为农，由此可派生出：农民、农村、农产品、农贸市场、市场、农妇、村干部、勤劳、野味、农舍、故乡、老家（原籍）、旧房……

特性十： 坤为臣，由此可派生出：皇后、妃、臣、国民、大众、群众、顾问、俗人、助手、凡人、祖母、母亲、后母、妻、女主人、小气者、胆怯者、附属物……

特性十一： 坤为文，由此可派生出：文章、书籍、资料、纸张……

特性十二： 坤为容器，由此可派生出：各种器皿、覆盖用具、袋、包、箱子、轿子、釜、鸡窝、兔笼……

特性十三： 坤为藏，由此可派生出：收藏、内含、内向、闭、关闭、隐藏……

特性十四： 坤为平，由此可派生出：平安、平稳、放心、躺、平常之物、平房（相对楼房而言）……

特性十五： 坤为贫，由此可派生出：吝啬、穷……

☳震卦

震卦的最基本属性为雷，由这一最基本属性可以派生出震卦的一些基本特性，动、怒、急速、起、主动、新生、健、长、响声、惩罚、长者、粗糙、足、武装、神经等等。由这些基本特性又可派生出更多的意象——

特性一： 震为动，由此可派生出：行动、发动、震动、移动、车类、多动症、多动症者、运动员、忙人、社会活动家、飞机、汽车、火箭、飞船、高速的、外伤（碰撞造成）、振动的……

特性二：震为怒，由此可派生出：愤怒、鲁莽、激动、性急、脾气大、倔强、冲突、惊恐、虚惊、骚乱……

特性三：震为疾速，由此可派生出：果断、敢说敢为、快速、紧迫、勇敢……

特性四：震为起，由此可派生出：向上、积极、前进、进展、起立、上升、高……

特性五：震为主动，由此可派生出：追求、兴起……

特性六：震为新生，由此可派生出：萌生、萌发、萌芽、鲜艳、意气风发、出现、显现、开发、开拓、朝气蓬勃的人、新产品、鲜肉、竹笋、嫩芽、小草、草坪、田园、生长的……

特性七：震为健，由此可派生出：健康、强壮、勇敢、霸道、壮士、军人……

特性八：震为长，由此可派生出：大路、大道、伸长、线路、延伸、发展、火车、列车员……

特性九：震为响声，由此可派生出：轰鸣、巨响、音乐家、音响、声音大的人、动物的叫声、有声有响的、名声、功名大、名人、令人吃惊、闹钟、鼓、打击乐器、电话、广播、鞭炮、广播电台、音乐茶座、演奏会场、舞厅、歌厅、闹市、噪声大之场所、喧哗之地、游乐场所、机场、车站、停车场、震源、乐器店、咳嗽、声带咽喉症病……

特性十：震为惩罚，由此可派生出：打击、制裁、控制、打仗、攻克、法官、警察……

特性十一：震为长者，由此可派生出：长子、成人、青年、统帅、帅领、指挥、将军……

特性十二：震为粗糙，由此可派生出：粗糙的、粗心、不慎重、无礼……

特性十三：震五行属木，由此可派生出：蔬菜、菜市场、菜地、鲜花、花店、竹子、芦苇（多节之物）、花、花蕾、树木、树林、林区、柴、青绿色之物、茶货、肝、胆、肝病、肝火旺、胆囊炎……

特性十四：震为足，由此可派生出：小腿、舞蹈演员、足球爱好者、足病、裙子、裤子、蹄、筋、腿痛……

特性十五：震为武装，由此可派生出：大炮、长枪、剑、兵器、军营、公安部门、军队、战场、靶场、发射场……

特性十六：震为神经，由此可派生出：神经、神经过敏、精神病、狂躁症、神经衰弱、歇斯底里、羊癫风、神经过敏、惊吓症、“舞蹈症”、神经病人……

☴巽卦

巽卦的最基本属性为风，由这一最基本属性可以派生出巽卦的一些基本特性，入、顺、疑、整齐、命令、教、商、长、直、忙、精细、抚、洁、神秘、长女、木、飞、神经、上实下虚、外实内虚、场所、东南等等。由这些基本特性又可派生出更多的意象——

特性一：巽为风，由此可派生出：气、气体、上升、香味、臭味、气味、蚊香、木香、香椿、臭椿、香料、轻量、轻松、轻浮、羽毛、呼吸器官、喘息、哮喘、飘动的、轻的、浮的、流动的、刮风、云（高空、长条的、无雨的）、飓风、台风、旋风、龙卷风、伤风感冒、中风、受风、流行病、传染病、扇子、风扇、干燥机、通风、通气、烟状、气态的、胀气、散、不确定的、薄形、轻易的、顺风的、扫荡、薄情……

特性二：巽为入，由此可派生出：进入、吹入、侵入……

特性三：巽为顺，由此可派生出：顺利、顺从、依赖、被动、跟随、附和……

特性四：巽为疑，由此可派生出：疑惑、优柔寡断、进退、优柔寡断的人……

特性五：巽为齐，由此可派生出：整齐、规律、一致……

特性六：巽为命令，由此可派生出：号令、指挥、统帅、号召、教官、指挥官、指挥部、传令兵、权谋……

特性七：巽为教，由此可派生出：教育、教授、教师、流传、传达、技术人员、教育者、写作者、秀才、设计人员、设计院……

特性八：巽为商，由此可派生出：商业、商店、商人、贸易、买卖、交换、利益、营业员、营业……

特性九：巽为长，由此可派生出：长物、绳子、丝线、麻、条材、长形、条形、细长的、腰带、长条桌柜、笔、旗杆、道路（比较直的或窄的）、隘路、过道、传送带、长廊、各种线路、索道、升降机、通道、各种管道(下水道、煤气管道、自来水管道、暖气管道等)、传输的、标枪、杨柳、海带、兰花、头发、神经、气管、筋、肠道、食道、血管、血管病蛇、地虫(蚯蚓等）等山林禽虫、带鱼、鳗鱼、鳝鱼等细长鱼类、虎、猫、斑马等有花纹之兽、腿、肱、股、胫骨病、胯股病、淋巴系统、淋巴疾病……

特性十：巽为直，由此可派生出：笔直、直爽、直物、头发细长而直的人……

特性十一：巽为忙，由此可派生出：忙碌、忙乱、忙人、繁昌……

特性十二：巽为精细，由此可派生出：精巧、精巧精密的、细致的、细腻的、精密仪器、仔细、认真、手艺人、能工巧匠……

特性十三：巽为抚，由此可派生出：吹拂、抚摸、覆盖……

特性十四：巽为洁，由此可派生出：清洁、干净、干净的、整洁的……

特性十五：巽为神秘，由此可派生出：道、仙道之人、灵性、附体、气功师、练功者、灵感、灵巧、聪明、数术、宗教家、神奇的、练功者之元气、寺观、幻觉……

特性十六：巽为长女，由此可派生出：五十左右岁的妇女、处女……

特性十七：巽五行属木，由此可派生出：树林、木材、木制品、花、竹叶、竹林、枝叶、绿色、芦苇荡、草原、纤维品、酸的、胆、胆病、肝病、木材经纪人、草药……

特性十八：巽为飞，由此可派生出：飞行、飞行员、翅膀、邮递员、邮件、鸟类、鸡、鹅、鸭、蝴蝶、蜻蜓、飞机、气球、飞船、气垫船、帆船、赛艇……

特性十九：巽为神经，由此可派生出：神经病、洁癖、坐骨神经痛、神经痛、神经炎、抽筋、忧郁症……

特性二十：巽为上实下虚、外实内虚，由此可派生出：基础差、基础不稳、下面有口之器物、下肢无力之人、外刚内柔的、床、书桌、柜子、假的、虚伪、谎言、欺骗、造谣者……

特性二十一：巽为场所，由此可派生出：邮局、码头、机场、发射场、车站……

特性二十二：巽为东南，由此可派生出：东南之地、左肩、左手肩、左肩痛……

☵ 坎卦

坎卦的最基本属性为水，由这一最基本属性可以派生出坎卦的一些基本特性，险、思想、低下、圆圈、暗、内实外虚、法律、冷、骨、脏、血、中男等等。由这些基本特性又可派生出更多的意象——

特性一：坎为水，由此可派生出：雨、雪、霜、露、积雨云、寒冷、水灾、油、饮料、酒、醋、酱油、钢笔水、石油等液体物质、脂肪、染料、涂料、酒、酒鬼、酒具、酒场、酒店、酒吧、盐、水车、海味、鱼类、虾等水生物、鱼市、鱼塘、水鸟、流动、河川、江、湖、海、沟、渠、井、泉、下水道、水中、水厂、浴场、湿地、浴室、洗漱场所、水槽、温泉、水族馆、澡堂、流动的、消防队、自来水公司、排水设备、喝汤用具、水货商、酒鬼、书法家……

特性二：坎为险，由此可派生出：危险、危险品、麻烦、劳苦、失败、困苦、污浊、曲折、灾、难、穷人、冒险、病人、疼、丛棘、哭泣、漂泊、病痛、不安、劳碌、贫困者、不良的、不愉快的、狠毒的、劳碌的、辛苦的、死亡、药品、疲劳症、病情较重、冒险者、中毒者、受灾之人、江湖之人、劳苦者、失败破产者、流亡者……

特性三：坎为思想，由此可派生出：大脑、阴谋、阴谋家、电脑、智能、聪明、算计、诡计、沉默者、思考者、思想家、创造发明者、数学家、狐狸、狡猾、思索、计算器……

特性四：坎为低下，由此可派生出：坑穴、低处、洼地、泥泞地、水平低、地下室……

特性五：坎为圆圈，由此可派生出：弓轮、弓箭、圆形弓形物、弓形的、弯曲的、轮子、轮形的、车、自行车、马车、三轮车、铁饼、满月、磁盘、录音、录相带、激光影视盘……

特性六：坎为暗，由此可派生出：阴暗、黑夜、隐伏、潜艇、掩藏物、贼盗、逃亡者、亡命徒、黑社会、黑帮、娼妇、妾、诈骗者、诱惑者、有犯罪历史者、恶人、多情轻浮者、生殖系统、生殖器、淫乱、心狠手辣之人物、偷偷摸摸的、暗昧、欺诈、疑惑、狡诈的、沉寂、肛门、裤裆、鼠、性病、生殖器疾病、毒、毒物、病毒性疾病、邪教、黑暗场所、妓院、暗室、遗精……

特性七：坎五行属水，由此可派生出：肾脏、膀胱、泌尿系统、血液、体液、血液循环系统、水分体液循环系统、咸味、黑色、黑色物、煤、煤厂、肾、膀胱等泌尿系统疾病、耳、耳病、半夜、免疫系统疾病、拉肚子、水肿症……

特性八：坎为内实外虚，由此可派生出：梅子、李子、杏、桃等带核之物、实芯的、有芯的、守信誉的……

特性九：坎为冷，由此可派生出：冷饮、冷藏设备、冷的、冰冻的、冷饮店、冷却、冷库……

特性十：坎为法律，由此可派生出：手铐、枷锁、刑具、牢狱……

特性十一：坎为骨，由此可派生出：脊椎骨、腰、美脊之马、腰背疾病、腰间盘突出、脊椎动物……

特性十二：坎为中男，由此可派生出：中等的、中年人、中层……

特性十三：坎为脏，由此可派生出：猪、泥、肮脏的、脏乱……

特性十四：坎为血，由此可派生出：血液、血液病、出血症、心脏病……

☲ 离卦

离卦的最基本属性为火，由这一最基本属性可以派生出离卦的一些基本特性，电、中空、美丽、眼、文、上升、饰、光明、兵戈、聪明、分离、干燥、文明、依附、中女等等。由这些基本特性又可派生出更多的意象——

特性一：离为火，由此可派生出：太阳、光、火山、喷火口、冒火的、火灾场所、厨房、窑、炉冶场所、发光的、晴天、热天、酷暑、烈日、旱天、明亮、照耀、火柴、打火机、蜡烛、灯具、火炉、烧烤、煎炒、烧烤物品、火车、煤气灶、烤箱、火焰喷射器、燃烧弹、热情、热烈、火热、干燥、萤火虫、火伤、烫伤、发烧、放射性疾病、日照病、蔓延、焊枪、热的、可燃性的、火车站……

特性二：离为电，由此可派生出：电、电子、电流、闪电、电车、电视、电视台、影像、电影、电影院、电脑、打字机、复印机、照相机、摄影机、录像机、印刷机、望远镜、影剧院、电车站、遥感、放射科……

特性三：离为中空、外硬中软，由此可派生出：灯笼、外强中干、虚荣、包围、鱼网、网袋、网状的、笼、虾、蟹、螺、贝类、龟、鳖、葫芦、车厢、轿车、空大的、肥大、肥大病、囊肿、带壳的、中柔的、外实内虚的、胖的、膨胀的、扩张、空屋、轿子、仓库、大会堂、殿堂、广场、桥梁、立交桥、棚子、轻的、轻浮、医院……

特性四：离为美丽，由此可派生出：彩色、虹、霓、霞光、花、美人、艺术家、演员、明星、女主人公、鲜艳、乳房、乳房疾病、鸟、雉、孔雀、凤等羽毛美丽的鸟类、金鱼、热带鱼、烟花、礼花、华丽、花言巧语、华丽的大街、开花的……

特性五：离为文，由此可派生出：文化、文字、文学、文章、文件、表章、艺术、医学、书籍、纸张、办公用品、记者、作家、学者、字、画等美术品、绘图设备、报纸、书刊、杂志、广告、广告塔、奖状、电报、连环画、小人书、标本、导游图、地图、鉴定书、契约、合同书、信、课本、印章、学校、货币、证券、证券交易所、文人、记录、显示、编辑、文科、文明、学问、发明、医学、印刷厂、银行……

特性六：离为眼，由此可派生出：眼、视力、眼病、窗户、玻璃门窗、带眼、带孔之物、监视塔、望远镜、显微镜……

特性七：离为上升，由此可派生出：向上、红火、发展、盛大、向上移动的、升发的、飞升……

特性八：离为饰，由此可派生出：美容师、画家、美术、化妆品、(花) 瓶、装饰用品、霓虹灯、画廊、画店、旗帜……

特性九：离为光明，由此可派生出：清楚、明了、发现、鲜明、装饰、粉饰、修饰、明察、判官、鉴定、引人注目之人、磊落、分析人员、明确、检举、侦察、名胜地、凉台、展览馆、独具慧眼的……

特性十：离五行为火，由此可派生出：红色、枫叶、苦味、心脏、心脏疾病、血、血液病、红血球、小肠、上焦……

特性十一：离为兵戈，由此可派生出：炸药、武器、军火、军队、法官、警察、军人、监察人员、纪检人员、警卫、侦察员、战士、公安局、法院、检察院、派出所、猎场、部队军营……

特性十二：离为聪明，由此可派生出：智慧、有头脑……

特性十三：离为分离，由此可派生出：分别、走失、死亡、排斥、煽动、批判、屏风、幕、帘子……

特性十四：离为干燥，由此可派生出：干枯、枯燥、肉干、果脯、干燥的、焦躁、瓜瓢……

特性十五：离为文明，由此可派生出：礼仪、士、圣地、教堂、博物馆……

特性十六：离为依附，由此可派生出：附属、附属物、依附的……

特性十七：离为中女，由此可派生出：中等的、中层干部、妇科、妇科疾病……

☶ 艮卦

艮卦的最基本属性为山，由这一最基本属性可以派生出艮卦的一些基本特性，顶点、静止、高、保护、少男、山形之物、手、阻隔、爬行动物、尖、背、外实内虚、道路、墓、东北等等。由这些基本特性又可派生出更多的意象——

特性一：艮为山，由此可派生出：山脉、土丘、高原、无雨云、岚、雾、矿山、假山、丘陵、高台、矿工、山林野味……

特性二：艮为顶点，由此可派生出：终点、起始、高峰、“分水岭”、重新开始、界限、标准、继承人、堤坝、境界、交叉点、围墙、影壁、城墙、消亡、更替……

特性三：艮为静止，由此可派生出：停止、停滞、阻止、顽固、阻滞、禁止、血脉、血病、血液循环不良、气血不通症、不动的、静止的、安居、沉着、冷静、慎守、休息室、保守主义者……

特性四：艮为高，由此可派生出：高尚、高大……

特性五：艮为保护，由此可派生出：保卫、保安、警卫员、警察、警察局、监狱、公安局、派出所、守门员、法官、抵挡、伞、钱袋、隐蔽、金库、银行、仓库、门闩、蓄财者、储蓄所人员、蚊帐、帐篷、贮藏室……

特性六：艮五行为土，由此可派生出：甜味、黄色、胃、脾、皮肤、黄色、棕色、咖啡色、棕黄色、脾胃之病、不食、虚胀……

特性七：艮为山形之物，由此可派生出：凳子、桌子、鼻、乳房、岩石、石块、砖、门板、石碑、床、台阶、阶梯、柜子、柜台、厨柜、土堆、门槛、山坡、座位、肿瘤、结石症、肿症、坚硬的、坐着的、石造的、采石场、磁器、土建工作者、建设、阻碍、抑止、独立、笃实、忠实者、房屋、大楼、石刻、列车、石匠、颧骨、孤独者、存在、主观、祠堂、阁寺……

特性八：艮为少男，由此可派生出：少年、儿童、后代、继承人、接班人、宗庙……

特性九：艮为手，由此可派生出：鞋、手套、手背、指、关节、趾、脚背、与手脚有关的、指导者……

特性十：艮为阻隔，由此可派生出：阻止、拒绝、屏风、墙壁、隔膜、不通、血栓、抗拒……

特性十一：艮为爬行动物，由此可派生出：虎、狗、狼、豹、熊等百兽、鼠、爬虫类……

特性十二：艮为外实内虚，由此可派生出：皮肤、各种痘疹、皮肤过敏症、硬的果实、上硬下软的……

特性十三：艮为尖，由此可派生出：锋利、喜鹊、鹫、鹘等黔啄之物、有牙、有角的动物、家畜等有尾之动物……

特性十四：艮为背，由此可派生出：后背、背之病……

特性十五：艮为道路，由此可派生出：山路、乡间小路、盘山道……

特性十六：艮为墓，由此可派生出：坟墓、死亡、坟场……

特性十七：艮方位东北，由此可派生出：左足……

☱兑卦

兑卦的最基本属性为泽，由这一最基本属性可以派生出兑卦的一些基本特性，冷、缺损、悦、小、现、少女、口、音乐、金属、废弃、饮食、器皿、金属器具、说、皮、西方等等。由这些基本特性又可派生出更多的意象——

特性一：兑为泽，由此可派生出：浅水、沼泽、湖、池、井、湿润、水鸟、沼泽动物、毛毛雨、小雨、潮湿天气、气压低、露水、灌木、湿草、峡谷、凹地、潮地……

特性二：兑为冷，由此可派生出：雪糕、冷饮、冷饮厅、冷藏车、冰、冰场……

特性三：兑为缺损，由此可派生出：兔子、新月、有缺损的东西、毁拆、丢掉的、脱落、修理品、无头物、头部伤、外伤、伤残、残疾人、血压低、贫血、不足、失败者、破坏者、破的、坏的、废旧的、便宜的、短缺的、不足的……

特性四：兑为悦，由此可派生出：高兴、快乐、笑、趣味、娱乐、玩具、游乐园、娱乐中心、快乐的……

特性五：兑为小，由此可派生出：星星、小的、狭小、小动物、小人、小丑、小的、矮的、碎的、狭小的、紧密的、密集的、轻微小病……

特性六：兑为现，由此可派生出：显现、出现……

特性七：兑为少女，由此可派生出：娼妓、妾、非处女、歌女、可爱的女性、魅力、和蔼可亲的人、撒娇的人、性魅力者、有魅力的……

特性八：兑为口，由此可派生出：羊、豹、豺、猿猴、门口、路口、山口、舌、口舌、口腔内疾病（口、齿、舌、咽、喉等）、咳嗽、痰喘、入口的……

特性九：兑为音乐，由此可派生出：乐器、歌唱家、钢琴家、音乐家、娱乐场工作人员、音乐厅……

特性十：兑五行属金，由此可派生出：白色、辛、辣、金属、铜、锡、铁、铝等金属、金属加工厂工人、金属的、铜线、牙齿、颊骨、咽、喉、肺、气管、痰、牙科医生、气管病……

特性十一：兑为废弃，由此可派生出：废物、肛门、报废品、垃圾、垃圾工、垃圾箱、废墟、膀胱、尿道口、肛门疾病……

特性十二：兑为饮食，由此可派生出：饮食店、饭店、饭馆、吃、吃的、石榴、胡桃、饮食用具、食品、盛水用具、酒盏、食品工人、饭店职工、服务员……

特性十三：兑先天卦数为二，由此可派生出：副手、二把手、秘书、县令、邻居、对门、朋友、配偶、亲密、亲戚、与性有关的、性病、淫滥……

特性十四：兑为开口容器，由此可派生出：瓶子、罐子、杯子、器皿……

特性十五：兑为金属器具，由此可派生出：金属币、刀剑、剪子、金刃等带尖金属用具、刑具、刑官、手术、外科……

特性十六：兑为说，由此可派生出：讲师、教授、演讲者、解说员、相声演员、翻译、雄辩、讲演、言谈话语、议论、笑骂、吵闹、叫卖、交流、说明、叹息、商量、诽谤、媒人、传达室工作人员、导游、口头的、会议厅、演说厅、工会、公关部、交易所……

特性十七：兑为皮，由此可派生出：皮肤、皮革、皮具、皮肤病……

特性十八：兑为西方，由此可派生出：日落、右侧、右胁、右肩臂……

（四）八卦类象推演说明

上面对八卦的归类是从基本意象出发，循着一定的规律展开，这种归类，便于理解记忆。上述所列，只是大千世界、万事万物中的一小部分而已，但读者只要掌握了分析归纳卦象的规律，便可举一反三，不难在错综复杂的事类中找出其内在的、本质的规律，将万事万物对号入座。

关于卦象有四点需要加以强化说明：

1. 一卦多象。每个卦象都包含了自然界和人类社会的很多物类，从物质到精神。从词性来说，既可以是名词、动词，又可以是形容词。如乾卦，既为名词的领导者，又为动词的领导，还为形容词的有领导能力的意思。这一点，恰恰是中国传统文化的一大特色。

2. 学会广泛联系是研究学习卦象的基本思维。如坤卦，最基本的意象是“地”，地是由土构成的，所以凡是与土相关的事物就都为坤卦，如泥土、瓦工、农民、脏的等；地又是平的，故坤又为“平”、“平等”、“平均”等；古代国人认为，天是圆的，地是方的，所以，坤又代表“方形”、“方物”、性情“方”而不圆等；地是静止的，故坤又为“平和”、“安静”、“稳重”、“沉默”、“迟缓”等……

3. 一象多卦是研究卦象的又一个要点。侧重点不同，卦象就不同。比如一个杯子，从饮水的用途看，当为兑卦；但如这个杯子是很粗糙的泥做的，就可以定之为坤卦；如这个杯子是竹桶做的，很新奇，则可定之为巽卦；再如杯子是由黄金做的，太贵重了，则必变成了乾卦……

4. 一象多卦要学会从各卦象的本质上加以区别。如坤卦为广场，乾卦也为广场，两者是有区别的。坤卦的广场是不太大，又不规范、不现代的，或者大而破；而乾卦的广场却是高级、现代、漂亮、广阔，两者的区别是明显的。再如“漂亮”一词，要看用在谁的身上，用在靓丽高雅的中女身上，当为离卦；用在活泼可爱的少女身上则变成了兑卦……这里相当于把漂亮翻译成英文，前者的漂亮当为“beautiful”；后者的漂亮译为“pretty”更确切。

下面将八卦常用物象归类列表于下：（此表当熟记之，日后常用。且其他各种数术皆用。）

八卦 物类	乾	坤	震	巽	坎	离	艮	兑
自然	天	地	雷	风	水	火	山	泽
五行	金	土	木	木	水	火	土	金
阴阳	阳	阴	阳	阴	阳	阴	阳	阴
先天数	1	8	4	5	6	3	7	2
后天数	6	2	3	4	1	9	8	7
季节	立冬 秋冬之交	立秋 夏秋之交	春分	立夏 春夏之交	冬至	夏至	立春 冬春之交	秋分
时辰	戌亥	未申	卯	辰巳	子	午	丑寅	酉
日期	十五 月圆	三十日	初三 前后	十八 前后	二十三 前后	初七 前后	二十七 前后	十一 前后
五行数	4、9	5、10	3、8	3、8	1、6	2、7	5、10	4、9
后天方位	北西	西南	东	东南	北	南	东北	西
先天方位	南	北	东北	西南	西	东	西北	东南
天干	庚辛	戊己	甲	乙	壬癸	丙丁	戊己	庚辛
地支	戌亥	未申	卯	辰巳	子	午	丑寅	酉
纳干	甲壬	乙癸	庚	辛	戊	己	丙	丁
颜色	大赤、 金黄、 白色	黄	绿	绿、蓝	黑、紫 深蓝	红、花色	黄、棕、 咖啡	白
天气	晴、雪	重阴	雷雨	风	雨	晴	阴、雾	阴雨
味	辣	甜	酸	酸	咸	苦	甜	辣

八卦 物类	乾	坤	震	巽	坎	离	艮	兑
人体	大肠、头、胸、右足、骨、男生殖器、精液	胃、腹、肉、右肩	肝、足(含小腿)、筋、神经、头发、声音、左肋、左肩臂	胆、珐、股、筋、头发、气管、神经、肠道、食道、血管、鼻孔、左肩、胫、淋巴系统	肾、膀胱、泌尿系统、血液、体液、耳、腰、脊椎、生殖器、肛门	心、小肠、眼、乳房、红血球	脾、鼻、手、背、指、趾、关节、颧骨、乳房、左足	肺、口、舌、牙齿、咽喉、气管、口角、颊骨、右胁、右肩臂、肛门
病象(除上述人体器官病外还包括:)	老病 急病 硬化性病	浮肿 皮肤病 晕症 慢性病 癌病	多动症 外伤	感冒 中风 忧郁症 传染病	性病 中毒 心脏病 拉肚子 水肿病 免疫系统病	火伤 烫伤 过敏症 发烧 血病 妇科病 囊肿 放射性病	血病 肿瘤 结石 肿症 皮肤病 气血不通	性病 外伤 血压低 皮肤病
动物	龙、马、象、师、天鹅、雄性动物	凤、牛、地虫、雌性动物	龙、鹿、鹤、蜂、草虫、善鸣鸟、鲤鱼、骆驼	鸡、鸭、鹅、蜻蜓、蝴蝶、蛇、地虫、鳗鳝鱼、鸟	猪、鼠、水鸟、鱼类、脊椎动物	美鸟、凤、山鸡、孔雀、金鱼虾、蟹、龟、贝类	虎、狼、熊、狗、鹰、喜鹊、爬虫	羊、豹、兔子、沼泽动物、小动物

六、先天八卦图与后天八卦图

所谓八卦图，就是将八卦按照一定的位置规律排列的图形。八卦图主要分先天八卦图、后天八卦图和实用八卦图三种。

先天八卦图、后天八卦图及实用八卦图的区别只在于卦位和卦数的不同。

(一) 先天八卦

先天八卦图为伏羲所创，故又称伏羲八卦，其卦位及卦数见图：

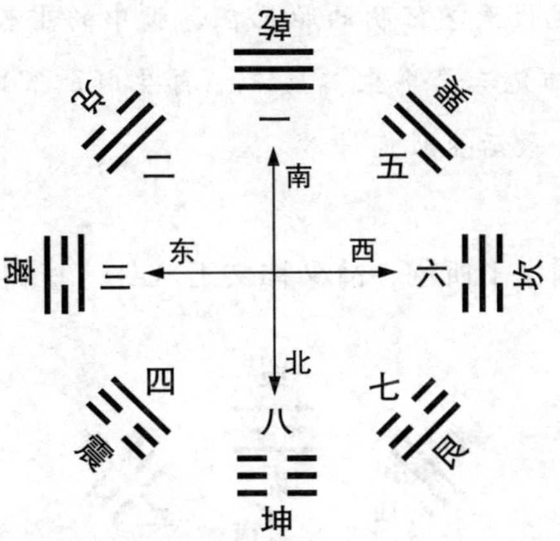

《说卦传》中“天地定位，山泽通气，雷风相薄，水火不相射……”讲的就是先天八卦定位的问题。即乾与坤相对，艮与兑相对，震与巽相对，坎与离相对。

在实际预测中，先天八卦多用其数，即乾一、兑二、离三、震四、巽五、坎六、艮七、坤八。

但其位在易学应用的庞大体系中也时有应用，故也当熟记之。

从先天八卦图来看，相对应的两个卦恰是阴阳相应的：乾对坤，乾为父，坤为母；震对应巽，震为长子，巽为长女；坎对应离，坎为中子，离为中女；艮对应兑，艮为小子，兑为小女。

而且相对应的两个卦数之和均为 9。

此图各卦的位置，直观体现了一个家庭的人伦状态。如果在震离及坎巽之间分界，把八卦图分成两半，上部恰为老父率三女，下图则为老母率三儿。且小女儿和老儿子都在中央与老父、老母贴近，说明在一个家庭中，老小是最受宠的。长女及长男虽不居中，但也靠近父母，惟男女老二远离父母。中国传统家庭中就是这样，父母老了，不是跟老大，就是跟老小在一起，老二一般是轮不上的，也不吃香。了解了这个道理，先天八卦图便记住了。

记住了先天八卦位，先天八卦数就好记了，图的左侧为1、2、3、4，右侧为5、6、7、8。

先天八卦数与现代医学证明的胎儿在母腹中的生长顺序是一致的，即：先生头乾一，次生肺兑二，再生心离三，再生肝胆震四、巽五，再生肾坎六，再生肠胃艮七，最后生肌肉坤八。

(二) 后天八卦

后天八卦图为周文王所创，故又称文王八卦，其卦位及卦数见图：

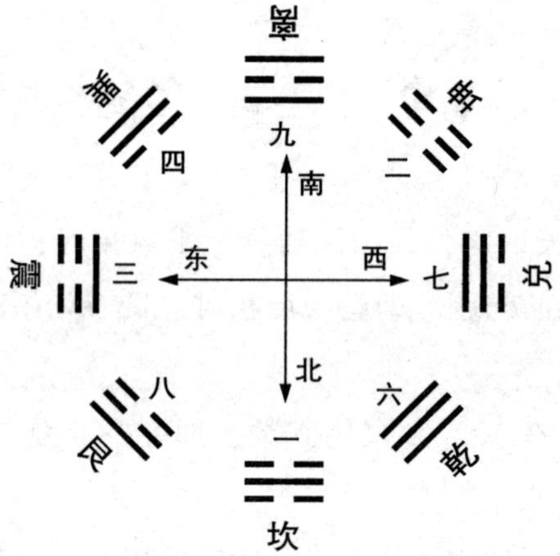

在实际预测中，后天八卦多用其位。即离正南、坎正北、震正东、兑正西、乾西北、坤西南、巽东南、艮东北。

后天八卦图在实际应用中频率更高，因“先天为体，后天为用。”后天八卦数即离九、坎一、震三、兑七、坤二、巽四、乾六、艮八虽在纳甲法中不常用，但在风水等数术中多用之，故亦当熟记。

后天八卦数初学者往往记不住，看似无规律，不妨可用如下口诀记之：“戴九履一，左三右七，二四为肩，六八为足。”

分析一下后天八卦图读者便可看到，相对的两个卦数相加都为十，如中间填五，便成了在多类数术中使用频率极高的九宫图，即将一至九填入九个方块中，使横、竖、斜线相加都得 15，如何填之，正是上面的口诀。此图在易学的其他分支如风水学中有用，当熟记之。见图：

4	9	2
3	5	7
8	1	6

此图横行、竖列及对角每三数相加均为 15，被列为了中小学数学的一道智力开发题，不知难倒了多少人。

香港电视连续剧《射雕英雄传》中老玩童的情人瑛姑研究了 20 年也没有研究明白，后来被黄蓉点破的也是这道题。

后天八卦位的记忆方法，只要了解了自然便不难，因后天八卦位的卦象与中国地域的自然状况是一致的。具体说：南方热，必为离卦；北方冷，当为坎卦；东方和东南方植物茂盛，所以为五行属木的震卦和巽卦；东北有大兴安岭等山脉，且东北人较粗犷，故为艮卦；西方有最高的山脉，常年白雪皑皑，故为兑卦；西南人口众多，故为坤卦；西北为高亢之地，新中国政权的发源地，故为乾卦。

《说卦传》中有“帝出乎震，齐乎巽，相见乎离，致役乎坤，说言乎兑，占乎乾，劳乎坎，成言乎艮。”讲的就是生命的发展过程，起于震，止于艮，也正是后天八卦位的一周。

（三）实用八卦

由上所述，在实际预测中多用先天八卦数，后天八卦方位，故宋代的邵康节先生把此二者合在一起，产生了实用八卦。见下页图，在纳甲实际预测中，这个图是最常用的，必须熟记。

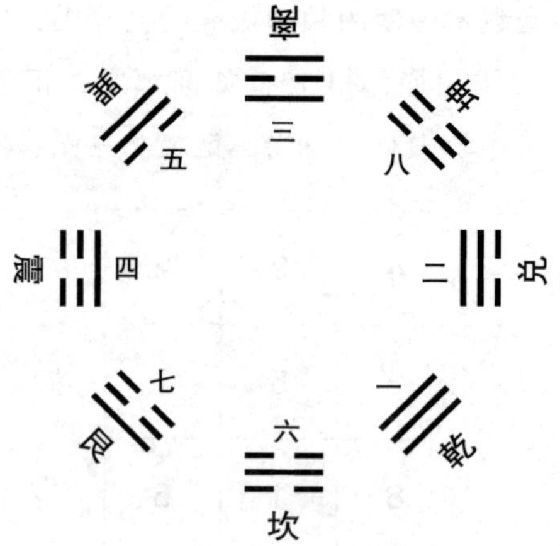

（四）关于八卦图向内向外方向问题探讨

从古至今，画八卦图的朝向多有不同，有的由内向外看，有的由外向内看，那么到底应该怎样朝向呢？笔者认为，由内向外看的方式较合适。因为八卦图的中心为太极，所谓太极即是立足点，没有太极就没有八方，就没有八卦。显然八卦必是由内向外的结果。人类必须站在地球看宇宙，不能站在外面看地球，那岂不是外星人、宇宙人了！所以，八卦也应该是从内向外看才对。

第三节　六十四卦论

六爻预测方法，就是将天干、地支纳入六十四个重卦，通过天干、地支（主要是地支）之间的生克冲合来分析判断所测事情的性质。故对六十四个重卦必须有所了解。

一、六十四卦卦名

六十四卦的名称，都是由上下两个单卦名称在前，后面缀以卦名。卦名来源于卦象，这个卦象当然是复卦象。所以理解了卦象，卦名便记住了。比如，“天水讼”卦，天气上行，水气下沉，天水违行，必起争讼，所以，“天水”为“讼”。再如，“火风鼎”卦，离火在上，巽木在下，烧火炊事之象，即为“鼎”，鼎在古代最初为食器，后来才引申为去旧迎新变化之意。

六十四卦卦名如下：

乾为天、坤为地、水雷屯、山水蒙、水天需、天水讼、地水师、水地比、风天小畜、天泽履、地天泰、天地否（pǐ）、天火同人、火天大有、地山谦、雷地豫、泽雷随、山风蛊（gǔ）、地泽临、风地观、火雷噬（shì）嗑（kè）、山火贲（bì）、山地剥、地雷复、天雷无妄、山天大畜、山雷颐、泽风大过、坎为水、离为火、泽山咸、雷风恒、天山遁、雷天大壮、火地晋、地火明夷（yí）、风火家人、火泽睽（kuí）、水山蹇（jiǎn）、雷水解、山泽损、风雷益、泽天夬（guài）、天风姤（gòu）、泽地萃、地风升、泽水困、水风井、泽火革、火风鼎、震为雷、艮为山、风山渐、雷泽归妹、雷火丰、火山旅、巽为风、兑为泽、风水涣、水泽节、风泽中孚、雷山小过、水火既济、火水未济。

二、六十四卦卦意

（一）卦意

六十四卦卦意是一个卦通过卦象、爻象、卦辞、爻辞、象辞、彖辞等反射出来的意义。每卦都有一个基本含义，卦意除了具有易理研究的价值外，在具体的预测中也有很重要的意义。学习纳甲法，完全抛弃卦意显然是不可取的。

（二）卦象

六十四卦卦象是周易预测的重要基础知识，它也是易学理论和应用的交汇点。掌握了它，可达理用兼顾、理用并重之效果，拉近理论派与应用派的距离。当然也更接近易经的本源。在我们祖先周易应用的初期，即汉代之前，基本是应用易经的辞、象进行预测，且也应验如神。再者，易经的指导性也更强，会摆脱纯“算”的误区。具体说，易经六十四卦卦意、卦象主要有如下几项功用。

1. 断来意

一卦卦意，往往准确地反映了所问事情的类型。掌握了六十四卦卦意，便可以破译问测之人所问之事的类型。比如：得“火风鼎”卦、“雷火丰”卦，一般都与求名、求官、考试、文书等有关。得“泽山咸”卦、“天风姤”卦，一般都与婚姻、感情有关，等等。

2. 由卦意、卦象直接断事情的性质

如测婚姻得“离”卦，婚姻必不会和谐；测求财得“损”卦，怎会赚钱？测事遇“坎”卦，必麻烦丛生；如测双方关系，得“泽火革”卦，关系必出问题；测某事成否得“风水涣”卦，事情往往要散，等等。《易冒》下面的论述，就反映了这一点。

“是故筮晴雨者，得乾离则晴，得坎兑则雨；非此，然后察父母子孙以为晦霁也。筮坟茔者，遇巽风坎水，乃为大凶，以其犯风水而冲也；独秋后占地得坤，春前占山得艮，反为吉兆；蛊有虫蚁，井有水泉，明夷有伏尸；非此，然后索世爻福神以为凶吉也。

出师征伐，遇明夷有覆军之败，遇坎、蹇、困防汔地之围，若此者，不复论子官也；求财遇萃曰亏本；出行遇节、艮、坎、明夷曰不吉；狱讼遇大壮与夬曰得理，遇坎蹇明夷曰有囹圄；筮病，遇明夷、既济、丰、节而土鬼独发曰死。

筮婚姻咸、恒、节、泰者吉，变冲不吉，睽、革、解、离者凶，化合亦凶。后嗣有无，昔筮大畜而得子，筮蒙而得子，筮涣而得孕，曰腹内怀人也，筮大有同人，及乾与剥而有双胎，曰丙戊两胎于子也。”

当然，在六爻实际预测中，有些卦并非这样简单，要结合动爻的爻位，还要结合六亲关系及卦象综合判断，方可得出正确的结论。

3. 是多断和断细节的重要手段

如测某事得“乾”卦，此事中必有官贵出现，办事时必为晴天，测卦人多具刚正之性，且易有宗教信仰，如有病多为头病等。得“天火同人”卦，一般所问之事多有相争。得“火山旅”卦，问卦之人必常出门或近期将出门。

4. 指导事情的发展

如测事得“火天大有”卦，大有有一阴居五爻而率众之象，即怀柔得众。故测事遇此，当注意以柔克刚，采取怀柔之策。

（三）《杂卦传》简解

《杂卦传》是按照六十四卦基本卦意相对的顺序排列精练讲解六十四卦卦意，高度概括，言简意赅，对了解六十四卦基本卦意很有用，现录于下，具有记忆能力的人把它背下来很有必要。

“乾刚坤柔。比乐师忧。临观之义，或与或求。屯见而不失其居。蒙杂而著。震，起也。艮，止也。损益，盛衰之始也。大畜，时也。无妄，灾也。萃聚而升不来也。谦轻而豫怠也。噬嗑，食也。贲，无色也。兑见而巽伏也。随，无故也。蛊则饬也。剥，烂也。复，反也。晋，昼也。明夷，诛也。井通而困相遇也。咸，速也。恒，久也。涣，离也。节，止也。解，缓也。蹇，难也。睽，外也。家人，内也。否泰，反其类也。大壮则止，遯则退也。大有，众也。同人，亲也。革，去故也。鼎，取新也。小过，过也。中孚，信也。丰，多故也。亲寡旅也。离上而坎下也。小畜，寡也。履，不处也。需，不进也。讼，不亲也。大过，颠也。姤，遇也，柔遇刚也。渐，女归待男行也。颐，养正也。既济，定也。归妹，女之终也。未济，男之穷也。夬，决也，刚决柔也，君子道长，小人道忧也。”

《杂卦传》其意直白简捷，故不再做进一步解释。

（四）六十四卦卦意分述

六十四卦卦意在具体预测中有着六爻无法达到的功用，现将六十四卦卦意总结、分述如下：

1. 乾：六龙御天之课，广大包容之象

本卦讲宇宙创始万物的法则，天之道。刚健、旺盛，利于求名、求官，作大学问。乾为天，乾为首领，测卦事件中必有头头在内。乾为晴天，测卦时必为晴天。乾为头，为金，测病多为头病、肺病、骨病、高血压、心动过速等。颜色多为白色、金色。乾为纯阳，老人得此卦有“归天”之危，测婚姻则不美。乾为健，身体健康。乾为阳刚，性格刚强，“君子以自强不息”。

测人相貌英俊，高个儿，且多为老大。女人遇之为男性性格。测事业最利仕途、从政，纯求财反不利。测行人，多在城市，在西北方。乾为纯阳，此卦之人多有宗教信仰，信佛、信上帝。车牌号遇此为高档车，当小心碰撞。电话号码遇此利仕途。

2. 坤：生载万物之课，君倡臣和之象

本卦讲地的法则。坤为臣，为臣之道，柔顺静守。利于当副手，利于为他人帮忙，或受命行事。勤恳终吉。但容易受他人蛊惑。坤为大地，有厚重、承载之象。坤为众，所测事件人必多，且为百姓。坤为纯阴，“纯阴不生”，所测婚姻不美。坤为土，为腹，测病多为腹病、胃病等，老人遇此，有“入土”之危。坤为纯阴，测建筑为平房。坤六爻皆断，物有断裂之象。坤为静止，测行人有不出、不归、不动之象，但平安。测天气为重阴无雨之象。测人多笃厚、包容、肥胖、诚实、守信，来自农村。

3. 屯：龙居浅水之课，万物始生之象

本卦讲万物初生的原则。艰难、停止、充满、显现。上为寒水，下为嫩苗，为物初生之象，故事情往往刚开始或陷于如初生之困顿。上坎为险，下震为动，动而遇险，不宜罔动。古人喻之为四大难卦之一（其他三卦为坎、蹇、困），意指不利于出门，办事有困难。但如果克服困难，就会有大的成就，建功封侯，故“利建侯”。坎为思考，遇事当多思多虑。“君子以经纶”，得此卦多为文才。测病易肝病、肾病、脚气，且多在长男，又主便秘、月经不调。测天气多为雨天，震为雷，且易雷雨交加。屯有积蓄之象，故测财不错，但多属老本、积蓄。有经营服装、布匹、文化用品之象。“屯陷而不失其居”，屯有安营扎寨之象，测房必得。测出国艰难。测婚姻，初婚需经过艰难的磨合期。测失物难寻。

4. 蒙：人藏禄宝之课，万物发生之象

本卦讲教育的原则。蒙昧闭塞，启蒙、教育、繁杂、显著。上艮山下坎水，山重水复，在外象为困难，复杂，在思想为不明，蒙昧之象，故有教育之意，“匪我求童蒙，童蒙求我”，本卦谈尊师重道。测人得此卦有教师之象。测事有开始不顺，往后越来越顺之意，防被蒙蔽。测出国、旅游、旅行等易出。测天气有雨而止之象，或雾天。测疾病有血病，如血稠、血栓、鼻出血，有耳病，肾或泌尿系统结石、女月经不调等。测事遇此当果断前行，“君子以果行育德”。测生意有矿业、矿泉水之象。测失物多为自忘，为山水风景画。测数往往不过六。

5. 需：云霭中天之课，密云不雨之象

本卦讲等待时机的原则。为游魂卦。需待不进，踌躇、期待、饮食、需要、积极等待。乾为前，坎为险，前面遇险，等待时机之象。故测事遇此不可急于求成。“云上于天”，测天气为阴天不雨。“君子以饮食宴乐”，得此卦多有吃喝饮食之事发生。测病易为头病、骨病、饮食病，逍遥宴乐可自愈。测人多计谋，外圆滑，内部不失刚正之德。中男遇此，易得官贵之助。测生意多为餐饮、粮食等。测婚姻易复杂，有暧昧之象。

6. 讼：从鹰逐兔之课，天水相违之象

本卦讲应对不协的原则。为游魂卦。多为不吉之卦。违远不亲，争论、诉讼、口舌、官司。天气上行，水气下沉，“天与水违行”，故测卦遇此多关系不谐，且官司、口舌是非居多，宜贵人帮忙。测天气为不好天，或多雨。测病为脑病、骨病、血栓、气血不调及神经系统疾病，防误诊、误服药等。测婚姻当然不谐。“君子以作事谋始”，故行事当注意起始阶段，注意打基础，做事宜“先小人后君子”。万事不宜莽进。股市多空对峙，难有大作为。

7. 师：天马出群之课，以寡伏众之象

本卦讲用兵原则。为归魂卦。兴师动众，多人做事，忧虑、军队、战争。阐释战争与用人的原则。宜多与长辈商议，可得好结果。得此卦多与军队有关。地中有水，为矿泉水象。一阳居内卦之中，统率五阴，得此卦之人多为一线之首领，具统率才能，故为“容民蓄众”。测病为消化系统疾病，泌尿系统结石等。测天气多为阴天。测生育为临产状态，且为男孩。测婚姻不吉，易出婚外色情事，二爻为独阳，女孩得此卦非处女；也有远亲相结而吉之象。测财大吉。股市火爆，参与者众。

8. 比：众星拱北之课，水行地上之象

本卦讲亲爱精诚的原则。为归魂卦。亲比欢乐、相亲、依附、团结、比较、对比、比赛、竞争、快乐、亲善。一阳居五尊而统众阴，故为“建万国，亲诸侯”。得此卦之人多具领导才能，受人拥戴。但诸事多有相争。雨后水流地上之象，测生意宜做流通领域。行事宜合作，不宜独来独往。测婚姻，因太挑剔，难有结果。已婚防婚外情。测疾病胸部肋膜炎，肠胃炎，女乳腺病。车牌号遇此易剐碰。

9. 小畜：匣藏宝剑之课，密云不雨之象

本卦讲应对一时困顿的原则。力量寡弱，小的积蓄、成就、小的阻碍、消极等待、留住、给养、养育。巽为风，为云，天上有云，“密云不雨”，天气不明朗，形势不明朗。测事得此卦多有阻力，蓄势待发，文王在羑里演易时状态。此又为慈善事业卦，又与农业有关。“君子以懿文德”，得此卦之人多文才出众。测婚得此卦“夫妻反目”之象。测财富得此卦，可得积蓄，善舍善得。股市蓄止之象。测病气管炎症、咳嗽、食道疾病，便秘、风寒、脱发，又主忧郁症，神经衰弱，女月经不调。占此卦之人有外柔内刚之性。

10. 履：如履虎尾之课，安中防危之象

本卦讲实践理想、履行责任的原则。步履不安，践履、履行、礼节、出走。又为礼仪之卦，得此卦多属传统礼仪之家。此卦讲危险中可以幸免于难。有敢踩虎尾的胆识，才能最终踏上坦途。胆大心细，处乱不惊，有惊无险。此卦为女人裸体之象，又老男配少女，如四柱的戊癸合，故测婚多风波。疾病主呼吸系统，性病等，易为金属所伤，腹部有疤。测生育多为女孩。上乾下兑，兑主说，有教师之象。测生意为鞋袜生意。股市有惊无险。

11. 泰：小往大来之课，天地交泰之象

本卦讲持盈保养的原则。通泰吉祥、亨通、安泰、平安、畅通。坤地气下沉，乾天气上升，交流融合之象。故测婚吉祥。坤柔在外，乾刚在内，典型的外柔内刚性格。“小往大来”，利花小钱办大事。测贸易可行，利润空间可观。测病健康，注意胃寒、性病，但危重之人有“入地”之象。行人有为情而动之象。阴阳太平衡，隐含变故，防泰极否来。为正月卦，测事多应正月。

12. 否：天地不交之课，人口不圆之象

本卦讲由泰到否的应时原则。闭塞不通、黑暗、阻塞、阻隔、否定。天气上升，地气下降，不交之象。测婚不吉。乾刚在外，阴柔在内，外刚内柔，外君子而内小人，纸老虎。“大往小来”，得不偿失。测病为气血不调，精神异常，失眠，胸膈不通，食道癌、胃癌、性病等，适当调节饮食。危病之人有不治之危。测经商失利，目前局势不佳，宜静待时机。为七月卦，测事多应七月。

13. 同人：游鱼从水之课，二人分金之象

本卦讲和同的原则。为归魂卦。与人亲和、集结、和同、同行、同志，朋友相亲，共产主义的状态。志同道合之人联合起来，无往不胜。天气上升，火气也上炎，同气相求，为同人；先天乾与后天离同居南方，亦为同人。测人人缘好，善交际。测事易有相争，出现第二个。经济宜合作，得朋友助。股市大长之象。测行人有伴相行。测婚姻防第三者。女人测得此，非女强人即情感放纵者。测生育为女孩。测疾病肺及呼吸系统，血管硬化，眼视力差或有病，发烧，老人及病危重之人有归天象。另为锅炉、电暖气等象。车牌号遇此易剐碰。

14. 大有：金玉满堂之课，日丽中天之象

本卦讲成功后的应对原则。为归魂卦。日丽中天，正午时分，伟大的事业，大有收获，怀柔得众。“大有众也”。一阴独居五尊，女人测卦，为女强人，可统众男。男人测有怀柔之性而得众人拥戴，刘备之风。测财大有，测长久之事当注意适时收敛。股市到顶之象。测疾病易在肺、呼吸系统，易脑血管硬化，防破裂。老人及危重之人有归天象。眼视力差或有病。测天晴空万里，防干旱。

15. 谦：地中有山之课，仰高就下之象

本卦讲为人处世的原则。谦和忍让、谦虚、退守、等待、轻视。山高却居地下，谦虚之象。该卦为六十四卦唯一六爻皆吉之卦。三爻一阳藏于群阴之中，棉里藏针，非真低也。得此卦之人荣誉有礼、谦虚退让、屈己待人，轻己尊人，可有始有终。测生意有作矿产之象。股市上顶难以突破。测疾病脾胃不良，便不通、梗阻，肾虚、性病，女人月经不调，子宫癌。测产育为男孩。此卦有男子裸体之象，男子风流，测婚有富婆与“小白脸”之象，故不吉。测天气为阴天。数最小为八。

16. 豫：凤凰生雏之课，万物发荣之象

本卦讲和乐的原则。悦服快乐、喜悦、高兴，安乐、懈怠、预计、熟虑。雷鸣地上，轰轰烈烈，影响大，名气大。“作乐崇德”，得此卦之人好音乐律，性格外向、积极，多柔少刚，有君子之风，事业指日高升。但应防空洞，宜多务实，谨防懈怠，方有大成，“谦轻，而豫怠也”。测天气雷大雨小。测婚姻吉利。测身体注意消化系统，肾虚，有梗阻、胃癌的可能。测产育为男孩，距临产还有一段时间。测家庭为长男持家。测生意大吉，有做乐器、音乐、娱乐生意的可能。股市该上长了。

17. 随：良工琢玉之课，如木推车之象

本卦讲追随、随和的原则。为归魂卦。随顺和同、随从、随和、无目的。跟随别人一起做事佳。自己做事不可冒进。上兑说，下行动，言行一致。“向晦入宴息”，有牢狱之象。测病腿有伤，头有疤，肝病。测婚姻，长男配少女，有婚外情、三角关系的可能。测事时间易应在黄昏或深秋。

18. 蛊：三蛊食血之课，以恶不久之象

本卦讲习行前人之事、振疲起衰的原则。为归魂卦。虫在皿上，事物败坏、腐败之象，惑乱、发生事端、整饬、需变革。本卦讲习行父亲之事，继承改变父辈、前任、前人事业的原则。问题主要出自内部，又内忧大于外患。测企业内部腐败之象。测婚长女配少男，“女祸男，风荡山”，婚姻多风波，男女多私情，注意色情灾祸。测病多半因色情引起，性病等，痒、骨折、脾胃不佳，儿童腹内有虫。测天气气压低。腐败而孕育生机，有万物俱秀发之象。故虽腐但有东山再起之希望。股市虽市况不佳，但孕育生机。数字最大为五。

19. 临：凤入鸡群之课，以上临下之象

本卦讲治民之术，领导的原则。宽容相助，君临、迫临、临下、临近、给予、大。监督、领导、统治。宽容相助，给予。需要用柔和温顺的策略才会成功。此卦下兑为说，上坤为众，为在众人中说，深入群众，座谈。女测受母疼爱。测婚不很有利，女测好一些，男子有才干。测病腹部有疤，腹部手术象。腿足易病、易伤。还要注意消化系统。诸事防“八月有凶”。测事主十二月易成。此卦有“大震”象，故占此卦之人多雷厉风行，脾气大。

20. 观：云卷晴空之课，春花竞发之象

本卦为政治专卦，谈如何观察和观察什么。周游观览、展示、观察、壮观、要求、参观、追求。占事中会有凶象出现，须得贵人相助，才有成功的希望。此卦为“精神”卦，追求物质不甚有利。故求精神上的问题大致可断为吉。有志于教育、宗教、高雅兴趣和研究工作，目下很合适。有大“艮”象，凡事要多观察，不宜急动。大“艮”有俱乐部、礼堂之象。占此卦之人多有宗教信仰。测工作多与教师、说教、展览、宗教、艺术等有关。测病呼吸道、胃肠弱、风湿、下肢瘫痪，半身不遂。测天气易阴天有风。测婚易女方霸道。此卦多应八月。

21. 噬嗑：日中为市之课，顺中有物之象

本卦阐释饮食与刑罚的原则。吃喝、咬合、强硬态度、刑罚、口舌、官非、争讼。与饮食有关之事，以之象征牢狱，“先王以明罚敕法”。会和别人发生争吵，甚至讼事。行事但求温和，不要莽撞，即使发生纠纷亦可解决。测卦遇之，测卦人脾气大，如非公检法军人员，多有官非口舌。又为市场之象，发电机之象。婚姻不谐。疾病为胃肠消化之症，注意癌症、肿瘤的可能，发烧，心动过速，肝火盛。股市箱体振荡。天气有盛夏晴转雷电的可能。电话号码遇此多口舌。车牌号遇此易为货车。

22. 贲：猛虎靠岩之课，光明通泰之象

本卦讲礼仪的原则。文饰光明、装饰、装修、无色。测卦人讲究服饰，爱打扮，虚荣心强。做事会成功，但需要花费很多时间。不太适合向外发展。可能发生意料之外的错误，或是意想不到的出人头地的机会。“小利有攸往”，大事不很适宜。注意眼病，一眼视力极差，心脏不好，易闷，注意心脏骤停、心肌梗塞。测婚姻为喜气卦，有结婚之象。职业与装修、美化、广告、摄影等有关。测数最大为三。

23. 剥：去旧生新之课，群阴剥尽之象。

本卦阐述应对腐败时期的原则。剥削蚀烂、剥落。“鼠辈穿仓之象”，此卦为典型的小人得势、逞狂之时。大山倾倒，不利于前进，应停止前进，考虑对策，应付新情况。希望破灭时，我方应持静观望，让对方主动后，再想办法应付，效果会更好。若另创新事业属大吉。测病身体不好，或病情严重，危重之人有不治归土之象。下肢有病，瘫痪、小儿麻痹为多。测婚姻女欺夫，女强男弱。测财不利，股市见顶崩盘之象。为九月卦，测事易应九月。测数最大为八。电话号码遇此运气背。

24. 复：沟沙见金之课，反复往来之象

本卦阐释恢复的原则。生机复明、复归、复来、复兴、反复。一阳始发，不足成势，但前途远大。测事遇此，多有反复。测婚遇之当“梅开二度”。测考试要复考。测坏事当有复兴之机。测病当为腹痛，脚病等，病情易反复，又有旧病复发的可能。“出入无疾”，出门吉利。埋在地中的种子。股市反转之象。为十一月卦，测事易应在十一月。“七日来复”，有应七天后者。电话号码遇此事多反复。

25. 无妄：石中韫玉之课，守旧安常之象

本卦讲不虚伪的道理。顺乎自然、不虚伪、无希望、灾害、意料之外、不妄动。按照当时的环境自然地进行，但却常因迷惑不定而招致失败。“无妄灾也”，测卦遇此，被动处之较佳，注意灾害，得意忘形而致灾，更包含自然灾害。“其匪正有眚”，走正道则可解灾。测病易足病，肝病。“无妄之疾，勿药有喜”，病可不药而愈。处理婚姻当顺其自然。天气晴空而雷。有发射火箭、卫星之象。车牌号遇此有货车之象，当小心车祸。

26. 大畜：龙潜大壑之课，积小成大之象

本卦讲大的积蓄与大的阻止的原则。制止欲进、大的积蓄、阻止、等待、把握时机。全心全意投入到某件事情中，才是吉祥的。此卦为事物集中、繁华之象，同时却隐伏不好之事，由于性子急躁往往会失败。此卦为“食禄”之卦，“不家食，吉”，宜于做官。测事业为公职。测婚理想，男测为善持家之女，女测多为官贵。测病便秘、梗阻。测天气浓云密布却不下雨。测财大利，测股市即将大起。车牌号遇此有“子弹头”之象，当小心车祸。电话号码遇此利仕途。

27. 颐：龙隐清潭之课，近善远恶之象

本卦讲养育的原则，为养贤之卦，为农业之卦。为游魂卦。谨言节食，养育、求口实，喻指自力更生。这种人大都怀有阴谋诡计，心怀不轨的情形也多，因此，处事常与人争执，而不能和平，遇障碍的情形也特别多。为二震卦相对，故有两军对峙的意象。为大离卦，中空，防事情不实。人有外强中干之性格。有盒子、箱子、大客车、大飞机、大礼堂之象。问胎孕为未孕。测身体当注意养生之道，食疗胜于药疗。注意足和脾胃之疾。测事业方向，自己经营好于白领。股市上上下下难有大的变化。车牌号遇此易为大型车辆，如大客车等，当小心车祸。

28. 大过：寒木生花之课，本末俱弱之象

本卦阐释非常行动的原则。为游魂卦。势将颠覆、倾倒、大的过度、非常行动。心情迷惑不定，很难掌握主意，有时因估计错误而导致失败。凡事衰退之兆。此卦“有如常山之蛇”及“马克于花街”。本卦是非常时期之卦，意味着将有人将功立业之时，疾风知劲草，“家破出孝子，乱世见忠臣”。但另一方面，却因事情过于重大而力所不支。故凡是超越本分之事均不宜进行。测考试为吉，通过之象。大坎象，大智慧之人。测病为腿病，肝病，上吐下泻，性病，外伤，头有疤，重病有危。测婚二兑口相背之象，不和。“老夫得其女妻”、“老妇得士夫”，夫妻年龄相差较大为吉。“栋桡”，测房宅，建筑质量不好。股市将发生大的变化。车牌号遇此当小心车祸。

29. 坎：船漏重滩之课，外虚中实之象

本卦讲突破艰险的原则。重险重陷，陷阱、向下、困难、坎坷。很可能遭遇灾祸，也有贫穷之虞，最好出外谋生，自求多福。与朋友交应注意对方之阴谋，以防其不轨之企图。“习坎”，祸不单行。测卦遇此，容易在麻烦中。卦占之人心机重。测病为肾病，血病，耳病，骨病，心脏病，性病，妇科病，水肿，泻肚等。测胎孕可能为双胎，有难产之象。测婚不吉，男测对方有娼妓之嫌。测股市大跌。测天气为下雨，且大或久。得此卦注意水灾。车牌号遇此当小心车祸。电话号码遇此多易被骗。

30. 离：飞禽振羽之课，大明当天之象

本卦讲依附的原则。附丽光明、上升的太阳，附着，向上，离散，离开。容易上当而落进别人的圈套。纵使有暂时的成功，也难保永远，故应注意平时的准备。卦占之人长相漂亮。测高考成绩好，可升。测病为心脏病，血病，眼病，高血压，有发烧症状。测婚姻离散之象。测天气为晴天，谨防干旱。得此卦注意火灾。股市大长。有眼镜、抽屉、盒子、小轿车之象。车牌号遇此当为小车，且易出碰撞。电话号码遇此利文。

31. 咸：山泽通气之课，至诚感神之象

本卦讲万物感应的原则。少男配少女，是男女感情之卦。一至六爻恰为男女交感的全过程。交感和合，感应、夫妇之道、宜快。此卦表示，可能很快乐就会取得协调，也可能希望在瞬间就破灭。有时候，可以从很遥远的地方取得利益。测卦遇此，多在男女感情之中，也应注意色情灾祸。“娶女吉”，利婚姻。“君子以虚受人”，行事当虚怀若谷。测事来得快。坤包乾，测胎孕为已孕，易为男孩。测天气旱天将要下雨，连雨天将会放晴。测病为流行病、传染病为多，性病、呼吸系统疾病，脚有伤。天池、山洞、高架式音响。数最小为二。车牌号遇此易出碰撞。电话号码遇此情感不断。

32. 恒：日月常明之课，四时不没之象

本卦讲恒久不变的道理。长女配长男，为正配；女主内，男主外，夫妻之道，故可久。卦有恒久、长远之象。测卦人多脾气急，有时还有色厉内荏之性情。测事遇之，多有不变之象。求变遇之，不动为好。测婚姻，吉祥。测坏天气，还要维持一段时间，易有雷雨。测胎孕，已怀孕，易为男孩。测病，不利，病况不宜好转，病症易为食道与胃肠癌，肝胆病。车牌号遇此不吉，易出事。电话号码遇此可为官贵，吉祥之象，女用之易有婚外情。

33. 遁：豹隐南山之课　守道去恶之象

本卦阐述退避的原则。逃避、隐退、退辞。做任何事都容易出差错，此时应该保守，以退为上，远离小人。测物价、股市，为在一个高度下跌之象。测婚姻，女方气盛凌人，不吉。测病，重病不吉，有危险；但若为小疾，则反为转好之象。为六月卦，测事多应六月。电话号码不宜选之。车牌号遇之有追尾之嫌。

34. 大壮：羝羊独藩之课，先曲后顺之象

本卦讲壮大的运用原则。强盛、壮大、强健、当止。易做事不计后果，盲目前进，致进退不得。测股市，冲高回落之象。测病易为神经系统疾病，脚病等，小病速愈，大病危亡。测天气，惊雷无雨，或晴天。车牌号遇此不吉，易出事。电话号码遇此多为莽撞之人。

35. 晋：龙剑入匣之课，以臣遇君之象。

本卦讲进取的原则。日出地上、晋升、前进、谒见、白昼、竞争。黑夜过去，曙光来临，事情已出现良好的转机，虽不宜马上行动，然毕竟前途远大。测事易有贵人帮。测天气为晴天。测股市走出低迷之象。测病易为心脏病、日照病、胃热、视力弱等，病情有转重之势。有平房之象。

36. 明夷：凤凰垂翼之课，出明入暗之象

本卦阐述在苦难时韬光养晦的原则。日入地中、光明负伤、韬晦时期。无论做任何事情都易发生意外事故。测事为运气极端低迷时期，凡事不宜莽动。测病为心脏病、眼病等，重病不吉，有不治入土之嫌。股市光明已去，转入（阶段）熊市。测天气将要下雨之象。停电之象。测婚姻不美满。此卦为工伤卦，测企业得之，一定要注意工伤事故。测卦人易有手足之伤。

37. 家人：入海求珠之课，开花结子之象

本卦阐述治家与内外的原则。家人、亲属、自己人、同道。家道兴隆、家庭伦理关系、内部。此卦为家庭卦。家庭是女性活动的场所，有利于女性发挥才能。任用女性做事，往往比任用男性效果为佳。以外观看吉利之事非常多，实则不易实现。“六四、富家，大吉”。亲情关系密切，但同时，又容易在家庭中发生纠纷或错误行为。测生意为家族企业。男测性格柔和。求谋通过女人帮效果会更好。测天气为微风和煦。发烧。车牌号遇此易为家庭用车，平安。

38. 睽：猛虎陷阱之课，二女同居之象

本卦讲求同存异、离与合的运用法则。背道而驰、乖离、乖异、外别。对立统一。本卦讲行旅，意指出门在外，不能与家人相见。做任何事都是事与愿违，因而事事不如意。但是最后还是有好结果。如女性得此卦，则为淫妇之象。“口舌相伴，财散人离”。测卦遇此，往往关系出了问题。测婚姻，“二女同居”不吉。测人性为逆向思维。测卦人易有破相。测胎孕多为男孩。测病易为神经系统疾病，神经分裂，血栓、便秘，肺部疾病、咳嗽等。电冰箱卦。车牌号遇此平安。

39. 蹇：飞雁衔芦之课，背明向暗之象

本卦讲面对困难的处置原则。踏步难行、跛脚、困难、灾难。测卦人易脚有病。行事“利西南，不利东北”。目前运势不佳，处于困难时期，宜见贵。数字最小为六。婚姻不吉难成。山上泥泞路难行。瀑布象。测病为皮肤病，胃病，肾或泌尿系统结石，耳病、手病、脚病。

40. 解：囚人出狱之课，草木舒伸之象

本卦讲解除困难的法则。艰难化散、解除困难、解脱、缓和。本卦讲在西南方向可能获利，但如没有目的就不如回来。如果有目的，那就越早去越好。无论做何事，动作都要快捷迅速，一旦失去时机，就不可能成功。办事有贵人相助。测运势，多为走出困境之象。该卦也是个求财之卦。坏事遇之最吉，可“解”，好事就不需要“解”了。测胎运为已孕，且为女孩。测天气为雷雨天，且易为喜雨。测病为胃热、消化不良等，测久病痊愈之象。电话号码宜选此号。

41. 损：地中见水之课，握土为山之象

本卦讲损人益己的原则。损盈益虚、损下益上、损失、减少、“盛之始”。此卦在先损后得的时候，表示凡事都应慢慢来，徐徐地进行就会成功。但是，也有为近亲而破财消灾的意思。起初虽然吃亏而不能称心如意，可将来却有发展的希望。同时，该损失的时候毫不吝惜，才是当前的处置之道。测胎运注意流产。易有腿脚伤。测财不利，易有破财。“三人行则损一人”，测合作不久。数字最大为二。

42. 益：鸣鸿遇风之课，滴水添河之象

本卦讲损己益人的原则。奋发有为、进益、受益、增多、损上益下。“衰之始”。外表看运气很好，很盛，可是内部却动荡不稳定，开始时非常好，后来却逐渐地恶化衰败。测财得利。测婚姻吉祥。测合作可行。测事业兴旺之时，宜抓住时机。测胎孕为未孕。测天气会有风。测病有加重之象，或为肝胆之症。电风扇、鼓风机之象。电话号码吉利。车牌号平安。

43. 夬：神剑斩蛟之课，先损后益之象

本卦阐述消除邪恶的原则。排除决去、决裂、溃决、伸张、快速、果断。阳正坚决除去阴邪，但并非因阳而繁荣，反而会被某种强力贬毁。疾恶如仇，很难成功。“三月卦”，测事易应三月。测卦人性子急，头有伤。性格刚毅。股市有泡沫，将会破灭。婚姻不利，夫妻常无缘吵闹。测天气将下雨之兆。车牌号主车前脸易受伤。

44. 姤：风云相聚之课，或聚或散之象

本卦讲防范邪恶的方法。阴长阳消、邂逅、相遇、淫奔。做事常常发生意外的结局，聚散无常，令为迷惑之事特别多。此卦多半为不吉。现在不可积极行动，只可固守，方可避失败。首脑发令，号令天下。卦中多有男女私事、婚外情。一女周旋与五男之间，女强人或淫荡女。易因女人起祸。五月卦，事多应五月。夏至卦，霉季来临。测婚姻不吉，“女壮，勿用娶女”。股市该向弱市转化了。天气为风天、阴天。测病为流行病、传染病、性病，中风，病情有加重的倾向。测出行会邂逅熟人。车牌号遇此，易遇车祸，宜更之。

45. 萃：鱼龙会来之课，如水就下之象

本卦阐述群体的结合原则。聚合丰盛、聚集、热闹、丛生。凡事都很兴隆的意象，也常为了财物而和别人发生争吵。有贵人帮。测物价下调，股市下跌。测病易多病同来，或有并发症，有呼吸系统病兆，下肢瘫软。测婚姻易有婚外情。泥泞地、不平地。测天气为阴天。

46. 升：高山植木之课，积小成大之象

本卦阐释升进的原则。升腾、上进、发达、下不来。若按部就班，慢慢地做就会很顺利。测运气为顺运、旺运。有贵人帮。南方有利。测婚姻吉利，但易有重夫重妻。测天气阴天有风。测病有加重之势，严重者有“升天”之危。测股市高涨之象。测仕途高迁在即。电话号码适宜选之。

47. 困：河中无水之课，守己待时之象

本卦讲应对困顿的原则。古称四大难卦之一。受穷困乏、困境、困难、相遇、进退维谷。因为资金缺乏而觉得十分痛苦，事事不如意，若能得到他人的帮助，即可挽回。“大人吉”。遇此卦往往有异性之烦恼，测婚姻也是如此，防婚外情。测病头部易有伤，呕吐、泻肚、经血不顺等。测天气为干旱无雨。电话号码选之，易心烦意乱。

48. 井：珠藏深渊之课，好静安常之象

本卦阐述用贤与养育的道理。维持现状、用贤、陷阱、养育、水井、通畅。万事都不可能很快地做好，新开办的事业或改革方面，也会招来无谓的损失。也可能得到地中挖出的宝物。这是个利财之卦。测股市易在箱体振荡。测身体肝胆易病、风湿、耳病等。测天气为风雨交加的坏天气。

49. 革：豹变为虎之课，改旧从新之象

本卦阐述变革的原则。转移方针、改革、变革、去旧。做事时，若能改变方针，就可得到吉利。开始时，困难很多，后来却会成功。先难后易，故操之过急，必将失败。测股市要变盘了。电话号码遇此变动较多。测婚姻不吉，已婚者防婚姻破裂。测疾病为呼吸系统病症较多，咳嗽，心脏不强，头有伤，可见血。测胎孕防小产。测天气也是将变化之象，久雨将晴，久旱将雨。

50. 鼎：调和鼎鼐之课，去故取新之象

本卦阐述养贤与求新的道理。因败致功、食日、养贤士、鼎新、取新。此卦有弃旧迎新的形象，随着机运的演变去做就可以了。所需要注意的是文件、证书之类的物品。“求名赴试之卦”，卦遇此，多与求官、求名有关。好运气。测卦遇此易生新变化。测婚姻吉利，但男易有外室、二奶。测疾病发烧、腿易受伤。病情变化快，严重者不治。炊事之卦，炉具。电视箱架。测天气晴天，风和日丽。

51. 震：震惊百里之课，有声无形之象

本卦讲应对震惊的原则。奋发图强、震动、危惧、妄动、起始。此卦有二重性：一者发奋图强以完成大事；一者有相争妄动或只听到声音不见实体的情形。测卦人脾气大、名声大。测财有利。测婚不利，有变动重叠之嫌。测病为精神病、肝胆病、脚病、脚气、筋骨病、抽筋等。测天气易有风、雷。测卦遇此，注意地震、爆炸灾害。股市将大幅波动。车牌号遇此，易遇车祸，宜更之。

52. 艮：游鱼避网之课，积小成高之象。

本卦阐述适可而止的道理。障碍很多，若勉强前进等于截断自己的退路，而陷于险象环生的局面，做任何事都要稳扎稳打，不可操之过急，才有成功希望。停止、阻止、预防、保护、起始。山的形象。楼房。所测人诚实、守信、稳重。测出行不动。股市在高位之象。测病为脾胃病、手指病、腰背病、关节痛、血栓、女经不顺、肿瘤、皮肤病、癌症、结石病等，病重者有入土进山之象。测天气为阴天、气压低。车牌号遇此，易遇车祸，宜更之。

53. 渐：高山植木之课，积小成大之象

本卦阐述循序渐进的做事原则。做任何事都要深谋远虑，稳扎稳打，可能有经济困难及色情的灾祸发生。凡事不可急功近利，须循序渐进、按部就班。卦主和缓性情、慢性子。女子找到归宿，求婚吉，但子孙持世，终有瑕疵，或分居，或子迟。测胎孕为迟。测事业发展慢。车牌号遇此平安吉利。测病易为消化系统疾病。

54. 归妹：浮云蔽日之课，阴阳不交之象

本卦阐释婚姻的道理。因为自己做事不公平，不公正，容易发生意外事故；也可能发生违约之事。所测之事容易拖延、延期。嫁女之卦，测婚姻不吉，还要因爻而变。易在男女关系上出问题。股市又将从高位回到原点。测行人将归。测疾病有性病、神经过敏、脚气、肝病等，病情严重者有“归山”之危。测天气为阴雨天。

55. 丰：日丽中天之课，昔暗回明之象

本卦讲世事盛衰无常的道理。凡事很难维持长久，明日之事，今日应做准备。应注意虚伪、计谋、诉讼、打架等烦人之事，才不容易招来灾祸。亨通的背后隐藏着危机。丰，用大遮阳挡住白天的阳光。“残花待雨之意”。此卦易发生爆炸等工伤事故。此卦利文，求学、考试有利，求官亦吉。办事谨防被蒙蔽。测婚姻注意对方真情被隐藏，婚姻不算圆满。测身体注意心脏系统，易心动过速。卦主性子急、脾气大。车牌号不宜选之，易出车祸。测天气为阴天或雨。

56. 旅：如鸟焚巢之课，荣极衰生之象

本卦阐述旅行在外的原则。飘摇不定，旅行，不安定，亲友少。出门在外忧愁、烦恼的事情很多，内心得不到稳定的情绪。小事会成功。电视塔之象。测卦容易出现即将旅行之事。测天气为晴天。测卦遇此，易发生火灾。测婚姻男测易成，易有艳遇；女测不吉，对方易有婚外情。车牌号遇此，车辆易外出。测身体健康。数字最小为三。

57. 巽：风行草偃之课，上行下效之象

本卦阐述谦逊的道理。谦虚行事，进入、谦逊、隐伏、命令。做事往往横生枝节，不容易成功。身体、心理都没有稳定性。而且，辛苦之事非常多。运气易有变动。测卦人易为生意人。性情不定、不稳。测婚姻不佳，易多变，难长久。测病易出现肝胆之症、呼吸系统不佳、流行病、中风腰病、股病等。测天气为风天。车牌号遇此不吉，易发生事故。

58. 兑：江湖养物之课，天降雨泽之象

本卦讲和悦的原则。泽润万物，喜悦、取悦、显现。凡是小事都可以成功而带来喜悦，但大事将有中途挫折之虞。或有名不符实、表里不一的情形。测卦遇此，“君子以朋友讲习”，易发生研讨、切磋之事。所测之对象有口才，也易表达过度。办事注意口舌是非。测婚姻对象易出现相争，婚后发生婚外情之事。测疾病易出现口腔、呼吸、肺部等疾病，身上易有伤，一生要有手术的经历。测天气为雨天较多。车牌号遇此不吉，易发生碰撞。

59. 涣：顺水寿舟之课，大风吹物之象

本卦讲挽救涣散的原则。灾害涣散，离散。精神涣散，财物散。此卦大讲洪水的各种冲击情况，然都未成灾。要特别注意的是，和别人订契约要仔细看看契约的内容，才不会惹来无妄之灾。此卦好事、坏事都易散，故测好事忌之，测坏事喜之。此卦不利人和，卦遇此关系极易出问题。测婚姻不吉，对象难成，已婚易散。测卦遇此，谨防水灾。测天气为暴风雨天。测胎孕谨防流产。测身体较弱，防性病、泻肚、中毒等。

60. 节：船行风息之课，寒暑有节之象

本卦主要阐述节制的原则。适可而止，节制、节省。本卦属行为修养之卦。讲节俭的各种情况。对已有的事业不可任意扩张，否则会招来损失。意外之灾祸不可不防，此点应特别注意。测婚姻大吉。测疾病当采取保守疗法，以保养代药疗，注意节食、节欲、生活规律，易染口腔、肛门、尿道等疾病。车牌号码吉祥。卦主性情适中，不急不火。盛水容器象。

61. 中孚：鹤鸣子和之课，事有定期之象

本卦讲诚信的原则。信而有实，诚信、忠诚。此卦为二口交谈象，故此宜开怀交谈。又为大离象，难免外表华丽，内在空虚。二兑（嘴）相对，注意情感之事。测胎运为未孕。测病为心脏病，发烧。性情外刚内柔，外实内虚。测天气为晴天有风。车牌号不宜选之。

62. 小过：飞鸟遗音之课，上逆下顺之象

本卦阐述过度与收敛的道理。阴顺阳困，小的过度，小有超出，小的过失，可小事，不可大事，超越。卦遇此易有小的过失出现。股市冲破阻力上扬之象。测考试通过。性情易闯祸。测身体易有心脏病、肾病、性病等，也易有外伤。测天气阴天易雨、有雷。车牌号遇此，易有车祸。

63. 既济：舟楫济川之课，阴阳配合之象

本卦阐述功成名就后隐藏着危机变故的道理。由大而小，完成、成功、安定、渡河。因此，做任何事都只做短暂的时间就可收摊，绝不能恋战，以免血本无归。六十四卦中六爻阴阳最得位、完整之卦，反到孕育变化。股市不论涨跌均将到头，即将反转。测病心脏不好，血液病，视力弱，需节制性事。测婚姻男女相亲，吉祥之象，但不恐难长久。车牌号不宜选之。测天气下雨之象，或阴晴变化较快。

64. 未济：碣火求珠之课，忧中望喜之象

本卦阐述由小而大，未完成，不能成功。行事之初，非常不好，到了后来却有极佳的成果。进行中虽然非常辛苦，不过忍耐，贯彻始终才会有结果。特别注意不可因耐心不够，而半途放弃。六十四卦中六爻阴阳最不当位、不完整之卦，恰有无限的发展空间。股市不论涨跌均未到头，还将继续下去。测病心肾不交，失眠。测天气阴晴难变。

三、六十四卦卦序

六十四卦有多种排序方法。现简述几种：

（一）经文卦序

此卦序是按照宇宙、自然、物质、世界、社会的生成原理而排，这个卦序正反映了整个宇宙的发展规律。起于乾、坤即天、地，终于既济、未济即结束和重新开始。分上下两部分，上经三十卦，下经三十四卦。

其中，相临的两卦都互为综卦，反映了正反两方面关系的辩证统一。

六十四卦的这个卦序，充满了自然衍生发展的哲理，值得仔细玩味。

《序卦传》讲的就是这个卦序的排列原理，现将序卦传列下，并做简单的解释：

“有天地，然后万物生焉。盈天地之间者惟万物，故受之以屯。屯者，盈也。屯者，物之始生也。物生必蒙，故受之以蒙。蒙者，蒙也，物之稺也。物稺不可不养也，故受之以需。需者，饮食之道也。饮食必有讼，故受之以讼。讼必有众起，故受之以师。师者，众也。众必有所比，故受之以比。比者，比也。比必有所畜，故受之以小畜。物畜然后有礼，故受之以履。履者，礼也。履而泰然后安，故受之以泰，泰者，通也。物不可以终通，故受之以否。物不可以终否，故受之以同人。与人同者，物必归焉，故受之以大有。有大者不可以盈，故受之以谦，有大而能谦必豫，故受之以豫。豫必有随，故受之以随。以喜随人者必有事，故受之以蛊。蛊者，事也。有事而后可大，故受之以临。临者，大也。物大然后可观，故受之以观。可观而后有所合，故受之以噬嗑。嗑者，合也。物不可苟合而已，故受之以贲。贲者，饰也。致饰然后亨则尽矣，故受之以剥。剥者，剥也。物不可以终尽剥，穷上反下，故受之以复。复则不妄矣，故受之以无妄。有无妄，物然后可畜，故受之以大畜。物畜然后可养，故受之以颐。颐者，养也。不养则不可动，故受之以大过。物不可以终过，故受之以坎。坎者，陷入。陷必有所丽，故受之以离。离者，丽也。有天地然后有万物，有万物然后有男女。有男女然后有夫妇。有夫妇然后有父子。有父子然后有君臣，有君臣然后有上下。有上下然后礼义有所错。夫妇之道不可不久也，故受之以恒。恒者，久也。物不可以久居其所，故受之以遯。遯者，退也。物不可以终遯，故受之以大壮。物不可以终壮，故受之以晋。晋者，进也。进必有所伤，故受之以明夷。夷者，伤也。伤于外者必反于家，故受之以家人。家道穷必乖，故受之以睽。睽者，乖也。乖必有难，故受之以蹇。蹇者，难也。物不可以终难。故受之以解。解者，缓也。缓必有所失，故受之以损。损而不已必益，故受之以益。益而不已必决，故受之以夬。夬者，决也。决必有遇，故受之以姤，姤者，遇也。物相遇而后聚，故受之以萃。萃者，聚也。聚而上者谓之升，故受之以升。升而不已必困，故受之以困。困乎上者必反下，故受之以井。井道不可不革，故受之以革。革物者莫若鼎，故受之以鼎。主器者莫若长子，故受之以震。震者，动也。物不可以终动，止之，故受之以艮。艮者，止也。物不可以终止，故受之以渐。渐者，进也。进必有所归，故受之以归妹。得其所归者必大，故受之以丰。丰者，大也。穷大者必失其居，故受之以旅。旅而无所容，故受之以巽。巽者，入也。入而后说之，故受之以兑，兑者，说也。说而后散之，故受之以涣。涣者，离也。物不可以终离，故受之以节。节而信之，故受之以中孚。有其信者必行之，故受之以小过。有过物者必济，故受之以既济。物不可穷也，故受之以未济。终焉。”

下面是孙振声先生的《易经入门》中对《序卦传》的解释，通俗简捷，现录于此：

乾卦象征天，坤卦象征地；有天地，然后产生万物。充满天地之间的，惟有万物，所以接着是屯卦；也是充满、万物创始的意思。万物刚创始时，必然蒙昧，所以接着是蒙卦；蒙是蒙昧、幼稚的意思。万物幼稚，就不能不养育，所以接着是需卦；需是饮食的道理。饮食必然会有争讼，所以接着是讼卦。争讼必然成群结队而来，所以接着是师卦；师是众的意思。众多必然就相互亲近，所以接着是比卦，比是亲近的意思。亲爱互助，必然就会有蓄积，所以接着是小畜卦。畜与蓄同。物资有了积蓄，然后就要以礼义节制，所以接着是履卦。履与礼音义相同。有了礼义，然后就会安泰，所以接着是泰卦；泰是通畅的意思。但万物不可以始终通畅，所以接着是否卦。否是坏、阻塞的意思。万物不可以始终阻塞，所以接着是同人卦。能够与人和谐共处，万物必然来归顺，所以接着是大有卦。有大事业的人，不可以自满，所以接着是谦卦。有大事业而且谦逊的人，就不会过与不及，必然安乐，所以接着是豫卦。能够使人民安乐，必然都来追随，所以接着是随卦。喜悦的追随他人，就会沉溺于安乐，必然发生事端，所以接着是蛊卦；蛊是腐败发生事端的意思。发生事端，然后才能创造大事业，所以接着是临卦；临是君临，以大统治小，是大的意思。大了以后，就具备观摹的条件，所以接着是观卦。具备观摹的条件，就会使人仰慕，然后合同，所以接着是噬嗑卦；嗑是合的意思。但万物不可以苟且的合同，所以接着是贲卦；贲是文饰的意思。但过分文饰，就失去真实，产生弊端，亨通就到了尽头，所以接着是剥卦；剥是剥落的意思。万物不可以始终剥落，剥落到极点，又由上返回到下，所以接着是复卦。重新回复到真实，就不会虚妄，所以接着是无妄卦。有了不虚妄的觉悟，然后就可以大量积蓄，所以接着是大畜卦。物资蓄积以后，就可以养育，所以接着是颐卦，颐是养的意思。不养育就不能行动，可以养育过度，所以接着是大过卦。万物不可以始终过度，所以接着是坎卦；坎是陷的意思。物陷落，必然就要攀附，所以接着是离卦；离是丽，亦即附丽、攀附的意思。有了天地，然后才有万物，有了万物，然后分出雌雄，在人称作男女；有了男女，然后才有夫妻，咸卦象征夫妻。有了夫妻，然后才有父子；有了父子，然后人类社会才仿效父子关系，建立了君臣的体制；有了君臣的体制，然后才分出上下的等级名分，有了上下的等级名分，然后才能建立并实施礼义。夫妇的关系，不可以不长久，所以在咸卦之后，接着是恒卦；恒是久的意思。但万物不可能长久保持原状，不发生变化，所以接着是遯卦；遯是遁，退避的意思。但物不可以始终退避，所以接着是大壮卦；壮是兴盛，大壮即大的兴盛，壮大的意思。但物不可以始终壮大，所以接着是晋卦；晋是前进的意思。但前进必然会受到伤害，所以接着是明夷卦；夷即痍，创伤的意思。在外面受到创伤，必然返回家中，所以接着是家人卦。当家走到穷途末路时，行为必然会发生乖违现象，所以接着是睽卦；睽是乖违的意思。乖违，必然会有灾难，所以接着是蹇卦；蹇是灾难的意思。万物不可以始终有灾难，所以接着是解卦；解是解除、缓和的意思。缓和必然有损失，所以接着是损卦。不停的损失，到不能再损失时，必然就会增益，所以接着是益卦。不停的增益，必然会决溃，所以接着是夬卦；夬是溃决的意思。溃决之后，必然会有遭遇，所以接着是姤卦，姤即逅、邂逅、不期而遇的意思。万物相遇之后，就会聚集，所以接着是萃卦；萃是发生、聚集的意思。聚集，就会逐渐升高，称作升，所以接着是升卦。不停的上升，必然就会遭遇进退不得的困境，所以接着是困卦。遭遇上升的困难，必然返回下方，所以接着是井卦。井的使用原则，不经常淘清就会混浊，需要革新，所以接着是革卦。使物革新，莫过于鼎，鼎用来煮食物，可以完全改变食物的风味，所以接着是鼎卦。鼎是祭器，祭祀祖先是长子的责任，所以接着是震卦，震卦象征长子，震是动的意思。万物不可以始终在动，必须使其止息，所以接着是艮卦；艮是止的意思。但万物不可能始终止息，所以接着是渐卦；渐是渐进的意思。前进必然就有归宿，所以接着是归妹卦。得到良好的归宿，必然强大，所以接着丰卦；丰是盛大的意思。盛大到极点，必然不安于原来的位置，所以接着是旅卦。旅行找不到容身的地方，就要设法进入，所以接着是巽卦；巽是进入的意思。进入之后，就会喜悦，所以接着是兑卦；兑是喜悦的意思。喜悦，就会使人的闷气涣散，所以接着是涣卦；涣是离散的意思。万物不可以始终离散，所以接着是节卦。节制就能使人相信，所以接着是中孚卦，孚即信。有信用的人，必定能够实行，所以接着是小过卦，过即超越。能超越常情，才足以成大事，所以接着是既济卦。但万物不可能有穷尽，所以接着是未济卦，《易经》也到此终止，以象征天道的循环不已，人事的无穷无尽。

(二) 京房纳甲卦序

这个卦序是京房发明，是纳甲预测方法的卦理根源，因此，学习纳甲法此卦序必须熟记。这个卦序是根据六个爻阴阳变化之理而产生。比如，乾宫八卦，第一卦为宫头卦即“乾为天”卦，第二卦则由乾卦初爻阳变阴而得，即“天风姤”，第三卦则由乾卦初爻、二爻均变产生，即“天山遁”卦……此卦序的演变方式在第五章第二节之三中有详细讲解，可参考记忆之。

八宫卦序见下表：

乾宫：

乾为天，天风姤，天山遁，天地否，风地观，山地剥，火地晋，火天大有。

坎宫：

坎为水，水泽节，水雷屯，水火既济，泽火革，雷火丰，地火明夷，地水师。

艮宫：

艮为山，山火贲，山天大畜，山泽损，火泽睽，天泽履，风泽中孚，风山渐。

震宫：

震为雷，雷地豫，雷水解，雷风恒，地风升，水风井，泽风大过，泽雷随。

巽宫：

巽为风，风天小畜，风火家人，风雷益，天雷无妄，火雷噬嗑，山雷颐，山风蛊。

离宫：

离为火，火山旅，火风鼎，火水未济，山水蒙，风水涣，天水讼，天火同人。

坤宫：

坤为地，地雷复，地泽临，地天泰，雷天大壮，泽天夬，水天需，水地比。

兑宫：

兑为泽，泽水困，泽地萃，泽山咸，水山蹇，地山谦，雷山小过，雷泽归妹。

（三）方圆图卦序

这个卦序是常用的第三种卦序，是按照先天八卦数的顺序，内卦或外卦不变，外卦或内卦依次变化产生的卦序。比如：乾为天，天泽履，天火同人，天雷无妄……在风水学中，此卦序常用，风水罗盘的卦序就是按照此卦序排列的。见六十四卦方圆图：

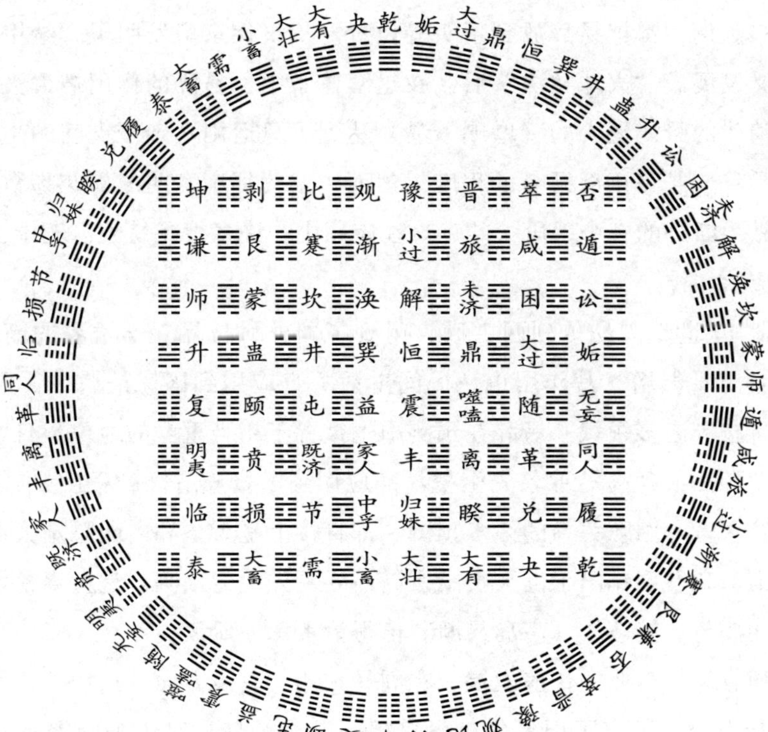

四、六十四卦卦辞

周易易辞是周易经传的重要组成部分，从古至今，研易者必读辞，正如《系辞传》中说："……所乐而玩者，爻之辞也。是故，君子居则观其象而玩其辞，动则观其变而玩其占……"可以说，易辞是周易的灵魂，周易中包含的哲学思想，以及管理学、心理学、美学、医学及其他自然科学思想，在易辞中都有充分表述。从预测的角度谈周易，易辞同样具有不可忽视的作用。尽管随方法的不同、门派的不同，对易辞的应用程度有所不同，但三千多年来，用易辞而达到准确预测效果的人物和事例却从未间断。

（一）易辞断卦的古今中外

由易辞断卦从周代便已开始，而且汉代以前，易辞是断卦的主要手段之一，由易辞决断吉凶，由易辞指导实践是经常的事。春秋战国时期留传下来的很多筮例，都把易辞放到了头等位置。从汉代京房发明了"纳甲法"，到宋代又发展成"火珠林法"后，在这套体系中，易辞的作用被大大削弱了。到了清代的野鹤老人的《增删卜易》达到了只运用六亲干支间的生克制化，而把易辞、卦象全部抛弃的程度。然而，宋代邵雍发明的梅花易数体系中，易辞做为断卦的一个手段，却一直在应用中，许多梅花易数占例中，易辞在卦中应验如神。

从17世纪周易传到西方后，得到了国外科技界、学术界的高度重视，研读者与日俱增，其作用也从民间生活一直应用到国家的政治、经济、军事、科技等诸多领域，易辞在预测中也被置于相当重要的地位。日本明治维新时期预测大师高岛吞象先生把易辞应用到了登峰造极的程度，其对政治、经济、军事、国际关系的诸多预测，都直接上呈天皇和内阁总理大臣，为日本的维新和发展作出了巨大贡献。高岛吞象先生的预测，是世界易学界用辞预测的典范。其著作《高岛易断》值得读者深入研读。

随着易学事业的快速发展，在周易预测、决策方面，只用五行生克制化来决断吉凶，远离了周易的哲学思想，抛弃了易辞对未来的警示性、前瞻性、指导性，已经不能满足时代的需要。发展中的、逐渐国际化的中国需要周易预测，更需要周易的哲学思想来指导实践，因此，对易辞理论、应用的研究，是社会发展的需要。

（二）易辞预测应用浅谈

在预测中可应用的易辞包括卦辞、爻辞、象辞、彖辞、序卦辞、杂卦辞等，现分述如下：

1. 卦辞

卦辞是一卦的总纲领，一卦的吉凶悔吝全在其中，而且又准确地反映着该卦的卦意。一般来说，卦辞吉，所问之事吉；卦辞凶，所问之事则凶。卦辞对一卦之六爻均具有导引作用，如《风火家人》卦卦辞为“利女贞”，故不管测得哪一爻，均应考虑“利女贞”一辞。

2. 爻辞

爻辞是一卦的运行状态，更准确地反映了所测之事的性质。在预测中爻辞要重于卦辞。一般来说，爻辞吉，所问之事则吉；爻辞凶，所问之事则凶。有时，某一爻辞的内涵，可以反馈到全卦，以至影响到每一爻。如《风天小畜》卦第三爻爻辞为“舆说辐，夫妻反目”，则风天小畜卦每一爻均具有“夫妻反目”之象。

3. 象辞

象辞又分大象和小象，大象每卦一辞，由上下二卦的象征说明全卦，小象每爻一辞，从各爻位置的角度进一步说明爻辞。象辞在预测中也有重要的作用，象辞有时阐述得比卦辞、爻辞更清楚，有时又是卦辞、爻辞的补充。其中，大象也反映全卦的特性，甚至是卦辞、爻辞所没有反映的，如《水天需》卦象辞“云上于天，需，君子以饮食宴乐”，诱导着全卦，遇此卦多有吃喝之事发生。

4. 序卦辞与杂卦辞

熟练掌握了序卦辞与杂卦辞，也会使具体预测达到独特的效果。序卦辞是对六十四卦序的解说，但有时也可辅助断卦，比如“物畜然后有礼，故受之以履。”由此可推，“履”卦具有“礼”象。故在预测时，占“履”卦之人，往往有“礼”。

杂卦辞，是以综卦和错卦的关系来解释六十四卦，语言精练，杂卦辞往往可引为具体预测之用。如“晋昼也，明夷诛也”，假如测失盗得“晋”卦，则必为白天所为。

5. 彖辞

彖辞是由六爻之间的整体配合阐述一卦的含义，有时彖辞也可做为断卦的一种辅助手段，使卦断得更精确，更全面。

——易辞断卦中，有时直接应用易辞的字面含义。比如，测婚得《天风姤》卦，卦辞为“女壮，勿用娶女”，其意已不言自明；

——有时应用易辞的引申含义。比如，测事业得《天火同人》卦二爻动，其爻辞为“同人于宗，吝”，其引申含义可理解为干事业只用自己的亲信而造成不利；

——有时又需要把某些数术的知识融入易辞当中去破译该辞所反映的隐晦内涵。比如，测经济得《泽水困》卦三爻动，其爻辞为“困于石，据于蒺藜，入于其宫，不见其妻，凶。”其中“不见其妻”之“妻”，可理解为“妻财”，即经济效益，故此辞可理解为无经济效益可言，甚至破财。

正因为易辞具有不尽的引申内涵，因此，不过千余条的卦辞、爻辞、象辞、彖辞便可参断世界万事万物之先机。比如，《泽雷随》卦之二爻辞：“系小子，失丈夫”，测行人为丈夫或大男人走失；测经济，因“小子”可解为“子孙”，即财源，故有利；测官运，可解为得到了“子孙”失掉了“官鬼”，故此官不得；测失物，小件可回，大件必失；测求谋，可解为贪小失大……因此，许多易辞在应用中，已经远远超出了其字面含义。

(三) 易辞在预测中的功能

由前所述，易辞当是断卦的主要手段之一，根据多年来的预测实践，我觉得在具体断卦中，易辞具有如下五方面的功能：

1. 决断事情的性质

一卦列出后，由易辞可以直接决断事情的性质。比如 1998 年 5 月 16 日，鹤岗市刘某问欲从事烧烤生意可否？得“雷水解”之“雷地豫”。卦辞为“利西南，无所往，其来复吉，有攸往，夙吉”；爻辞为“田获三狐，得黄矢，贞吉”；象辞为“九二贞吉，得中道也”。三辞已将事情的性质说得很清楚，即此次来沈，回去便大吉，既已决定，便越快越好。“田获三狐”，既有烧烤野味之象，又隐约告之，烤三个种类最好；“得黄矢”，可理解为得经济效益；“得中道也”，意为自己的最佳选择。于是，本人便告之，此生意很好，回去后马上就干，效益可观，应选三种东西去烤。半年后得到回音，刘某回鹤市后，便租房开张，效益可观，且其烤的六种东西中，有三种尤其受欢迎。

2. 做为辅助断卦手段参与断卦

易辞作为断卦的重要手段参与断卦，共同决断事情的吉凶成败，是易辞的又一项重要功能。比如，1998 年 6 月 17 日（戊午月，乙未日）某社团秘书长淮某家中钥匙丢失，电话问能否找到，在何处？起得“山水蒙”之“地水师”。

用纳甲法断卦，取初爻寅父为用，根据卦象及纳甲的原则，知此钥匙未丢失，当在厨厕等阴暗处的地板上的包中。从易辞的角度，上九象辞为“利用御寇，上下顺也”可理解为“可以用于防御盗贼”，明示此钥匙未丢室外。后此物果在厕所之垃圾袋中找到。

3. 易辞是一卦多断的重要手段之一

一卦在一定程度上的多断，是预测准确率的又一种体现，易辞在多断方面有着独特的作用。比如，1999 年 12 月 10 日（己卯年，丙子月、丙申日、癸巳时），韩国商人金东柱来公司预测生意，起得《火山旅》之《火地晋》，综合断得：此生意为技术类无竞争项目，可成，但仅此一次。其妻肤白、漂亮、健谈、厉害；兄子各一亡。又根据杂卦辞“亲寡旅也”，爻辞“旅焚其次，丧其童仆贞，厉”，断其手下助手养不住，常走人，当注意内部团结。以上预测，金老板均点头称是。日后又通过翻译反馈，其在韩国从没见过用如此简捷的方法，预测得又那么细微。

4. 易辞可以做为应期的一种确定方法

断应期是断卦的重要一环，应期的正确与否，决定着预测准确率的高低。“纳甲法”可以通过五行间的生克制化定应期，“梅花卦”可以通过卦数、卦气定应期。实践证明，易辞也可做为应期的一种确定方法。比如，1997 年 8 月 25 日（戊申月，己亥日，己巳时）测“港澳实业”股票（时价 7.08 元）近期何日抛最高？得《天地否》之《天雷无妄》。初爻象辞为“拔茅贞吉，志在君也”，此卦现处初爻，“志在君也”明现此股很强悍，目前为龙头股，且将达五爻君位之时为最高，即五天后，此股当最高。后此股果于第五天的 8 月 29 日（癸卯日）达最高 9.13 元后滑落，且以后数月再未触及此位。又该爻爻辞为“拔茅茹以其汇”，表明测者还有一股也很好。实际测者果还有一股“湘中意”当日收市亦涨停。

又如，1997 年 9 月 12 日（己酉月、丁巳日）铁岭某女士问夫病，得梅花卦《山雷颐》之《山火贲》。断为腰病，十年前被车碰伤，严重影响工作劳动。后经求测人证实，其夫果于 1987 年被四轮拖拉机轧伤，一直不能劳动至今。该爻辞为“拂颐，贞凶，十年勿用，无攸利”，“拂颐”，翻车之象，“十年勿用”，时间十年已明。

在应期方面，易辞中有多处谈到，比如：“十年乃字”、“三岁不兴”、“不终日”、“先甲三日、后甲三日”、“至于八月有凶”、“七日来复”、“巳日乃孚”、“月几望”、“三年克之”等等。所有这些，都可做为应期判断的依据。

5. 用易辞指导决策，是周易应用的终极

应该说，预测是手段，指导是目的。品味易辞的哲学内涵，用于指导实践、指导决策，是易辞的又一独特功能。如得“进退，利武人之贞”，则行动当效仿武人一样英勇、果断；得“不出门庭，凶”，当走出家门，大利；得“系于金柅，贞吉……”，行事当刹车为上……比如，1998 年 4 月 6 日（丙辰月、癸未日）外商曾某问生意，得《坤为地》之《山地剥》。六爻象辞为：“龙战于野，其道穷也”，结合卦象、爻位，告之当谨慎收敛为上，不可再扩大经营，否则有破产之虞。半年后，此人又登门造访，言明因未信预测，反而盲目与人合伙扩大产业，导致前功尽弃，其产业已划归它公司所有。

1997 年 5 月 30 日（乙巳月、壬申日）某易友妻子测单位分房，得《泽火革》之《天火同人》。根据卦象、六爻断此次分房竞争激烈，于已不利，得不偿失之象。然六爻象辞为“君子豹变，其文蔚也，小人革面，顺以从君也”，“君子”、“君”，可以理解为其丈夫，“豹变”、“顺以从君”已隐约告之，其丈夫单位将会分房，且可得到满意之宅，时间又不长了。故如辞告之：本单位的就不要去争了，等待丈夫单位的机会会更好。神奇的是，当时还没有任何消息，7月份从其丈夫单位果然得到一处非常满意的住房。

（四）不同方法起卦用辞探讨

目前在八卦预测领域，常用的方法不外乎两大类，即梅花易数法和六爻预测法。依据梅花易数创立者邵雍的观点，按先天起卦法起出的卦，断卦时不用卦爻辞，而用后天起卦法起出的卦才可使用卦爻辞，这种观点一直沿用了上千年。但经过大量实践证明，不管是先天卦，还是后天卦，断卦时都可参考卦爻辞，这样断出的卦会更全面。比如，1998年6月11日（戊午月，己丑日）曹某问当日股市行情，起先天梅花卦得《天风姤》之《火风鼎》，爻辞为“以杞包瓜，含章，有陨自天”，“有陨自天”，明示股市将大跌，当日果然大跌。

前面已述，在六爻起卦预测方法中，多朝古人不使用易辞，但也有兼用易辞者，甚至将易辞看得很重的也大有人在。比如在《易隐》中就有引用的刘伯温之言：“爻神吉而易辞凶，先吉后凶。爻神凶而易辞吉，先凶后吉。”

在当代六爻预测中，也是不用易辞的占绝大多数。我认为，六爻预测方法，同样可以使用易辞，而且使用易辞，对未来的前瞻性和指导性更强。从理论上讲，所谓“纳甲法”，不过是依不同的八卦，纳入不同的天干、地支，再依据干支间的生克冲合来决断吉凶。故此，既然一卦之干支是依据不同的卦而来，那么，不同的卦象、易辞便无可争议地会反映出该卦所代表的事情的性质。卦、爻、象、辞是密不可分的整体，有卦无辞不攻自破。这一点，从许多预测实践中都得到了证实。

综上所述，易辞经过了几千年的宇宙信息场，经过了无数圣贤先哲们的“加磁”，又随着时代的发展，不断地增加着新的、更广泛的内涵和外延，使其在应用中具有了更广泛、更深刻、更模糊，也更难于把握的象征性。因此，今天我们应用起来，不可能拿来便用，必须紧紧依靠我们有知识、有经验、有场态的头脑去破译、去感应，方可得到准确、全面的预测结果。

现举一例：

1998 年，准备带周易学习班学员于 4 月 25 日星期六同去千山游玩儿，4 月 22 日，测此行如何？天气怎样？得“风泽中孚”变“天泽履”卦：

丙辰月　　己亥日

勾	卯官	▅▅▅		戌兄
雀	巳父	(子财) ▅▅▅		申孙
龙	未兄	▅ ▅	×世	午父
玄	丑兄	(申孙) ▅ ▅		
虎	卯官	▅▅▅		
蛇	巳父	▅▅▅	应	

此卦四爻动，四爻爻辞为：“月几望，马匹亡，无咎。”测出行，“马”当为车，“马匹亡”，即车出故障；“月几旺”，月亮快圆的时候，引申当为玩得快到高潮的时候；“无咎”，没有大问题。把这一词连起来“翻译”，即为“快玩到高潮的时候，车出了毛病，但可以修好，无大碍。”再者，“月几旺”，当然为晴天。

结果，当天天气果然晴好。但玩完第一个地方，上车正要去第二个景点时，大巴车突然出了问题，大家只得下车，维修了半个多小时后方修好，游玩得以继续进行。

第四节　易理概说

一、易理的概念

所谓易理，是易经中所包含的道理。包括易经的辩证思想，易经对宇宙、自然、人类社会的认识论等等。

易理不同于义理，所谓义理是指文章言辞等的内容及道理，是讲求经义、探求名理的学问。宋代称讲求儒家经义，探究名理的学问为“义理之学”。《复秦小岘书》中有“天下学问之事，有义理、文章、考证三者之分。”由此可见，用义理代替易理是不对的。从义理的角度来定义易理，只能这样说：易理是易经中的义理。

二、掌握易理的意义

易理与易术是周易中包含的两大方面内容。易术包括六爻、四柱、奇门、紫微等预测学、风水学、测字学、相学、姓名学等等。

易理虽看似单一，但却占了50%的分量。

易理应属哲学范畴。易经的思想在这里得到充分的体现。学易者不知理是一大缺憾。

自古一些易学大家都主张理用兼顾，宋代理学大家朱熹是易理的重要代表人物之一，他重理却不轻术，关于北京的风水格局曾言：“冀都是天地间好个大风水，山脉从云中发来，前面黄河环绕，泰山耸左为龙，华山耸右为虎，嵩山为前案，淮南诸山为第二重案，江南五岭为第三重案，故古今建都之地，皆莫过于冀都。”民国命理三大家之一的袁树珊就理与术的关系曾言：“卜虽起于数，而实根于理。就卜以言理，则理愈显；就理以论卜，则卜愈神，要之，神而明之，存乎其人而已。”

中国国际易经应用科学院、沈阳市周易研究会等组织都主张理用兼顾，也正是出于此点考虑。学好易理可以使人更聪明，更知世间之理，更会生活，更易成功。

三、易理中蕴含的哲学思想

易理可谓博大精深，蕴含于易经经文、卦象、爻象及易传的阐释之中，总结一下有如下原理，这些原理即是哲学，又可用于周易预测体系。

（一）太极原理

太极原理是周易的最基本思想，太极思想贯穿于中华民族的各个领域，政治、军事、管理、人文中随处可见，在各种社会关系的处理中屡见太极思维的手法。简单说，就是一个中心，一个最高。太极又是一个相对的概念，可无限大，也可无穷小。太极中又包含着太极，大太极包含小太极。

（二）阴阳辩证理论

世界是由阴阳构成的，阴阳学说是易学的基本原理之一。“一阴一阳之谓道，继之者善也，成之者性也。仁者见之谓之仁，知者见之谓之知，百姓日用而不知……”可见阴阳之道已经融入了中华儿女的血液中，达到了日用而不知的程度。

这一思想在现实中就表现为：有白天就有黑夜，有男就有女，有好就有坏，有正确就有错误……知道了这些，对立思想的存在就是必然的了。既知必然，何必对不同的观点那么认真呢？

（三）五行生克原理

世界是由五行构成的。五行之间存在相生相克的关系，把五行的生克关系引入人事系统，就形成了五行生克思维。尽管易经中没有对五行的直接论述，但五行思想却也贯穿其中。相生相克思维在各种社会关系中得到了广泛应用。

（四）爻位原理

一个卦六个爻，地位却不同。“二与四同功而异位，其善不同。二多誉，四多惧，近也……三与五同功而异位，三多凶，五多功，贵贱之等也。”这一爻位原理应用在人事上其理相同，告诉人们摆正位置是成功的要素。

（五）综卦原理

所谓综卦是指在相反的方向看卦象，其理应用在人事中就是站在对方的角度看问题。比如在我方为风雷益卦，在对方的角度上就是山泽损卦，我受益，对方就要受损失。如果遇事都能站在双方的角度考虑问题，事业就易成功，社会就会更和谐。

（六）六十四卦原理

六十四卦每卦都蕴含着深邃的哲学道理，这些原理都是易理的重要组成部分。不论是乾卦所论的“潜龙”、“见龙”、“终日乾乾”、“或跃在渊”、

“飞龙”、“亢龙”事物发展的六阶段，还是坤卦的“履霜，坚冰至”，姤卦的“姤，女壮，勿用取女”，谦卦的“谦谦君子，用涉大川，吉”，都从不同的角度揭示了宇宙、自然、社会的本质规律，可以说是宇宙哲学。

（七）天人合一思想

“天”是指自然，易学中的天人合一思维意思是人和自然是相互联系、密不可分的。依此拓展还可以得出普遍联系的思维，即看似没有关系的两个事物，之间却存在着某种必然联系。

其实，周易的产生就是天人合一思维的结果。《易系辞传》中“古者包羲氏之王天下也，仰则观象于天，俯则观法于地，观鸟兽之文，与地之宜，近取诸身，远取诸物，于是始作八卦，以通神明之德，以类万物之情”讲的就是易来自于自然，而作用于人类社会的道理。

天人合一思维在华人百姓中可以说是根深蒂固的，“出行时，天突然下起雨来，他会想到要反映什么呀?”开车出行经常遇红灯，他会想，今天出行不顺啊！除了考虑自身因素外，还要考虑自身之外的事情。我认为，这就是天人合一思维的最朴素的体现！

根据这一思想，在处理各种社会关系时，不但要关注有直接关系的对象，还要关注看似没有直接关系的对象。

（八）变易、简易、不易的原理

易学，说白了是研究万事万物变化规律的学问，所以才有“变易、简易、不易”的三易之说。变易，就是说万事万物都是在变化之中，要用变化的眼光看问题；简易，就是要对事物把握本质，一针见血，简捷处理；不易，就是万事万物的本质规律是不变的。

有规律，就有其本质性和必然性。世界上有的事情可变，有的事情不可变。外在的表象可变，但内在的本质规律是不变的。

所以，“变卦了”便成了中国人常说的话。中国人容易知命、顺命，系辞传中“乐天知命故不忧”，实际上就是承认规律，顺应规律。

按照周易的这一原理，吉凶荣辱便不更多的挂在心上了。“宠辱不惊，看庭前花开花落；去留无意，任天上云卷云舒。”成了人们皆向往的境界。

懂得了这一道理，人们生活得就会更幸福，生活质量就会更高。

（九）时空统一理论

几千年前的中华祖先就知道时间和空间是有联系的、密不可分的。而西方可以说直到20世纪相对论产生，才真正将时空统一起来认识和研究。在这一易学理论引领下，产生了很多的文明成果。在各种社会关系中，时空统一思维同样起着潜移默化的作用。比如，要办一件事情，人们会不自觉地考虑什么时间办比较好，民俗中甚至出现了择吉术。在有利的时间，到有利的方位，办有利的事，成了很多国人的思维模式！

第五节　大象论吉凶

一、大象的概念

此处所谓大象，是指卦爻、六亲等纳甲理论之外，从卦名、卦象、易理、八卦五行等角度来论断预测结果的方法。这种方法应该是易经最本源的预测方法，在京房纳甲理论创立之前的春秋战国及汉初时代易经预测多用之。

这些方法中，卦名、卦象等方法在前文已经做了介绍，这里不再多费笔墨。本节重点论述八卦五行直接断卦的问题。

在论述此部分内容时，牵连到了后面的内容，故读者如不能完全读懂，可暂时搁之，待读过后面的内容后，再回头来读之。

二、大象生克论

所谓大象生克是指六爻预测所起出的重卦中，主卦与变卦五行之间的生克对所预测事情的影响。

大象相生的单卦有：

乾变坤、乾变艮、兑变坤、兑变艮、离变震、离变巽、坎变乾、坎变兑、坤变离、艮变离、震变坎、巽变坎。

大象相克的单卦有：

乾变离、兑变离、离变坎、坎变坤、坎变艮、坤变震、坤变巽、艮变震、艮变巽、震变乾、震变兑、巽变乾、巽变兑。

在六爻预测方法中，重卦中的上卦或下卦之主卦与变卦相生克对于所测之事没有影响，比如，“火风鼎”变“水风井”卦，上卦离火变坎水回头克；上下卦均为回头生克也没有大的影响，比如“火风鼎”变“水泽节”卦，上卦离火化坎水回头克，下卦巽木化兑金回头克；上下卦比合（五行相同）而变回头生克对卦理的影响也不大，更决定不了所测之事的吉凶成败，比如，“乾为天”变“离为火”卦，“巽为风”变“兑为泽”卦。关于此种情况，古来就有不同的观点，而且很绝对，现代书也多有此论者。《增删卜易》曰：“卦变者，变生、变克、变墓、变绝、比和。予得验者，凡遇卦化克者，不论用神之衰旺皆以凶推。”为了证明此观点，还举了几个例子加以说明。“凡遇卦化克者，不论用神之衰旺皆以凶推”，那同样的道理，卦化回头生者，不论用神之衰旺当以吉断才对，作者为何没有强调？

如果这种观点成立，那主卦及变卦内外卦的生克也当有作用而必须重点考虑了。如主变卦的“火天大有”、“地水师”、“风山渐”、“雷地豫”等等，都是外卦克内卦，按照内外理论，对所测之事应该都是不利的，是否也该下一律凶推的结论呢？同理，“天水讼”、“火地晋”、“水雷屯”、“山泽损”等等，皆为外生内，是否也该下一律吉断的结论呢？有一定实践经验的人都会知道这是不对的。

这部分内容实际是梅花易术及卦理体系的概念，它与六爻纳甲体系是两个系统的问题，就好比不在一个时空的事物是不能相提并论的一样，“关公”怎能战“秦琼”？

梅花易术断事通过体用生克，六爻断卦是不能使用的，勉强使用起来，准确率也是极低的。当代也有将二者混为一谈的，结果必是理论不通，实践难验！

说到这，笔者的观点就清楚了，大象回头克，不一定凶；大象回头生，更不一定吉。卦变回头克，不等于用神变回头克，也不等于世爻化回头克。当世爻有力，用神得位时，测事仍可成。所以，关键还是要看六爻法的根本——用神、世应等旺衰及生克冲合状况！

“实践是检验真理的惟一标准”，在多年的预测实践中，大象回头生克的状况不止几例，其中，大象回头生的卦，有成事的，也有不成的；大象回头克的卦，所测之事也是吉有凶，绝非“皆以吉断”或“皆以凶推”。

现举二例：

例一：

1998 年 7 月 19 日，胡女士测单位精减能被减否？得“震为雷”变“兑为泽”卦：

巳未月　丁卯日

龙	戌财	▅ ▅	世	未财
玄	申官	▅ ▅	×	酉官
虎	午孙	▅▅▅		亥父
蛇	辰财	▅ ▅	应	丑财
勾	寅兄	▅ ▅	×	卯兄
雀	子父	▅▅▅		巳孙

此卦即为大象回头克之卦，当然又为六冲变六冲之卦，按说测事必不成。但分析清楚卦理便会看出，此卦为吉象，求测人不会被裁下。

此卦的关键、焦点在兄动化进克世，官动化进制兄。兄弟为竞争者，官为领导。竞争者受制，怎能下岗？而兄弟旺，官也不衰，且官本克兄。一进立秋，官进旺地，不战而胜。

此卦胡女士曾找多人看过，结果异口同声，大象回头克，六冲变六冲必凶，准备下岗吧！但事情的最后结局，果有领导为其说话，八月份便明确，留住了。

例二：

2003年6月17日，某官员求测仕途，得“坎为水”变“坤为地”卦：

戊午月　辛酉日

蛇	子兄	▅▅ ▅▅	世	酉父
勾	戌官	▅▅▅▅▅	○	亥兄
雀	申父	▅▅ ▅▅		丑官
龙	午财	▅▅ ▅▅	应	卯孙
玄	辰官	▅▅▅▅▅	○	巳财
虎	寅孙	▅▅ ▅▅		未官

此卦兄弟持世，内外两官旺动克世，世临月破，虽有日辰合住内卦辰官，高位戌官克身难免，同时，此卦坎化坤，大象回头克，官灾之象。世爻破在财爻，必因经济之事。戌月外卦戌官逢值，内卦辰官合被冲开，事发。故只能做些内部领导的工作，外部高官难以疏通，且只能是缓冲而已。

此卦也为大象回头克，应凶。但需重点说明的是，作出此卦凶断，主要的不是大象回头克，而是用神、卦爻之间的生克冲合！

三、卦变反吟伏吟

卦变反吟、伏吟在六爻法的古今书籍中往往都在卦爻反吟、伏吟章节中同论，笔者认为把它分开论述更合适。

（一）卦变反吟伏吟的概念

1. 卦变反吟

所谓卦变反吟，是依据后天八卦位对卦相冲的原理。八卦正好四组相冲，即：

乾与巽、坤与艮、震与兑、坎与离。

按十二地支相冲的原理也是一致的：

戌亥与辰巳对冲，而戌亥正对应乾卦，辰巳正对应巽卦；

未申与丑寅对冲，而未申正对应坤卦，丑寅正对应艮卦；

卯与酉对冲，而卯正对应震卦，酉正对应兑卦；

子与午对冲，而子正对应坎卦，午正对应离卦。

所以，预测卦中出现乾与巽互变，坤与艮互变，震与兑互变，坎与离互变就为卦变反吟。比如，“雷山小过”变“泽山咸”，为外卦反吟；“火天大有”变“火风鼎”为内卦反吟；“泽风大过”变“雷天大壮”为内外反吟。由上可知，卦变反吟与爻变反吟是不同的两种反吟（关于爻变反吟在后章会讲到，学习时可互相参考）。

2. 卦变伏吟

不存在卦变伏吟的情况。爻变伏吟也只有乾震互化两种情况（参考后章卦爻反吟、伏吟）。

（二）卦变反吟的意义

在六爻预测体系中，卦变反吟不具有现实预测意义。如乾巽互变，按卦爻的关系，不管内卦、外卦均为爻变相合，岂有反气？话说回来，卦变反吟与爻变反吟是两个系统的概念，岂能相提并论？《易冒》中关于此点的观点，笔者提出质疑。《易冒》中引入了旬空、日月冲卦等概念，听起来条条是道，实则离开了根本，又是将卦与六爻体系混为一谈，在实际预测中当然没有现实意义。

第五章　六爻预测排卦基本方法

有了以上基础知识储备以后，就可以进入纳甲预测基本方法的学习了。

第一节　起卦方法

现代纳甲预测法起卦方法非常多，而历史上却不是这样，纳甲法离不开工具。最早是用蓍草，要经过多次“数”，当然需要一定的时间方可把卦起出来。后来发明了以钱代蓍法，用三枚铜钱摇六次便可起出卦来，所以，相较以前的蓍草法，可谓简便多了，这种方法一直沿用至今，成为了纳甲预测起卦的“大宗之法”。直到今天，仍有很多人固守此法，离开了铜钱便不会起卦了。更有传统观点认为，铜钱还必须是“乾隆”钱，否则“不准”。实践证明，这纯粹是一种“包装”、“神秘”之道，在现实应用中，用什么铜钱，甚至用当代的硬币或者用电脑起卦都是可以的。

下面介绍摇卦起卦法：

1. 以三枚相同的铜钱或硬币为工具。

2. 以铜钱或硬币带字的一面为阴，带花或国徽的一面为阳。

3. 把三枚铜钱放在手中或盒子里，心里默想所要问的事情，摇晃数次，撒于桌上或地上。如此共摇六次。

4. 三枚铜钱一阳两阴，为阳，表示为“—”或“、”；二阳一阴为阴，表示为“- -”，或“、、”；三个全阳为阳动，表示为“—○”或“○”；三个全阴为阴动，表示为“- -×”或“×”。

5. 记录每次摇钱的状态应从下往上记，即第一次摇出的为初爻，第二次为二爻……

现举例说明：

某人问事摇卦，第一次摇出为两字一背，即阳爻“—”；第二次为三字即阴动“- -×”；第三次摇出为二背一字，即阴爻“- -”；第四次为三个背，即阳动“—○”；第五次为两字一背，即阳爻“—”；第六次为两背一字，即阴爻“- -”。六次结果即组成了一个卦，䷐为“泽雷随”。

第二节　装卦方法

起出卦之后，就要将天干、地支等装入卦中各爻。装卦共有五项内容：一、装地支；二、装天干；三、定卦宫；四、装（安）世应；五、装六亲；六、装（配）六神（兽）。所有这些步骤都不需要死记硬背，只要掌握了前面的基础，都有简单易记的记忆方法。下面就分别介绍之。

一、装地支

一卦排出后，首先要在各爻装地支。十二个地支，以一定的规律配入各卦、各爻，现具体介绍其方法：

（一）六爻的重卦都是由二个三爻的单卦组成，故装地支、天干时都以单卦的规律来装。如

䷌“天火同人”卦，是由外卦的乾卦和内卦的离卦构成，故装干支要按照乾卦和离卦内外卦的规律来装。

（二）如前所述，单卦共八个，装地支、天干的规律要按照男女、老少的规律来进行。即，乾、震、坎、艮为男，乾为父，震、坎、艮依次为长男、中男、少男；坤、巽、离、兑为女，坤为母，巽、离、兑依次为长女、中女、少女。

（三）如前所述，地支、天干也分阴阳，阳支阳干配男卦，阴支阴干配女

卦。即子、寅、辰、午、申、戌配男卦，丑、亥、酉、未、巳、卯配女卦。

(四) 要掌握阴、阳即男女进退顺逆方向相反的易学基本规律。即，阳支顺行阴支逆行，子、寅、辰、午、申、戌为顺行，丑、亥、酉、未、巳、卯为逆行。

(五) 具体方法：

1. 内卦装配法

(1) 阳卦

四男卦中，乾为父，最大，故乾卦初爻从最大的阳支子开始，二爻，三爻顺行，即为寅、辰。

震为儿子中长子，也最大。故其纳地支的方法与乾父相同。这也正体现了中国传统观念中“长兄为父，老嫂比母”的思想。

坎为次子，即中男。其初爻起于第二位阳支即寅，二爻，三爻则相应顺行为辰、午。

艮为小子，即少男。其初爻起于第三位阳支即辰，二爻，三爻则相应顺行为午、申。

(2) 阴卦

四女卦中，坤为母，最大。后天八卦坤卦为西南方位，地支未也为西南方位。可以说，西南即为母位。坤卦与十二地支对应支即未，故坤卦初爻起于未，阳顺阴逆，二爻，三爻则分别纳巳、卯。

巽卦为长女，为最大。故初爻纳地支阴支中的最前者即丑。阴逆行，故二爻、三爻分别纳亥和酉。

离卦为中女，为老二。故初爻纳阴支中的第二位，即卯。阴逆行，故二爻、三爻分别为丑和亥。

兑卦为少女，为老三。故初爻纳阴支中的第三位，即巳。阴逆行，故二爻、三爻分别纳卯和丑。

2. 外卦装配法

掌握了内卦装配法后，外卦便很容易了。具体方法：

(1) 外卦的初爻即重卦的第四爻必是和内卦的初爻相冲的地支。

(2) 再按照阳顺阴逆的原则往下排第五爻、第六爻即可。

(3) 八卦的第四爻分别起于：

乾为午、震为午、坎为申、艮为戌；坤为丑、巽为未、离为酉、兑为亥。

(4) 依照阳顺阴逆的原则，则乾卦第五爻、六爻即为申和戌；艮卦第五爻、第六爻即为子和寅；巽卦第五爻、第六爻即为巳和卯；离卦第五爻和第六爻即为未和巳等等。

现内外卦合起来举一例：

䷌“天火同人”卦，内卦为离，故纳卯、丑、亥；外卦为乾，故纳午、申、戌。合起来此卦初爻至六爻即纳卯、丑、亥、午、申、戌。

二、装天干

天干在纳甲预测方法中用处不大，有些人包括古人甚至把它完全抛弃不用。关于这一点，我认为不要刻意强求，善用者即用之，不善用者便可不用。如果能用、会用，用起来当然更好，会使卦断得更丰富，更精彩。但绝不推崇那种故弄玄虚的花架子，理论上头头是道，应用起来就是不“灵”的愚弄后来者的作法。

八卦纳天干比纳地支简单易记，因为一个单卦三个爻纳一个天干。具体方法：

(一) 八卦还是分阳（男）卦和阴（女）卦，阳卦纳阳干、阴卦纳阴干。

(二) 乾为父，纳阳干之首即甲；

坤为母，纳阴干之首即乙；

艮为老儿子，受宠爱，故排在阳干的第二位即丙；

兑为老姑娘，受宠爱，也排在了阴干的第二位即丁；

坎为中子，顺排到第三位即戊；

离为中女，顺排至阴干第三位即己；

震为长子，担家有责，排在最后，故纳庚；

巽为长女，也相应排在阴干的第四位，即纳辛。

排完之后，阳阴二干各剩一位，即壬和癸，由父母分担，即乾的外卦纳壬，坤的外卦纳癸。故乾坤二卦为特例，内外卦纳干不同。而三子三女卦内外卦皆同，即一卦纳一干。

（三）现举例说明：

䷌“天火同人”卦，乾在外卦，故纳壬；离在内卦而纳已，故此卦纳干支合在一起就为：

壬戌 ——
壬申 ——
壬午 ——
已亥 ——
已丑 — —
已卯 ——

（四）应用简谈：

因后章不再论述天干的问题，故在此介绍一种用法，供读者在实践中参考使用：

卦中用神不现，如卦中动爻之天干与日、月之天干合化成用神之五行，则此五行为有用。但此五行也要旺相有气方以可用论之。

比如，辰月癸巳日测文书，得“水天需”卦五爻动，卦中文书父母爻不现，原神又无气，但因上卦坎天干纳戊，与癸巳日的癸相合化火，而火恰为父母用神，而该用神又得日辰帮扶，所以断文书事成。

三、定卦宫

上一章已讲到，六十四卦有多种排序法，其中京房八宫排序法就在这里应用。

定卦宫本书讲解两种方法：

（一）理解记忆法

只有理解了八宫卦序是怎么产生的，便不难记住每一宫的各卦。现以乾宫八卦说明之：

䷀乾为天，䷫天风姤，䷠天山遁，䷋天地否，䷓风地观，䷖山地剥，䷢火地晋，䷍火天大有。

䷫天风姤，即为䷀乾卦初爻变产生；䷠天山遁，即为䷀乾卦二爻又变产生；䷋天地否，即为䷀乾卦内三爻全变产生；䷓风地观，即为䷀乾卦变到了第四爻产生；䷖山地剥，即为䷀乾卦变到了第五爻产生；䷢火地晋，即在上一卦的基础上，再变回第四爻，这一卦被称为“游魂卦”；在“游魂卦”的基础上，将内卦全变，又产生一个卦即䷍火天大有，这个卦是八宫卦的最后一卦，也称为“归魂卦”。关于“游魂”和“归魂”在以后的具体预测方法中有特殊应用，故应掌握。

按照这个原则，其余七宫即：坤宫、震宫、巽宫、坎宫、离宫、艮宫、兑宫都可以排出其宫的其余七个卦了。由此，八纯卦就又被称为“宫头卦”。掌握了八宫卦的产生方法，如果再能将其背熟，就更理想了，因为在具体装卦时，现去排查是满足不了需要的。

(二) 口诀记忆法

只要记住下面的歌诀，便可知道一个卦是属何宫了。口诀如下：

“天同二世天变五，
地同四世地变初，
本宫六世三世异，
人同游魂人变归，
一二三六外卦宫，
四五游魂内变更，
归魂内卦是本宫。”

此歌诀因涉列定世应的问题，故这里暂不解释，在定世应时一并破译。

四、排六亲

所谓六亲，即父母、兄弟、子孙、官鬼、妻财，把这些装入了卦中，才能断出世界万事万物的兴衰变迁，更具体地说，才能知晓一个人的事业、财运、学业、婚姻以及父母、子女、兄弟、姐妹等的情况。每一种六亲代表了社会的很多事情，从纳甲预测学的角度也可以说，社会的事情可以概括分成如上五大类。

中国老祖宗最善于归纳总结，在前面已经介绍过的阴阳、五行、干支、八卦都是归纳总结这个世界，又反过来作用于这个世界的结果，即世界的万事万物都可纳入阴阳、五行、干支、八卦，同时从纳甲的角度论之，也都可以纳入六亲体系。

排六亲按下列步骤进行：

1. 知道某一卦的卦宫。知道了卦宫，才能定五行。八个卦都有五行属性，八宫卦也同样有五行所属，如乾宫属金，坎宫属水之类。

2. 以各爻所纳地支五行与卦宫五行对比，先定出兄弟爻。兄弟即为同辈，自然与卦宫的五行一致。比如："天火同人"卦，为离宫卦，五行属火，四爻纳支为午，五行也为火。所以午即排兄弟。

3. 按照生我者为父母，我生者为子孙，克我者为官鬼，我克者为妻财，与我同类者为兄弟的原则，推排其余五行地支的六亲属性。比如上卦，初爻为卯木，木生火，故初爻卯排父母；二爻为丑土，火生土，故二爻丑土排子孙；三爻为亥水，水克火，故三爻亥水排官鬼；五爻为申金，火克金，故五爻申金排妻财；六爻戌土同样排子孙。

初学者往往会问，为什么克我者为官鬼，我克者为妻财？

这一点，有点不好理解，但只要掌握了官鬼与妻财的性质之后，便不难理解了。

官鬼，既为官，又为鬼。为官时为吉象，表示自己的官职，对自己好的领导等；为鬼时为凶象，表示疾病、灾难、麻烦、敌人、仇人等。为官时，需要官制住同类、同行，自己方可脱颖而出，方可发展。所以，此时官克兄弟，当然从五行的角度论之，也就是克自己了。为鬼时，必然是克自己的关系了。所以，克我者为官鬼。

至于我克者为妻财，也可以从妻子和财两个方面去理解。以中国传统观念，妻子是被丈夫管的，也就是被丈夫克的，所以女以官为夫。而男人是管、驱使、克制女人的，男则以妻财为妻。由此又派生出了仆人、下属等也为妻财。为财时，因财需要去求，所以，财也为我克者。

从男女两性的角度更可生动地理解官鬼与妻财的生克性质了。女以官为夫，男以财为妻……男主动天经地义，女被动人性的基本体现。

五、定世应

定世应是确定世爻和应爻的位置。世爻为测卦人自己，应爻则为他人、对方等。只有确定了自己的位置，才能依照生克制化的原则，来推断自身的状态及事情的性质。

具体确定世应的方法讲解两种：

（一）理解记忆法

此方法与确定卦宫的方法一样，只要理解了每宫其余七个卦产生的原理，便会确定出世爻的位置。

1. 宫头卦世爻均在六爻。如䷳“艮为山”卦，世爻在六爻值寅木官鬼，通称该卦为六爻官鬼持世。所谓持世，就是在身边、占有、据有、合而为一的意思，如官鬼持世，就表示自己有官职，自己有病，自己有灾，女人有丈夫等等；子孙持世，就表示自己有孩子在身边，自己高兴、愉快，自己求官无名等等。

2. 其余七个卦，世爻均在阴阳变化的最前沿。第一变，世爻在初爻；第二变，世爻在二爻；第三变，世爻在三爻；第四变，世爻在第四爻；第五变，世爻在五爻；游魂卦，世爻又回到第四爻；归魂卦，世爻回到第三爻。所以，游魂卦，世爻必在第四爻；归魂卦，世爻必在第三爻。但反之却不成立，即世爻在四爻不一定是游魂卦，世爻在三爻也不一定是归魂卦（有的书有此错误观点)。关于归魂、游魂在下一章将进一步论述。

3. 应爻的确定非常简单，即与世爻相临两位的爻即为应爻。比如，“火山旅”卦，世爻在初爻，则应爻在四爻；“风火家人”卦，世爻在二爻，则应爻在五爻。

（二）口诀记忆法

定世应的口诀在“定卦宫”里已同时列出，现同时加以解说：

在解说之前，要知道什么是“天”、“地”、“人”？

一卦六个爻，初爻、二爻为地爻，三爻、四爻为人爻，五爻、六爻为天爻。由此，也可以将每宫的八个卦分为：“地易”、“人易”、“天易”和“鬼易”。“地易”即初爻、二爻持世的卦，“人易”即“三爻”、“四爻”持世的卦（游魂卦、归魂卦除外）；“天易”即五爻、六爻持世的卦；“鬼易”即游魂卦和归魂卦。

从内外卦的角度论之，则初爻、四爻为地爻，二爻、五爻，为人爻，三爻、六爻为天爻。“天同二世天变五”，即内外两卦天爻阴阳相同，但同时就意味着地爻和人爻均阴阳不同，则为二爻持世，比如，䷱“火风鼎”卦，三爻、六爻天爻相同，而初爻与四爻，二爻与五爻阴阳不同，故符合此句，则为二爻持世。“天变五”即天爻不同，而暗含地爻和人爻相同，则为五爻持世。比如：䷪“泽天夬”卦，三爻、六爻不同，而初爻与四爻，二爻与五爻却相同。所以此卦五爻持世。

“地同四世地变初”，内外卦地爻即初爻和四爻阴阳相同，而人爻和天爻阴阳不同，即为四爻持世。比如：䷥“火泽睽”卦，初爻和四爻皆为阳爻，而二爻和五爻阴阳不同，三爻和六爻阴阳也不同，故四爻持世。“地变初”即初爻和四爻阴阳不同，而二爻和五爻，三爻和六爻却阴阳相同，则为初爻持世。比如：䷈“风天小畜”卦，初爻和四爻阴阳不同，而二爻和五爻，三爻和六爻皆阴阳相同，故为初爻持世。

“本宫六世三世异”，内外卦均相同即宫头卦为六爻持世。如“兑为泽”卦等均为六爻持世。“三世异”即内外卦三个爻均不相同者为三爻持世，如䷞“泽山咸”卦。

“人同游魂人变归”，“人同游魂”即内外卦人爻阴阳相同，而天爻、地爻不同者即为游魂卦，也就是四爻持世，如䷽“雷山小过”卦。“人变归”即内外卦人爻阴阳不同，而天爻、地爻阴阳相同，也就是二爻与五爻不同，而初爻与四爻、三爻与六爻相同者，为归魂卦，即三爻持世，如䷐“泽雷随”卦。

"一二三六外卦宫"，即一爻、二爻、三爻、六爻持世者，外卦为卦宫。如"泽水困"、"火风鼎"、"雷风恒"、"乾为天"卦均为外卦居本宫。

"四、五游魂内变更"，即四爻、五爻持世者及游魂卦，内卦三爻阴阳变化后为卦宫。如"地风升"、"天泽履"及"山雷颐"等卦，内卦阴阳变化后为卦宫。即"地风升"为震宫卦，"天泽履"为艮宫卦，"山雷颐"为巽宫卦。

"归魂内卦是本宫"，归魂卦内卦即为卦宫。如"火天大有"、"地水师"等卦，内卦即为卦宫。即"火天大有"为乾宫卦，"地水师"为坎宫卦。

六、装六神

在装卦法中，最后一项是装六神，装六神与前五项装卦方法不同，前五项均为静态装卦法，而此项为动态方式，即随着测卦时间的不同而采取不同的装六神方式。所以装六神，必结合具体预测时间。

(一) 六神名称

六神又称六兽，共六种，依次为：青龙、朱雀、勾陈、螣蛇、白虎、玄武。六神是古代传说中的六种兽，本人认为其前身应该是：青龙为龙，朱雀为凤，白虎为麒麟，玄武为龟。这四兽正是古代所说的四灵，《家语》云："龙，鳞虫之长；凤，羽虫之长；龟，介虫之长；麟，毛虫之长。"四灵在时间上配春夏秋冬四季，在空间上配东南西北四方。

(二) 六神五行属性

六神也具有五行属性，每种六神都可配一种五行，其对应关系如下：

青龙	朱雀	勾陈	螣蛇	白虎	玄武
木	火	土	土	金	水

(三) 装六神的方法

六神装配依动态法，即以测卦之日的天干为依据。具体为，甲乙日初爻起青龙，以后依次为二爻为朱雀，三爻为勾陈，四爻为螣蛇，五爻为白虎，六爻为玄武。丙丁日初爻则起朱雀，以后依次为二爻为勾陈，三爻为螣蛇，四爻为白虎，五爻为玄武，六爻为青龙。其他日依此类推，详见下表：

日干 爻位	甲、乙	丙、丁	戊	己	庚、辛	壬、癸
六　爻	玄武	青龙	朱雀	勾陈	螣蛇	白虎
五　爻	白虎	玄武	青龙	朱雀	勾陈	螣蛇
四　爻	螣蛇	白虎	玄武	青龙	朱雀	勾陈
三　爻	勾陈	螣蛇	白虎	玄武	青龙	朱雀
二　爻	朱雀	勾陈	螣蛇	白虎	玄武	青龙
初　爻	青龙	朱雀	勾陈	螣蛇	白虎	玄武

（四）六神的特性及所主

六神各具特性，掌握了六神的特性，对于断卦是有用的。下面只是列举了六神的一些基本特性，在此基础上，还可以随着时代进一步拓展、延伸。六神的使用，要结合卦爻的旺衰及所临六亲的属性，不可一见某六神，便生搬硬套。

1. 青龙

为东方木神，五行属木，司生、主仁、贵、吉庆、喜悦、光明，如青龙临吉神（生扶世、用之爻）发动，多有财、喜之事临身；若临凶神（刑克世、用爻）发动，也主破耗、乐而生悲、酒色生灾之类。在代表人物特性方面主慈祥、仁义、聪明、美丽等，特别是旺相者，更显著。

2. 朱雀

为南方火神，五行属火，司言，主文章、文书、言辞、讲话、书信消息、装饰华表。临吉神，表示文书帮身，文上有喜；不吉的方面则表示口舌是非、争吵、口角、公文扰身，严重者官司、诉讼。在代表人物性格方面主能言善辩者、嘴巧舌尖、依靠讲话为业，又主急于言辞，多招诽谤。在器物方面，代表灯、乐器、书画、文章等。

3. 勾陈

为中央土神，为阳土，司信，为田土之神，主田地、土地、宅地、住宅、产业、庄稼等，临父母爻更验；又主牢狱、官司。勾陈最不宜动，尤其是临凶神发动克世用神，必生田土、房屋之状或事业生计之危，官司、劳役之难，勾陈临官鬼更验。吉的方面，如勾陈爻发动生扶世、用之爻，则主因田土而受益。

人物主公、检、法人员，所以，在占测破获盗贼之事，偏喜勾陈临子孙爻发动。勾陈代表的人物特点是稳重、有信用、保守、约束性强、厚重、生硬、死板、行事迟缓、喜静不喜动、不轻易表态、不显示自己等。

4. 螣蛇

为阴土。螣者，藤也，主虚惊、怪异、阴邪侵袭、小人暗算等。又主有棘手之事、缠绵难解之事相缠。螣蛇临兄弟，为猾诈贪婪之客、吝啬；螣蛇临官鬼，为邪祟，又主梦。螣蛇代表的人物特性为虚浮、虚伪狡猾、多用心机、缺少信实、内心猜忌等，又主缠绵、啰嗦、不爽快、反复等。器物方面，主细长之物。疾病主阴性病。人物易有特异功能、附体，大仙特征。

5. 白虎

为西方金神，五行属金，司杀，主威，又称“血神”，不宜值爻发动，动则必伤克六亲，尤其是白虎临金发动，定有较大的伤亡、血光之灾。白虎最怕遇火，逢火其威顿减。白虎代表的人物特性为刚强、凶勇、豪爽、剽悍、好战喜斗、心狠、果断、气势汹汹等类型。人物代表公、检、法、军、保、罪犯、强盗等人员。器物代表武器、凶器、刀具、机床、首饰、器具等。

6. 玄武

为北方水神，五行属水，主智，主暗昧不明、阴私、暗中、阴谋、计谋、狡滑、私情、风流、奸盗，临兄弟爻为贪财奸诈、悭吝，临官鬼发动克世用，非奸邪即遭偷盗、诈骗，生世用者邪不侵身或得小利。在经济预测中，又为狡猾之客，投机或部分服务性行业，暗地营谋等。人物代表盗贼、小偷、赌徒、骗子、投机者、彩民、股民、三陪小姐等。

（五）六神的主事原则

六神在具体预测中起辅助作用。过分夸大六神的作用和过分忽视六神的作用都是不对的。初学者往往不能很好把握这一点。过分夸大的为多，一见青龙就谈喜，现白虎就谈丧。

在此独家更确切地说，六神的作用不决定事情的性质，而决定事情的状态。如果依据五行生克制化之理断出某事不成，用神、世爻临青龙也照样不成。如果可成，临螣蛇、玄武也照样会成。这样说，好像六神又没有作用了，所以，有人又把它完全抛弃了，那到底应该怎样应用呢？在下部会有更详细的论述。

七、查旬空

（一）名称

旬空又称空亡，即空无、没有、灭失之意。

十天干、十二地支一一对应产生六十花甲，因干支个数不同，十天干对应十个地支，剩下的两个地支即为空亡。十天干甲为头，甲子旬中则无戌亥，即戌亥空；甲申旬中无午未，即午未空。

六十花甲空亡表

甲子旬	甲戌旬	甲申旬	甲午旬	甲辰旬	甲寅旬
甲子	甲戌	甲申	甲午	甲辰	甲寅
乙丑	乙亥	乙酉	乙未	乙巳	乙卯
丙寅	丙子	丙戌	丙申	丙午	丙辰
丁卯	丁丑	丁亥	丁酉	丁未	丁巳
戊辰	戊寅	戊子	戊戌	戊申	戊午
己巳	己卯	己丑	己亥	己酉	己未
庚午	庚辰	庚寅	庚子	庚戌	庚申
辛未	辛巳	辛卯	辛丑	辛亥	辛酉
壬申	壬午	壬辰	壬寅	壬子	壬戌
癸酉	癸未	癸巳	癸卯	癸丑	癸亥
戌亥空	申酉空	午未空	辰巳空	寅卯空	子丑空

（二）记忆方法

天干为甲的，很容易知道，如甲午，午前二支辰巳即为空亡；天干为其他干的需要推算方可知。具体可通过查位法，举例说明：如戊寅日，从戊查到下一个甲为六位，则寅也同方向查六位，即落在申上，则申酉即为空亡。而离甲较近的干支，往前查较方便快捷，如丙戌日，丙距甲只隔两位，那戌往前两位即为申，也就是丙戌为甲申旬，所以，午未空。

（三）纳甲预测旬空应用查找方法

纳甲预测以预测日干支来查旬空，然后到卦中去查找，见到旬空的地支，该爻即为旬空。比如，戊寅日测卦，申酉为空，卦中见到申酉爻，即为旬空；辛亥日测卦，寅卯为空，卦中见寅卯爻，即为旬空。

（四）应用导引

空亡理论在纳甲预测方法中很重要，通过空亡可推出很多信息。

一般来说，空亡可有两种用途：其一，参与为所断事情定性，比如测财，财爻休囚日克又旬空，此财必无。其二，为所断事情定应期，比如测财，财爻旺相旬空，世爻有力，断为有财，那么何时进，应期当在财爻出空之时，这是指未来。用旬空理论还可以断过去，验证过去曾经发生过什么事。断过去，是周易预测服人的基本功。这一点，下部会详谈。

但要知道的是，并非旬空就真的什么也没有了，旬空必须结合卦爻的旺衰，及卦爻之间的生克制化。旺者虽空不空，衰者才论真空。

到这里，装卦的全过程都介绍了，下面针对装卦全过程举一例说明之：

2003 年 2 月 7 日测卦得“泽水困”变“雷地豫”：

癸未年　甲寅月　辛未日

蛇	丁未父	▅ ▅		庚戌父
勾	丁酉兄	▅▅▅	○	庚申兄
雀	丁亥孙	▅▅▅	应	庚午官
龙	戊午官	▅ ▅		乙卯财
玄	戊辰父	▅▅▅	○	乙巳官
虎	戊寅财	▅ ▅	世	乙未父

辛未日戌亥空。

装卦经过以上七个步骤便完成了，为了初学者查看方便，现以八宫卦序将六十四卦纳干支，配六亲，定世应列表如下：

纳甲六十四卦爻象表

乾为天(宫头)	天风**姤**(一世)	天山**遁**(二世)	天地**否**(三世)
世——壬戌土父母 ——壬申金兄弟 ——壬午火官鬼 应——甲辰土父母 ——甲寅木妻财 ——甲子水子孙	——壬戌土父母 ——壬申金兄弟 应——壬午火官鬼 ——辛酉金兄弟 ——辛亥水子孙 世— —辛丑土父母	——壬戌土父母 应——壬申金兄弟 ——壬午火官鬼 ——丙申金兄弟 世— —丙午火官鬼 — —丙辰土父母	应——壬戌土父母 ——壬申金兄弟 ——壬午火官鬼 世— —乙卯木妻财 — —乙巳火官鬼 — —乙未土父母
风地**观**(四世)	山地**剥**(五世)	火地**晋**(游魂)	火天**大有**(归魂)
——辛卯木妻财 ——辛巳火官鬼 世— —辛未土父母 — —乙卯木妻财 — —乙巳火官鬼 应— —乙未土父母	——丙寅木妻财 世— —丙子水子孙 — —丙戌土父母 — —乙卯木妻财 应— —乙巳火官鬼 — —乙未土父母	——己巳火官鬼 — —己未土父母 世——己酉金兄弟 — —乙卯木妻财 — —乙巳火官鬼 应— —乙未土父母	应——己巳火官鬼 — —己未土父母 ——己酉金兄弟 世——甲辰土父母 ——甲寅木妻财 ——甲子水子孙

震为雷(宫头)	雷地**豫**(一世)	雷水**解**(二世)	雷风**恒**(三世)
世— —庚戌土妻财 — —庚申金官鬼 ——庚午火子孙 应— —庚辰土妻财 — —庚寅木兄弟 ——庚子水父母	— —庚戌土妻财 — —庚申金官鬼 应——庚午火子孙 — —乙卯木兄弟 — —乙巳火子孙 世— —乙未土妻财	— —庚戌土妻财 应— —庚申金官鬼 ——庚午火子孙 — —戊午火子孙 世——戊辰土妻财 — —戊寅木兄弟	应— —庚戌土妻财 — —庚申金官鬼 ——庚午火子孙 世——辛酉金官鬼 ——辛亥水父母 — —辛丑土妻财
地风**升**(四世)	水风**井**(五世)	泽风**大过**(游魂)	泽雷**随**(归魂)
— —癸酉土官鬼 — —癸亥金父母 世— —癸丑火妻财 ——辛酉金官鬼 ——辛亥水父母 应— —辛丑土妻财	— —戊子水父母 世——戊戌土妻财 — —戊申金官鬼 ——辛酉金官鬼 应——辛亥水父母 — —辛丑土妻财	— —丁未土妻财 ——丁酉金官鬼 世——丁亥水父母 ——辛酉金官鬼 ——辛亥水父母 应— —辛丑土妻财	应— —丁未土妻财 ——丁酉金官鬼 ——丁亥水父母 世— —庚辰土妻财 — —庚寅木兄弟 ——庚子水父母

坎为水(宫头)	水泽节(一世)	水雷屯(二世)	水火既济(三世)
世— —戊子水兄弟 ——戊戌土官鬼 — —戊申金父母 应— —戊午火妻财 ——戊辰土官鬼 — —戊寅木子孙	— —戊子水兄弟 ——戊戌土官鬼 应— —戊申金父母 — —丁丑土官鬼 ——丁卯木子孙 世——丁巳火妻财	— —戊子水兄弟 应——戊戌土官鬼 — —戊申金父母 — —庚辰土官鬼 世— —庚寅木子孙 ——庚子水兄弟	应— —戊子水兄弟 ——戊戌土官鬼 — —戊申金父母 世——己亥水兄弟 — —己丑土官鬼 ——己卯木子孙
泽火革(四世)	雷火丰(五世)	地火明夷(游魂)	地水师(归魂)
— —丁未土官鬼 ——丁酉金父母 世——丁亥水兄弟 ——巳亥水兄弟 — —巳丑土官鬼 应——巳卯木子孙	— —庚戌土官鬼 世— —庚申金父母 ——庚午火妻财 ——己亥水兄弟 应— —己丑土官鬼 ——己卯木子孙	— —癸酉金父母 — —癸亥水兄弟 世— —癸丑土官鬼 ——己亥水兄弟 — —己丑土官鬼 应——己卯木子孙	应— —癸酉金父母 — —癸亥水兄弟 — —癸丑土官鬼 世— —戊午火妻财 ——戊辰土官鬼 — —戊寅木子孙

艮为山(宫头)	山火贲(一世)	山天大畜(二世)	山泽损(三世)
世——丙寅木官鬼 — —丙子水妻财 — —丙戌土兄弟 应——丙申金子孙 — —丙午火父母 — —丙辰土兄弟	——丙寅木官鬼 — —丙子水妻财 应— —丙戌土兄弟 ——己亥水妻财 — —己丑土兄弟 世——己卯木官鬼	——丙寅木官鬼 应— —丙子水妻财 — —丙戌土兄弟 ——甲辰土兄弟 世——甲寅木官鬼 ——甲子水妻财	应——丙寅木官鬼 — —丙子水妻财 — —丙戌土兄弟 世— —丁丑土兄弟 ——丁卯木官鬼 ——丁巳火父母
火泽睽(四世)	天泽履(五世)	风泽中孚(游魂)	风山渐(归魂)
——己巳火父母 — —己未土兄弟 世——己酉金子孙 — —丁丑土兄弟 ——丁卯木官鬼 应——丁巳火父母	——壬戌土兄弟 世——壬申金子孙 ——壬午火父母 — —丁丑土兄弟 应——丁卯木官鬼 ——丁巳火父母	——辛卯木官鬼 ——辛巳火父母 世— —辛未土兄弟 — —丁丑土兄弟 ——丁卯木官鬼 应——丁巳火父母	应——辛卯木官鬼 ——辛巳火父母 — —辛未土兄弟 世——丙申金子孙 — —丙午火父母 — —丙辰土兄弟

坤为地(宫头)	地雷**复**(一世)	地泽**临**(二世)	地天**泰**(三世)
世— —癸酉金子孙	— —癸酉金子孙	— —癸酉金子孙	应— —癸酉金子孙
— —癸亥水妻财	— —癸亥水妻财	应— —癸亥水妻财	— —癸亥水妻财
— —癸丑土兄弟	应— —癸丑土兄弟	— —癸丑土兄弟	— —癸丑土兄弟
应— —乙卯木官鬼	— —庚辰土兄弟	— —丁丑土兄弟	世——甲辰土兄弟
— —乙巳火父母	— —庚寅木官鬼	世——丁卯木官鬼	——甲寅木官鬼
— —乙未土兄弟	世——庚子水妻财	——丁巳火父母	——甲子水妻财
雷天**大壮**(四世)	泽天**夬**(五世)	水天**需**(游魂)	水地**比**(归魂)
— —庚戌土兄弟	— —丁未土兄弟	— —戊子水妻财	应— —戊子水妻财
— —庚申金子孙	世——丁酉金子孙	——戊戌土兄弟	——戊戌土兄弟
世——庚午火父母	——丁亥水妻财	世— —戊申金子孙	— —戊申金子孙
——甲辰土兄弟	——甲辰土兄弟	——甲辰土兄弟	世— —乙卯木官鬼
——甲寅木官鬼	应——甲寅木官鬼	——甲寅木官鬼	— —乙巳火父母
应——甲子水妻财	——甲子水妻财	应——甲子水妻财	— —乙未土兄弟

巽为风(宫头)	风天**小畜**(一世)	风火**家人**(二世)	风雷**益**(三世)
世——辛卯木兄弟	——辛卯木兄弟	——辛卯木兄弟	应——辛卯木兄弟
——辛巳火子孙	——辛巳火子孙	应——辛巳火子孙	——辛巳火子孙
— —辛未土妻财	应— —辛未土妻财	— —辛未土妻财	— —辛未土妻财
应——辛酉金官鬼	——甲辰土妻财	——己亥水父母	世— —庚辰土妻财
——辛亥水父母	——甲寅木兄弟	世— —己丑土妻财	— —庚寅木兄弟
— —辛丑土妻财	世——甲子水父母	——己卯木兄弟	——庚子水父母
天雷**无妄**(四世)	火雷**噬嗑**(五世)	山雷**颐**(游魂)	山风**蛊**(归魂)
——壬戌土妻财	——己巳火子孙	——丙寅木兄弟	应——丙寅木兄弟
——壬申金官鬼	世— —己未土妻财	— —丙子水父母	— —丙子水父母
世——壬午火子孙	——己酉金官鬼	世— —丙戌土妻财	— —丙戌土妻财
— —庚辰土妻财	— —庚辰土妻财	— —庚辰土妻财	世——辛酉金官鬼
— —庚寅木兄弟	应— —庚寅木兄弟	— —庚寅木兄弟	——辛亥水父母
应——庚子水父母	——庚子水父母	应——庚子水父母	— —辛丑土妻财

离为火(宫头)	**火山旅**(一世)	**火风鼎**(二世)	**火水未济**(三世)
世——己巳火兄弟	——己巳火兄弟	——己巳火兄弟	应——己巳火兄弟
– –己未土子孙	– –己未土子孙	应– –己未土子孙	– –己未土子孙
——己酉金妻财	应——己酉金妻财	——己酉金妻财	——己酉金妻财
应——己亥水官鬼	——丙申金妻财	——辛酉金妻财	世– –戊午火兄弟
– –己丑土子孙	– –丙午火兄弟	世——辛亥水官鬼	——戊辰土子孙
——己卯木父母	世– –丙辰土子孙	– –辛丑土子孙	– –戊寅木父母
山水蒙(四世)	**风水涣**(五世)	**天水讼**(游魂)	**天火同人**(归魂)
——丙寅木父母	——辛卯木父母	——壬戌土子孙	应——壬戌土子孙
– –丙子水官鬼	世——辛巳火兄弟	——壬申金妻财	——壬申金妻财
世– –丙戌土子孙	– –辛未土子孙	世——壬午火兄弟	——壬午火兄弟
– –戊午火兄弟	– –戊午火兄弟	– –戊午火兄弟	世——己亥水官鬼
——戊辰土子孙	应——戊辰土子孙	——戊辰土子孙	– –己丑土子孙
应– –戊寅木父母	– –戊寅木父母	应– –戊寅木父母	——己卯木父母

兑为泽(宫头)	**泽水困**(一世)	**泽地萃**(二世)	**泽山咸**(三世)
世– –丁未土父母	– –丁未土父母	– –丁未土父母	应– –丁未土父母
——丁酉金兄弟	——丁酉金兄弟	应——丁酉金兄弟	——丁酉金兄弟
——丁亥水子孙	应——丁亥水子孙	——丁亥水子孙	——丁亥水子孙
应– –丁丑土父母	– –戊午火官鬼	– –乙卯木妻财	世——丙申金兄弟
——丁卯木妻财	——戊辰土父母	世– –乙巳火官鬼	– –丙午火官鬼
——丁巳火官鬼	世– –戊寅木妻财	– –乙未土父母	– –丙辰土父母
水山蹇(四世)	**地山谦**(五世)	**雷山小过**(游魂)	**雷泽归妹**(归魂)
– –戊子水子孙	– –癸酉金兄弟	– –庚戌土父母	应– –庚戌土父母
——戊戌土父母	世– –癸亥水子孙	– –庚申金兄弟	– –庚申金兄弟
世– –戊申金兄弟	– –癸丑土父母	世——庚午火官鬼	——庚午火官鬼
——丙申金兄弟	——丙申金兄弟	——丙申金兄弟	世– –丁丑土父母
– –丙午火官鬼	应– –丙午火官鬼	– –丙午火官鬼	——丁卯木妻财
应– –丙辰土父母	– –丙辰土父母	应– –丙辰土父母	——丁巳火官鬼

第六章　六爻预测的基本概念

前面一章学习了起卦法和装卦法，这章便进入了预测的分析判断阶段——断卦法。

断卦是依据五行，主要是地支五行之间的生克制化来进行的。焦点在用神、世爻和动爻，而且都要和日、月来对比，日、月决定了卦中每一爻的旺衰成败。

要想学断卦，首先当了解纳甲预测的一些基本概念。

第一节　六亲详论

前面已述父母、官鬼、妻财、兄弟、子孙六亲代表了世界上的万事万物。六亲本不分吉凶，但在具体预测时，因其扮演的角色不同，又有吉凶之分。那么，每种六亲都代表什么事物呢？这是学习纳甲预测法的基本功，现分述如下：

一、父母爻

生我者为父母，由此基本点可派生出：

1. 其代表的人物为父母、祖父母、叔伯、师长、主人，扶助我的德高望众者，与父母同辈者，以及亲近的老人等。

2. 庇护我之物，也为父母，如：家宅、房屋、居住处、城市、村镇、车、船、飞机、衣服、雨具以及家电、电话、网络、网站、邮箱、传真等。

3. 父母爻又主文章、学业、功课、考试、学问、学术、知识、技术、成绩、书籍、资料、文件、契约、合同、信涵、信息、印章、档案、手续、护照等。

4. 父母爻又代表辛苦、操劳之类，如：勤劳、艰辛劳苦、劳累、操心、费心、工作量大等。

5. 场所代表工厂、单位、学校、居家的客厅、政府广场等。

6. 性情方面代表大义、长者风度、有学识等。

7. 在人体方面代表头、面、胸、腹、背等。

8. 预测自然代表下雨。

二、兄弟爻

与我同类者为兄弟。由此基本点可派生出：

1. 代表的人物有兄弟姐妹、同辈、亲朋好友、同学、战友、伙伴、合作者、帮助我者、竞争者、竞选者、想取代我者等。

2. 兄弟爻又表示花钱、破财，谋我财或破费我财、破耗、消耗、投资。对消费者为涨价，经营者为落价等。

3. 代表阻力、阻隔、阻滞。

4. 兄弟爻又表示口舌、是非、争吵等现象。

5. 表示虚诈、讹诈、诈骗，临玄武更显。

6. 性情方面代表吝啬、仗义、好交友、争强好胜等。

7. 场所代表赌场、收费站、居家的门户、卫生间、厕所、墙壁等。

8. 在人体方面代表臂、腿、手、足、汗液、粪便等。

9. 预测自然代表刮风。

在实际应用中，六亲都有三种属性，即为吉神，为凶神，为中性神。兄弟爻也是一样。如上述之第 2、3、4、5 以及第 1 项中的竞争者、竞选者、想取代我者等都为不吉之神；而第一项中的合作者、帮助我者就为吉神，第 6、7 项当然不论吉凶了。

三、官鬼爻

制约我者为官鬼。由此基本点可派生出：

1. 人物方面有：官长、官方、上司、领导、管理者、贵人、公务员、制约兄弟者，女人之丈夫和丈夫的弟兄、姐夫、妹夫、情夫、男友以及小人、害我者、与我不利者、盗贼、地痞、罪犯、男人等。

2. 代表官职、工作、职位、事业、心机、伎俩等。

3. 代表疾病、病魔、病因、疼痛、忧虑、麻烦、疑惑、忧患、痛苦、灾祸、风波、惊吓、险阻、邪祟、鬼怪、死人、尸体等。

4. 性情方面代表刚强、霸道、有能力、善组织、多谋略、有男性魅力等。

5. 场所代表政府、法院、检察院、人大、政协、居家的客厅等。

6. 在人体方面代表大脑、心脏、男性器等。

7. 预测自然代表坏天气、雷电、暴风雨、飓风、重雾、水灾、地震、滑坡、干旱、火灾、爆炸等。

官鬼爻最具有两面性。名称本身就反映了这一点，即官和鬼。是官是鬼，简单说，与我有利者为官，不利者即为鬼。一般情况下，生扶我者（世爻、用爻）为官，刑克我者为鬼。

在上述官鬼爻所代表的事物中，官长、官方、上司、领导、贵人、制约兄弟者等当然为官、为吉，小人、害我者、与我不利者、盗贼等必定为鬼、为凶；第 3 项显然也为凶，第 2 项则为吉，第 5、6 项为中性；第 7 项基本以凶论了。

四、妻财爻

我克者为妻财。由此基本点可派生出：

1. 在人物方面代表妻子、兄弟之妻、对象、情人、第三者、三陪小姐、仆人（不分男女）、下属、秘书、女人等。

2. 代表钱财、资金、俸禄、财产、珠宝、金银、盈利、利息、回扣、失物、货物、物资等和价值相连的事情。

3. 代表粮食、食物、农作物、饮食、饮水、酒席以及和餐饮有关的器具、傢什等。

4. 场所代表饭店、酒店、食堂、居家的厨房、仓库、银行、加油站。

5. 性情方面代表柔弱、怀柔、善理家。

6. 在人体方面代表口、发、胡须、乳房、女性器、腰、肛门、血液等。

7. 预测自然代表有云（但非重云）天气，阴雨转晴天气、轻雾。

妻财爻就其本身的含义来说基本都是吉的，但在具体的应用中也是有吉有凶。

五、子孙爻

我生者为子孙。由此基本点可派生出：

1. 人物方面有：凡儿女、孙辈、晚辈（不论亲疏）、徒弟、部下、下属都属子孙，警察、法官、军人、双规工作人员，僧道、术士、练功之人、巫师、医生及为我解忧难者，演员、歌星、艺人，生意买卖中的客户、顾客、购买者等，都属子孙爻。

2. 代表财源，生财之道，生意、买卖。

3. 为福神、解忧之神，主消解灾难，平息事端争讼，消除忧愁，医药、无忧无虑、消遥自在、享乐、养尊处优、游乐、旅游、玩耍等。

4. 场所代表医院、寺庙、网吧、游乐场、风景区、洗浴中心、监狱、劳教场所、批发市场、养殖场、居家的佛堂、走廊、老式的厢房等。

5. 性情方面代表心地善良、慈悲、快乐、信佛等。

6. 在人体方面代表耳、眼、鼻、口、乳房、男性器等。

7. 代表宠物、六畜、禽虫。

8. 预测自然代表晴天、彩虹、顺风。

子孙爻多半为吉，惟违法之人遇之有时为凶。

第二节　世应论

世应是纳甲预测的重要概念。由前述的世爻的产生方式便可知，世爻是一卦阴阳消长的最前沿，当然应该成为一卦的中心。所以，世爻主要代表测卦人自己（说主要，是指还有其他的表示，如为它爻的原神、忌神等）。而应爻为测卦人所对应的人和事，依据阴阳消长的基本原理，阴长则阳消，阳长则阴消，一卦六个爻，对应的爻位必隔二位，即第三位。

世爻为测卦人自己，应爻则概念模糊，因所测事情的不同，代表不同的事类。如测双方的关系，则应爻代表对方；测婚姻，则应爻代表对方家庭因素；测搬家，应爻又代表新家；测房宅，应爻又代表对门；测出行，应爻代表出行地等等。再者，凡测不适合纳入六亲范围的人、事、物，均重应爻，或称以应爻为用神。如意念想测某位不相干的人的情况，或某地的情况，俱重应爻。

在具体预测中，世爻、应爻要与用神参用，初学者往往在此问题上难于割舍，孰重孰轻无法分辨。

如果世爻不在状态，测事是很难成的。什么叫不在状态？衰弱休囚、旬空月破等都可称不在状态。后面在时间与六爻预测法中会详细交待。

第三节　归魂游魂

一、归魂、游魂的概念

归魂、游魂是随世应理论而产生的两种卦象，前文已述，归魂、游魂是世应升降到最后形成的两种卦象，即归魂卦世爻必在第三爻，游魂卦世爻必在第四爻。归魂、游魂卦称为“鬼易”。世爻在一二爻的称地易，世爻居三四爻的称人易（注意与归魂、游魂的区别），世爻在五六爻的称天易。

在六十四卦中，游魂卦有：火地晋、雷山小过、天水讼、泽风大过、山雷颐、地火明夷、风泽中孚、水天需。

归魂卦有：火天大有、雷泽归妹、天火同人、泽雷随、山风蛊、地水师、风山渐、水地比。

二、归魂、游魂的应用

游魂，游走变动之意，测人思想摇摆，测它事迁变不常。测行人不归，乐而忘蜀，故古有“游魂行千里”之说。

归魂，顾名思义，有归而不动之象。测人则思想、行为保守，测出行不动之象。故古有“归魂不出疆”之说。

正如《易冒》所论：“我止欲久，游魂则不久；我行欲出，归魂则不出；彼留可常，游魂则不常；彼往可必，归魂则难必也。夫游魂之为象也，变迁而不恒，惶惑而不定；归魂之为象也，忐忑而不正，拘泥而不行焉。”

但需强调，归魂、游魂只反映一种卦理倾向，作为断卦的参考依据之一，不能由此给所测之事予以定性，或凶或吉、或成或败。《易冒》也论：“游魂主动而归魂主静，亦随卦爻之喜忌而断之，不可执也。”比如，在现实预测中遇游魂卦，多主要出门或思想游动，但并不完全表示结果如何。

第四节　卦身论

一、卦身的概念

（一）卦身的确定方法

卦身的确定方法很简单，依据世应的阴阳及所居的爻位来确定卦身为何五行六亲。

“阴世则从午上起，阳世还从子上升，欲想识其卦中意，从初数至世方真。”

即世爻为阴爻，从初爻起午，按一、二、三、四爻……的顺序，顺排午、未、申、酉……如世居三爻，又为阴爻，卦身则为申金；如世居六爻，又为阴爻，卦身则为亥水，依此类推。

同理，如世爻为阳爻，则从初爻起子，按一、二、三、四爻……的顺序，顺排子、丑、寅、卯……如世居三爻，而为阳爻，卦身则为寅木；如世居六爻，而为阳爻，卦身则为巳火，依此类推。

如“火风鼎”卦，因世爻为阳爻，且居二位，“阳世还从子上升”，故丑为卦身。丑土为子孙，故为卦身临子孙。

关于卦身的问题也是自古以来就有争议的理论，一种观点认为，卦身非常重要，为所测事情的主体，一卦之灵魂。另一种观点则认为，卦身无足轻重，甚至可以略之。

（二）卦身的类型

1. 按卦身的数量分类

按卦身的数量可分四类：

第一类，一个卦身。一般卦都有一个卦身，如“火天大有”卦，二爻寅木财爻为卦身：

巳官 ▅▅▅▅ 应
未父 ▅ ▅
酉兄 ▅▅▅▅
辰父 ▅▅▅▅ 世
寅财 ▅▅▅▅ （卦身）
子孙 ▅▅▅▅

第二类，卦身两现。有的卦有两个卦身，如“地风升”卦，官鬼酉金为卦身，此卦三爻、六爻两个酉金，故两个卦身。再如，“地天泰”变“山天大畜”卦，寅木官鬼为卦身，此卦主卦二爻一个卦身，六爻又变出一个寅木官鬼卦身，也为卦身两现。

酉孙	▅▅ ▅▅	×应	寅官	▅▅▅▅	（卦身）
亥财	▅▅ ▅▅		子财	▅▅ ▅▅	
丑兄	▅▅ ▅▅		戌兄	▅▅ ▅▅	
辰兄	▅▅▅▅	世			
寅官	▅▅▅▅	（卦身）			
子财	▅▅▅▅				

第三类，卦身不现而伏藏。如“雷风恒”卦，寅木兄弟为卦身，本卦不现，伏于二爻亥水父母之下，

戌财 ▅▅ ▅▅ 应
申官 ▅▅ ▅▅
午孙 ▅▅▅▅
酉官 ▅▅▅▅ 世
亥父 ▅▅▅▅ （卦身寅兄伏）
丑财 ▅▅ ▅▅

第四类，没有卦身。有的卦主卦、变卦、伏神及日月均没有卦身。如“天山遁”卦，未土父母为卦身，主卦不见，伏神亦无，故此卦无卦身。

戌父 ▅▅▅▅
申兄 ▅▅▅▅ 应
午官 ▅▅▅▅
申兄 ▅▅▅▅
午官 ▅▅ ▅▅ 世
辰父 ▅▅ ▅▅

2. 按卦身所临的六亲属性分类

卦爻有六亲之分，卦身也有六亲之分。父母、兄弟、子孙、妻财、官鬼各有所应。预测某件事，卦身临何六亲是不同的。卦身临世爻、应爻也是有差异的。

二、卦身的作用

笔者认为，卦身是有作用的，但卦身的作用不在于为所测事情定性，换

句话说，卦身决定不了事情的成败、吉凶。

（一）卦身是辅助断卦的手段之一

卦身作为辅助断卦的手段之一参与断卦，可提高断卦的准确率，在成败犹疑之时，辅以决之，效果更佳。

另外，结合卦身断卦会使预测更丰富，更具体。比如，预测合作之事，卦身在应爻，可断合作之事为对方发起，对方主动。再如，预测找工作出现两个卦身，可断有两份工作可选，摇摆而难于定夺。

（二）卦身吉凶论

1. 卦身喜旺，卦身空、破、墓、绝事难成。卦身临日月，大吉之象，但绝不可离开喜忌而论事。一卦两身，有“二心之象，两从之念”，“卦身重叠，须知事体两交关”。没有卦身，事无头绪。但绝不可将其教条化，须知，没有卦身的卦并不在少数，如“泽山咸”、“风雷益”、“山天大畜”等卦均无卦身，在预测时，日月、变爻也无卦身出现的情况也不少见，难道能说一见这种卦就断一事无成吗？回答显然是否定的。

2. 卦身持世，事体由自己掌握，卦身在应爻，事体由他人定夺。卦身生合世爻、用神为吉象，若卦身临日月更吉。卦身克世、克用，为事来找我而易成功。卦身临用神、原神，也为有利之象。

世爻、用神生卦身，事情不由自己作主。最忌忌神临卦身，特别是旺动的卦身。若忌神临卦身，衰绝空破为佳。

现举一例：

2000 年 11 月 20 日，王先生预测做一生意能赚钱否？得“泽火革”变“泽山咸”卦：

丁亥月　壬午日

虎	未官	— —		
蛇	酉父	——		
勾	亥兄	——	世	
雀	亥兄	（午财） ——		申父
龙	丑官	— —		午财
玄	卯孙	（卦身） ——	○ 应	辰官

一看卦象，兄弟持世，应临卦身，断其为合作项目，且对方为发起主动方。我说完后，王先生表态正确。但我又对他讲，此事不可做，合作难于长久，到时原因也出在对方。他问能合作多长时间，我告诉他，明年阳历三、四月份难过。后来，王先生还是做了，且果在 2001 年 4 月对方出现严重自我行为而合作解体，王先生损失几万元。

此卦并非不赚钱，而是合作出问题。如果按照教条的卦身理论，卦身临旺相的子孙，有利之象。孰不知，子孙变鬼，财源化坏，有利不久，又应动变鬼，做鬼不诚之象明显，怎能合作下去呢？所以，断卦一定要卦身用神等结合，通盘考虑，方可作出正确的判断。

第五节　喜神、忌神、用爻与用神、原神、忌神、仇神、耗护神论

六亲随所测事情的不同，有喜忌之分，在六爻书中没有这样区分的，但喜神、忌神却是存在的。喜神、忌神是对传统的用神、原神、忌神、仇神的整体概论。

一、喜神与忌神的概念

在一个卦中，其中的六亲都在发生作用，有的是吉的，有的是凶的。简单说，对所测事情有利的六亲，即为喜神；对所测事情不利的六亲，就是忌神。当然，这里所说的忌神，是广义的概念，不是下面所论的克制用神的忌神。

喜神中包括用神、原神，有时还包括耗护神；忌神中包括忌神、仇神，有时也包括耗护神。

比如测财，妻财爻、子孙爻为喜神，有时官鬼也为喜神，这其中的妻财爻称做用神，子孙爻称做原神，官鬼爻就称做耗护神，这里体现了“护”字。而兄弟爻、父母爻为忌神，有时官鬼爻也为忌神，这其中的兄弟爻称做忌神，父母爻称做仇神，这里官鬼爻这一耗护神又变成了忌神，体现了

"耗"字。

二、用爻与主事爻的概念

在这里还要提出一个概念，就是用爻或主事爻，在后面的书中会多次提到这两个概念，有的书中也应用了这两个概念，但都没有解释，自然令后来者摸不着头脑。

所谓用爻或称主事爻，就是断卦论事所称之爻，它实际是一种称呼。用爻并非单指用神，世爻、应爻、原神、忌神、仇神等都可称为用爻。所以，一个卦中会有好多个爻被称为用爻。一卦多断时，会有好多爻被提起，这些爻都称作用爻。

用爻的概念《易冒》中经常使用，有学员看不懂，便问笔者用爻是什么，与世爻是什么关系？所以，本书特此做以解释。

比如，《易冒》中"用爻属木，申日占而绝，水爻动而生，因名绝生，犹穷地而遇援也。"这里的用爻，是指卦中所论及之爻，并非单指用神而言。主事爻与用爻一样，并非单指一个爻，更非单指用神而言。

三、用神

（一）什么是用神

前面已述，世界的万事万物都在六亲之中，父母、官鬼、妻财、兄弟、子孙包含了世界上的所有事类。预测不同类型的事情，就要看不同的六亲，那么，所看的六亲，就称为用神。比如，测财以妻财爻为用神，即要看妻财爻的状态；测孩子，以子孙爻为用神，即要看子孙爻的状态等等。纳甲法中的用神与四柱命理学中的用神是两个概念，不能混淆。

四柱命理学中的用神，是对日主起到旺衰、燥湿等平衡作用的天干或地支，哪个干支对日主有利，哪个干支就是用神。

（二）用神选取的方法

预测不同的事情，要以不同的六亲为用神。用神选错，卦就很难断对了。有些情况用神好选，有些情况不好选。世有万物，人有千事，有时所求测的事情是纷繁复杂的，并非单一的求财、求官，即便是求官，又有很多心思所在，有的就想某官位能得否，有的则在想找某人沟通能帮忙否，也可能有的最关注能否击败他的竞争对手……所有这些，心思不同，看卦的侧重点当然不同，现分两类论之。

1. 简单的用神选取

所谓简单的用神选取，就是指简单、直接、单一、明了的用神。参照第一节的六亲详论。

(1) 个人的求财、买卖、开店、做股票，机构的贸易、投资办厂、企业效益等都以妻财爻为用神。预测宏观经济、金融等也以妻财为用神。男人找对象、处朋友、谈情人，以及与妻子的关系等，也以妻财爻为用神。妻财爻又为仆人，故预测佣人、服务员、秘书、文员、随从等也以妻财爻为用神。

(2) 个人的求官、职位、求名，以及找贵人帮忙，都以官鬼爻为用神。单位的声誉、地位等也以官鬼爻为用神。女人测对象、情人、丈夫等也以官鬼为用神。

另外，预测疾病、伤灾、自然灾害等不吉之事，都以官鬼为用神。

(3) 个人预测升学、考试、出版、找工作、换单位、购房以及护照、手续等，以父母爻为用神。单位的批文、合同、定单等也以父母爻为用神。另外，预测父母等长辈，当然要以父母爻为用神了。

(4) 个人或单位预测合伙、合作、股份等，兄弟爻是主要用神之一。个人预测兄弟、同学、战友等之事，以及单位预测兄弟单位、竞争对手、合作方等之事，均以兄弟爻为用神。

(5) 预测孩子、学生、徒弟等晚辈之事以及下属以子孙爻为用神。

很多书把下属都定为妻财爻是不对的。妻财爻表示的部属是限于上面提到的佣人、服务员、秘书、文员、随从等公共服务人员或直接服务于你的人员，一个大单位，所有的下属都直接服务于你，这样的单位还能运转、发展吗？

预测病能否好，灾何时消等，也以子孙爻为用神。另外预测游乐以及企业发展、前景、待销的货物等，也以子孙爻为用神。

实际上，选用神就是把所测的事情与六亲关系对应，只要掌握了前文六亲的属性，简单的用神选取就迎刃而解了。

其他未提到的用神选取，参照第一节的六亲详论。

2. 复杂的用神选取

在实际预测中，选用神是一件很复杂的事情，甚至有时是很难的事情。求测者的事情更多时候不是很单一的求财求官，而是错综复杂，一卦出来真会让你摸不着头脑。故本人多年前提出的“用神破译理论”，就是针对这种情况而论。因此部分内容对知识储备、实践数量有一定要求，不然，讲出来了也未必能理解，故此部分内容留在下部讲解。

(三) 用神多现论

1. 用神多现的取用原则

一个卦中（指主卦），有两个相同的五行六亲出现，或主卦有用神，变卦又变出一个或两个用神，都叫用神多现。这种情况非常常见，如“火风鼎”卦，两金、两土，即两妻财、两子孙，“地风升”卦，两土、两金、两水，即两财、两官、两父。

“火风鼎”卦：

巳兄 ▅▅▅▅
未孙 ▅▅ ▅▅ 应
酉财 ▅▅▅▅
酉财 ▅▅▅▅
亥官 ▅▅▅▅ 世
丑孙 ▅▅ ▅▅

“地风升”卦：

酉官 ▅▅ ▅▅
亥父 ▅▅ ▅▅
丑财 ▅▅ ▅▅ 世
酉官 ▅▅▅▅
亥父 ▅▅▅▅
丑财 ▅▅ ▅▅ 应

再如，“地泽临”卦六爻动，变“山泽损”，主卦二爻一个卯官，六爻又变出一个寅官，也为用神多现。

“地泽临”变“山泽损”：

酉孙	▅ ▅	×	寅官	▅▅▅
亥财	▅ ▅	应	子财	▅ ▅
丑兄	▅ ▅		戌兄	▅ ▅
丑兄	▅ ▅			
卯官	▅▅▅	世		
巳父	▅▅▅			

断卦要看用神的状况，用神如果旺相，不空不破（参看后面章节），则所测之事易成，如果空破休囚，所测之事则不易成。现在用神出现了两个或三个、四个，应该以哪一个为准呢？古籍及目前的书中大都这样说“舍其间爻而用世应，舍其无权而用日月，舍其安静而用动爻，舍其被伤而用不伤，舍其旬空而用不空，舍其月破而用不破。”不能说这一论述错误，但只说了一半，另一半因种种原因没有说出来。但就上述的论述，使无数的后来者陷入了误区。

那到底用神多现时如何选取呢？下部详论。

现举例说明之：

2001 年 5 月 3 日，某政府机关毛先生求测职务升迁成否？在何时？得“雷火丰”变“震为雷”：

壬辰月　丙寅日

龙	戌官	▅ ▅			
玄	申父	▅ ▅	世		
虎	午财	▅▅▅			
蛇	亥兄	▅▅▅	○	辰官	▅ ▅
勾	丑官	▅ ▅	应	寅孙	▅ ▅
雀	卯孙	▅▅▅		子兄	▅▅▅

此卦申金父母持世，得辰月生，为旺可成事。测升迁，显然以官鬼为用

神。主卦用神两现，变卦又变出一个辰官，取哪个为用神呢？戌土月破、旬空，为有病，丑土无病，按照取用原则，当取丑土为用神，因其旺相有力，断提升有望。但应在何时呢？按照取应期的原则，当取其旬空月破有病的戌土爻为断应期的用神。故断为戌月可提，但当在动中提，即调动单位、部门后提升。后果然在阳历 10 月由正处提升为副局，且到了另外的单位。

如果只按照古籍的上述取用原则，取丑土为用神，应期就该断为未月，未月用神静而逢冲。

2. 用神多现的其他意象

用神多现除了对所测之事在定性和应期方面具有上述特性外，还具有其他意象。其中主要的还表示所测之事的非单一性。如测工作得两父，则为有两份工作可选；测购房得两父，也为有两处房源可选；男测婚卦得两财，则为两妻之象……但在实际预测时，绝非这样简单、直白，如用神两现，其一空破，说明已经不存在了，或者属于过去时。其他也可按照此思路拓展之……

如：2001 年 4 月 4 日某男预测对象何时能成？得“天雷无妄”变“风雷益”：

辛卯月　丁酉日

龙	戌财	———		卯兄
玄	申官	———		巳孙
虎	午孙	———	○ 世	未财
蛇	辰财	— —		
勾	寅兄	— —		
雀	子父	———	应	

男测婚以妻财爻为用神，此卦用神三现，我们现在来分析一下：三爻的辰土财爻休囚旬空，与日辰官鬼做合，说明其过去曾经深处过一个，现在此人已经不属于他了；六爻戌土财爻休囚日害，被月兄弟合住，此女也不属于他了；第三个财爻为世爻变出来的未土妻财，为其所测之对象，世爻已动，不久就会有了，且为年龄比他小得多的，或许会是 1979 年的，当挺厉害的。

这个人什么时候出现呢？就应该在未土逢值之时，即阳历7月。

测后此人说，确实处过两个对象，且时间都不短，处得也很“深”。

后来果然在8月5日（还在未月之内）见了个对象，一见钟情。

以上的例子读起来一定很吃力，因为断卦的更多原则还没有讲到。不要紧，可以往下读，学完了后面的知识后再回头来消化此部分例子就会一目了然了。

四、原神、忌神、仇神、耗护神

（一）原神

凡是生用神的爻，就为原神，近似于四柱中的喜神。原神为吉利之神。原神有力，原神发动更吉，说明所测之事有能量，可以保持相对长久。如测财，则子孙爻为原神；测官，财为原神等等。但如原神受日月动爻冲克，衰而无力，则不吉反凶，此点以后会讲到。

（二）忌神

凡是克用神的爻就为忌神，近似于四柱中的忌神。忌神为凶恶之神、不吉之神。故忌神有力，忌神发动则更凶，说明所测之事不成，有时甚至不但不成反为凶。如测财，兄弟爻为忌神；测官，子孙爻为忌神等等。测财时，如兄弟爻旺而发动，不但无财可求，反而会破财。同样，如忌神受日月、动爻等冲克，则不凶反吉，所测之事可成。

（三）仇神

凡是克制原神反生忌神的爻，就为仇神。因仇神不直接作用在用神身上，而是通过原神和忌神得以间接体现，所以，事情多应在长远。仇神有助纣为虐之象，故多为不吉。如测财，父爻为仇神；测官，兄弟爻为仇神等等。在具体预测中有时仇神又不以仇神的转弯形式显现，而是以仇神所临之六亲的具体特性得以体现。如测官，兄弟发动，为仇神发动，更主要的是一主竞争，二主破耗，也就是说在求官这一事情上，有竞争，同时还要花钱打点。

（四）耗护神

这是本人首次提出的概念。凡是用神所生的爻就为耗护神。“耗”，顾名思义，就是“损耗”、“消耗”、“破耗”的意思。当然是不吉利的，但耗神还有一项吉祥的作用，即耗神必克忌神，忌神受克就制不了用神，所以耗神又有用神的守护神的意思，所以，耗神又可称为护神。故耗护神可谓一神二功——“成也萧何，败也萧何”！

只要懂得了社会，就不难理解此神。如测财，官鬼爻为耗神，但同时又是护神。生意作到一定程度必须要有官方人士的帮助，否则再难做大，或者诸多事情需要人去摆平，这一重任惟官员最合适，不然就要破大财，这时，这个官鬼当然就为护神了。但要知道，官员是不能白帮忙的，是要给他们回报的，也就是要花钱的，这时又变成了耗神。但这个钱比起要破耗的钱来还是小得多，所以，耗一点也值得。关于此点，以后还要论到。

现针对用神、原神、忌神、仇神、耗护神现举一例：

测财得“水泽节”卦：

子兄 ▅ ▅
戌官 ▅▅▅
申父 ▅ ▅ 应
丑官 ▅ ▅
卯孙 ▅▅▅
巳财 ▅▅▅ 世

世爻巳财为用神，二爻卯孙为原神，六爻子兄为忌神，四爻申父为仇神，三爻、五爻官鬼便为耗护神。如二爻卯孙发动，则为原神发动，原神动必生用神，求财易得。

如六爻子兄发动，则子兄力量突现，必克财爻，主破财。如四爻申父发动，因其动必生子兄，使忌神力量增加，故不利财，视为仇神。三爻或五爻官动，必泄财气，视为耗神。但如六爻兄动，则官鬼护神的作用便体现了出来，如护神发动则兄弟有制，用神财便不受劫了。

第六节　诸神与世应的关系

一、持世的概念

用神、忌神、原神、仇神、耗护神与世应是纳甲预测两个重要体系。在具体预测中，这两个体系要有机地联系起来，方可做出准确的预测。而此点恰恰是初学者难于过关的。这一节，就探讨这一问题。

几年前，遇到一位想自学纳甲的学生，见面后给我提出了一个问题，说自己看了一段时间书，前面的基础基本懂了，到了世应这一部分，“持世”这一概念怎么也没搞懂是什么意思？我听后很有感慨，感慨之一，我们的易学书基础性不够，不具备自学的条件，我回想了一下，确实没有解释什么叫“持世”这一概念的纳甲书。感慨之二，我们的易学文化确实很难，这一套思维模式很独特，所以，要想学好易学预测，首先要建立起这一独特的思维模式。

那么，什么叫持世呢？简单说，就是“在身边”的意思。因世爻为测卦人自己，什么爻持世，当然什么爻所代表的事情就在自己身边了。如，财爻持世，财爻就在自己身边，如测求财，财在身边，当然就是得财之象。测求官，官爻持世，此官也可得了。当然，周易预测并非这样简单明了，什么爻持世，什么事情并非一定可得，还要结合该持世之爻的旺衰、动变以及它爻对其的生克冲合等，但持世当然是事情成败的重要标志之一。

二、诸神与世应的关系

上面所讲的是用神持世，若忌神持世又会是如何呢？忌神即为克制用神的，也就是克所测之事的。如求财，兄弟为克财的，即为忌神，如兄弟持世，即为忌神持世。忌神持世，就表示所问之事到不了身边，当然就成不了事。俗语所说的“手拿棒子叫狗——越叫越远”就是这个道理。测求官，子孙持世；测考试，财爻持世；测兄弟，官鬼持世等等，都为忌神持世。人们在财运差的时候求财，俗语说的“骑马追财”，也是忌神持世财难求的情况。需要提前说明的是，忌神持世，也并非所测之事皆不成，也要结合忌神的旺衰动变等，如忌神持世动而化出用神，所问之事反可成。关于忌神持世而成事的种种状况，在下部会有论述，请读者注意阅读。

由上述之理可推，原神持世，当然对所问之事有利；仇神持世，对所问之事不利。如测求财，子孙持世，即为原神持世，求财易得；父母持世，即为仇神持世，求财辛苦。

应爻与诸神的关系与世爻类似，由上面的思路也可以理解之。

如测双方经济合作之事，应爻临兄弟爻，且与财爻不相干，则表示对方不肯投资。测搬家到一处新房吉凶，应爻临父母爻但受冲克，必为不吉之象。

下面的六亲持世歌诀是古人总结了各种六亲持世时预测不同事情的断语，读者可仔细玩味：

“兄弟持世莫求财，官兴须虑祸将来；朱雀临身防口舌，交重必定损妻财；父母相生身有寿，化官化鬼有奇灾。”

“父母持世主身劳，求嗣妾众也难招；官动财旺宜赴试，财摇谋利莫心焦；占身财动无贤妇，又恐区区寿不高。”

“财爻持世宜财荣，兄若交重不可逢；更喜子孙明暗动，利身克父丧文风；求官问讼宜财托，动变兄鬼万事凶。”

“官鬼持世事难安，占身不病也遭官；财物时时犹失脱，功名最喜世当权；入墓愁疑无散日，逢冲转祸变为欢。”

“子孙持世事无忧，求名切忌坐当头；避乱许安失可得，官讼从今了罢休；有生无克诸般吉，有克无生反见愁。”

有好多易友下很大功夫去背，其实是没有必要的。只要灵活掌握了六亲主事要领，在具体预测时就可以灵活地分析出结果，决不需按照上述的歌诀来对应。比如，兄弟持世一句，“莫求财”，兄弟克财，当然不宜求财了。“官兴须虑祸将来”，官动必克兄弟，而现今兄弟持世，岂不受克？官克世必为祸！“朱雀临身防口舌”，雀临兄弟主口舌是非。“交重必定损妻财”，持世又发动，伤妻破财。“父母相生身有寿”，父母主寿，今父母生身，健康长寿。“化官化鬼有奇灾”，世动变鬼回头克，必有大灾。其他的论述也都很简捷易懂，都是六亲之理的具体应用。

第七节　爻位论

一、爻位的概念

所谓爻位，就是一个卦六个爻所居位置不同，有上有下，有高有低，有阴有阳。而经过纳甲排六亲后，六亲所居的不同位置，不同的阴阳，便可反映六亲的不同状态。

二、爻位的阴阳

爻位有阴有阳，一、三、五爻为阳位，二、四、六爻为阴位。阳爻为阳，阴爻为阴。阳爻居阳位为得位，阴爻居阴位为得位。相反，阳爻居阴位、阴爻居阳位都为不得位。如男测婚姻感情，妻友爻阴居阳位，则该女多具男性特征等。所以，一般四爻为阳爻则易激进，做事过火；三爻若为阴爻则易消极。

三、爻位间的关系

初爻与四爻、二爻与五爻、三爻与六爻为内卦和外卦的同位爻，所以二者阴阳相反为相应，阴阳相同为不相应。如测婚姻，相应为和谐之象，不相应为不利之象。

五爻为君，二爻为臣，一卦中此二爻是最重要的，因分别居内外卦之中心，二五相应是最佳状态。

四、爻位与所测事物的对应关系

爻位与常见事物的对应关系见下表：

爻 位	代表事物
六 爻	头、发、帽子、房顶、围墙、天、远方、高、目的地、祖上、顾问、马。
五 爻	面、耳、眼睛、口、须、鼻、客厅、领导、人、车、道路、父、丈夫、长子、董事长、总经理、牛。
四 爻	胸、乳、背、肺、肝胆、心、大厅、大门、卧室、坑厕、妻位、副总、羊。
三 爻	腹、腰、肾、臀、肛门、门、床、鞋柜、兄弟、近处、叔伯、中层干部、猪。
二 爻	腿、膝、阴部、皮肉、厨房、房宅、学堂、为地、邻里、车、母亲、家中之妻、办公室主任、猫狗。
初 爻	脚、房基、井、沟、平房、矮、低、农民、家人、儿童、子孙、长子、员工、鸡鸭鹅。

五、爻位的应用

爻位在具体预测中有着相当程度的应用，其主要作用是断细节。比如预测某人用神在六爻，则该人个子一定很高；再如，预测疾病官鬼爻在五爻，则病必在五爻胸部等。至于爻位阴阳的应用、当位的应用、相应的应用等在上文都已提及，不再赘述。

第七章　卦爻内部作用论

一个卦六个爻，爻与爻之间存在着相互作用，或生或克或冲或合，这种相互关系再结合时间的因素，作用到世爻和用神上，便得出了事情成败吉凶。

卦爻内部作用是指主卦、变卦各爻之间的相互作用，当然作用的核心还是围绕用神、世爻来展开。

需提前说明的是，六爻断卦只考虑卦爻之间的相互作用是不够的，必须结合时间因素，即测卦时的月建和日辰，有些情况还要结合太岁和时辰。

本章尽管是讲卦爻内部作用，为了通过实例把原理讲清楚，还必须结合外部因素——时间因素，所以，建议读者，特别是刚入门的朋友要结合下一章一起串插来读，方会收到事半功倍的效果。

第一节　卦爻发动论

因起卦方法的不同，一个卦可没有动爻，一个动爻直至六爻全动。六爻发动是一个很重要的概念，具体论述如下：

一、卦爻发动，动必有因

卦中的爻是不会胡乱发动的，动必有因。没有动爻的卦，一般为事情没有变化，没有实施。一个动爻的卦反映事情比较简单，成败并不复杂；多爻乱动的卦，则反映测卦人心绪复杂，所测之事关系复杂，环节众多等。

比如，2000 年 2 月 29 日，某人测卦得“乾为天”变“天火同人”卦：

戊寅月　丁巳日

龙	戊父	▅▅▅	世	
玄	申兄	▅▅▅		
虎	午官	▅▅▅		
蛇	辰父	▅▅▅	应	亥孙
勾	寅财	▅▅▅	○	丑父
雀	子孙	▅▅▅		卯财

此卦一个爻发动，在二爻。以后会讲到，二爻为宅爻，临勾陈，勾陈主田土、房产，又为财爻动化父，父母又表示房产，所以，由此可推，必为问花钱买房子之事。占乾卦，“见龙在田，利见大人”，此事中必有官贵，五爻申兄被日辰之巳官合，说明此事必有官贵帮忙，价格可优惠。变“天火同人”卦，为第二处房。

此卦独爻发动，为财动化父，花钱买房的信息很清楚。

一个爻发动的卦，一定要紧紧抓住动爻这个焦点，因这个动爻往往能反映出所测之事的类型。

再如，2004 年 6 月 14 日张女士测事得“火水未济”变“泽地萃”卦：

庚午月　甲子日

玄	巳兄	▅▅▅	○	应	未孙
虎	未孙	▅ ▅	×		酉财
蛇	酉财	▅▅▅			亥官
勾	午兄	▅ ▅（亥官）	世		卯父
雀	辰孙	▅▅▅	○		巳兄
龙	寅父	▅ ▅			未孙

此卦三个爻发动，按照动必有因的原则，三个爻必皆反映事情。此卦测生意，兄弟持世反映为合作项目；子孙爻表示项目，因其可生财，卦中二爻、五爻皆为子孙，故表示两个财源，也就是两个项目，一个化回头生，一个化财；应爻临兄弟动而化子孙，为第三个项目，兄弟为合作伙伴。故告之

当有三个项目可做。

由此卦可知，三个动爻反映三件事情，正合动必有因这一理论。

二、卦爻发动对它爻产生的作用

卦爻发动，可对它爻产生生、克、冲、合之作用。卦中之爻发动如人之行动，事之进展，便有能量，便会对其他爻产生或生、或克、或冲、或合之作用。如地水师卦，初爻寅木发动，便会生三爻午火，同时又克二爻辰土，又合五爻亥水。雷水解卦，初爻寅木发动，便会生三爻午火，克二爻辰土，冲五爻申金等等。如果所用之爻得动爻生合，便为吉；受动爻冲克便为不利。

(一) 动爻对静爻的生克作用

一卦排出后，先看动爻为何爻，动爻对其他静爻均有生克作用。若动爻为用神，要视日月对其作用，有无其他动爻对其生克冲合及自身如何变化来决定成败。若动爻为原神，如果不化坏（指化回头克、化绝、化空、化破等，参照下节），则为吉，成事之象；若动爻为忌神，若不化坏，则为凶，为事情不成，败坏之象；若化坏，则为凶中有救，简单说，以吉论。若动爻为仇神、耗护神参照本章第二节的论述判断之。

例：测财有无，得“风雷益”变“水雷屯”：

蛇	卯兄	▅▅▅	○ 应	子父
勾	巳孙	▅▅▅		戌财
雀	未财	▅ ▅		申官
龙	辰财	▅ ▅	世	
玄	寅兄	▅ ▅		
虎	子父	▅▅▅		

此卦财爻持世，得财之象，但六爻卯兄动，根据动爻对静爻有生克作用的原理，卯木必克世爻辰土财爻，这就不是得财而是破财了。

(二) 动爻对静爻的冲合作用

一卦的动爻除了对静爻有生克作用外，还对静爻有冲合作用。

1. 动爻冲静爻

动爻冲静爻可产生两种效果：其一，可使被冲之静爻暗动（参看下章）；其二可使被冲之静爻破散。那么，什么情况下暗动，什么情况下破散，关键要看动爻和被冲静爻的旺衰情况。动爻旺，冲而有力；动爻衰，冲之无力；衰极时，虽有若无。静爻旺，受冲则暗动；静爻衰，受冲则易破散。

1997 年 3 月 27 日，姜先生测官得升否？得“雷水解”变“雷泽归妹”卦：

癸卯月　戊辰日

雀	戌财	— —		
龙	申官	— —	应	
玄	午孙	———		
虎	午孙	— —		丑财
蛇	辰财	———	世	卯兄
勾	寅兄	(子父) — —	×	巳孙

测官以官鬼爻为用神。此卦财爻持世，临日辰，初爻寅兄得月帮扶而冲五爻申官，因申官有力，逢冲为暗动，故断此官可得，但需花钱。后果验。上例为受冲暗动，下例则为受冲破散：1998 年 5 月 25 日高中生小王测高考得“离为火”变“山火贲”卦：

丁巳月　壬申日

虎	巳兄	———	世	寅父
蛇	未孙	— —		子官
勾	酉财	———	○	戌孙
雀	亥官	———	应	
龙	丑孙	— —		
玄	卯父	———		

测高考以父母爻为用神。此卦父母爻休囚日克无生气，四爻酉财又动化回头生而冲用神，此冲论破散，高考无望。

2. 动爻合静爻

动爻合静爻，有相连、合好之意。若不论生克，则其合力对事情的性质表现不十分明显。同时，也与动爻的旺衰有一定的关系，动爻旺，则合力就大，关系就紧密；动爻衰，合力就小，关系就自然不紧。

如：2001 年 11 月 24 日，李女士测孩子放学未归去何处？得“泽水困”变“坎为水”卦：

已亥月　辛卯日

蛇	未父	▅▅　▅▅		子孙
勾	酉兄	▅▅▅▅▅		戌父
雀	亥孙	▅▅▅▅▅	○ 应	申兄
龙	午官	▅▅　▅▅		
玄	辰父	▅▅▅▅▅		
虎	寅财	▅▅　▅▅	世	

测孩子以子孙爻为用神，此卦子孙爻亥水临月令，平安。子孙动化申兄回头生，与同学在一起。孙动合寅财，又兑卦变坎卦，有吃饭喝酒象。用神子孙合世，又一可归象。告之晚亥时必归。

（三）动爻对动爻的生克作用

动爻除对静爻有生克作用外，对卦中其他动爻也有生克作用，而且这种生克作用还要优先于静爻。

1. 动爻生动爻，便不克该克之静爻，谓之贪生忘克。

如动爻为金，又一动爻为水，动爻金本该克静爻木，但因水爻又动，故金不克木而生水，水又生木，连续相生，或称贪生忘克。

若得连续相生的爻为用神，则该动爻必为忌神，用神得连续相生，后劲十足反为大吉之象。

如：1997 年 4 月 4 日，白先生测有官灾否？得“风泽中孚”变“坎为水”卦：

癸卯月　丙子日

龙 卯官 ——— ○ 子财
玄 巳父 ——— 戌兄
虎 未兄 — — 世 申孙
蛇 丑兄 — — 午父
勾 卯官 ——— 辰官
雀 巳父 ——— ○ 应 寅官

测官灾以官鬼爻、世爻为用神。此卦世爻月克日害，衰弱不堪。六爻卯官又临月令而克之，官灾之象显露无疑。幸得动爻巳父同时发动，且化回头生，则卯官便先生巳父而不克世爻了。故告之此灾可解，找官帮忙，再通过有利证据可无危。后果在巳月了结。

2. 动爻克动爻，使受克之动爻的力量减弱，吉凶的程度也随之而减至于受克之动爻还有否力量，要视动爻及受克之动爻的力量强弱决定，若动爻极衰，而受克之动爻较旺，则虽受克，虽有实无，不妨碍受克之动爻行使自己的生克冲合之力。

如：2003 年 2 月 26 日，吴总测做一笔贸易成否？得“天雷无妄”变“火泽睽”卦：

甲寅月　庚午日

蛇 戌财 ——— 巳孙
勾 申官 ——— ○ 未财
雀 午孙 ——— 世 酉官
龙 辰财 — — 丑财
玄 寅兄 — — × 卯兄
虎 子父 ——— 应 巳孙

测贸易以财爻为用神，兄弟爻为忌神。此卦兄弟寅木旺动而化进克财，破财之象。虽五爻申官也动而化回头生，申金动克寅木，但寅兄克财之力受损不大。故告之此生意不可做，谨防骗局。实际此生意果为一骗局，因预测而早有准备，故未致大损失，破点小财而已。

若两个动爻旺衰适中，或主克之动爻力量过大，则受克之动爻力量大减，这时，若受克之动爻为忌神，则主克之动爻必为耗护神，此种格局为吉象。若受克之动爻为用神或原神，则此种格局显然为不吉之象，若再有其他不利因素，则事必不成。

如 1998 年 12 月 27 日，李女士求测开时装屋可否，得“火雷噬嗑”变“雷地豫”：

甲子月　戊申日

雀	巳孙	——	○	戌财
龙	未财	— —	世	申官
玄	酉官	——		午孙
虎	辰财	— —		卯兄
蛇	寅兄	— —	应	巳孙
勾	子父	——	○	未财

此卦两个爻动，父母子水和巳火子孙。测开时装屋即为测财，以财爻为用神，子孙爻为原神，父母爻为仇神。此卦子孙爻发动，本为吉象，但父母爻也发动，克子孙爻，而且，子孙巳火休囚无气，父母子水临月当令，相差悬殊，巳火哪还有生财之力？此生意不可做。

（四）动爻对动爻的冲合作用

动爻对其他动爻除了生克作用外，还有冲合的作用。

1. 动爻冲动爻

动爻冲动爻是一种相互的行为。相冲为不友好行为，为敌视行为，为相战行为。那么，两动爻相冲会是一种什么效果呢？

(1) 旺相的动爻优胜于休囚的动爻，使休囚的动爻雪上加霜，变成无用作废之爻。若休囚的动爻为用神或原神，则求事不成，不吉之象。若休囚的动爻为忌神，则反为吉象。

如：1992 年 3 月 31 日，病人徐女士自测到某一专科医院看病能见效否？得“水天需”变“泽火革”卦：

乙卯月　丙午日

龙	子财	— —		未兄
玄	戌兄	——		酉孙
虎	申孙	— —	× 世	亥财
蛇	辰兄	——		亥财
勾	寅官	——	○	丑兄
雀	子财	——	应	卯官

测求医当以子孙爻为用神。此卦子孙持世，正反映求医之事。

但子孙爻休囚日克，无力之象。且子孙爻动，二爻寅官也动而相冲，因申无力而寅旺相，故申孙受冲破散，求医无效。

(2) 两动爻相冲除土与土冲外，其他均为相克关系。这种情况下，若两者旺衰适中，则主克之爻要胜于被克之爻。辰戌相冲或丑未相冲之结果，使其共同变旺。若被克之爻为用神或原神，则求事不成。

如：1997 年 10 月 7 日，某单位张处长测提升，得“泽地萃”变“坎为水”卦：

巳酉月　壬午日

虎	未父	— —		子孙
蛇	酉兄	——	应	戌父
勾	亥孙	——	○	申兄
雀	卯财	— —		午官
龙	巳官	— —	× 世	辰父
玄	未父	— —		寅财

测提升以官爻为用神。此卦官爻巳火得日帮扶，似旺而可得，但四爻亥孙也得月生而旺，巳亥力量相当。然亥为水、巳为火，水本克火，故断此升不能如愿。

2. 动爻合动爻

动爻合动爻也为相互行为，相合为友好行为，同时也有相绊之效果，使两者均不能发挥正常效能。

如：1993 年 3 月 3 日代先生测打麻将输赢，得“山火贲”变“火山旅”

卦：

甲寅月　癸未日

虎	寅官	——		巳父
蛇	子财	— —		未兄
勾	戌兄	— —	× 应	酉孙
雀	亥财	（申孙） ——		申孙
龙	丑兄	（午父） — —		午父
玄	卯官	——	○ 世	辰兄

测打麻将输赢要世应和财爻同看。此卦财衰，看似输象。世应旺衰相当，又世应同动相合，应爻兄弟戌土克财之力受困，故断没有大输赢，且当小赢 10 元。主卦数、变卦数均为 10，后果如测。

第二节　动爻与变爻的关系

有动必有变，一个爻动了，必要因此卦的变化而带来爻的变化，便出现了变爻。因动爻与变爻所属地支发生了变化，就造成二者出现了不同的关系，或生、或克、或冲、或合。

一、爻变回头生克

（一）爻变回头生

一个爻变动后，变爻与动爻的第一种关系就是回头生，即变爻生动爻。变爻生动爻，使动爻的力量加强，且有源源不断之势。所以，化回头生之爻力量很大，即便动爻衰弱，也不会绝根，因有变爻源源不断来生。把动爻与诸神结合，有以下几种情况：

1. 动爻为用神

动爻为用神，最喜回头生，回头生使用神的力量加大，且为用神有源，用神长久。如 1998 年 5 月 19 日，张先生测财得“雷水解”变“雷地豫”卦：

丁巳月　丙寅日

龙	戌财	▅ ▅			
玄	申官	▅ ▅		应	
虎	午孙	▅▅▅			
蛇	午孙	▅ ▅			卯兄
勾	辰财	▅▅▅	○	世	巳孙
雀	寅兄	▅ ▅			未财

此卦一个动爻为二爻辰土妻财，动而化巳火子孙回头生。因此卦测财，以财爻为用神，故属用神化回头生，有财之象，且此财有源，源源不断。故告之有财可求。

2. 动爻为原神

动爻为原神，也喜回头生，回头生使原神的力量加大，又为原神有源，长久之象。如 1998 年 4 月 10 日王厂长测企业经营，得“兑为泽”变“水泽节”卦：

丙辰月　丁亥日

龙	未父	▅ ▅	世	子孙
玄	酉兄	▅▅▅		戌父
虎	亥孙	▅▅▅	○	申兄
蛇	丑父	▅ ▅	应	
勾	卯财	▅▅▅		
雀	巳官	▅▅▅		

此卦一个动爻为四爻亥水子孙，动化申兄回头生。此卦测财，子孙为财的原神，故属原神动化回头生，原神有源，源源不断，故告之企业效益可观，且经营长久。

3. 动爻为忌神

动爻为忌神最忌回头生，回头生使忌神的力量加大，则克用神的力量增强，不利之象。如 1998 年 7 月 19 日李女士测财，得“天地否”变“火地晋”卦：

己未月　丁卯日

龙　戌父 ——— 应　巳官
玄　申兄 ——— ○　未父
虎　午官 ———　　酉兄
蛇　卯财 — — 世
勾　巳官 — —
雀　未父 — —

此卦动爻居五爻临兄弟申金，且化回头生，测财兄弟爻为忌神，忌神化回头生，力量加倍必克财、劫财，故告之防申月破财，被偷、被骗之类。到申月过后得到反馈，果然发生被朋友骗之事，损失900元。

4. 动爻为仇神

动爻为仇神时，喜恶表现不十分明显，简单言之，也不喜回头生。仇神力量大，必助长忌神之力，化回头生，仇神加力，等于间接增加了忌神的力量，故为不吉。如1998年3月12日李小姐测单位能否涨工资，得“泽水困”变“泽地萃”卦：

乙卯月　戊午日

雀　未父 — —
龙　酉兄 ———
玄　亥孙 ——— 应
虎　午官 — —　　卯财
蛇　辰父 ——— ○　巳官
勾　寅财 — — 世　未父

此卦二爻辰土父母发动，化巳官回头生。应涨工资当以财为用神子孙爻为原神，今父动必克子孙，财无源以生，工资涨不上之象，故如实告之，现在暂不要考虑此事。

5. 动爻为耗护神

动爻为耗护神，也不喜回头生。耗神越旺，消耗用神之力也就越大。如1999年3月26日，王经理测公司一笔生意，得“地水师”变“坤为地”卦：

丁卯月　丁丑日

龙	酉父	⚋	应	
玄	亥兄	⚋		
虎	丑官	⚋		
蛇	午财	⚋	世	卯孙
勾	辰官	⚊	○	巳财
雀	寅孙	⚋		未官

此卦二爻辰土官鬼发动化回头生，测生意以官鬼爻为耗神，耗神发动，必泄财气，故告之注意下月在官方方面耗财。事后得知辰月果被税务稽查，补税加罚款15000元。

动爻起护神作用时，则喜回头生，但结合日月作用也不宜太旺，如太旺则易出现忌神克财虽避免了，可护神又转而成为了耗神。关于此点以后会详论，这里就不再举例。

（二）爻变回头克

一个爻变动后，变爻与动爻的第二种关系是回头克，就是动爻动变后，变出的爻克该动爻。变爻克动爻，当然使动爻的力量减弱。把回头克的动爻与诸神结合，便产生了如下几种情况：

1. 动爻为用神

动爻为用神，最忌回头克，出现此种情况，所问之事基本不成，而且从纳甲法更深层次的角度论之，也很难化解。如1998年3月22日周小姐问财得“风火家人”变“风天小畜”卦：

乙卯月　戊辰日

雀	卯兄	⚊		
龙	巳孙	⚊	应	
玄	未财	⚋		
虎	亥父	⚊		辰财
蛇	丑财	⚋	×世	寅兄
勾	卯兄	⚊		子父

此卦问求财，丑土财爻持世而动，正反映之。但用神临世动化回头克，变爻寅兄又在月令旺地，故断此财不得。

2. 动爻为原神

动爻为原神化回头克，也为不吉之象，诸事不易成，成也不久。因原神为用神之源，化回头克相当于断绝源头，事必不久。如 2000 年 4 月 21 日王女士测新开酒店生意，得“风火家人”变“山火贲”卦：

庚辰月　己酉日

勾	卯兄	———		寅兄
雀	巳孙	———	○ 应	子父
龙	未财	— —		戌财
玄	玄父	———		
虎	丑财	— —	世	
蛇	卯兄	———		

此卦财爻持世，测生意求财，丑财又得月令帮扶，有财之象。

应爻巳孙又动而相生，更是吉利。然财之原神巳孙动而化回头克，原神被绝，不利突现。故告之开业初期尚可，一进立秋便不利了，冬季有停业之忧。后进十二月，果然闭门出兑。

3. 动爻为忌神

动爻为忌神最喜回头克，忌神受制必无力克制用神，化忧为喜。如 1997 年 7 月 14 日，佟女士测企业罚款能否摆平，得“山雷颐”变“地雷复”卦：

丁未月　丁巳日

龙	寅兄	———	○	酉官
玄	子父	— —		亥父
虎	戌财	— —	世	丑财
蛇	辰财	— —		
勾	寅兄	— —		
雀	子父	———	应	

此卦财爻持世，所问之事与财有关。忌神兄弟寅木发动克世爻之财，破财、劫财之象明显，然寅兄动化酉官回头克，使寅木兄弟受制。故断之可以摆平，有官贵帮忙。后果如此。

4. 动爻为仇神

动爻为仇神，因其动化回头克即是化出用神，所以，当动爻变爻旺衰适中之时，便为吉象，成事之象。如测财，父爻为仇神，父母化回头克即是父母化财；如测考学，父母为用神，仇神便为子孙，仇神动化回头克即是子孙动化父母，也为考取之象，只不过是考取另一个而已。所以，仇神动化回头克为吉象，但多为得到另一个，有时又只是一次，不会长久而已。如 2001 年 11 月 15 日白先生测财得“地风升”变“水风井”卦：

己亥月　壬午日

虎	酉官	▅▅ ▅▅		子父
蛇	亥父	▅▅ ▅▅	×	戌财
勾	丑财	▅▅ ▅▅	世	申官
雀	酉官	▅▅▅▅▅		
龙	亥父	▅▅▅▅▅		
玄	丑财	▅▅ ▅▅	应	

此卦五爻父母亥水发动，测财亥父为仇神。亥父动化戌土回头克，也就是动化财，亥水与戌土旺衰适当，故断有财，且为两方面之财，一个财为长久之财（世爻丑财），一个财仅此一次，当月必得（戌财）。

5. 动爻为耗护神

动爻为耗护神情况也较特殊，要分清它所起的作用方可论断吉凶。即起耗神作用时，喜回头克；起护神作用时，忌回头克。如测财，官为耗护神，动化回头克即动化子孙。如官起耗神作用，则喜子孙爻克之；如官起护神作用时，则忌子孙爻回头克之，因官爻受克守护财爻便无力。如 2002 年 10 月 23 日刘小姐眼跳测是否要破财得“山泽损”变“地泽临”卦：

庚戌月　甲子日

玄	寅官	———	○ 应	酉孙
虎	子财	— —		亥财
蛇	戌兄	— —		丑兄
勾	丑兄	— —	世	
雀	卯官	———		
龙	巳父	———		

此卦不但不会破财，还要进财。应爻官鬼寅木动化回头克，实际为测财，测财以官为耗护神，此卦妙在官鬼旺衰适中，又为旺衰适中的兄弟持世，故官化回头克实为吉象。

二、进神退神

进神退神是动爻变化后变爻与动爻为同五行的二种形式。进神退神反映了事情未来的发展趋向。其实，进神退神在具体预测中出现的情况并不很多，只有如下两种情况：

1. 内卦或外卦震兑互化；

2. 内卦或外卦乾兑互化。

（一）进神

1. 名称

进神就是动爻的变出之爻为同五行向前进一步。水火木金四五行为阳支变同五行的阴支，也为四生支变同五行的四旺支。生变旺，当然为前进了。具体说，亥化子，巳化午，寅化卯，申化酉都为化进。五行土则也为在同五行前进了一位。即丑化辰，辰化未，未化戌，戌化丑都为化进。

2. 作用

动爻化进神，为力量越来越大，一般为成事的象征。即使动爻变爻暂时不旺，逢旺之时也会起作用。逢空破，待逢值填实之时也会起作用。

(1) 用神原神动化进神

用神原神的动化进神为吉象，成事之象。化进神必要应事，用神、原神便为应吉，所测之事可成，剩下的就是成事时间的问题了。如 1996 年 7 月 30 日赵女士测新找工作能成否？得“雷火丰”变“泽火革”卦：

乙未月　戊辰日

雀　戌官　▅ ▅　　　　未官
龙　申父　▅ ▅　×世　酉父
玄　午财　▅▅▅　　　　亥兄
虎　亥兄　▅▅▅
蛇　丑官　▅ ▅　应
勾　卯孙　▅▅▅

测工作，当以父母爻为用神。此卦父母申金持世动而化进，又得众官来生，工作可成之象。故告之立秋（8 月 7 日）后便可成。

此例为用神化进。再如 1997 年 8 月 17 日李小姐测找工作能成否？得“震为雷”变“泽雷随”卦：

戊申月　辛卯日

蛇　戌财　▅ ▅　世　未财
勾　申官　▅ ▅　×　酉官
雀　午孙　▅▅▅　　　亥父
龙　辰财　▅ ▅　应
玄　寅兄　▅ ▅
虎　子父　▅▅▅

测工作以父母为用神，官鬼为原神。此卦五爻官鬼申金原神动而化进，父母子水得月生，得动爻生，可成之象，且月内必成。父爻临白虎，官爻临勾陈，在震卦，工作为公安局内勤。

(2) 忌神动化进神

忌神动化进神，是忌神发生效能的一种形势。一般来说，化进神必要应凶，忌神化进便要克用神了，故为不吉之象。如 1995 年 1 月 9 日侯先生测财可得否，得“泽雷随”变“兑为泽”卦：

丁丑月　　庚子日

蛇	未财	▅▅ ▅▅	应	
勾	酉官	▅▅▅▅▅		
雀	亥父	▅▅▅▅▅		
龙	辰财	▅▅ ▅▅	世	丑财
玄	寅兄	▅▅ ▅▅	×	卯兄
虎	子父	▅▅▅▅▅		巳孙

测财，以财爻为用神，兄弟爻为忌神。此卦二爻兄弟独发，动而化进，为忌神动化进神，克财破财之象明显，故告之求财不得，还要防破财。

(3) 仇神动化进神

仇神生忌神，克原神，故仇神化进，其力倍增，当然为不吉之象，但如前所述，因为仇神除了间接对用神的不利作用外，还有其特殊作用，所以，仇神化进不一定反映所问之事不成。如 1995 年 7 月 26 日张先生测官能升否？得“雷山小过”变“泽山咸”卦：

癸未月　戊午日

雀	戌父	▅▅ ▅▅		未父
龙	申兄	▅▅ ▅▅	×	酉兄
玄	午官	▅▅▅▅▅	世	亥孙
虎	申兄	▅▅▅▅▅		
蛇	午官	▅▅ ▅▅		
勾	辰父	▅▅ ▅▅	应	

测升官，以官为用神，兄弟为仇神，此卦午官持世临日辰，得官之象，然仇神动而化进，一反映竞争激烈；二者反映需要花钱，但只要钱花出去了，事便可成。故此仇神化进，不影响事情的结果。

(4) 耗护神动化进神

耗护神的双重性格在动化进神时也有两种吉凶表现，即为耗神时，为凶；为护神时，为吉。如 1995 年 12 月 24 日白小姐测公司生意，得“水泽节”变“水天需”卦：

戊子月　己丑日

勾　子兄 ▅▅ ▅▅
雀　戌官 ▅▅▅▅▅
龙　申父 ▅▅ ▅▅　应
玄　丑官 ▅▅ ▅▅　×　辰官
虎　卯孙 ▅▅▅▅▅　　寅孙
蛇　巳财 ▅▅▅▅▅　世　子兄

测公司生意重在财爻，此卦财爻持世。忌神兄弟有制未动，耗神官动化进，耗财之象，故告之公司目前破耗多端，效益不佳。

1998年5月14日姜总测公司一经济官司能输否？得“震为雷”变“兑为泽”卦：

丁巳月　辛酉日

蛇　戌财 ▅▅ ▅▅　世　未财
勾　申官 ▅▅ ▅▅　×　酉官
雀　午孙 ▅▅▅▅▅　　亥父
龙　辰财 ▅▅ ▅▅　应　丑财
玄　寅兄 ▅▅ ▅▅　×　卯兄
虎　子父 ▅▅▅▅▅　　巳父

测的是官司，其实还是测财，因官司输了就要破财。故还当以财爻为第一用神（以后会讲到），此卦官动化进，为耗护神，同时二爻兄弟忌神也动而化进，故此耗护神便成为了护神，即制约兄弟爻，使之不克财。故此护神当然为吉了。

（二）退神

1. 名称

退神就是动爻的变出之爻为同五行向后退一步。水火木金四五行为阴支变同五行的阳支，也为四旺支变同五行的四生支。旺变生，当然为后退了。具体说，子化亥，午化巳，卯化寅，酉化申都为化进。五行土则也为在同五行后退了一位。即辰化丑，未化辰，戌化未，丑化戌都为化退。

2. 作用

动爻化退神，为力量越来越小，一般为败事的象征。即使动爻变爻暂时较旺有力，逢衰之时也会失去作用。

(1) 用神原神动化退

用神原神动化退神，当然非吉象，测长久之事不成。测短期之事，如用神原神旺相可暂时不退，即暂时可成。如 1997 年 4 月 9 日，赵女士测服装生意前景，得“兑为泽”变“泽雷随”卦：

甲辰月　辛巳日

蛇	未父	▅ ▅	世	
勾	酉兄	▅▅▅		
雀	亥孙	▅▅▅		
龙	丑父	▅ ▅	应	辰父
玄	卯财	▅▅▅	○	寅财
虎	巳官	▅▅▅		子孙

测生意以财为用神，此卦财爻动而化退，不利之象，好在目前月有余气(后章讲到)，不退，一进夏季便不景气，立秋后必退无疑。

(2) 忌神动而化退

忌神化退，为减力之象，故为吉。即便因当时旺而不退，日后必有退时。故忌神动而化退，终为吉。如 2002 年 4 月 7 日徐先生测一麻烦何时消除，得“风泽中孚”变“风雷益”卦：

甲辰月　乙巳日

玄	卯官	▅▅▅		
虎	巳父	▅▅▅		
蛇	未兄	▅ ▅	世	
勾	丑兄	▅ ▅		辰兄
雀	卯官	▅▅▅	○	寅官
龙	巳父	▅▅▅	应	子财

测麻烦以世爻为用神，此卦兄弟持世，二爻官动克世则为忌神，四月七

日为木有余气之时，故目前麻烦仍未解除。断进立夏后便逐渐消失，立秋一到，彻底了结。

(3) 仇神动而化退

仇神为不吉之神，动而化退当然为有利之象。同时，从仇神所属六亲特性的角度论之也多半为吉象。如 1999 年 2 月 10 日省直某机关中层干部竞聘，赵先生测能得聘否？得“泽地萃”变“雷地豫”卦：

丙寅月　癸巳日

虎	未父	— —		戌父
蛇	酉兄	———	○ 应	申兄
勾	亥孙	———		午官
雀	卯财	— —		
龙	巳官	— —	世	
玄	未父	— —		

测干部竞聘以官鬼为用神，兄弟为仇神。此卦官鬼旺而持世，仇神酉兄动而化退，表示竞争者退，忌神失源，故为有利之象，告之必聘任无疑。

(4) 耗护神动而化退

耗护神动而化退，以耗神的形式出现时则为吉；以护神的形式出现时，则多半不利。如 2000 年 10 月 23 日王先生与友合作一公司，因合作关系不谐，双方欲分家，测分家得利否？得“泽雷随”变“雷泽归妹”卦：

丙戌月　甲寅日

玄	未财	— —	应	戌财
虎	酉官	———	○	申官
蛇	亥父	———		午孙
勾	辰财	— —	世	丑财
雀	寅兄	— —	×	卯兄
龙	子父	———		巳孙

此卦问分家经济利益，还当以财爻为用神。忌神兄弟动化进神，护神酉官虽得月生又发动制兄弟，但却动而化退，护力渐衰，忌神力量渐增之象，

故告之此事不宜拖，当速办（在立冬前）尚可，如拖入冬季必损无疑。

三、卦爻反吟伏吟

“吟”，呻吟、痛苦之意。“反吟”，有反复之意，所问之事反反复复，事暂难明，忧虑不安，痛苦之意。内卦反吟内不安，外卦反吟外不宁。“伏吟”，事情不动而痛苦难熬，如人在病中。但反吟，伏吟并非所问之事皆不成，只是多费周转。是成是败，还要结合用神世爻的旺衰综合分析。

卦爻反吟与卦变反吟虽反吟的性质所主是一样的，但却是不同的两种状况，简单说，一个是卦，一个是爻。在前面第四章第五节已经论述了卦变反吟（伏吟）的情况，这里继续介绍卦爻反吟、伏吟的情况。

（一）卦爻反吟

1. 概念

所谓反吟就是因卦爻的变化而造成内或外卦主卦与变卦的各爻皆相冲。实际上，能产生反吟状态的只有巽坤二卦互化。即老母与长女互化，如：

酉 ——— ○ 卯　　　卯 ——— ○ 酉
亥 ——— ○ 巳　　　巳 ——— ○ 亥
丑 — — 　 未　　　未 — — 　 丑

内卦　　　　　**外卦**

酉 — — × 卯　　　卯 — — × 酉
亥 — — × 巳　　　巳 — — × 亥
丑 — — 　 未　　　未 — — 　 丑

外卦　　　　　**内卦**

2. 应用举例

1995 年 8 月 31 日，周小姐测中介一件事情能成否，好处费能得到否？得“水风井”变“水地比”卦：

甲申月　甲午日

玄	子父	— —			
虎	戌财	———	世		
蛇	申官	— —			
勾	酉官	———	○		卯兄
雀	亥父	———	○	应	巳孙
龙	丑财	— —			未财

此卦属多用神卦（以后会讲到），比较难断。但落脚点还是两点，一能否成，二钱能否得到。此卦财爻持世，旺度适中，应爻父母旺相，得月生，动爻生，当为事成得财之象。然此卦内卦反吟，告之此事必多费周折而后可成。后经证实，确实经过了成与不成的几个反复，而后成交，也拿到了好处费。

（二）卦爻伏吟

1. 概念

所谓伏吟就是因卦爻的变化而造成内卦或外卦主卦与变卦的各爻动却不变的一种状态，实际上产生伏吟状态的只有震乾二卦互化的四种形式，即老父与长子互化。如：

辰	———	○	辰	戌	———	○	戌
寅	———	○	寅	申	———	○	申
子	———		子	午	———		午
	内卦				外卦		
辰	— —	×	辰	戌	— —	×	戌
寅	— —	×	寅	申	— —	×	申
子	———		子	午	———		午
	内卦				外卦		

2. 应用举例

1999 年 12 月 19 日，赵女士测单位改革精简会否被裁下？得“风天小畜”变“风雷益”卦：

丙子月　乙巳日

玄　卯兄　———
虎　巳孙　———
蛇　未财　— —　应
勾　辰财　———　○　辰财
雀　寅兄　———　○　寅兄
龙　子父　———　世　子父

测工作当以父母为用神，此卦父爻临月建，虽受辰土财爻克，但有寅木兄弟制之，可保无虞。但此卦内卦伏吟，反映了测卦人的心态，忧虑重重，不过并不会因为出现了伏吟这一不吉之象而影响到事情的结果，还是不会被裁下来的。

四、动爻化合

（一）概念

动爻化合，就是动爻与其变出之爻相合的一种状态。动爻化合共有二组互化组合，即乾与巽和震与巽。

辰 ———　　酉 寅 ———　　亥 子 ——— ○ 丑 **内卦**	酉 ———　　辰 亥 ———　　寅 丑 — — × 子 **内卦**
辰 — — × 酉 寅 — — × 亥 子 ——— ○ 丑 **内卦**	酉 ——— ○ 辰 亥 ——— ○ 寅 丑 — — × 子 **内卦**
戌 ———　　卯 申 ———　　巳 午 ——— ○ 未 **外卦**	卯 ———　　戌 巳 ———　　申 未 — — × 午 **外卦**
戌 — — × 卯 申 — — × 巳 午 ——— ○ 未 **外卦**	卯 ——— ○ 戌 巳 ——— ○ 申 未 — — × 午 **外卦**

（二）意义

动爻化合有如下几种基本含义：

1. 动爻的力量暂时受羁绊而无法发挥。相合就如被捆绊，被捆绊怎能动？但这种绊非永远，得日月冲开之时便可解脱。但如果所测之事不能延至逢冲之时，则也主所问之事不成。

如 2001 年 4 月 27 日，李小姐测哥哥出差当日能回否？得“风山渐”变“天山遁”卦：

壬辰月　庚申日

蛇	卯官	——	应	戌兄
勾	巳父	——		申孙
雀	未兄	— —	×	午父
龙	申孙	——	世	
玄	午父	— —		
虎	辰兄	— —		

测兄弟以兄弟爻为用神，此卦兄弟爻独发，旺而有力，子孙旺而持世，安全之象。然动化回头合，有被绊之象，化父，为工作之事。故告之当日不归，得五天后的乙丑日冲开合局方可归，但当日可有电话。后果如此。

2. 动爻化合表示两人相连、男女相合等。这涉及到了断卦细节的问题。

如 2000 年 6 月 14 日，白小姐测感情，得“天风姤”变“巽为风”卦：

壬午月　癸卯日

虎	戌父	——		卯财
蛇	申兄	——		巳官
勾	午官	——	○ 应	未父
雀	酉兄	——		
龙	亥孙	（寅财）——		
玄	丑父	— —	世	

测感情以官鬼爻为用神，此卦应爻官鬼临月建发动生世，说明对方对自己还不错。然午官动而化合，化出父母爻，又此卦父母爻持世，故断对方为

有家之人。白小姐默认。

五、动爻入墓

（一）概念

动爻入墓就是动爻动而变出自己的墓库爻。墓库：顾名思义，就是坟墓、仓库的意思，简单概括言之，就是有框框、圈圈拘束的意思，相当于被装起来、藏起来。既然被装了起来，自然不会起作用了。好比老虎被装在笼子里，暴徒被拘进了囚车，常人生病住进了医院，严重者入了坟墓等等，都不会正常发挥作用了。但是，这种状态也不一定是永久状态，一旦库被冲开，就有发威起作用的可能。

具体说来，下面的情况都为动爻入墓：

亥、子动而变出辰；

巳、午动而变出戌；

寅、卯动而变出未；

申、酉动而变出丑；

丑、未、戌动而变出辰。

（二）意义

动爻化墓有如下几种含义：

1. 动爻旺而入墓，为暂时隐蔽不起作用

暂时不起作用不是永远，待动爻、墓爻逢冲之时，便可发威。如 2003 年 11 月 17 日冯先生测一笔财何日得？得“山火贲”变“山雷颐”卦：

癸亥月　甲午日

玄	寅官	▅▅▅		
虎	子财	▅ ▅		
蛇	戌兄	▅ ▅	应	
勾	亥财	▅▅▅	○	辰兄
雀	丑兄	▅ ▅		寅官
龙	卯官	▅▅▅	世	子财

测财以财爻为用神。此卦财爻临月建，动而生世，得财之象。然亥财动而化库，暂时被拘之象，得戊戌日冲开墓库，此财必到手。同时告之，当还有另外一笔财，庚子日也会进账。冯先生思考了一下，告诉我，那天正好为开工资日。

2. 动爻衰而入墓，为事情不成之象

如2003年5月30日，高中生李小姐测今年高考国本能考取否？得“风火家人”变“风雷益”卦：

丁巳月 癸卯日

虎	卯兄	———		
蛇	巳孙	———	应	
勾	未财	— —		
雀	亥父	（酉官） ———	○	辰财
龙	丑财	— —	世	寅兄
玄	卯兄	———		子父

测考学以父母爻为用神。此卦财爻持世，父母爻亥水月破而衰，动而化墓，为真正的入墓，落榜之象。

3. 测病用神衰而入墓，死亡之象

如2001年5月26日，孙先生测母病得“风火家人”变“风雷益”卦：

癸巳月 己丑日

勾	卯兄	———		
雀	巳孙	———	应	
龙	未财	— —		
玄	亥父	（酉官） ———	○	辰财
虎	丑财	— —	世	寅兄
蛇	卯兄	———		子父

测母病以父母爻为用神，此卦亥水父母爻临月破、日克又化墓，忌神丑土持世，月日与伏神成巳酉丑三合官鬼局，可见病势危重，断不治之象，防本月29、30日，即壬辰、癸巳日。后果于壬辰日巳时寿终，享年八十三岁。

六、动爻化坏——化空、化绝、化破

此段内容涉及到了时间与纳甲法的内容，故初学者如读不懂，可在读完下一章的内容之后再读此内容。

动爻变化除了上面的化回头生克，化进退，化反伏，化相合，化入墓之外，还有一种状况，就是动爻化坏——化空、化绝、化破。

（一）动爻化坏的概念

动爻化坏是指动爻变动以后，变爻旬空，变爻月破，变爻为动爻的绝地。这三种状况都是使卦爻无力的情形，因此称为化坏。所谓化绝，具体说就是：

亥子水动而化巳，

寅卯木动而化申，

巳午火动而化亥，

申酉金动而化寅，

辰戌丑未动而化巳。

（二）动爻化坏分述

1. 动爻化空

动爻化空是衡量动爻变动后状态力量的一种指标，其他指标前文已探讨过，如动变出何种六亲，动变出何神，是用神、原神，还是忌神、仇神，再如动变出的五行关系是什么，是回头生克，还是回头冲合，还是反吟、伏吟。

不管动爻是什么，动爻化空就使动爻的力量变弱，失去后劲。如果动爻为用神，用神化空，显然不吉。如果动爻为原神，原神化空也为不吉之象。但如果动爻为忌神、仇神，则反为吉象了。

需要强调的是，并非一见用神、原神动而化空就都为不吉，甚至不能成事。化空之后，还要看化出的空神的旺衰，是什么神，与动爻是什么关系。有一点是可以简单明确的，即用神、原神动而化空，且空神休囚无力、逢冲破，则必不以吉论；忌神、仇神动而化空，且空神休囚无力、逢冲破，则反以吉论。

现举一例：

1997 年 6 月 5 日，张女士预测开饭店效果如何？得“山水蒙”变“火水未济”：

丙午月　戊寅日

雀	寅父	▅▅▅▅		巳兄
龙	子官	▅▅　▅▅		未孙
玄	戌孙	▅▅　▅▅	×世	酉财
虎	午兄	▅▅　▅▅		
蛇	辰孙	▅▅▅▅		
勾	寅父	▅▅　▅▅	应	

测开饭店以妻财爻为用神，子孙爻为原神。此卦子孙爻持世，动而化财，本为有利之象，毛病就在于化出的财爻状态不佳——休囚无气又旬空，就是财空了，不是破财扔钱吗？告诉她不要做，做必赔。开始还能好一些，越往后越不行，进明年财临绝地，倒闭关门难免。该女士原来不太相信周易预测，但也不反对，经过一番斗争，最后还是做了。勉强挺了半年，一过 1998 年正月十五，就关门出兑了。当天就来找我，这次对周易预测深信不疑了，后来还跟我学起了易经。

2. 动爻化破

动爻化破和动爻化空的意义有相似之处。化破也使动爻的力量变弱，特别在当月之内。同样，如果动爻为用神，用神化破，显然不吉。如果动爻为原神，原神化破也为不吉之象。但如果动爻为忌神、仇神，也反为吉象了。动爻化破虽为不利之象，但也不是一见化破就为动爻必“死”，也要看月破之爻有没有力量——旺衰如何，如果有日辰来生、来帮，虽破不破，或者说为假破，出月就不破了。这种情况下，如果动爻为用神、原神，照样可以成事，如果为忌神、仇神，照样可以坏事。

3. 动爻化绝

“绝”属时间因素，是生旺墓绝十二神的内容。在下一章会详细讲解，读者可先参考读之。

“绝”是一种极衰的状态，化绝，显然会使动爻变无力了。但与化空、化破一样，实际并非一见化绝动爻就彻底“绝”了，关键还是要看临绝之爻及其变爻的旺相休囚，如果动爻及绝爻旺相，当绝不绝，动爻照样可以应事，如果动爻及绝爻休囚，那就真正“绝”了，动爻失去力量，或失去发展的力量。

除此而外，还要注意化绝之爻临什么五行，因不同的五行，绝位与其正五行关系是不同的。木化绝为化克；火化绝为化克；土化绝为化生；金化绝为化耗；水化绝也为化耗。

因五行的不同，六亲的不同，化出的东西更有差异。比如，酉兄动而化绝，即为化寅木，寅木当为财爻，在五行均衡的情况下，如测财反主得财。再如，子财动而化巳火，巳火必为父爻，如为测财，则为化仇神，必主不利；但如为测考学，工作调动，则反为有利之象。所以，动爻化绝，必须还要结合正五行的关系同论。

现就化破化绝举一例：

2003 年 11 月 28 日某装修公司李总测招标一工程能成否？得“山雷颐”变“风雷益”：

癸亥月　乙巳日

玄	寅兄	▅▅▅		卯兄
虎	子父	▅ ▅	×	巳孙
蛇	戌财	▅ ▅	世	未财
勾	辰财	▅ ▅		
雀	寅兄	▅ ▅		
龙	子父	▅▅▅	应	

测工程招标以父母爻为用神。工程又是为了赚钱，故财爻、子孙爻还要做为第二、第三用神同参。

此卦财爻持世克父母，不利之象，但月建为父母不怕克，财爻持世，主有财之象。更重要的是，五爻父母子水发动，动而化破、化绝，初看是不利之象。但仔细分析一下就清楚了，因动而化出的是子孙，子孙为财源，而且巳火子孙临日辰有力，破而不破。那此象就成了因父母表示的工程而带来财源，招标能不中标吗！所以，本卦的化绝，非但不凶反为吉了。

故告之项目招标成功，项目有利可图，但应该近子月方能进行。本来通知一周内就会进行，结果，招标一事一拖再拖，一直拖到12月中旬方进行，李总击败对手，成功中标！

第三节 六合卦与六冲卦

一、六合卦

（一）概念

所谓六合卦，就是卦中的内卦之爻与外卦之爻两两相合。六合卦共八个，即：

地天泰、天地否、泽水困、水泽节、火山旅、山火贲、雷地豫、地雷复。

（二）作用

六合卦必爻爻相合，反映整个事态中关系融洽，顺畅和谐，成事之象。所以，一般情况都是吉祥的，但预测麻烦、纠纷、官司、产育等的时候出现六合卦，多主不吉，反映事情粘连，难以摆脱。

需要特殊说明的是，一见六合就下结论或吉或凶是不合适的，必须把六爻之间的各种关系分析清楚，紧密结合用神、世爻的旺衰及卦爻动变情况，特别是多爻动的卦，方可最后定夺。

二、六冲卦

（一）概念

所谓六冲卦，就是卦中的内卦之爻与外卦之爻两两相冲。六冲卦共十个，即：

乾为天、坤为地、震为雷、巽为风、坎为水、离为火、艮为山、兑为泽、雷天大壮、天雷无妄。

其实就是八个宫头卦加上“雷天大壮”和“天雷无妄”两卦。

（二）作用

六冲卦必爻爻相冲，反映整个事态中关系不谐，矛盾重重。但六冲卦和六合卦一样，也是要根据六爻断卦的诸多原理，紧密结合世应、用神的旺衰状况及动爻的变动情况等，方可作出最后的判断，一个六冲卦是不足以说明问题的。

本书之所以把六合卦与六冲卦单独拿出来论述一番，就是要转变初学者容易形成的错误观念。

三、六合卦与六冲卦互化

就合和冲的力量倾向来说，六合卦与六冲卦互化比六合卦或六冲卦一般的变化更强一些。

（一）六合变六合

卦逢六合又变六合，合象有始有终，合的力量最强，测吉事吉象加倍，多以吉祥成事论之。但测麻烦、纠纷、官司、产育等也更难以摆脱。不过，把这一结论绝对化也是错误的，必须还要紧紧结合六亲之间的关系，世爻与用神的旺衰等状况，方可下最后的结论。如“山火贲”变“地天泰”、“地雷复”变“雷地豫”等。

现举一例，本例正是从反面说明还要以六爻的生克制化为主，不要拘泥于死规矩。

2001年11月7日晚，姜先生前来测运，得“水泽节”变“地天泰”：

己亥月　甲戌日

玄	子兄	▅ ▅		酉父
虎	戌官	▅▅▅	○	亥兄
蛇	申父	▅ ▅	应	丑官
勾	丑官	▅ ▅	×	辰官
雀	卯孙	▅▅▅		寅孙
龙	巳财	▅▅▅	世	子兄

卦象一出，笔者吸了一口凉气，因为此卦实在是太糟糕了，粗看还不错，卦逢六合变六合，青龙临世，但仔细一分析，越看问题越大：世爻月破日墓，状态极差；卦中二鬼同时发动，一个化进神又临勾陈，一个化兄弟又临白虎，均为官司之象。于是，笔者告诉他："您遇麻烦了，是吧？"因考虑对方的心情，没有直接言官司。对方反问："严重吗？"笔者直言了："严重！很严重！"……

后来，姜先生通过笔者的说服，及自身的反省，自首了，被从轻判了刑，原因是经济问题。

此例要说明的是，六合变六合一样很糟糕！关键还是六爻之间的生克制化关系。

（二）六合变六冲

六合变六冲显然是先合后冲，主事情先合后散，先好后坏。测吉事容易有始无终，测合作先合后分，测关系先好后坏。惟测麻烦、纠纷等，主先纠缠而后解脱。这是一般规律，事情的确切状况，还是要结合世爻与用神的旺衰等状况，六亲之间的关系等。如"水泽节"变"坎为水"、"雷地豫"变"震为雷"等。

现举一例：

1997年3月7日，客户张女士求测与人合作一个生意能赚钱否？得"水泽节"变"兑为泽"：

癸卯月　戊申日

雀	子兄	— —		未官
龙	戌官	——		酉父
玄	申父	— —	×应	亥兄
虎	丑官	— —		
蛇	卯孙	——		
勾	巳财	——	世	

此卦粗看应该是赚钱的卦，财爻持世，得月建生，有财之象。但仔细一分析又不一样了。测合作，应爻为对方，本卦应爻临日辰，旺相有力，但发

动而化兄弟，为化泄，化忌神，兄弟又为劫财之神，应变之象明显。卦又为六合变六冲，先合后散之象。但日临父母合世爻，应该双方已经达成协议。综合观之，此事不妥，对方现已有退悔之心。临玄武，暂时未明。

如实告诉张女士后，女士表示，已有所“感觉”，所以才来求测。

后不几日，对方便变卦了，答应的投入也不投了，正是化兄弟之故。

（三）六冲变六合

六冲变六合与六合变六冲正好相反，所反映的状况就是先敌后友，先坏后好。故测合作等必是先小人后君子的风格，是人们都愿意看到的。如“雷天大壮”变“地天泰”、“离为火”变“火山旅”等。

现举一例：

2000 年 8 月 16 日上午，杨先生求测婚姻，得“天雷无妄”变“天地否”：

甲申月　丙午日

龙	戌财	———		
玄	申官	———		
虎	午孙	———	世	
蛇	辰财	— —		卯兄
勾	寅兄	— —		巳孙
雀	子父	———	○ 应	未财

男测婚以财爻为用神，子孙为原神。此卦子孙持世临日辰，旺而有力。不利的是，卦逢六冲，应爻临朱雀动而克世，关系不融洽，争争吵吵显露无疑。但有转机的是，卦由六冲变六合，应爻虽克世，但化回头克，化出之未财又与世爻来合，应克世，由克变合。

由上可断，现在在闹矛盾，双方冲突，妻子劲儿大，但很快就会好起来。更确切地说，今明两天就会好！

按照上述的分析告诉了对方，并做了一些和解说服工作。当笔者告诉他两天内就会和好时，先生明显不相信。

但第三天，杨先生打来电话报喜，开口就说，周易预测真准，真是预测当天就和解了，次日关系恢复了正常。

但下一例就不是这样了：

1999 年 7 月 28 日，刘先生与对象出问题后，求测还能和好否？得“坎为水”变“水泽节”卦：

辛未月　庚辰日

蛇	子兄	— —	世	
勾	戌官	—— (暗动)		
雀	申父	— —		
龙	午财	— —	应	丑官
玄	辰官	——		卯孙
虎	寅孙	— —	×	巳财

此卦是典型的六冲变六合卦，如果按照刻板的规则，“六冲变六合必以吉论”，特别是针对情感等关系的事情更当确定无疑。但只要仔细分析一下这个卦，就会知道这样下结论未免太草率。下面我们分析一下这个卦：

兄弟持世，日月俱克，五爻又暗动来克，申父不动又旬空。世爻可谓毫无生气，世爻这样的状态能成什么事呢？再者，男测对象以妻财爻为用神，今妻财爻泄气严重，与月建相合，测婚姻感情最怕用神爻与他爻相合。卦中鬼旺，必为男人多，麻烦多，有纠纷。卦中子孙爻虽动，挽救不了大局。再者，子孙寅木动又化出了一个妻财，杨先生再找之象。

后来，没多长时间，两人便彻底解体了。主要原因就是女孩又与别人处上了。

（四）六冲变六冲

古今很多书都将六冲变六冲描述得如洪水猛兽，凡测好事得六冲变六冲俱以不成论之；测麻烦之类，因冲则散，故必为吉。实践证明，这种观点是不对的。只能说，一般情况下以不成论之，或以散论之。最后成与否，散与否，关键还要看六亲之间的关系，用神的状态。但有一点是可以明确的，即凡遇六冲变六冲之卦，事情必复杂，好事即便成，也要费些周折，不会轻松拥有。如“天雷无妄”变“乾为天”、“艮为山”变“离为火”等。现举一例说明之：

1999 年 5 月 25 日某高中生求测高考理想否？得“兑为泽”变“乾为天”：

己巳月　丁丑日

龙	未父	▅▅　▅▅	×世	戌父
玄	酉兄	▅▅▅▅▅		申兄
虎	亥孙	▅▅▅▅▅		午官
蛇	丑父	▅▅　▅▅	×应	辰父
勾	卯财	▅▅▅▅▅		寅财
雀	巳官	▅▅▅▅▅		子孙

卦得六冲变六冲，按照六冲变六冲吉事不成的教条，考取必定无望，更不用论满意不满意的学校了。看了卦后我告诉他母亲，孩子高考的状况非常好，一定会考上一所满意的名牌大学。其母亲讲，就想到上海读书，理想就是上海交大。我说没问题，但对孩子不要讲得太满了，以免造成孩子懈怠。两个多月后，果然如愿以偿。那这个卦应该如何分析呢？

测高考以父母爻为第一用神，以官鬼爻为第二用神。此卦父母爻临青龙持世，动而化进，得月生日帮，旺相有力。官鬼爻巳火临朱雀、临月令而生世，多好的状态呀！岂有考不好之理？多例实践证明，六冲变六冲造样可成好事。

讲完了合冲互变的种种情况以后，需着重强调的是，在断一事成败时，不管是六合卦还是六冲卦，也不管是六合变六冲，六冲变六合，还是六合变六合，六冲变六冲，都离不开五行的生克制化，用神、世爻的旺相休囚，或者更确切地说，都要以此为主，六合卦与六冲卦的关系只能是参考条件，或代表其他的信息。

第四节　飞伏论

一、概念

父母、兄弟、官鬼、妻财、子孙六亲在有些卦中没有全部显现出来，有的卦缺一亲，有的卦缺两亲。在预测卦中不现的六亲之事时该如何判断呢？纳甲的先人们便发明了“伏神”。所谓“伏”，就是隐藏不现的意思。“伏神”，便是隐藏不现之神。

所谓藏而不露，并非不存在，而是暂时藏起来而已，待特定条件满足之时，便出现了，也就可以应事了。

伏神有固定的查找方法。六亲不全的卦必然不是宫头卦，宫头卦就像一个家族的首领，其余七个卦就是这个家族的成员，查找所缺的六亲当然要到家族的首领——宫头卦中去寻。同时，所缺的六亲在宫头卦的哪个位置，伏神便定在哪一爻。如“地风升”卦，卦中缺少两个六亲，即是兄弟爻和子孙爻。见排卦：

酉官　— —
亥父　— —
丑财　— —（午孙）　世
酉官　——
亥父　——（寅兄）
丑财　— —　应

地风升卦为“震宫”卦，震卦兄弟爻寅木在二爻，子孙爻午火在四爻。于是“地风升” 卦的伏神兄弟寅木也在二爻，子孙午火也在四爻。

伏神所藏的那个爻叫飞神，又叫飞爻。上面“地风升”卦中，伏神兄弟寅木的飞神就是亥水父母；伏神子孙午火的飞神就是丑土妻财。也可以换言之，寅木兄弟伏在二爻亥水父母的下边；午火子孙伏在四爻丑土妻财的下边。

从五行的角度，伏神和飞神有如下几种关系：

1. 飞神生伏神：这是最佳的一种关系，多为成事之吉象；

2. 伏神生飞神：此种构成伏神泄气，略有不利，但若具备下面论述的成事之条件，也可应事。

3. 伏神克飞神：此种构成伏神耗身，也为不利，但若具备了下面论述的伏神得出之条件，也可应事。

4. 飞神克伏神：这是最不利的一种格局，伏神一般不易出，成事难。

二、作用

一般情况下，一个卦六个爻中缺少某一六亲才查伏神。因为要测相关的事情，不见相关的六亲就没法断事。那么，又如何应用伏神判断事情呢？概括讲，有两大类情况：一类为此伏神可以应事，也就是可以出现，术语叫伏神可出；另一类为伏神不能应事，也就是不能显现，术语叫伏神不可出。

谈飞神与伏神的关系，离不开卦爻的外部作用，即日月对卦爻的作用，日月的作用请先阅读下章——“时间与纳甲预测法”。

下面就伏神可出与不可出的各种状况总结如下：

（一）伏神可出可用

可出可用的伏神有如下几种：

1. 伏神得飞神生，伏神有力可出

飞神生伏神，伏神有力，当然可以出现应事了。如 1998 年 1 月 16 日，张先生测做一生意有效益否？得“天风姤”变“天水讼”卦：

癸丑月　癸亥日

虎	戌父	——		
蛇	申兄	——		
勾	午官	——	应	
雀	酉兄	——	○	午官
龙	亥孙	（寅财） ——		辰父
玄	丑父	— —	世	寅财

测生意效益以财爻为用神，此卦财爻不现，当查伏神。此卦为乾宫卦，故寅财伏在二爻亥孙下边。亥水生寅木，飞神生伏神，故此伏神可出可用，也就是这一生意有钱赚。

2. 伏神得日、月之生，旺相有根，此伏神可用

如：2003 年 2 月 11 日，肖女士测子病得“山风蛊”变“火风鼎”卦：

甲寅月　乙卯日

玄	寅兄	▅▅▅	应	巳孙
虎	子父	（巳孙）▅ ▅		未财
蛇	戌财	▅ ▅	×	酉官
勾	酉官	▅▅▅	世	
雀	亥父	▅▅▅		
龙	丑财	▅ ▅		

告之为骨折之症，言正确。测子孙病，当以子孙爻和官鬼爻为用神。此卦巳孙伏于子父之下，虽飞来克伏，但伏神受日月之生而旺，官鬼持世暗动，告之巳月可彻底痊愈，基本不会有后遗症。

3. 飞神衰弱，压不住伏神，伏神可出可用

此项需参照后章习读，因涉及到了时间等概念。

如：1992 年 1 月 9 日某人测自病何时愈，得“山风蛊”卦：

乙丑月　庚寅日

蛇	寅兄	▅▅▅	应
勾	子父	（巳孙）▅ ▅	
雀	戌财	▅ ▅	
龙	酉官	▅▅▅	世
玄	亥父	▅▅▅	
虎	丑财	▅ ▅	

测病以子孙爻、官鬼爻为用神。此卦官鬼持世，有病在身。用神子孙巳火伏在子父下，虽为飞来克伏，但飞神月克日泄，原神无力，且用神巳孙得日相生、长生，故飞神压不住伏神，病可治愈。明春水枯火旺之时便应。

4. 飞神旬空，无法压伏神，伏神可出可用

如：2000 年 8 月 1 日宋女士测孩子生气出走，能回否，何日回，得“雷泽归妹”变“兑为泽”卦：

癸未月　辛卯日

蛇　戌父　— —　应　　未父
勾　申兄　— —　×　　酉兄
雀　午官　———（亥孙）　　亥孙
龙　丑父　— —　世
玄　卯财　———
虎　巳官　———

测孩子以子孙爻为用神。此卦亥孙衰伏午火官鬼下，不利之象，幸五爻申兄动而化进，而生子孙。另外，飞神午官旬空，“空下伏神易于引拔”，故断后天癸巳日可回。后果于后天申时归。

5. 飞神受日月动爻冲，伏神自然可以出现了

如：2002 年 3 月 29 日，信函一直未到，测信何时到，得“雷水解”变“泽水困”卦：

乙卯月　丙申日

龙　戌财　— —　　　未财
玄　申官　— —　×应　酉官
虎　午孙　———　　　亥父
蛇　午孙　— —
勾　辰财　———　世
雀　寅兄　— —（子父）

测信函以父母爻为用神。此卦无父母，伏于初爻寅兄之下，飞神虽旺而有力，但受日辰及五爻申官之冲无力压子父，子父得出。故断今日午时可到，最迟在庚子日必到。后果于当日午时到。

6. 有气之伏神得有力之动爻生扶，定时可出

如：2003 年 1 月 18 日，某朋友孩子生气出走，父亲测孩子安全否，何时能回？得“雷泽归妹”变“兑为泽”：

癸丑月 辛卯日

蛇	戌父	▅ ▅	应	未父
勾	申兄	▅ ▅	×	酉兄
雀	午官	（亥孙）▅▅▅		亥孙
龙	丑父	▅ ▅	世	
玄	卯财	▅▅▅		
虎	巳官	▅▅▅		

测孩子以子孙爻为用神，此卦用神不现，子孙亥水伏于四爻午火官鬼之下，在丑月有气不旺，不得日生，幸得五爻申金兄弟旺动化进相生，正应“有气之伏神得有力之动爻生扶，定时可出”，故告之不用着急，27 日可回。后果于 27 日回家。

（二）伏神不可出不可用

如下几种情况伏神不可用：

1. 伏神被日月克制，又不得飞神生，休囚无气

1999 年 4 月 7 日，张小姐求测对象成否？得“天水讼”变“天泽履”：

戊辰月 己丑日

勾	戌孙	▅▅▅		
雀	申财	▅▅▅		
龙	午兄	▅▅▅	世	
玄	午兄	（亥官）▅ ▅		丑孙
虎	辰孙	▅▅▅		卯父
蛇	寅父	▅ ▅	×应	巳兄

女测对象以官鬼爻为用神。此卦官鬼不现，伏藏在三爻午火兄弟之下，受日月克，不成之象明显。

2. 伏神不得日月生助而被飞神克制

如：1996 年 2 月 13 日，李女士测女儿病安危，得“天地否”变“泽地萃”：

庚寅月　庚辰日

蛇　戌父　——　○ 应　未父
勾　申兄　——　　　　酉兄
雀　午官　——　　　　亥孙
龙　卯财　— —　世
玄　巳官　— —
虎　未父　— —（子孙）

此卦测女儿，当然要以子孙爻为用神。此卦子孙用神不现，伏藏在初爻未土父母爻之下。子水日克日库，不得月令，更严重的是，伏藏在未土之下，受未土重克，六爻戌父又动来帮凶。故子孙爻不得出，断之凶多吉少。

3. 伏神不得日月生助又值旬空

如1997年7月4日，友之子测对象能成否？得"地山谦"变"坤为地"：

丙午月　丁未日

龙　酉兄　— —
玄　亥孙　— —　世
虎　丑父　— —
蛇　申兄　——　○　卯财
勾　午官　— —（卯财）　应　巳官
雀　辰父　— —　　　未父

男测对象以妻财爻为用神。本卦财爻伏藏在二爻官鬼之下，不得日月之生，又旬空。伏神不可出，不可用，对象不成！

4. 伏神不得日月生助又临月破

如2004年12月20日，王先生测财，得"水雷屯"变"泽雷随"：

丙子月　癸酉日

虎　子兄　— —　　　未官
蛇　戌官　——　应　酉父
勾　申父　— —　×　亥兄
雀　辰官　— —（午财）
龙　寅孙　— —　世
玄　子兄　——

此卦子孙临青龙持世，本为吉象，但测财以妻财爻为用神，本卦妻财主卦不现，伏于三爻官鬼之下，月破不得日生，伏神不得出，无财之象。

5. 伏神不得日月生助又墓绝于日月、飞神

如 2003 年 5 月 19 日，李女士测财得“风泽中孚”变“风水涣”：

丁巳月　壬辰日

虎	卯官	——		
蛇	巳父	（子财）——		
勾	未兄	— —	世	
雀	丑兄	（申孙）— —		午父
龙	卯官	——		辰兄
玄	巳父	——	○应	寅官

测财以妻财爻为用神。此卦财爻月绝、日库，又绝于飞神、绝于动爻，毫无生气，此妻财爻不得出，此财不得。

第五节　静卦与多爻乱动

应用摇卦起卦法，可得两种特殊的卦：一种为静卦；另一种为多爻乱动卦。

一、静卦

（一）特性

根据卦爻不乱动，动必有因的基本原理，一卦六爻皆静，必为心静、事静所致，故测事不易有大变动，测出国不成，工作不动……但要注意卦爻是否有暗动，如有暗动，则打破了此静卦之局。

但并非所测之事皆不成，最重要的还是要看用神、世爻的旺衰。

（二）卦爻生克原则

卦静六爻皆静，但静爻之间也存在生克冲合之现象。具体为旺相的静爻可生克冲合休囚的静爻。而有动爻的卦，静爻即使再旺也克不了动爻。

现举两例：

例一：

2002年9月4日学员刘女士求测出国能成否？得“水山蹇”静卦：

戊申月　乙亥日

玄　子孙 ▅ ▅
虎　戌父 ▅▅▅
蛇　申兄 ▅ ▅　世
勾　申兄 ▅▅▅
雀　午官 ▅ ▅
龙　辰父 ▅ ▅　应

此卦兄弟持世当旺，父母爻休囚，官鬼爻无气，无卦身，更主要的是该卦无动爻，连暗动都没有。没“动”怎能出国呢？故告之出国无望，自己本身就放弃了。

但有人对她说，“水山蹇”是出国卦，所以能成。这种观点，其实是没有把卦名、卦象与六爻原理糅合好造成的。“水山蹇”无外乎给出了测卦人想出国或者说此卦是预测出国之事而已，但并不能作出一见“水山蹇”就出国可成的判断。

例二：

网上购物需先汇款，后发货。2007年3月15日，友人姜先生求测安全否？得“兑为泽”静卦。

癸卯月　戊申日

雀　未父 ▅ ▅　世
龙　酉兄 ▅▅▅
玄　亥孙 ▅▅▅
虎　丑父 ▅ ▅　应
蛇　卯财 ▅▅▅
勾　巳官 ▅▅▅

此卦世应比合，官鬼遇合，子孙长生，财不受克，没有被骗、破财的任何迹象。再者，为静卦，为事情安静，没有枝节之象。故告之，没有任何问题，大胆去做吧！

后果然平顺成交。

二、多爻乱动卦

一卦三个以上的爻同时发动便为多爻乱用。多爻乱动的卦反映事情较复杂，环节众多，关系纷纭。但断卦时要以世爻和用神为核心，理清头绪，认真分析卦中各爻之间的合局，相冲及生克关系，最后作出理性的论断。

如为五爻皆动，只一爻不动，千万不要忽视了这一静爻，在卦中也有“真理往往掌握在少数人手里”这一真理。

通过摇卦的方法，多爻乱动的卦并不少见。同时，多爻乱动的卦也是比较难断的，分析多爻乱动的卦，重点是要结合动变、旬空、旺衰、破散等状况。现举一例：

2000 年 7 月 5 日，沈阳某企业大批人员下岗，一小部分人员可留任，张先生测能留住否？得“天水讼”变“水火既济”：

壬午月　甲子日

玄	戌孙	———	○		子官
虎	申财	———			戌孙(空)
蛇	午兄	———	○	世	申财
勾	午兄	(亥官) — —	×		亥官(空)
雀	辰孙	———	○		丑孙
龙	寅父	— —	×	应	卯父

因关系较熟，张先生主动要求摇卦预测。

卦一出，呵！好长时间没有见过这种卦了，一者，五个爻全动的卦本来就不是很多；二者，多年来笔者一般不用摇卦的方式，所以，不可能出现多爻乱动的情况。

多爻乱动的卦必须仔细梳理，认真分析，方可作出准确的判断。

此卦五个爻全动，但只要认真分析一下，还是不难理清思路的。此卦兄弟临月建旺而持世，正反映了此事竞争的激烈。但有利在于日辰子水官鬼冲克世爻兄弟，为兄弟有制；这件事当以父母爻为用神，卦中父母寅木得日辰生，动而化进生世爻，用神有利之象。父母化进虽也生间爻兄弟，但间爻兄弟自化回头克、化空，竞争力大减。二爻子孙动而化退，六爻子孙动而化官，于求测人所求有利。但世爻兄弟旺动化财，化钱破耗之象。因此种种，最后告之，可以留下，但须花钱打通关系。

张先生又问，什么时候能有结果呢？笔者告之，来年正月。后反馈信息，一直到2001年正月，此事方最后完成，张先生如愿以偿。

如果按照刻板的应期理论，五爻乱动之卦应期在惟一静爻，也有道理，五爻申金静而逢冲！

第八章　时间与六爻预测法

纳甲预测法是一种随机预测方法。所以，离不开测卦时间的作用。同样的一个卦，相同的动爻，因时间不同，预测的结果会大相径庭，这正体现了易经的变化。时间主要体现在月建和日辰，太岁和时辰有时也有用。

第一节　易学中时间的表示方式

在易学中时间的表示一律使用天干地支，包括年、月、日、时，十天干与十二地支组合在一起共六十对，称六十甲子，所以日期必六十天循环一次。

一、时辰

两小时一个时辰，一天共十二个时辰，用十二地支表示，见下表：

时辰	子	丑	寅	卯	辰	巳
时间	23~1	1~3	3~5	5~7	7~9	9~11
时辰	午	未	申	酉	戌	亥
时间	11~13	13~15	15~17	17~19	19~21	21~23

由表可知，单数点即为时辰分界线，需特别说明的是，时辰分界线的整点以下一个时辰计。

二、四季

四季即春、夏、秋、冬，四季与五行有一个对应关系，即：

春天属木，夏天属火，秋天属金，冬天属水。也就是，春天风大木最旺，夏天天热火最旺，秋天肃杀金最旺，冬天天冷水最旺。季节是决定卦中每一爻旺衰的主要标准。

三、月令

一年十二个月也可用十二地支表示，即：

一月	二月	三月	四月	五月	六月	七月	八月	九月	十月	十一月	十二月
寅	卯	辰	巳	午	未	申	酉	戌	亥	子	丑

一、 二、 三月为春天，属木，木旺

四、 五、 六月为夏天，属火，火旺

七、 八、 九月为秋天，属金，金旺

十、十一、十二月为冬天，属水，水旺

三、六、九、十二月为季月，属土，土旺

其中，辰、未、戌、丑月，表面看均为土，其实，均含有该季节的余气。严格讲，正如第二章所说，四季月的前 12 天为本季主气旺，后 18 天为土旺。比如春季辰月，前 12 天为木旺，后 18 天才土旺；冬季丑月，前 12 天为水旺，后 18 天才土旺。四季土各旺 18 天，共 72 天。

月令是判断卦中各爻旺衰的主要标准，直接体现。

四、二十四节气

二十四节气是中国人发明的“专利”，其与自然现象极其准确对应。二十四节气是易学各门术数中年、月时间划分的依据。

每年由立春开始，每月由“节”开始（并非阴历）。二十四节气名称，节与气划分及对应月令、四季见下面所列：

节：立春、惊蛰、清明、立夏、芒种、小暑、立秋、白露、寒露、立冬、大雪、小寒。

气：雨水、春分、谷雨、小满、夏至、大暑、处暑、秋分、霜降、小雪、冬至、大寒。

月：	寅月　卯月　辰月	巳月　午月　未月
季：	春季	夏季
月：	申月　酉月　戌月	亥月　子月　丑月
季：	秋季	冬季

二十四节气的记忆方法用下面歌诀最方便：

“春雨惊春清谷天，夏满芒夏暑相连，秋处露秋寒霜降，冬雪雪冬小大寒。”

在二十四节气中，四立（即立春、立夏、立秋、立冬）为季节的标志。二分二至（即春分、秋分、夏至、冬至）也有特殊的意义，把时间的节气转换成对应的空间，二分二至恰为四正（即东、南、西、北）方位。其中，夏至为阳极阴生之临界点，为“天风姤”卦，故夏至这一天白天最长，夜间最短，从夏至这天起，物体才会发霉；冬至为阴极阳生之临界点，为“地雷复”卦，故冬至这一天白天最短，夜间最长，从阴阳消长的角度，古人又把冬至这一天作为新的一年的开始。

现代数学中讲到，空间分四级：即线，为一维；平面为二维，立体为三维。爱因斯坦发明了相对论以后，又增加了一维，即时间轴，空间由此变成了四维。见图：

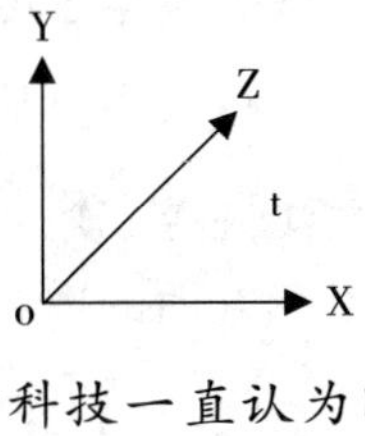

在相对论产生之前，西方科技一直认为时间和空间没有关系，独立存在，不能统一，是相对论把两者统一了起来。

而中国的易经思想，其实就是时空一体化的经典。它处处体现着时空统一的辩证思想。如上文，时间的二分二至，就对应着空间的东南西北。

第二节　卦爻旺衰

一、卦爻旺衰的概念

(一) 卦爻旺衰的基本概念

四季是纳甲预测中时间方面最重要的概念，四季是决定卦中每一爻旺衰的最根本依据。拿北方植物来说，是枝叶茂盛还是枯萎凋零，完全是由季节决定的。

在纳甲预测法中，五行都是以地支卦爻的形式体现的。而且，只有卦爻旺相，所预测之事才有成的希望。所以，十二地支就存在一个在所预测时的旺衰问题。大家应该知道，卦爻的十二地支与五行的对应关系如下：

寅、卯	巳、午	辰、戌、丑、未	申、酉	亥、子
木	火	土	金	水

关于十二地支在四季的旺衰问题，请读者参见第二章第二节之十，五行旺衰。其中，凡是值旺、相状态的卦爻，统称为旺，其他三个状态就不以旺论了。这里再作以简要的叙述：木旺于春、冬，火旺于夏、春，金旺于秋及四季月，水旺于冬和秋，土旺于四季月及夏。

(二) 卦爻旺衰概念的扩展

在实际应用中，卦爻旺衰的概念发生了变化，一般除了卦爻旺衰的基本定义情况外，卦爻五行与日辰同五行或得日辰五行生者，该卦爻称旺相。所以，在读本书和其他书籍时，要注意这一概念的应用。

扩展的卦爻旺衰实际包括了三方面的内容：

一者四季旺衰；

二者月建；

三者日辰。

但其中四季旺衰与月建都是通过月建反映的，区别在于每季的最后一个月，即四季月的不同。从月建来看，卦爻当旺时，四季月支有生卦爻者（九月），有克卦爻者（十二月），有卦爻生者（六月），有卦爻克者（三月）。其中，生卦爻者是与季节旺衰一致的，其他三种情况则不同了，但与季节对应的卦爻也当按有余气论之。如未土月的巳火爻，丑土月的亥水爻等，均当有余气论之。

二、卦爻旺衰的作用

卦爻旺衰是纳甲预测的重要因素，用神、原神的旺衰，是判断一卦成败的关键。简言之，所测之事要能成，首要的条件是用神、原神要旺。

用神所临卦爻旺者，所测之事易成；用神所临卦爻衰者，所测之事不易成。同理，原神喜旺，忌神、仇神喜衰，耗护神有时喜旺，有时喜衰。

例如，午月，丁亥日测企业效益，得“泽水困”静卦：

龙	未父	▅▅　▅▅	
玄	酉兄	▅▅▅▅▅	
虎	亥孙	▅▅▅▅▅	应
蛇	午官	▅▅　▅▅	
勾	辰父	▅▅▅▅▅	
雀	寅财	▅▅　▅▅	世

测企业效益，当以妻财爻为第一用神。此卦妻财持世，关键就看这一妻财爻的旺衰了，旺则效益可佳，衰则无效益甚至亏损。午月，寅木处衰地，但测卦时为亥水日，亥水可生合寅木，必至寅木旺相，故可断该企业效益尚佳。

三、卦爻旺衰理论须澄清的两个问题

（一）四季旺衰与月建生克

这里还需重点强调的是，卦爻旺衰与月建生克是两个概念，不可混为一谈。四季旺衰就好比天气冷热，夏天火旺，就相当于天气热；冬天水旺，就相当于气温低、天气冷。而月令对卦爻会产生直接的生克冲合关系，而这个恰恰不是旺衰所体现的。比如，卯木爻，在春天为旺。但其在春天的哪个月是不一样的。二月卯木当令，当然最旺；正月寅木当令，也很旺；但在三月其旺度就打折扣了，三月为辰月，木有余气，所以，只能说状态一般，不旺不衰。

（二）易理与自然旺衰之别

本节还要阐述一个观点，即易学理论所论的旺衰，与自然状况的旺衰是两个概念，比如，易学理论中木旺于春，就是说，立春以后木就进入旺季。在现实预测时，一进立春便为寅月，而只要在寅月，木就是旺的。但现实中，我国北方在正月还是很寒冷的时候，树木还处于枯萎状态，毫无绿意，显然不旺。所以，有人就开始了创造：按照自然的气温状况来论五行旺衰。讲起来侃侃在理，听起来头头是道，但就是在实际预测中不验。

关于此点，古人也有自圆其说的理论，认为北方树木在寅月虽无绿意，但其内在却在孕育生机，所以还是旺的。关于十二长生的理论更是这样，木长生在亥，也意即在亥月树木孕育着生机，故以旺论，听起来在理，但让你把其他五行都解释清楚得令人信服就难了。

这里就类似的问题再展开说明一下。

1. 晴雨天气与每日干支

讲到这里，大家都该知道了每日均可由一组干支来表示，这组干支又分金木水火土。而现实中“月有阴晴圆缺”，天气也有晴雨阴风雾之别，能用每日干支的金木水火土直接判断天气的晴雨阴风雾吗？如癸亥日就下雨，丙午日就晴朗，甲寅日就刮风，己丑日就阴天？显然是不可能的，如果真是这样，易经还谈何博大精深、玄妙莫测！每日的干支符号与自然没有任何关系，它是自然之外的一套独立体系。

在此，我并不否认可以通过干支来预测天气状况，用到精微也十分准确。但这与上面所论是两个体系的问题，对于此点感兴趣的朋友我们可以单独联系、探讨！

2. 南北半球与四柱排法

有地理常识的人都知道，地球的南北半球是有很大差异的，最明显的区别是南北半球的季节正好相反，即北半球是夏天，南半球正好是冬天；北半球是春天，南半球则正好是秋天。

干支记时是中华民族独有的记时体系，易经更是属于中国独一无二，春夏秋冬对应木火金水只有中国文化才有。不知读者想过没有，给南半球如澳大利亚的人看四柱要怎样排？查中国的万年历可以吗？月令又该怎样定？春与秋、冬与夏需要转换吗？

笔者在一些实践中体会到，完全按照北半球的排法是对的，如春与秋、夏与冬转换了，反而不合了。这是为什么？又回到了上述的观点，干支记时与自然是两个概念的问题，干支只是一种意象！

列举了上述两个问题，就能够更好地理解卦爻旺衰理论的精髓了。

第三节　生旺墓绝十二神

一、生旺墓绝十二神的概念

生旺墓绝十二神是纳甲预测法中，反映卦爻状态的又一种方法。这一理论是讲述自然生命从生到死的全部衍生过程，即胎、养、长生、沐浴、冠带、临官、帝旺、衰、病、死、墓、绝。现以人的一生举例说明：

“胎”，相当于人阴阳交合后做胎产生的原始生命体；

“养”，相当于原始生命胎体在母腹中得营养而生的状态；

“长生”，相当于胎儿得母体滋养现已出生为婴儿；

“沐浴”，相当于婴儿出生后沐浴洗澡；

“冠带”，相当于婴儿长大，至“弱冠”之年；

“临官”，相当于人生到了最佳年龄，开始在社会上“执政”了；

“帝旺”，到了人生的最高峰，相当于太阳正当午，马上就要往下走了；

“衰”，相当于人开始走向衰老；

“病”，相当于人开始生病；

“死”，相当于人结束了一生，走向死亡；

“墓”，相当于人死后进入了坟墓；

“绝”，相当于人骨灰都没有了的状态，然后便是新的开始。

通常的排序往往是将“长生”放在首位，即，长生、沐浴、冠带、临官、帝旺、衰、病、死、墓、绝、胎、养。主要是从人出生才能算是生命的开始这一角度认定的。

由上述的意象可知，临官、帝旺是最旺的状态，长生也是很有发展的阶段；死、墓、绝当然是最衰的状态；胎、养、沐浴、冠带、衰、病则处于中间状态。

大家要知道，六爻中的生旺墓绝十二神的对应原则与四柱理论的生旺墓绝十二神略有不同，请读者注意区分。四柱理论的生旺墓绝十二神是天干对地支说话，而六爻只论地支，故其生旺墓绝十二神是地支对地支说话，这是其区别之一。区别之二是，两种方式的五行土的寄宫不同，如图，六爻中的土寄水宫，即土水均长生在申，帝旺在子；而四柱理论中，土寄火宫，即土火均长生在寅，帝旺在午。

五行生旺墓绝表

	长生	沐浴	冠带	临官	帝旺	衰	病	死	墓	绝	胎	养
寅卯木	亥	子	丑	寅	卯	辰	巳	午	未	申	酉	戌
巳午火	寅	卯	辰	巳	午	未	申	酉	戌	亥	子	丑
申酉金	巳	午	未	申	酉	戌	亥	子	丑	寅	卯	辰
亥子水 辰戌丑未土	申	酉	戌	亥	子	丑	寅	卯	辰	巳	午	未

通过上表我们不难看出其中的规律：寅、申、巳、亥为一类，为四生支；子、午、卯、酉为一类，为四旺支；辰、戌、丑、未为一类，为四库支。了解这一规律，有助于掌握十二地支之间的种种关系。

二、生旺墓绝十二神的应用

(一) 生旺墓绝十二神在断卦中的作用

生旺墓绝十二神也是一个自古以来就有一定争议的理论，争议就在于这十二神到底有没有作用，或者哪些有作用，哪些没作用。

《增删卜易》有“长生、沐浴、冠带、临官、帝旺、衰、病、死、墓、绝、胎、养，余得验者，只验生旺墓绝，其余不验，不必用之。”古今其他书籍对生旺墓绝十二神理论有微辞的也不在少数。

笔者认为，生旺墓绝十二神理论是有作用的，其作用不在对卦爻旺衰的作用，而是对预测细节有独特作用：

1. 生旺墓绝十二神对卦爻旺衰的作用

生旺墓绝十二神对卦爻旺衰的作用，和正五行的作用是一致的，其中，卦爻临长生、临官、帝旺为旺，临其他的则为衰，墓、绝为最衰。细观此点，其实与日月的生克是一致的，惟申酉金长生在巳，辰戌丑未土绝在巳为特殊状况。申酉金临巳火，一般来说以克为主；辰戌丑未土临巳火，以生为主。所以，说白了，卦爻的旺衰还是以正五行的旺衰生克为主，十二神最多起个平衡作用。这一点就不再举例了。

2. 生旺墓绝十二神对预测细节的作用

生旺墓绝十二神的一个重要作用，就是反映所预测之事的某些细节。断卦时，应用了生旺墓绝十二神，可以使卦断得更丰富，更生动，更令人称奇。

关于这一作用，上部仅以十二神中的墓库加以说明。墓库之说，各家都予以关注，现以此为例展开说明之：

墓库的作用已不仅仅是决定卦爻旺衰，而是赋予了更多的含义，预测不同的事情又有不同的内涵。墓库的最基本含义就是顾名思义，有墓的意思，也有库的意思。墓，显然是凶的象征，人死了才进坟墓，故为死的象征，能不凶吗？库，则是吉的象征，财物入库，有收藏、为我所有之意，当然为吉了。

生旺墓绝十二神对预测的细节作用，是很多书没有阐述到的，《增删卜易》之所以对十二神的八神予以否认，最重要的就是《增删卜易》一书本身就不论细节，只强调一事一断，且不论过程。也许这就是作者——野鹤老人的断卦风格吧！

关于生旺墓绝十二神的这一应用，属高级部分，故在下部再详论之。

（二）生旺墓绝十二神的种类

生旺墓绝十二神在六爻预测中主要有五种应用：

1. 卦爻对日辰论生旺墓绝

卦爻对日辰论生旺墓绝是生旺墓绝理论的最主要应用。比如，亥日测卦，卦中见卯木，卯木就为临日辰长生；辰日测卦，卦中见亥水，亥水就为临日库；酉日测卦，卦中见申金，申金就为临日辰帝旺；等等。

2. 卦爻对月建论生旺墓绝

卦爻对月建也论生旺墓绝，但其程度要轻于日辰。比如，亥月测卦，卦中见卯木，卯木就为临月令长生；辰月测卦，卦中见亥水，亥水就为临月库；酉月测卦，卦中见申金，申金就为临月令帝旺；等等。

3. 动爻对变爻论生旺墓绝

卦爻对其变爻论生旺墓绝是又一个重点。比如，亥水发动变申金，就为化长生；午火发动变戌土，就为化墓库；卯木发动变巳火，就为化病地；等等。

4. 卦爻对动爻论生旺墓绝

卦爻对动爻论生旺墓绝是程度最轻的一种，一般不予考虑，而多以正五行的形式体现。比如，卦爻为亥水，见申金爻动，为动爻临长生，但同时有为相生的关系，故多以生论。

5. 伏爻对飞爻论生旺墓绝

伏爻对飞爻论生旺墓绝，使伏爻的旺衰等状态发生变化。这是作用较大的一种，因伏爻离飞爻很近，作用当然就大。这种关系在高层次的论述中也常应用。

现举一例：

申月 甲午日

玄	戌兄	━━━		
虎	申孙	（子财）━━━	世	
蛇	午父	━━━		
勾	丑兄	━ ━		午父
雀	卯官	━━━	应	辰兄
龙	巳父	━━━	○	寅官

此卦初爻巳父动化寅木官鬼回头生，同时又为化长生，这是动爻对变爻而论；五爻申金子孙下伏子水妻财，子水妻财即得申金之生，又为得长生，这是伏神对飞神而论；初爻巳火父母爻又为五爻子孙的长生，这是对动爻而论。

对于二爻官鬼卯木来说，在月建为临绝地，在日辰为临死地；对于初爻巳火父母来说，在日辰为临帝旺。

在实际预测中，对日辰、对变爻、对飞神实际意义较大，除了使得长生之爻增旺之外，还有特殊的意义，可参照后章内容。对月建的意义次之，对动爻实际意义不大。

第四节　旬空论

前文已对旬空的概念和查法作出了交代，本节将介绍旬空的应用问题。旬空是六爻预测中经常会遇到的问题，旬空有吉有凶，忌神、仇神逢之为吉象，用神、原神临之却为不利之象。关于旬空的问题，最难把握的是什么情况下的旬空有用，什么情况下的旬空无用。这里，笔者使用真空和假空的概念来进一步说明旬空的应用问题。真空的概念古来就有，而假空的概念却未曾见，我想这样概括应该是最好理解的。

旬空之说古籍中《易冒》讲解得最全面，它把旬空分成十三种类型："旬空之法，当审建空、动空、填空、旺空、相空之义，半空、援空、安空之法，破空、绝空、真空、克空、伤空之戒，凡十有三法，此旬空之秘也，然后分好恶轻重而考其吉凶焉。"《增删卜易》也云："旬空之法，诸书论太烦，有真空、假空、动空、冲空、填空、无故自空、有散而空、墓空、绝空、害空、安空、破空。"上面提到的种种空，虽名目繁多，但究其实，无外乎两大类，即一类为可成事之空，笔者将其定义为假空；另一类为不能成事之空，笔者将其定义为真空。但笔者所提真空与假空的概念和《增删卜易》所言并非一个概念，请读者注意区别。

一、旬空的种类

现将《易冒》关于旬空的种种概念阐述于下，这其中既有真空，又有假空。

1. 建空

月建临空亡，称为建空。因月建为最旺之神，高高在上，没有人能够伤得了它，日辰也奈何不了它，所以，由日辰定出的空亡，对它当然无效了。但月建入卦了，就相当于天上的神仙下凡，就该遵从人间的规则。不过，它还是其旺无比的，旺相而空之爻是不为空的，确切说为假空。

2. 旺空

旺相之爻临空亡，即为旺空。这时，即使日辰来克、来泄，也不以真空论。日辰来克，古代称之为克空；日辰来泄，古代称之为半空。故旺空也属假空范畴。

3. 动空

动爻临空亡，称为动空。动爻其力较大，按照现代物理学的原理，运动的东西是有能量的，当然就会有对它爻的生克之力，即使空亡，也不论空，确切说也为假空。

有人进一步把动空发挥，认为旬空之动爻逢冲，不以破散论之，而仍为动空不空范畴。这一发挥笔者不敢苟同，真空、假空，有用、无用，是离不开卦爻旺衰的。衰极再逢冲，必散无疑，怎能以动空不空论？好比一个中空壁厚的金属球受外力冲击，必滚动；一个中空的泥球受外力冲击，必破无疑，岂有滚动之能？

所以，动空逢冲必要区分旺衰。衰者，为真空；旺者，方为假空，动空不空！

4. 填空

旬空之旺爻受日冲，即为填空，正所谓冲空则实。如果旬空之爻衰而无力，就不能称为填空了，当以破散论之。好比一个病重之人再强行促其行动，必有危亡之忧。

5. 援空

动爻日辰来生空爻，为援空。因有动爻、日辰来生，衰爻也变旺了，所以，一般情况下，援空也为假空的一种。

6. 安空

日月动爻皆不来克空爻，乃谓安空。

7. 破空

月破又逢空，即谓破空。破空未必是真空，还要看日辰、动爻的状况方可定夺。

8. 绝空

绝于月又逢空，为绝空。绝空也未必是真空，也要看日辰、动爻的状况方可定夺。

9. 真空

春土夏金秋是木，三冬逢火是真空，辰戌丑未四季月，又以水为真空。此处所言之真空，与笔者所分之真空、假空，是两个概念。

10. 克空

旬空之爻旺相而受日克，或不得月令而受日辰、动爻之生，称为克空。克空也为假空的一种。

11. 半空

旬空之爻旺相而被日辰泄气，称为半空。显然半空为假空的一种。

12. 伤空

旬空之爻在月令为病（月破、月绝、月克）而又受日辰、动爻之克，谓之伤空。伤空一般当为真空。

二、假空

（一）假空的概念

上述《易冒》所述的十二种空中以及《增删卜易》论述的种种旬空，大多都属于假空。所谓假空，顾名思义，就是不属于真正的空亡，或者说，空亡是属于暂时的。当条件具备时，旬空之爻就不空了。满足这个条件的时间，就是应期。形成假空与真空最重要的条件是由月、日、动爻决定的旬空之爻的旺度或者说力量的大小，旬空之爻旺度强，便为假空；旺度差而无力，就为真空。《增删卜易》中“旺不为空，动不为空，有日建动爻生扶者不为空，动而化空、伏而旺相皆不为空。”就是指假空。

（二）假空的应用

假空即非真正的旬空。它在卦中具有两方面的意义：一者，定时发生生克作用；二者，在断卦中有其特殊的个性意义，这一个性意义在下部论述。

所谓定时发生生克作用，就是由于其自身的旺度尚在，没有丧失其活动的能力，当条件具备时，就会发生生克之力，对它爻产生或生或克的作用。但因终归是空，一段时间内是没有能力的。就相当于人在睡眠状态，是没有行为能力的。但当其醒来以后，便又可以叱咤风云了！他会怎么醒来呢？有几种方式：一种为自然醒来，相当于出空；一种为被人叫醒，相当于被冲，冲空则实。所以，旬空应期多半在上述两种状况。

但真空就不是这样了，真空没有应期。相当于人已经死亡，永远不会醒来。

在此还要多说几句，常听一些学员引用《增删卜易》的话讲，“旺不为空，动不为空，有日建动爻生扶者不为空，动而化空、伏而旺相皆不为空。”

所以这种情况下，就不能说该爻为空了。其实，这是一种错误的观点，只要属旬空，什么状态都叫空，只是真空和假空之别，有无应期之不同。《增删卜易》讲的也没有错，因它是指真空而言。

现举一例：

2003年6月28日，曾先生一项目已谈妥，但迟迟没有签合同，求测合同何日签？

戊午月　壬申日

虎	卯兄	▅▅▅	
蛇	巳孙	▅▅▅	应
勾	未财	▅ ▅	
雀	亥父	▅▅▅（旬空）	
龙	丑财	▅ ▅	世
玄	卯兄	▅▅▅	

测合同以父母爻为用神。此卦应生世，财爻持世，应临子孙，父母爻亥水得日生，但旬空，此空当为假空，出空逢值之日，即乙亥日当为合同签定之时，必应在亥，不应在戌，因应爻被日合，亥日冲开，亥又为父母爻之故。

后果在三天后如期签定。

二、真空

（一）真空的概念

上面已经讲到了很多，真空是指永远属于空亡状态的爻，真空就相当于人已经死亡，永远不会再醒来，所以，是一个废爻，没有应期。用神临真空，事无可成；原神临真空，久远之事无后劲儿；忌神临真空，大吉之象，事无不成！

《易冒》与《增删卜易》所讲的真空，和本书所论的真空是两个概念，本书所讲的真空是大的概念，而上述两部书所提的真空是一个特定的概念，一定不要混为一谈。

（二）真空的类型

真空即毫无生气之爻，大致有下列几种情况：

1. 月克、日克之爻

如寅月、卯日之丑土爻，申月、申日之卯木爻等。

2. 月破、日克之爻

如寅月、午日之申金爻，午月、未日之子水爻等。

3. 月克、日泄耗、动爻再来克之爻

如午月、亥日之酉金爻，申月、辰日之卯木爻等。

4. 月破、日泄耗、动爻再来克之爻

巳月、卯日、未土再来克之亥水爻，亥月、酉日、子水再来克之巳火爻等。

5. 月泄耗、日克、动爻再来克之爻

戌月、酉日、酉金再来克之寅木爻；巳月、酉日、申金再来冲克之寅木爻等。

就旬空理论现举一例：

2006年8月4日，赵小姐的爱犬生病几天，每天要数百元来维系生命，慕名前来预测能好否？得“泽水困”变“坎为水”卦：

乙未月　乙丑日

玄	未父	— —		子孙
虎	酉兄	——		戌父
蛇	亥孙	(旬空) ——	○ 应	申兄
勾	午官	— —		
雀	辰父	——		
龙	寅财	— —	世	

测宠物当以子孙爻为用神，父母爻为忌神。此卦忌神临日月大旺，卦中又两现，六爻未土暗动。用神子孙亥水动化申金回头生，日月又生变爻申金。此卦的一个难点在于亥水子孙能否绝处逢生？能，则会好；不能，则必死掉。

此卦还有一个关键点是，用神亥水旬空。旬空则有避克之说，此卦此况亥水子孙能否避克？

上述两个问题的回答是：日月俱克好似树木被连根拔起，根已被伤，树木是不会再活的。也就是此况不会绝处逢生。避空也是一样，自身要有生存的能量，才能谈得上避克。此卦亥水已经衰弱已极，毫无生机，自身难保，怎谈避克？相当于一个人自身已经病入膏肓，不需外力就要死掉了，他生命的终结不是外部环境造成的，有没有个掩体是一样的。

根据上述的分析，笔者告诉她，爱犬活不了多久了，不要再花更多的钱去救治了。赵小姐问，“还能活几天？”笔者告诉她，四天，即 8 日过不去。8 日为己巳日，巳日冲亥孙用神，亥水之空被冲实，用神彻底无救了。

后果然于 8 日凌晨病亡。

第五节　月建与卦爻的关系

在纳甲预测法中，月建和日辰是两个最重要的时间环节，月建和日辰共同决定了卦中各爻的旺衰成败，正如《黄金策》所言：“日辰为六爻之主宰”，“月建乃万卜之提纲”。

一、月建作用概说

月建与四季有相似之处，四季的具体作用其实是在月建得以体现的，比如秋季，必由申酉戌月建得以体现。所以，月建也就成了决定卦中每爻旺衰的根本。这是月建的第一项功能。

月建的第二项功能是，月建是通过十二个地支得以体现的。所以，以地支面目出现的月建就要和卦中的每一爻发生作用，或生或克，或合或冲。

比如：测卦得“泽天夬”：

庚午月　庚申日

蛇　未兄　— —
勾　酉孙　——　世
雀　亥财　——
龙　辰兄　——
玄　寅官　——（巳父）　应
虎　子财　——

午月正为盛夏时节，卦中伏神巳父为王，未兄、辰兄为旺，其他论休囚。这是月建午的第一项功能。此外，午冲初爻子财，子财则称月破；午生辰、未二兄，二兄为得生；午克世爻酉孙，酉孙则为受克；午合六爻未兄，未得合而起。在实际预测中，这些都有具体含义。这是月建的第二项功能。

二、月建对卦爻的生克作用

月建对卦中每一爻具有生克冲合的作用，其中首推生克。即月建可生克卦中之爻，“月建为万卜之提纲”。如戌月子爻，子必受月克；寅月午爻，午必受月生等等。而且，子爻、午爻动与不动都受月建的生克。此理很简单，故不再举例。

三、月建对卦中之爻的合力

月建地支与卦中地支可相合，如子月见丑爻，申月见巳爻之类。相合有合好，合旺之象。爻得月合，一般以有气论之，不会过衰。

（一）月建合卦中之静爻

卦中之爻有两类：一类为静爻；一类为动爻。月建合卦中之静爻，一者使静爻得合而旺，无气变有气；二者有该爻所代表的人、事、物与月建所代表的六亲合好、相连之意。

如：1998 年 8 月 8 日任小姐测托人办工作能成否？得“火天大有”变“离为火”卦：

庚申月　丁亥日

龙	巳官	——	应	
玄	未父	— —		
虎	酉兄	——		
蛇	辰父	——	世	亥孙
勾	寅财	——	○	丑父
雀	子孙	——		卯财

测托人办工作，当以应官和父母爻同参。此卦应巳官月合日冲，得动爻寅财之生，还算有力，可论暗动，暗动可生世爻父母辰土，工作可成之象。此卦月申合巳官，有相连、合旺之意，且申为兄弟，意为所求之官贪财，必因财而旺，即花钱此忙才肯帮，且也能帮成。

(二) 月建合卦中之动爻

月建对卦中之动爻也有合力，此合有合旺、合好、相连、合绊四种寓意。关于合绊，诸书没有详论者。有说月合不绊，有说月合也绊，有将月日笼统言合绊者。现举月建合动爻一例：

如：1993 年 9 月 10 日，计先生测公司生意，得“风雷益”变“风火家人”卦：

辛酉月　甲午日

玄	卯兄	——	应	
虎	巳孙	——		
蛇	未财	— —		
勾	辰财	(酉官) — —	×世	亥父
雀	寅兄	— —		丑财
龙	子父	——		卯兄

测生意，以财爻为用神。此卦财爻辰土持世，得日辰午来生，说明目前效益尚可。然月建酉官合世爻之财，世临勾陈，说明此月不免损耗，且有官司之争。计先生当即表态，也正因此官司而来。故告之，此月内无法解决，进戌月可解。

上例为被合之爻为用神，如为忌神等其他诸神，用法同理论之。

四、月建入卦

即卦中之爻与月建相同，如午月午爻之类。这种状态是卦爻的极旺状态，除非旺极走向反面的卦外，一般为成事之状态。而且往往月内必应。如果该爻为用神，月内必成；如果该爻为忌神，则月内必凶。

如：1996年11月9日马先生测官得否，得“天火同人”变“离为火”卦：

已亥月　庚戌日

蛇	戌孙	——	应	巳兄
勾	申财	——	○	未孙
雀	午兄	——		酉财
龙	亥官	——	世	
玄	丑孙	— —		
虎	卯父	——		

测官以官鬼爻为用神，此卦官鬼持世，临月建，即为月建入卦，成事之征已很明显。虽日来克，但有五爻申财动而相生，可以通关。故此官必得，且必应月内。

五、月破——月建与卦中之爻相冲

受月建所冲的卦中之爻为月破。如辰月戌爻、巳月亥爻之类。月破属月内极衰的状态。

“破”者，破散、受伤之意。月破，即因月建的作用而造成破散、受伤。月破说法很多，也是令初学者难于掌握的一环。根据笔者的大量实践，现将月破分成两类：一类为真破；一类为假破。这也是笔者的分法与定义。

（一）真破

真破称月破最合适，因为真破为破爻完全丧失其能力，一破到底。真破相当于日辰作用当中的日破，相当于罪犯被判了死刑。

那么，真破在卦中如何体现呢？简单说，就是除了月建的作用外，其他因素也对该爻不利。具体说，有如下几种情况：

1. 月破又加日克，无动爻生

月破本为衰态，日辰又火上浇油，又无其他力量来生助，则必真破了。如：1999 年 6 月 27 日高中生小高测高考情况，得“风天小畜”变“风火家人”卦：

庚午月　庚戌日

蛇	卯兄	▅▅▅		
勾	巳孙	▅▅▅		
雀	未财	▅ ▅	应	
龙	辰财	▅▅▅		亥父
玄	寅兄	▅▅▅	○	丑财
虎	子父	▅▅▅	世	卯兄

测考试以父母爻为用神。此卦父母持世，月破日克，无动爻生，故此破为真破，考学无望。

2. 月破，日辰不帮不生，再加动爻克

月破之爻必为衰态，日辰又不帮不生，最忌动爻又来克，故此破也为真破。

如：1999 年 6 月 20 日常女士测一笔生意能赚钱否？得“水天需”变“水泽节”卦：

庚午月　癸卯日

虎	子财	▅ ▅		
蛇	戌兄	▅▅▅		
勾	申孙	▅ ▅	世	
雀	辰兄	▅▅▅	○	丑兄
龙	寅官	▅▅▅		卯官
玄	子财	▅▅▅	应	巳父

测生意以财爻为用神。此卦财爻月破，日不生不克，而动爻辰兄又来相克，用神衰极，此月破也为真破，出月也不会解破。故告之此生意不可做，

且易不赚反赔。

3. 月破，日辰不帮不生，月破之爻自化坏

所谓自化坏，即为化回头克、化衰、化空、化日破、化绝等。如：2000年3月18日阎先生测求官能得否？得“山风蛊”变“山水蒙”卦：

己卯月　乙亥日

玄　寅兄 —— 应
虎　子父 — —
蛇　戌财 — —
勾　酉官 —— ○世　午孙
雀　亥父 ——　　辰财
龙　丑财 — —　　寅兄

测求官，以官鬼爻为用神。此卦官鬼持世，月破、日辰不生不克。然用神动化回头克，此酉官衰极。故此破，也为真破。此官显然不得。

再如：2002年8月17日，王女士求官能得否？得“雷天大壮”变“雷火丰”卦：

戊申月　丁巳日

龙　戌兄 — —
玄　申孙 — —
虎　午父 —— 世
蛇　辰兄 ——　　亥财
勾　寅官 —— ○　丑兄
雀　子财 —— 应　卯官

求官以官鬼爻为用神。此卦官临月破，日辰不生不克，然官动化丑兄，此旬子丑旬空，故为官动化空，此官为真破，也断此官不得。

（二）假破

假破虽也称月破，但因其除月令之外，受日辰或动爻的雨露，而变得旺相有气，故此破只是暂时的，相当于人犯罪被判了徒刑，服刑期满便可自由。所以，假破可以应事，可以成事。假破有应期，而真破则不存在应期了。具体说，有如下几种情况可为假破：

1. 月破，但有日辰生

如 1997 年 11 月 8 日，赵先生求测某职位能得否？得“泽地萃”变“天地否”：

辛亥月　甲寅日

玄	未父	▅▅ ▅▅	○	戌父
虎	酉兄	▅▅▅▅▅	应	申兄
蛇	亥孙	▅▅▅▅▅		午官
勾	卯财	▅▅ ▅▅		
雀	巳官	▅▅ ▅▅	世	
龙	未父	▅▅ ▅▅		

此卦为求官，求官当以官鬼爻为用神。现官鬼持世，父动化进，求官有利。然官鬼月破，现在关键的就是看官鬼的月破是真破还是假破。日辰寅木来生世爻官鬼巳火，卦中无克，所以，此破当以假破论，故此官可得。巳见亥又为绝地，断此官来年寅月得之，午月正式下文件。当时不知何故，为何中间隔了四个月。后来得知，寅月果然得到提拔，但还没有下文件，单位的一把手就被调查，一直拖至六月份（即午月）才正式下文件。

2. 月破，虽不得日生，但有动爻生

如 2004 年 2 月 8 日，笔者自测美国来信丢否，何时到？得“雷火丰”变“离为火”：

丙寅月　丁巳日

龙	戌官	▅▅ ▅▅	×	巳财
玄	申父	▅▅ ▅▅	世	未官
虎	午财	▅▅▅▅▅		酉父
蛇	亥兄	▅▅▅▅▅		
勾	丑官	▅▅ ▅▅	应	
雀	卯孙	▅▅▅▅▅		

测信件以父母爻为用神，此卦父母持世，变出离卦，正应此事。然父母

爻月破、日克合，疑为真破，幸六爻官鬼原神紧临动化回头生而生世用，真破可解，变为假破。但因月破而不克，日辰又合，故断不必出月即可收到。具体断为二月十三日壬戌日必到，后果如所测。

3. 月破，虽不得日生，但有变爻生

如2001年5月16日白女士测父病安危，得“泽风大过”变“水风井”：

癸巳月　己卯日

勾	未财	▅ ▅		子父
雀	酉官	▅▅▅		戌财
龙	亥父	▅▅▅	○ 世	申官
玄	酉官	▅▅▅		
虎	亥父	▅▅▅		
蛇	丑财	▅ ▅	应	

测父病必父母爻、官鬼爻同看。此卦父母爻持世，月破日临死地，大凶之象。幸得父动变出官鬼回头生，破中有救，大难不死。故此破也为假破。

第六节　日辰与卦爻的关系

日辰是时间的最重要因素，预测离不开时间，就更离不开日辰。

本节主要论述日辰与卦爻生克冲合，对于所测之事定性的作用，日辰对卦爻还有着更深层次的作用，通过这些作用，可以断事情一些细节，使卦断得更丰富，更精彩。这部分内容在下部再论，请读者注意阅读。

一、日辰作用概说

日辰是时间对卦爻产生作用的又一个重要因素。它可以对卦中的每一个爻包括主卦爻，也包括变卦爻，产生或生、或克、或合、或冲、或泄、或耗的作用，因为其对卦爻作用的不同，有时成事，有时也坏事。

二、日辰对卦爻的生克作用

日辰对卦中的爻具有生克的作用，不论是动爻，还是静爻；也不论是旺爻，还是衰爻，都可受其生克。正所谓“日辰为六爻之主宰”。如申日亥爻，亥必受日辰之生；申日，卯爻卯必受日辰之克。日辰的生克作用是日辰的最基本作用。

现举一例：

1996年5月23日东北大学马老师求测副教授职称能评上否，得“泽风大过”变“泽天夬”卦：

癸巳月　庚申日

蛇	未财	▅▅　▅▅		
勾	酉官	▅▅▅▅▅		
雀	亥父	▅▅▅▅▅	世	
龙	酉官	▅▅▅▅▅		辰财
玄	亥父	▅▅▅▅▅		寅兄
虎	丑财	▅▅　▅▅	×应	子父

测职称以父母爻为用神，该卦父母持世临朱雀，虽为月破，但得日生，有力之象。又虽初爻动而克世，但丑财动而化父、化合，不伤用神。综合来看，成事之象。而此卦的关键是世爻、用神得日辰生，旺而有力。

三、日辰与卦爻相合

日辰地支与卦中地支可相合，如子日见丑爻，申日见巳爻之类。相合有合好、合绊、合旺之象。一般得日合以吉论之。日辰合爻有下面三种情况：

（一）日辰合静爻

1. 静爻旺相

日辰合静爻，使静爻受利，得合有发起之象。日辰合旺相之静爻使静爻之力更强。此时，如果该静爻为用神或原神，则定可成事；如果该静爻为忌神、仇神，则事便难成了。

比如，2003年8月21日朱女士测孩子出走安全否，何日回？得“地山谦”变“地火明夷”：

庚申月　丙寅日

龙	酉兄	— —		
玄	亥孙	— —	世	
虎	丑父	— —		
蛇	申兄	——		亥孙
勾	午官	— —	应	丑父
雀	辰父	— —	×	卯财

此卦子孙亥水持世，得月生、长生，日合，为旺相静爻得日合，使之更旺，且钱财充足。初爻父母动来克，又为库，虽为不利之象，然亥水旬空，谓之避克。所以，现在安全，但找也不好找。方位当在东南或东北。那何时能回呢？断为己巳日可回。后反馈果然在当日回。原因：巳日冲亥，冲开合，冲出库，空而冲实，一举三得。

2. 静爻休囚

日辰合休囚之静爻也可使该静爻得力，但只能是“从犯”而已。因日月如天，权大无比，和他捆在了一起，好事、坏事都会粘上的。这时，只要没有其他因素加害，得合之爻一定会行使主权的，也就是应事的。此时，如果得合之爻为用神，再有旺相之动爻相生，则此事必成；但如果再有旺相之动爻相克，则其力便无而很难应事了。现举一例：

2002 年 4 月 22 日，白小姐测求财，得“水泽节”变“风泽中孚”：

甲辰月　庚申日

蛇	子兄	— —	×	卯孙
勾	戌官	——		巳财
雀	申父	— —	应	未官
龙	丑官	— —		
玄	卯孙	——		
虎	巳财	——	世	

此卦财爻持世，测财为有利之象。财爻不得月令，得日合，稍有气，但

六爻子水兄弟忌神发动克世，财之气皆无了，告之无财可求。笔者问她是传销吧，她说不是，是“直销”！

（二）日辰合动爻

1. 动爻旺相

日辰合动爻与合静爻是有区别的，动爻本身就有主动之象，如果旺相，必要行使生克之力，或生或克；或为原神，或为忌神。这时，被日辰合住，就相当于被管制，自己的主观意愿便无法实施，即黄金策所言“动逢合而绊住”。但“管制”一般都是有时间性的。犯法而被判死刑的终归是少数，无期徒刑的也不占很大比例，更多的是有期徒刑，或十年，或五年，或三年，或两载。当其刑期届满，就又自由了。动爻被合与此类似。也就是说，被合是暂时的，一般情况被合决定不了事情的性质。如果动爻旺相，当合被冲开之时，便会行使其主权，或生或克。如被合之动爻为原神，则事可成，且往往应在逢冲之时；如被合之动爻为忌神，则事不成，也往往应在逢冲之时，即应破财等坏事也在此时。

现举一例：

2000 年 8 月 14 日，戴女士测一笔生意之财何时进账？得“火山旅”变“艮为山”卦：

庚申月　甲辰日

玄	巳兄	———		寅父
虎	未孙	— —		子官
蛇	酉财	———	○ 应	戌孙
勾	申财	———		
雀	午兄	— —		
龙	辰孙	（卯父）— —	世	

测财何时进账，以财爻为用神。此卦子孙持世，临日辰，旺相有力；财爻临应，得月建帮扶，又化回头生，也极具旺度。因此，此财必有。何时进账呢？病在财爻被日辰合，应期当在逢冲之时，即卯日或戌日，也就是十一天后的乙卯日，或六天后的庚戌日，最后断为庚戌日。

后果然在庚戌日财进账，女士电话及时反馈。

此卦正是旺相之爻逢合，逢冲而应。

2. 动爻休囚

动爻休囚，其力自微，如再逢它爻来克，其力耗尽，此时再逢合，更无生克之力了。这种被合，相当于被判死刑或无期徒刑，也就是没有出头之日了。这种动爻，有等于无，是喜神，是忌神都无大碍了。

比如，2002 年 8 月 20 日，周女士测出国美国委托中介机构办签证能成否？得“泽地萃”变“泽水困”卦：

戊申月　庚申日

蛇	未父	— —		
勾	酉兄	——	应	
雀	亥孙	——		
龙	卯财	— —		午官
玄	巳官	— —	× 世	辰父
虎	未父	— —		寅财

测出国，以官父为用神。此卦官鬼持世，动化父母，看似吉象，其实，巳官被日月兄弟合，阻力重重之象。应爻又临兄弟，出国怎能成呢？此卦之合，因用神、世爻休衰，生机被合没了。

四、日辰与卦爻相冲

日辰地支与卦中之爻可相冲，相冲大致可产生两种效果：一曰暗动，一曰日破。

（一）暗动

凡卦中受日冲之爻旺相有力，就为暗动。暗动之力次于明动。暗动之爻对卦中它爻的生克之力也很大。

暗动，顾名思义，有暗中行动之象，行动在不知不觉中，事情也往往在不知不觉中发生。若暗动之爻为原神，则为好事暗中而来，或有人暗帮；若忌神暗动，则为坏事悄悄地出现，或有人暗害。

现举一例：

1999年6月17日，一母亲王女士领女儿测公务员能进去否？得“雷泽归妹”变“兑为泽”：

庚午月 庚子日

蛇	戌父	⚋	应	未父
勾	申兄	⚋	×	酉兄
雀	午官	⚊		亥孙
龙	丑父	⚋	世	
玄	卯财	⚊		
虎	巳官	⚊		

测公务员工作当以父母爻为用神，以官鬼爻为原神。此卦父母持世，得月生，旺相有力。不利的是，五爻申金兄弟发动化进神，可谓竞争激烈。妙在四爻午官临月建，被日冲为暗动，暗动之官既可生身，又可制兄，兄弟受制，竞争受遏，故此职必得。当月即可明确。

后果然在一周后的24日得到通知，准备上班！当日恰为丁未日，暗动逢合，世爻父母逢冲。

（二）冲实

所谓冲实，是针对旬空之爻而论，即旺相有力而又旬空之静爻逢日冲即为冲实。显然，此冲是对逢冲之爻有利的行为。若逢冲之爻为原神，则为大吉，本来因旬空而暂时不能发挥作用的原神因冲实而可以发挥作用了；若逢冲之爻为忌神，则为不吉，旬空之忌神因逢冲而有力了。

比如，1998年1月1日，孙女士测孩子出走安全否？何时回？得“水雷屯”变“风雷益”：

壬子月 戊申日

雀	子兄	⚋	×	卯孙
龙	戌官	⚊	应	巳财
玄	申父	⚋		未官
虎	辰官	⚋		
蛇	寅孙	⚋	世	
勾	子兄	⚊		

测孩子出走，以子孙爻为用神。此卦子孙持世，得月建生，旺相有力，六爻子兄又动来生，安全。现子孙寅木旬空，但得日辰冲，冲空则实，也为有利。子孙又为世爻，当日冲实，被父母冲，当日该有消息。六爻兄动相生，去了外市、远处，子为北，卯为东，当去了东北。子日可回。

果然在四天后的壬子日归。去了东北方的吉林市。

(三) 日破

所谓日破，其实很简单，就是因日而破。破，当然不是好现象，为破损、破败、无用之意。日破，就是因受日辰的作用而破损无用了。

1. 静爻日破

静爻可有日破。凡卦中之静爻休衰无力，再受日冲，就为日破。日破为破损无力之象，日破之爻当然就不能成事了。

2. 动爻日破

动爻也有日破。休囚无力之动爻再逢日冲，也为日破。动爻日破又称“散”或“破散”。动爻日破相当于一个病情很重（休囚）的人，行走（动）在野外，又恰受到了暴风雨（日辰）的袭击，不毙命才怪呢！

有的书中，包括古籍，把动爻逢冲都论为日破，这是不对的，在现实预测中，只要动爻旺相有力，逢日冲照样可以成事，不论破散。

现举一例：

2002 年 10 月 11 日，刘女士求测刚开业的时装屋效益如何？得“雷地豫”变“坤为地”：

庚戌月　壬子日

虎	戌财	▅ ▅		酉官
蛇	申官	▅ ▅		亥父
勾	午孙	▅▅▅	○ 应	丑财
雀	卯兄	▅ ▅		
龙	巳孙	▅ ▅		
玄	未财	▅ ▅	世	

测时装屋效益以妻财爻为用神，子孙爻为原神为客户。本卦财爻持世，

得月建帮扶，旺相有力，说明现在很好。但该卦的毛病在于代表客户的子孙爻月库日冲为破，动而化泄，所以旺势恐难于长久。因现在很好，不便说得太直了，以免惹人不高兴，于是，提示性的表达了该意。但已明显感觉对方不快了。

立冬后，时装屋果然萧条起来，刘女士不得不再次来咨询笔者，还自己反复玩味当初笔者的忠告。念其此次赤诚之心，笔者前往为其调整了风水，并结合刘女士的命理因素对其进行调整，生意渐渐好了起来……

此例就是动爻休囚再逢日冲为破。

五、日辰入卦

即卦中之爻与日辰相同，如午日午爻之类，这种状态也是卦爻的极旺状态，一般为成事之状态。日辰入卦了，一般不怕月破，不怕动爻克。

如 2000 年 5 月 29 日，老人刘女士自测病况有危否？得“泽风大过”变“泽天夬”：

辛巳月　丁亥日

龙	未财	▅▅ ▅▅		
玄	酉官	▅▅▅▅▅		
虎	亥父	(午孙) ▅▅▅▅▅	世	
蛇	酉官	▅▅▅▅▅		辰财
勾	亥父	(寅兄) ▅▅▅▅▅		寅兄
雀	丑财	▅▅ ▅▅	×应	子父

自测身体病况，以世爻为用神。此卦父母亥水持世，临日辰，旺相有力。在巳月虽为月破，但临日辰不畏月破。虽初爻动来克，但自化合。依此断之，老人不会有危险。于是告之，过几天就会好了。因世爻现在月破，出月就不破了！

两鬼夹世，终归年纪大了，病况不会全消。但鬼鬼弱，世下所伏子孙旺相有力，故近两年不会有危险。

六、日库（墓）论

日库也是值得一提的概念。所谓日库，就是有用之爻逢日辰为库，如寅卯爻在未日，申酉爻在丑日等。日库除了旺相休囚十二神所论之外，还有些特殊的意义。用神入日墓，表示用神在被约束、被控制、被保护等状态中。一般要在出墓之时方可起作用。

日库（墓）也有两种状态，一种为入库之爻旺相有力，这种状况为入库；一种为入库之爻休囚无力，这种状况应称入墓更合适。入库显然为吉，为暂时之意，没有丧失其作用和职能，当具备一定的条件时（即应期），便可从库中出来发挥作用；入墓则不然了，为衰败死亡之象，一旦入墓便无再出墓之可能，所临之爻当然也不会发生作用了，用神临之，诸事不成。

现举一例：

2000年2月19日下午，家在农村的学生小郑家里养的猪不见了，找了半天也未找到，因天还下着大雪，在无奈之下电话求测猪去了何方，能找回否？得“水泽节”变“风泽中孚”：

戊寅月　丁未日

龙	子兄	— —	×	卯孙
玄	戌官	——		巳财
虎	申父	— —	应	未官
蛇	丑官	— —		
勾	卯孙	——		
雀	巳财	——	世	

测猪以子孙爻为用神。此卦子孙爻卯木居于二爻，得月帮扶，旺相有根，尽管旬空，“旺不为空”，于是可断，猪不会死，财爻持世，可以找回。但子孙爻入日库，正反映猪被困之象。什么时候能找回呢？旺相当日应回，时辰当在酉时。方位在未方，即西南方。如此告之学生，晚七点，学生又打来电话，果然在西南方位的一个破房里找到。

此例正是旺相之爻入墓，为暂时被困。

第七节　日月与卦爻三合局论

三合局在具体预测中并不少见，三合局就相当于三个人组合到一起，形成合力，力量当然强了。但三人的组合未必都很牢固，有的却是假象，离心离德，这种合局形不成合力。

一、三合成局的种类

（一）动局

所谓动局，就是三个动爻所成之局，即一个生爻，一个旺爻，一个库爻。如一个寅、一个午、一个戌，具备条件时，可以成局；一个申、一个子、一个辰，具备条件时，也可以成局。

比如："雷水解"变"火天大有"：

戌财	▅ ▅	×	巳孙
申官	▅ ▅	应	未财
午孙	▅▅▅		酉官
午孙	▅ ▅	×	辰财
辰财	▅▅▅	世	寅兄
寅兄	▅ ▅	×	子父

卦中寅午戌三爻均动，如有一日或月参与，中神有力，不被克制，此三合便可成局。

把上述基本条件作以演变，一日、一月、一个动爻可以成局。一个日辰或者一个月建、两个动爻，也可成局。

日月似神明，不受人间的喜怒哀乐的影响，不受卦爻的制约，一日、一月、一个动爻可以成局，这个动爻如果为中神，必须具备做"领袖的才能"，如不自化回头克；不自化空破墓绝等；不被强旺的他爻所克。

比如，戌月午日得"乾为天"卦二爻动变"天火同人"：

戌父 ——— 世
申兄 ———
午官 ———
辰父 ——— 应　亥孙
寅财 ——— ○　丑父
子孙 ———　　卯财

月建的戌、日辰的午，与卦中之动爻寅成寅午戌三合局，更加重了午官的力量，求官为大吉。因寅木的财参与合局，故此官须花钱方可。同时，财虽破印，即妻财爻克父母爻，但因此财已参与合局，故不再克父母，即对求官不再为忌。

上述规则中，其中一爻暗动，也可成局。

（二）变局

所谓变局，就是动爻及所变出之爻，再加一个其他动爻，构成的三合局。如午动变寅，再加一个戌爻，条件具备，就可成局。

在变局中，有一种经常会出现的格局，就是内卦初、三爻动或外卦四六爻动，而形成内卦或外卦自身三合局。如：

酉官 — —
亥父 — —
丑财 — — 世
酉官 ——— ○　丑财
亥父 ———　　卯兄
丑财 — — ×应　巳孙

只要中神不与日月相背等条件具备，此等合局便可成。

（三）伏局

所谓伏局，就是一个飞神、一个伏神，再加一个动爻，构成的三合局。如午伏寅下，卦中又动出一戌：

此卦只要条件具备，便可成午局，如为测文书之事，当必成无疑。

寅官	▅▅▅▅▅		巳父
子财	▅▅ ▅▅	应	未兄
戌兄	▅▅ ▅▅	×	酉孙
辰兄	▅▅▅▅▅		
寅官	（午父）▅▅▅▅▅	世	
子财	▅▅▅▅▅		

二、三合局成局的必要条件

在上述的三合局的类型中，要想真正成局，都需要一些基本条件，只有满足了这些基本条件，方可成局。这些基本条件是：

（一）日辰或月建的参与，是成局的必要条件

参与三合局的三个爻中，必须有日辰或月建的参与，方可做成局论。日月就象是官员，没有官员的参与，类似非法，合局就没有力量，也不会牢固。日月可以是中神，也可以是生爻，也可以是库爻。

（二）中神不倒，是成局的又一必要条件

在三合局中，最关键的是中神，即寅午戌中的午，亥卯未中的卯，申子辰中的子，巳酉丑中的酉。中神就相当于一个集体中的旗帜、核心、头儿、领导等，只要旗帜不倒，团体就不会垮，其他人员走一个，来一个，某一个有点儿三心二意，都不影响大局，但一旦旗帜倒了，这个团队就垮了，所以，古来就有“擒贼先擒王”。关于此点，《易冒》说得比较清楚：“中神主也，失其主则不能会，伤其中则不能局。是以火神局会，以午为要，午不失伤，即寅戌失一而亦局会也。伤其始者，局会之力小，伤其终者，局会之力存，终始不伤。局会之力大矣。”

所谓中神不倒，是指中神不被日月克绝，不自化回头克，不自化衰死空破等。

具体说，什么样的中神不能为中神呢？

1. 中神受日月俱克，衰弱至极

比如亥月子日测卦，寅午戌三合局，午火为中神，午火被日月克废，则此合局不成。

2. 中神自化回头克

比如亥月卯日，寅午戌三合火局，午火为中神，但午火动化亥水回头克，中神“自倒”，则三合局不成。

3. 中神自化空破衰绝

比如子月庚寅日，寅午戌三合火局，午火为中神，但午火动化申金，申金空破衰绝，中神化坏，则三合局不成。

4. 中神不占日月又受动爻克

比如酉月戌日，寅午戌三合火局，午火为中神，卦中又动出子水冲克午火，中神受克严重，则三合局不成。

5. 中神被旺相之动爻冲

旺相之动爻的冲力很大，使中神受伤，合局难成。这种情况，又叫合处逢冲。

下面的例子，就是中神自倒的情况，故尽管其他条件都具备了，但仍不能成局。

子兄	— —	×	戌官
戌官	———	应	申父
申父	— —	×	午财
辰官	— —	×	亥兄
寅孙	— —	世	丑官
子兄	———		卯孙

这个卦虽申子辰三个爻都动，合局却不成，因为中神子水自化回头克，中神倒了，合局不成。

三、三合局的实质

上面列举了很多三合局的情况，及必要条件，其实，只要掌握了三合局的精髓，完全不必刻意去探究一个具体的卦中三合是否成局。因成局与否是一个相对的概念，是一个模糊的概念，不是数据化的概念。比如说三个人好，什么叫好，什么程度算好，都是相对的，而并非绝对的。在三人好的时候，还都有自我，绝不会做到完全的忘我。而且，这种关系还可能随时随地的发生变化，过去好，不等于现在好；现在好，不等于将来好。

按照上面的规则，三合局成与不成似乎有着严格的界线，其实并非如此，笔者认为，三合局成局与否，也是一种模糊理论，即成局与否，没有严格的界线。更进一步说，三合成局无外乎是在加强中神的力量，三合局不成，无外乎是说中神无力。如果以中神为用神，三合成局，则事可成；三合不成局，则事不易成。但如果中神为忌神，则又正相反了。

四、三合局的应期

三合局成局了，并非马上就会应事，还要有一个应验的时间，这个时间，就是应期。

其实，简单说，如果具备了三合局的条件，三个爻中有病的一爻被满足时，就是应期。现概要分几种情况：

1. 其中一爻旬空，该爻出空填实为应期；
2. 其中一爻月破。该爻出月、逢合为应期；
3. 中神之外的一爻逢冲，该爻逢值逢合为应期；
4. 多爻动之三合局，各爻均无病，应期当在用神、世爻逢合之时；
5. 飞伏三合局，应期当在伏神出现或飞神、伏神逢冲之时。

五、合处逢冲论

合处逢冲反映事情的一种状态，预示事情将成而终败，一般为不利之象。但也有个别情况为吉征，即预测麻烦、病灾、官刑等，合则被困，冲则事散，所以为吉。

如果冲中神之爻休衰无力，或被绊、自化回头克等，则虽冲不冲，不以合处逢冲论。

合处逢冲一般有如下几种情况：

（一）三合局中神被冲，为合处逢冲

冲中神的可以是日辰，月建，也可以是旺相有力的其他卦爻。例如：2001 年 2 月 19 日，学员小张求测对象能成否，得“离为火”变“地山谦”：

庚寅月　癸丑日

虎　巳兄　———　○ 世　酉财
蛇　未孙　— —　　　　亥官
勾　酉财　———　○　　丑孙
雀　亥官　———　应　　申财
龙　丑孙　— —　　　　午兄
玄　卯父　———　○　　辰孙

男测对象以财爻为用神，此卦外卦巳酉丑三合财局，世爻、财爻皆旺相有力，世爻合在其中，说明两人关系很好，当为成之象。但初爻父母旺动冲财，典型的合处逢冲之象，故断此婚最终不成。

什么原因呢？冲者为父母爻，当为父母反对。什么时候散呢？现卯木旬空，三月出空填实之月危矣。故告之，此婚你父母不同意，三月危险。

小张当即表态，“说得太对了，我父母一直反对，但我们关系真的很好，唉，未来就不知道了。”我告诉他，不是我断得准，是这卦反映得太清晰了。

三月底，小张又来我处，告诉我真的分手了。

（二）二动爻相合，逢日冲或旺相之动爻冲，也为合处逢冲

二动爻相合，即六合，相合之爻逢日冲或旺相之动爻冲，也为合处逢冲。

例如：2003 年 7 月 25 日，客户林女士测应聘一单位能成否？得“天泽履”变“火水未济”：

己未月　己亥日

勾　戌兄　———　　　　巳父
雀　申孙（午父）———　○ 世　未兄
龙　午父　———　　　　酉孙
玄　丑兄　— —　　　　午父
虎　卯官　———　应　　辰兄
蛇　巳父　———　○　　寅官

测工作以父母爻为用神，此卦子孙持世，本为求职不利，但用神父母爻动化官鬼回头生，来合世爻，为工作可成之象。但日辰亥水冲破巳父，为合处逢冲，应聘不成之象。

（三）飞神与伏神相合，逢日辰冲、旺相之动爻冲，也为合处逢冲

飞神与伏神相合，包括三合局，也包括六合，若日辰冲伏神、飞神，或旺相之动爻冲飞神，也为合处逢冲。

（四）六合卦用神世爻逢日辰冲、旺相之动爻冲，也为合处逢冲

六合卦本为吉祥之兆，但如果用神、世爻逢冲，就为合处逢冲，事情的性质就会发生变化，好事有人破坏，关系有人离间，到手之财有散掉等。

受谁冲呢？一为日辰，一为旺相之动爻而已。

第八节　太岁及时辰对卦爻的作用

一、太岁

何年测卦，何年地支就称为太岁。太岁的作用远小于月建和日辰。太岁的作用应该这样讲：

1. 太岁不决定卦爻的旺衰，太岁对于为一件事情定性不起平衡旺衰的作用。这一点是非常重要的，很多人在此存在盲点。一旦某一爻临太岁，便言该爻旺相有力，执这一观点的初学者不少。若由日月决定的卦爻不具备成事条件，该爻临太岁也无济于事。

2. 测长久之事，如一年的情况、多年的事件等太岁是起作用的。用神如临太岁或得太岁之生，一年吉祥。但这和太岁决定旺衰是两个概念。

3. 测短期之事、阶段之事、小事等太岁是不起作用的。“太岁不理家庭琐事”。

4. 测长久之事、多年的事件等太岁用于确定应期，所测之事应在何年，何年的太岁就为应期。

现举一例：

2003 年 2 月 17 日，王先生求测年运。先生经商，因此重点是财运。得“雷地豫”变“泽地萃”卦：

癸未年　甲寅月　辛酉日

蛇	戌财	⚋		未财
勾	申官	⚋	×	酉官
雀	午孙	⚊	应	亥父
龙	卯兄	⚋		
玄	巳孙	⚋		
虎	未财	⚋	世	

此卦财爻持世，临太岁。月克世爻之财，日冲三爻卯兄暗动也克世爻之财，虽有五爻申官动而化进制兄，但申官动又有合二爻子孙财源之象，同时，官动必泄财气。综合观之，一年财运极差，无财可求，谨防亏损。

此卦即太岁临财又持世，如不掌握太岁的作用原理，一定会断一年财运不错。

2004 年先生又来测年运时，还没有忘记上一年的预测，并慨叹一年财运之不济。

二、时辰

测卦的具体时间就为时辰，在年、月、日、时中时辰的作用是最小的，对时辰的认识应从如下方面：

1. 时辰不决定卦爻的旺衰，对一件事情的定性不起平衡旺衰的作用。这一点和太岁一样。

2. 测一天之内的事情，在极端状态下，时辰参与作用。如一日之内的安全状况，时辰可救极端之危。

3. 时辰可用于定一天之内的应期，如所测之事一天之内应，则用时辰来定应期。

第九节　神煞应用

一、神煞的概念

所谓神煞，是抛开正五行之间的生克关系，紧密结合预测时间，查找出的卦爻特性。神煞的来源有着深刻的阴阳、五行、星象等机理，六爻法所用神煞与四柱命理等理论所用神煞类似。

神煞有三类，一类是吉神，如天乙贵人、天喜等；一类是凶神，如白虎煞、截路空亡等；还有一类为中性神，如驿马等。

二、常用神煞

自古以来，神煞众多，细数起来，不下百种。本书只选其中有代表性的几个予以解释，其他神煞，读者可参考其他书目研究。

（一）天乙贵人

"甲戊并牛羊，乙己鼠猴乡，丙丁猪鸡位，壬癸兔蛇藏，庚辛逢马虎，此是贵人方。"

比如甲戌日预测，卦中见丑未爻，丑未爻就为临贵人。天乙贵人显然为吉神，所论之爻临之，即为贵人相临，大吉之兆。特别在预测求人之事临之，更为应验。

（二）禄神

"甲日到寅，乙禄到卯，丙戊禄在巳，丁己禄居午，庚禄居申，辛禄在酉。"

比如甲日预测，卦爻中见寅，寅爻即为临禄；乙日预测，卦爻中卯即为禄，余仿此。禄即有俸禄之意，临之大吉。预测升职加薪之事更验。

（三）驿马

"申子辰马到寅，巳酉丑马在亥，寅午戌马居申，亥卯未马行巳。"

比如申日、子日、辰日测卦，爻中见寅即为驿马，余仿此。驿马为走动之神，主走动。驿马在卦中应验最多，好事临之更好，坏事临之亦坏，主动荡。

（四）天喜

“春戌　夏丑　秋辰　冬未”

比如春天预测，卦爻中见戌即为天喜；夏天预测，爻中见丑也为天喜，余仿此。顾名思义，天喜为吉神，主喜庆之事。卦爻临之，往往有喜事在身。

（五）天医

“天医正卯二猪临，三月随丑四未寻，五蛇六兔七居亥，八丑九羊十巳存，十一再来寻卯上，十二亥上作医人。”

比如正月预测，卦中见卯爻；二月预测，卦中见亥爻就为天医，余仿此。注意，此类所说正月、二月，也是按节气来分，而非阴历。天医为吉星，占病遇此爻临吉神动，虽凶有救；天医又是医生的标志，临之有医生之象。

（六）咸池煞

“寅午戌兔从卯里出，巳酉丑跃马南方走，申子辰鸡叫乱人伦，亥卯未鼠子当头忌。”

如寅午戌月预测，卦爻见卯即为见咸池煞，巳酉丑月预测，卦中见马为咸池煞，其余类推。咸池煞又称桃花煞，主要指情感之事，预测婚姻感情遇之必主婚外情。古书解释为妇女淫乱，其实男人也是一样。

（七）往亡

正月 寅	二月 巳	三月 申	四月 亥	五月 卯	六月 午
七月 酉	八月 子	九月 辰	十月 未	十一月 戌	十二月 丑

如上所列，正月预测见寅爻，二月预测见巳爻，以此类推，均为见往亡。往亡煞不利出行，故测出行遇之当慎之。

（八）白虎煞

“正申二酉三戌乡，四亥五子六丑伤，七寅八卯九辰上，十巳一马十二羊。”

正月见申，二月见酉……其实就是逢月破，说白了就是月令所冲之爻。卦爻遇之主凶祸、病灾，当小心为是。

（九）天耳天目

“春天耳巳目从亥，夏天耳寅目居申，秋天耳亥目从巳，冬天耳申目居寅。”

此二星也为吉神，天耳主听，天目主看。故测寻人遇之，天目则见面，天耳则有音信。再者，测耳目之病遇之，显然为大吉之象。

（十）天哭煞

“哭声正五九居羊，二六十月在猴乡，三七十一鸡啼叫，四八十二犬猖狂。”

如正月、五月、九月预测，卦爻遇未即为天哭煞，二月、六月、十月预测，卦爻遇申即为天哭煞，其余同理。听其名就当知其为凶神，测病遇之更凶。

（十一）天狱煞（占讼大忌）

“正五九月居亥位，二六十月在申藏，三七十一飞巳上，四八十二到寅方。”

如正月、五月、九月预测，卦爻遇亥即为天狱煞，二月、六月、十月预测，卦爻遇申即为天狱煞，其余同理。天狱煞也为凶神之一，预测遇之，主牢狱、诉讼之灾。

（十二）天贼煞

“正丑二子三月亥，四戌五酉六居申，七未八午九蛇地，十辰一卯十二寅。”

如正月预测遇丑，二月预测遇子，三月预测遇亥均为见天贼煞。顾名思义，主失盗之事。故预测出行、求财等当尤其注意。

（十三）丧车煞

“丧车春鸡夏鼠来，秋兔冬马好安排，人来占病无它断，教君作急买棺材。”

如春天预测见酉爻，夏天预测见子爻即为见丧车煞。上面的歌诀讲得很严重，在现实预测中怎会这样呢？古人写东西为了引起你的重视，普遍采取夸大化的表述方式。该煞除了主病之外，还要防车祸。

三、神煞的作用

六爻预测中神煞的作用是一个学术界略有争议的问题，一种观点极大地强调神煞的作用，认为神煞真的就像神煞所解释的那样，一见天乙贵人就贵气无比，百灾皆无；一见凶神恶煞，就灾祸临头。另一种观点则认为，神煞没有什么作用，可以不予考虑。

请看《增删卜易》对神煞的论述，“诸书星煞最多，余留心四十余载独验贵人、禄神、驿马、天喜，然不能独操祸福之权，用神旺者见之愈吉，用神失陷虽有如无。李我平曰：伏羲观奇偶以判阴阳，文王以爻辞而断凶吉，周公之后，决祸福于五行，易道穷矣。今兼吉凶煞星，不知起自何人。丧门、折墓、大杀、飞鹰，加此险语惊人，往往全无应验，《易冒》疾病章云：‘卜卦不死，星煞不死，用神生者即生，用神死者必死。’余以为得理，及至星煞章中反增许多神煞。出尔反尔，后学何从？即如此书得验贵人禄神驿马亦必附和用神之旺相，即不能独操祸福之权。予以为诚意先生《千金赋》曰：‘吉凶神煞之多端，何如生克制化之理’，一言以蔽之矣。”

更多的书只是将其罗列了出来，没有讲明怎样用。如《易隐》“德有四，有天德，月德，干德，支德。一德可以让百恶，解百忧，无求不得，无欲不遂……”

古籍对神煞的论述，只是神煞作用的第一点。《易冒》也好，《易隐》也好，都没有谈到神煞作用的第二点、第三点，但却又将神煞罗列一大堆，不知何故，难怪《增删卜易》最后发出疑问。

笔者认为，上述两种对神煞的观点都有失偏颇，神煞起的是辅助作用，起不到根本的定性作用，但可以对所测事情起到一定的量的改变及氛围、特性的细微描述。用“锦上添花”和“雪上加霜”来形容吉凶两种神煞是比较恰当的。

具体对神煞的论述有三：

（一）神煞不决定事情的性质

不论吉神还是凶神，神煞对所测事情的成败不起决定性作用，事情成败的决定因素还是卦爻的旺衰生克。比如，官鬼旺动克世，一般主灾。这时，即使官鬼临贵人，也绝非见贵人而吉，或凶性减弱，官灾仍然难免。

（二）神煞反映所测事情的某些状态

神煞虽不决定所测事情的性质，但却可参与对所测事情的某些状态和中间过程进行细微描述。比如，预测某件事，需找某领导帮忙，从卦理看此人居五爻，又临“驿马星”。则可断此人工作与交通有关，或工作性质经常走动，故找到这样的人才是“贵人”。再如，男孩儿预测婚姻，问将来会找到什么样的对象，卦中妻财爻临“天贼煞”，则可断其未来的妻子易遭贼，爱丢东西……这些，不是五行的旺衰和生克制化所能判断的。

（三）神煞是一卦多断的辅助手段之一

神煞理论是一卦多断的方法之一，在下部将稍加详论，在此只举例加以说明：

1997年3月7日某人问工作，得“水地比”变“坤为地”。卦中除了工作的信息外，还反映出了其工作之余还在与人合伙做生意。春天见戌为天喜，五爻戌兄为合作伙伴，又临“天喜”神，故断其合作伙伴近期有喜事临身——儿女婚事。求测人当时不知道，马上电话询问，果然得到了肯定的答复，且非常吃惊，因为他还没有向外“发布”！“天喜”神是作出此断的重要因素。现将此卦排布于下：

癸卯月　戊申日

雀	子财	— —	应	酉孙
龙	戌兄	——	○	亥财
玄	申孙	— —		丑兄
虎	卯官	— —	世	
蛇	巳父	— —		
勾	未兄	— —		

第九章
应期论及六爻预测基础综述

第一节 应期论

一、定应期的意义

所谓应期，就是所预测事情吉凶成败应验发生的时间。这个时间包括年、月、日、时，有的事情应在年，有的事情应在月，有的事情应在日，也有的事情应在时。正所谓“远应年月，近应日时。”

定应期是纳甲法预测的又一个关键。在预测的各种事类中，有的事情只要定性就可以了，不需要准确的应期；有的预测本身就没有应期；而有的事情除了定性之外，还需要准确的应验时间。比如，预测高考的情况，只需要知道高考的状况就可以了（分数是另外的概念），应期是固定的，也就不存在应期的问题；再如，年轻人找对象，也只要定性所找的人是否对自己适合，能否成就可以了，一般也不需要应期；但更多的情况除了给一件事情定性之外，还需要成败应验的时间。比如，预测行人何时回？测的就是时间；预测股市行情时，关于股市的涨跌为定性，但更重要的是什么时间涨跌，即关键还是时间，即应期；在纳甲法的动态择吉中，重要的也是应期的问题。

二、应期的确定方法

（一）一般原则

应期具有一系列的确定原则，根据用神、世应、动爻、变爻、飞伏等的不同状况，有着不同的应验时间。下面列举一些常见、单一的应期确定原则：

1. 静而逢值逢冲

主事爻安静有力，待逢值（或年或月或日或时为用神所属的地支）、逢冲年月日时应验。如主事爻临子水不动，后逢子时（指年或月或或日或时，下面类推）、午时（指年或月或日或时，下面类推）而应之，余仿此。

注意，这里说的是“主事爻”，并未说“用神”，因主事爻包括用神，而用神不能涵盖主事爻。主事爻包括用神、忌神也包括原神等。比如测财，兄弟旺动来克财，当为破财，什么时间破，当应在忌神兄弟爻逢合逢值之时。这个兄弟爻就是主事爻。

2. 动而逢合逢值

主事爻旺动有力，待逢合、逢值年月日时应验。如主事爻临寅木发动，后遇亥时、寅时而应之，余仿此。

3. 太旺者，逢墓绝逢冲

主事爻太旺，待逢冲、逢墓绝时应验。如主事爻临午火，又遇巳火午火月日预测，或卦中巳午爻太多，后逢亥子时应之，又有火入墓临绝之戌亥时应之，余仿此。

4. 衰绝者，遇长生遇旺

主事爻衰绝，当其逢生旺之时为应期。如主事爻属金，占卦干巳午月日，即是休囚无气，后逢土月日或至秋令主事爻当旺之时应之，余仿此。

这里需要校正一个初学者容易犯的错误：此条所说的衰绝，是具备成事条件的衰绝，而不是彻底的衰绝。彻底的衰绝，是不成事的卦，没有应期可言。应期，是在具备成事条件的背景下的概念。

5. 入三墓俱喜冲开

就是主事爻临三墓，所谓三墓，即日墓、动墓及化墓。这时，当墓爻或主事爻逢冲之时应验。如主事爻临午火，因火墓于戌，后逢辰或子时则应之，余仿此。

6. 遇六合亦宜相击

如主事爻与月作合，或动而化合，吉凶必待冲开之月日应之。如主事爻临巳，与申作合，后逢亥、寅时应之，余仿此。

7. 月破喜逢填合

如主事爻月破，应期当在主事爻逢值、逢合或出月之时。如子月预测，主事爻临午火，乃为月破。后逢未日应之，谓之破而逢合；又有逢午月应之，填实之月，则不破矣；或出月之时，出月不破，余仿此。

8. 旬空最爱填冲

如主事爻旬空，应期当在出空、填实、逢冲之时。如甲戌旬预测，主事爻为申金旬空，应期当在甲申日，为出空又逢值，或寅日，主事爻逢冲之时。

9. 化进神，逢值逢合

如主事爻动而化进，则应在动爻逢值、逢合之时。如申动化酉，为化进神，为福为祸，有应申月日者，有应巳月日者，余仿此。

10. 化退神，忌值忌冲

如主事爻动而化退，则应在变爻逢值、逢冲之时。如酉化申，为化退神，为凶为吉，有应申月日者，有应寅日月者，余仿此。

11. 间有应于独发独静

对于一个爻动的卦，因动爻为一卦的焦点所在，故应在独动之爻逢值逢合之时。对于多爻乱动、惟一爻静的卦，应期往往在于独静之爻，即独静之爻逢值逢冲之时。

12. 间有应于变爻动爻

对于主事爻动变其他六亲的情况，有时不应在动爻位，却应在了变爻位。如爻临戌土，变出酉金，其吉凶有戌日应者，有酉日应者，余仿此。

13. 忌神来冲来克，须观忌神临值位

测事忌神动而来冲克，凶事多应在忌神逢值逢合之时。

14. 原神来助来扶，应于原神逢值合

测事原神动而来生扶，成事多应在原神逢值逢合之时。

15. 伏神有气得助，冲去飞神是应期

伏神有气得助可以成事，应期一般在飞神受冲之时。也有时应在伏神逢冲之时。也可应在伏神出现之时。飞来克伏之况，一般应在飞神逢冲。

16. 大象吉而受克，须待克神受克

大象吉是指所测之卦为成事之卦，但用神却被动爻克制，这种情况，动爻被冲掉之时，就为成事之期。如用神临辰土，得日月动爻生扶，为大象吉。倘被寅卯克害，后逢申酉日冲克克神则吉，余仿此。

17. 大象凶而受克，须防克者逢生

测凶险之事，用神无日月、动爻生而显凶象，为大象凶。凶期当应在克制用神的动爻逢值逢生之时。如用神临辰土，既无日月动爻生扶，乃为大象凶。再逢寅卯克制者，后逢寅卯亥日，则凶事应，余仿此。

（二）符合应期的确定方法

上述应期的确定原则，只是单一直观的卦象。在现实的预测中，单一直观的状况只占一小部分，更多的时候是错综复杂的，

所以定准应期是一件很不容易的事情。笔者把这种应期定义为复合应期。

再者，上述确定应期的方法，很多时候不是一个应期，有两种选择的时候为多。比如，“动逢值逢合”一条，在具体的卦例中，是断应在逢“值”上，还是断应在逢“合”上？再如，“入三墓俱喜冲开”一条，是冲墓库，还是冲墓中之爻？……在下部中，将详细论述这一问题。

还有一点需要加以说明，即有的卦应期不在规则之内，按照上述应期的确定原则无法解释，这属于正常现象，神秘的预测一定要给你留下一点神秘才是……在下部中，还将专门论述卦不准的秘密。

现举一例：

2006年2月4日，杨女士测年运，得“风地观”变“天地否”：

庚寅月　甲子日

玄 卯财 ━━━　　　　戌父
虎 巳官 ━━━　　　　申兄
蛇 未父 ━ ━ ×世　午官
勾 卯财 ━ ━
雀 巳官 ━ ━
龙 未父 ━ ━ 应

杨女士在事业方面最关注的是职称晋升的问题，此卦父母持世，动化官鬼回头生。尽管未土世爻月克日泄无生气，但午官回头生其力甚大。午虽受日辰子冲，但因得月长生，冲而不散。故断当年职称可晋。

在什么时间呢？粗看似在午未月，但仔细分析一下可知当在戌月。

看职称以父母为用神。此卦父母三现，六爻的假变爻戌土旬空，寅午戌又有三合局之象，三合成局必在戌月，成局官星有力，职称得晋。

第二节　六爻预测基础综述

一、断卦综述

本部到此为止，已将六爻预测的基础知识作了全面的交代，其中不乏笔者的个人观点、见解。下面把这部分内容再简要作以梳理。

在测卦之前，首先要知道当天的月日干支，有些卦还需要知道年和时的干支。一卦起出后，要结合测卦时的日月，对每个卦爻，特别是重点卦爻进行旺衰判断，临日月的卦爻、得日月生的卦爻都为旺，受日月克、冲的卦爻为极衰，关系为生克日月的卦爻也不以旺论。同时，还要通过日辰来查卦爻旬空与否，通过月建来查月破与否。旬空会使卦爻变得无力或暂时无力，月破也可使卦爻丧失或暂时丧失活力。

一卦重点要关注世爻、用神，世爻代表测卦人自己的状态，用神为代表所测之事的卦爻。一般情况下，世爻、用神旺相，方具备成事的条件，如世爻、用神空破休囚，则所测之事难成。

其次要重点关注卦中的动爻，正如《通玄赋》所言："易卦不妄成，神爻岂乱发"，动爻往往是一卦的焦点，反映所测之事的类型。同时，动爻的力量很大，对卦中的静爻均具有生克之力，对事情的成败有着举足轻重的作用。

变爻是不可忽视的力量，变爻对所对应的动爻有着很大的作用，即可助长动爻的力量，又可遏制动爻的威力。动为始，变为终，变爻对事情结局的作用更为突出。

应爻表示测卦人的对方，在涉及双方关系的预测中，应爻的状况也不可忽视。一般情况下，喜应生世，应合世，世应比合，忌应克世，应冲世。

生用神之爻为原神，克用神之爻为忌神，原神、忌神也是决定用神及世爻旺衰、具不具备成事条件的重要一环，特别是发动的原神与忌神。原神又反映后劲，表示事情有没有长久的前途。

卦爻之间及卦爻与日月之间的合冲作用也是在断卦时不可忽视的，之间的关系往往有着特殊的意义。

确定事情的成败是预测的基本要求，也是预测水平高低的第一重要指标。应期是预测水平的第二项指标，事情成，什么时间成，在事情的性质没有疑意的时候，应期又成了考证预测水平的第一项指标。

一卦多断是六爻预测的高级内容，只有在把事情的定性和应期论断正确的时候，才能来谈多断，定性没有准确，多断再神奇也没有意义，因此，笔者不主张后来者过早地接触多断内容。

知道了上述这些，再掌握预测不同事情的一些特殊规则，就可以应对大千世界纷繁复杂的各类事情，保证预测的准确率。

二、六爻预测的三个要点

（一）看世爻的状态

1. 看世爻的旺衰

不管测什么事，因世爻代表求测人，故测卦人即世爻的状态就不可不看。不管世爻是用神、原神，还是忌神、仇神，如果世爻过衰，如日、月俱克、月破日克等用神再到位也是不成的。如果世爻旺衰适中，便具备了成事的第一要件。

现举一例：

2006年2月6日，老客户宋女士求测入股一个生意可否？得“兑为泽”卦：

庚寅月　丙寅日

龙　未父 ▅▅ ▅▅ 世
玄　酉兄 ▅▅▅▅▅
虎　亥孙 ▅▅▅▅▅
蛇　丑父 ▅▅ ▅▅ 应
勾　卯财 ▅▅▅▅▅
雀　巳官 ▅▅▅▅▅

此卦父母持世，财临日月，世爻父母未土日月俱克毫无生气，世爻这样的状态怎能成事呢？于是告之，不可参与，否则必赔无疑。

如果不看世爻，只重用神，该卦用神大旺，发财之象啊。岂不知，此卦之象是为财所累。

后来，因寻求入股方关系亲密，态度恳切，加之宋女士自己对项目极其认可，再三思考后，还是投了进去。一年后，项目没有起色，女士用钱想撤股，但已撤不出来了。到了2008年，仅撤出不到五分之一。

2. 看世爻的动变

世爻旺衰适中，但因动而变，变爻过衰，空破临事等，也不是吉象，不管变出的是用神、原神，还是忌神、仇神。

3. 看世爻所临何神

如果世爻具备了旺衰的基本条件，还要看何神持世。用神、原神持世定为吉象，成事之征；忌神持世，则又为不利了，那就要看是否具备忌神持世成事的条件（参看第十八章问答九）。

(二) 看用神的状态

1. 看日、月是否为用神

如果日月有一为用神，则此用神必可用，具备了用神成事的基本条件。

2. 看卦中有否用神

如卦中无用神，一定要查伏神，看伏神的状态如何，是得飞神生，还是受飞神克（参看伏神成事的几种情况）。以及与日月的关系，看伏神的旺衰情况如何，伏神旺，成事的可能性也大；伏神衰，测重看与飞神的关系了。

3. 看卦中出现的用神状态

如卦中用神旺相，则事可成；休囚则事难成。这里所说的旺衰不是指和月建对比出现的旺相休囚死，而是日月共同对其产生作用的结果。

4. 看用神自身动变情况

如用神条件很好，但却化坏了，也就是化回头克、化衰、化空、化破、化绝等，则又不利了。

5. 看用神与世爻的关系

这要结合具体所测内容，预测不同类型的事情，对用神与世爻的关系的要求是不一样的，一般情况下则喜生合，忌冲克。

(三) 看动爻的情况

1. 动爻是卦的灵魂

往往从动爻中可以捕捉到所测事情的一些蛛丝马迹。正所谓“卦爻不妄动”。动爻很多时候恰恰反映了所测事情的类型，如财动问财、官动问官等。

2. 看动爻与世爻、用神的关系

动爻生世、生用，一般为吉象，克世、克用则为不利之象，但当忌神持世时，则不能这样论了，正所谓“煞生身莫将吉断”。

动爻生用神，此动爻必为原神了，原神发动，大吉之象。

3. 看动爻与忌神的关系

动爻生忌神，动爻必为仇神，其作用必为“雪上加霜”。动爻克忌神，动爻必为耗护神，其作用则为“雪中送炭”，危难之时的救星。

现举一例：

2006年4月19日，笔者自测出版社出版自己的风水著作顺利否，有麻烦否？得“水火既济”变“水天需”：

壬辰月　戊寅日

雀	子兄	— —	应	
龙	戌官	——		
玄	申父	— —		
虎	亥兄	——	世	辰官
蛇	丑官	— —	×	寅孙
勾	卯孙	——		子兄

此卦兄弟持世，虽衰弱休囚，但与日辰子孙相合，与子孙相合，平安之象。二爻丑土官鬼虽动而克世，但丑官自化子孙回头克，还是安全之象。

此卦的焦点之一就是动爻，虽克世，但有制之者，故不会有麻烦。

下　部

六爻预测高级理论与分类占断

第十章 高级起卦方法论

高级起卦方法是指应用六爻理论进行断卦，却不使用传统的六爻预测摇卦的方法，而通过其他更为简捷的方法进行起卦。在大量实践的基础上，证明是可行的、准确的。

周易预测最早的起卦方法并不是摇卦法，而是数蓍草法，读者可以参阅有关资料。但这种方法十分繁琐，一卦下来需要很长时间。后来，先人发明了以钱代蓍法，也就是今天的铜钱摇卦法，这种方法较以前大为进步了。这一方法到底是谁发明的，始于何朝已无从考证。始于汉代的可能性大，最起码应该在唐代之前，因为有史料记载，在唐代这种方法已经很流行了。这种方法一用就是一两千年。

伴着现代文明的进步，很客观地说，铜钱摇卦法已不能适应高科技、快节奏、现代文明理念背景下的需要，离开铜钱就不会测卦的状况，难登大雅。故此，需要创立一种更为简捷、更为文明的起卦方法。本章论述的就是这一议题。

第一节 传统梅花易数起卦法

梅花易数起卦法是一种最快捷的起卦方法，始于宋代的邵康节。梅花易数是一套独立的预测体系，在原始的卦象预测法的基础上发展而来。这一方法有两大优势，其一，起卦方法快捷；其二，断卦方法简便。但其弱点是对预测师的灵感要求太高，故很多人用此方法预测效果不稳定，准确率低。

过去，易学界多数的学者认为梅花易数起卦法不能应用纳甲理论装卦、断卦，梅花易数起卦就要用梅花易数体系断卦，但笔者经过多年大量的实践证明，应用梅花易数方法起卦，同样可以应用纳甲理论断卦，准确性丝毫不受影响。本节就将常用的梅花易数起卦方法罗列如下：

一、先天起卦法

所谓先天起卦法，就是指应用各种数字起卦的方法。

(一) 时间起卦法

时间起卦法是梅花易数起卦法中较常用的一种起卦方法。具体方法是：年按干支纪年法的地支数，如子为一，丑为二，寅为三……月日按阴历的月日使用，即正月为一，二月为二，三月为三……初一为一，初二为 二，十五为十五……

关于月数需特别说明的是，闰月时，仍以润月的月数取数，如：闰五月，仍用五；闰八月，仍用八。

还有一点需特殊加以说明的是，取月数与节令没有关系，一律以阴历为准，但断卦时，月建的使用却是按照节令来定，即立春到惊蛰即为寅月，立秋到处暑即为申月，不管时间是在阴历的何月，及是否闰月。

时辰的取数是按子时为一，丑时为二，寅时为三……

知道了年月日时如何取数，就可以起卦了。

(年数+月数+日数) ÷8……余数=上卦数

(年数+月数+日数+时数) ÷8……余数=下卦数

(年数+月数+日数+时数) ÷6……余数=动爻数

起卦时，上述卦数对应先天八卦数，即乾一，兑二，离三，震四，巽五，坎六，艮七，坤八。

动爻数为几，便几爻动。

现举一例：

2006 年 9 月 1 日辰时预测，折算一下取用之数如下：

2006 为丙寅年，寅数为三数；

这一天阴历为闰七月初九，则月为七数，日为九数；辰时为五数。

所以，上卦数（3+7+9）÷8……余数=3

下卦数（3+7+9+5）÷8……余数=8

动爻数（3+7+9+5）÷6……余数=6

起出的卦就为“火地晋”六爻动，变“雷地豫”。

把起出的卦装上干支、六亲、六神、世应等，便可以断事了。

（二）组数起卦法

组数起卦法就是通过一组数字起卦的方法。在这一方法中，可包括电话号码、车牌号码、门牌号码、证件号码、胸签号码等等。

组数起卦应用原则是：按照前少后多的原则，把组数中分成两部分。如果组数为偶数，就前后相同分开；如果为奇数，就按照前少后多的原则中分。前面的数字之和除八余数为上卦，后面的数字之和除八余数为下卦，全部数字之和除以六余数为动爻。

比如，数组为839405413，共九位，则前四位之和求上卦，后五位之和求下卦，总数之和求动爻，具体为：

（8+3+9+4）÷8……余数=8

（0+5+4+1+3）÷8……余数=5

（8+3+9+4+0+5+4+1+3）÷6……余数=1

所起之卦就为：“地风升”一爻动变“地天泰”。

1. 电话号码起卦法

电话号码包括固定电话和手机，起卦原理与上述方法一致。现举一例：手机号码为：13604932345

共十一位，故取前五位与后六位求和，前五位之和为14，后六位之和为26，按照起卦原则，求卦除以八求余数，上卦为坎，下卦为兑；动爻除以六求余数，动爻为4爻。故所起之卦为：“水泽节”变“兑为泽”。

起出卦后，就可以按照纳甲的原理来排卦、断卦了。

2. 车牌号码起卦法

车牌号码起卦可舍弃前面的汉字或英文字母，而直接用后面的数字，起卦原理与上述方法一致。

现举一例：

车牌号码为“辽 A61133”

辽 A 舍去，数字部分前两位，后三位来求卦，由前两位得上卦为艮卦；由后三位得卦也为艮卦；由全部五位求动爻为二爻动。故所得卦为：“艮为山”变“山风蛊”。

起出卦后，就可以按照纳甲的原理来排卦、断卦了。此卦为六冲卦，官鬼持世，故此车必易肇事。

3. 门牌号码起卦法

门牌号码包括独立的一栋楼，一个门面房，也包括写字间、宾馆的房间号。门牌号码也是要舍弃前边的汉字、字母等，只用后面的数字。

现举一例：

宾馆房间号为：408

依据上述起卦原理，上卦为震，下卦为坤，故此房间就为“雷地豫”卦。住这一房间必定愉悦！

4. 证件号码

证件号码包括身份证号、工作证号、会员证号、出席证号等等。

证件号码起卦原理同组数起卦，前位为零的，可不计位，也可按坤卦论。前面代英文字母的，略去不计。

现举一例：

工作证号码为：336

按照起卦原则，该证号为“火天大有”卦六爻动，六爻之辞为“自天佑之，吉，无不利”，按纳甲又是官动生世，持此证之人必为官。

5. 胸签号码

胸签号码包括各类胸签，如工作人员、管理员、服务员等号码。

胸签号码起卦原理同组数起卦，前位为零的，可不计位，也可按坤卦论。

现举一例：

胸签号码:203

按照起卦原则，该证号为“泽火革”卦，变革之象，工作不久。

（三）物数起卦法

所谓物数起卦法，就是根据物体、事物、声音等的数目起卦的方法。大致可有如下几种：

1. 物数起卦法

即按照可数之物的数量起卦的方法。具体有两种方法：

(1) 把可数之物的数量中分，一半为上卦，一半为下卦，总数加时辰求动爻。如果总数为奇数，则少的数为上卦，多的数为下卦。具体求卦方法同上述组数起卦法。因方法一致，不再举例。

(2) 以可数之物的数量为上卦，以可数之物的数量加时辰为下卦，可数之物的数量加时辰求动爻。

现举一例：

上午午时五人一起研究事情，则可起卦为：

五人为 5 数，则上卦可起为巽卦；午时为 7，则下卦数为（5+7）÷8……余数=4，为震卦，故所起之卦为“风雷益”。动爻数为（5+7）÷6……余数=6，则为六爻动。故变卦为“水雷屯”。

再按照纳甲理论装卦、断卦，结合会议的议题，即可得出这一会议的结果了。

2. 声音起卦法

声音起卦法就是按照各种声音的数量起卦的方法。这声音包括敲门声、脚步声、气笛声、动物鸣叫声等。

具体也有两种方法：

(1) 声音如果中间有间断，则多半从间断之处分开，把声音的前半部分做为上卦，声音的后半部分做为下卦，总数加时辰求动爻。具体求卦方法同上述组数起卦法。

现举一例：

有敲门声，先敲四下，后敲三下。四为震，三为离，则可起之卦为：

“雷火丰”卦。如为酉时，则可求动爻：（4+3+10）÷6……余数=5，即为五爻动，变卦则为“泽火革”。“来章，有庆誉吉”，纳甲法则为父母爻动而化进，综合起来则主文章之喜。

（2）如果声音不间断，又不是很多，则多半以声音数为上卦，以声音数加时辰为下卦，以声音数加时辰求动爻。

现举一例：

巳时连续出现五声轰鸣，按照上述原则，可起上卦为巽；下卦数为（5+6）÷8……余数=3，故下卦为离卦；动爻数为（5+6）÷6……余数=5，即为五爻动。所起之卦为“风火家人”变“山火贲”。

卦象为家中喜庆之事。纳甲法为财爻持世，应动相生，利妻利财之象。

3. 字划起卦法

字划起卦法是现实中经常应用的方法。所谓字划起卦法有几种情况：

（1）一个字起卦法。

一个字起卦法又可分成两种情况：

第一种情况：字为非独体字，左右结构或上下结构。这种情况，左右结构的左边笔划数为上卦，右边笔划数为下卦，总笔划数除以六为动爻；上下结构的字，以上边的笔划数为上卦，下边的笔划数为下卦，总笔划数除以六为动爻。

现举一例：

如“权”字，左边“木”为四划，右边“又”为两划，则可起卦为“雷泽归妹”，动爻为4+2=6，六爻动，变卦则为“火泽睽”。

再如“花”字，上边“艹”为三划，下边“化”为四划，可起卦为“火雷噬嗑”，动爻为（3+4）÷6……余数=1，为一爻动，变卦则为“火地晋”。

一个字起卦法的第二种情况为独体字。有书认为就不能起卦了，其实不然，法无定法，全在应变。

其法以单字的总比划数求上卦，总笔划数加时辰求下卦，总笔划数加时辰求动爻。现举一例说明：

有人在午时写一“戴”字，“戴”字为17划（注意：不必把它当成18

划），又为独体字。按照上述原则，17÷8……余数=1，故上卦为乾卦；午时为7数，下卦可求为：（17+7）÷8……余数=8，故下卦为坤卦；动爻求为：（17+7）÷6……余数=6，即六爻动。所以，起出的卦就为：“天地否”六爻动变“泽地萃”。

（2）两字以上的起卦方法。

两字以上的起卦方法，就是把字的个数中分，以天轻地重、前少后多的原则，把前面字的总笔划数相加求上卦，把后面字的总笔划数相加求下卦，前后字的总笔划数之和求动爻。

现举一例：

以“今天上班吗？”起卦：

“今”为4划，“天”为4划，“上”为3划，“班”为10划，“吗”为6划。因为奇数字，故按前少后多的原则划分前后，即前面取两个字，后面取三个字。则上卦为：（4+4）÷8……余数=8，为坤卦；下卦为：（3+10+6）÷8……余数=3，为离卦；（4+4+3+10+6）÷6……余数=3，故动爻为三爻动。所以，所起之卦就为：“地火明夷”三爻动变“地雷复”。

（3）多字起卦法。

多字起卦法，一般字数在十字以上时，就不便再各自查数笔划，而是采取用字数起卦的方法，这种方法就变成了前面的物数起卦法。需强调一点是，并非一定在十字以上，九字时，你愿意用这种方法也不是不可以。

现举一例：

用“我们是正在崛起的中华伟大民族的一员”起卦：

这句话共17个字，分别数起笔划来必定很麻烦，故可以用字数起卦法。17中分，前为8，后为9，则上卦为坤，下卦为乾，动爻为5。故组成了“地天泰”变“水天需”卦。

4. 问话起卦法

当人问事时，用问话的字数起卦，也是一种常用的方法。这种方法可以用完整的一句话，也可以截取其中的一部分，或开始，或结尾。把这句话中分，再按照多字起卦法的原则起卦即可。

现举一例：

如求测人说："给我看看我今年的财运怎么样？"

这句话13个字，中分，前面当为6，后面当为7，则可起出"水山蹇"卦，动爻则为1，即一爻动，变卦则为"水火既济"。困难之象，又兄弟持世，财运难旺啊！

二、后天起卦法

所谓后天起卦法，就是应用物象起卦的方法。后天法常用的有如下几种：

（一）人物起卦法

所谓人物起卦法，就是将求问之人为上卦，与其相关的其他因素为下卦的方法。求问之人可按年龄，也可按职位、职业，还可按特征、肤色等来定人品的卦象。如老男为乾卦，中女为离卦；官员为乾卦，农民为坤卦；眼病之人为离卦象，黑人为坎卦等。起卦方法大致可分成如下几类：

1. 人物服饰起卦法

以人物为上卦，所穿服饰的颜色为下卦，两卦相加再加时辰求动爻。

如巳时一少女穿红色衣服问卦，则可起卦为："泽火革"五爻动，变"雷火丰"。因少女为兑卦，为2数；红色为离卦，为3数；巳时为6，动爻则为（2+3+6）÷6……余数=5，即五爻动。

2. 人物动作特征起卦法

以人物为上卦，其动作为下卦，两卦相加再加时辰求动爻。

如未时一老男经常眨眼问卦，则可起卦为："天火同人"变"泽火革"。因老男为乾卦，为1数；眨眼为离卦，为3数；未时为8，动爻则为（1+3+8）÷6……余数=6，即六爻动。

3. 人物方位起卦法

以人物为上卦，其所在方位为下卦，两卦相加再加时辰求动爻。

如申时少男在正北问卦，则可起卦为"山水蒙"卦变"山风蛊"卦。因少男为艮卦，为7数；北方为坎卦，为6数；动爻则为（7+6+9）÷6……余数=4，即四爻动。

4. 人物物品起卦法

以人物为上卦，手拿之物等为下卦，两卦相加再加时辰求动爻。

如辰时一老妇手握拐杖问事，可起卦为“地山谦”变“地风升”卦。老妇为坤卦，为8数；拐杖为艮卦，为7数；辰时为5数，动爻则为（8+7+5）÷6……余数=2，即二爻动。

5. 人物事例起卦法

以人物为上卦，其所问之事类为下卦，两卦相加再加时辰求动爻。

如未时长女问做电脑生意，长女为巽卦，为5数；电脑为离卦，为3数；未时为8数，故动爻可为（5+3+8）÷6……余数=4，即四动。故可起卦为“风火家人”变“天火同人”。

由上述起卦方法可知，后天起卦法对卦象基本功的要求是比较高的，如果不熟练掌握万物类象，就难以起卦。如上例，如果不知道电脑为离卦，怎能起出“风火家人”呢?

（二）外应起卦法

所谓外应起卦法，就是在某人问卦时，周围突发某种看似与所问之事不相关的事情，这种现象就称为外应。抓取这一外应起卦，就称为外应起卦法。

具体有两种方法：

其一，以所发生的外应为上卦，以外应卦数加时辰数求下卦，以外应卦数加时辰数求动爻。

比如，巳时某人问卦时，突发雷鸣，则可依此外应起卦为“雷泽归妹”卦。因雷为震卦，为4数；巳时为6数，可求得下卦数为（4+6）÷8……余数=2，为兑卦；可求得动爻数为（4+6）÷6……余数=4，即四爻动。所以变卦为“地泽临”卦。

其二，以所发生的外应分取上下卦，加时辰求动爻。

如，申时问卦，问卦时周围木响三下，则可起卦为“雷火丰”变“地火明夷”卦。木声为震，为4数；三下为离，为3数；动爻则可依（4+3+9）

÷6……余数=4 求得，即四爻动。

第二节　随机起卦法

所谓随机起卦法，就是在第一节梅花易数起卦法的基础上，依据大道至简、法无定法的原则，瞬间随机起卦的方法。实践证明，只要基础扎实，应用灵活，场态稳定，都可起出非常准确的卦来。

这种方法还有着特殊的意义，在后章讲到主动窥视对方状况的方法时，随机起卦法是经常使用的。

现举两例：

例一：

未时，母亲带着女儿来求问病情，落座寒暄后，母亲手指女儿问女儿身体怎么样。

应用随机起卦法，虽然母亲只有 40 出头，当取巽卦，但因其身份为母亲，故笔者取其为坤卦；女儿当然为兑卦了。依此可起出"地泽临"，动爻可求得：（8+2+8）÷6……余数=6，即六爻动。

例二：

酉时，几人来问生意之事，李先生从东面移到北面便问："请王老师给看看我做的一笔生意能怎么样？"

依据随机起卦法，东面为震卦，北面为坎卦，便可起出"雷水解"卦。酉时为 10 数，可求得动爻（4+6+10）÷6……余数=2，即二爻动。变卦则为"雷地豫"卦。

上述之起卦方法，传统梅花易数中虽没有论述，但其理相通。更多的随机起卦方法，有缘者可依此自行总结、验证。

第十一章　重要观点论

第一节　月建日辰与流月流日的关系

月建与流月，日辰与流日是两个不同的概念，古籍没有论及此处的，今人有论之者，试图要把它说清楚，然可惜观点明显错误。把月建与流月等同，日辰与流日同论。而这一问题，是必须解决的问题。

一、月建与流月

测卦时的月份地支为月建，流月则为测卦以后遇到的月支。如辰月测卦辰为月建，巳、午、未、申……则为流月。要知道，月建与流月的作用是不一样的，辰与巳、午、未、申等的作用是大不相同的，这个不同不在于辰为土，巳、午为火等，而在于它们的地位的不同。

月建为万卜之提纲，它是决定卦中之爻旺衰的最重要尺度。一般情况下，用神临月建，成事的概率就比较大。即便日辰来克，动爻来克，也不会绝其根。故月建为一卦定性的主要标准之一。

流月则与一卦所求事情的定性毫无关系，即流月不决定测卦时卦爻的旺衰，当然也无法决定所测事情的成败。流月是定应期的时间概念，如所测之事可成，方有流月之说；如所测事情不成，则流月不存在。

所以，简单说月建是一卦定性的尺度，流月则是一卦应期所系。

二、日辰与流日

测卦时的日支为日辰，测卦以后每一天的日支为流日。日辰与流日的关系，同月建与流月的关系完全一样，即日辰为一卦定性的重要尺度之一，流日则为一卦应期所在。

比如，申日测卦，申则为日辰，申日以后的酉、戌、亥、子等就为流日。申可参与决定一卦的成败，而酉、戌、亥、子绝无此能。

三、太岁与流年

推而广之，太岁与流年的关系也是一样。太岁为测卦时的年支，流年则为测卦以后每一年的年支，当然，只有测长久跨年之事流年方有意义，测短期之事，就不存在流年的问题。测长久经年之事时，太岁有一定的作用，太岁临用生世，一年吉祥。测长久经年之事，流年也属应期范畴，何年好，何年坏，由流年而定。

四、综述

在月建与流月，日辰与流日的关系问题上，初学者常常搞混，在测卦时，一看用神不旺，便认为到旺的时候就旺了，比如巳月、午日测财，财爻临酉金，一看日月俱克，财爻状况极差，出于良好的“愿望”，就断立秋后财临旺地，会有财了。按照这一“理论”，世界上岂有不成的事情了，因为不管测何事，测卦时用神衰到什么程度，流月、流日都会遇到月日俱生、其旺无比的时候，如果由此而断事情可成，这真是“心想事成”了！

而实际上，测卦时由月建、日辰等因素定性之后，是成是败已经确定，如果不成，到什么时候也不会成了！如果可成，方有应期存在。

现举一例说明之：

1998 年 2 月 13 日，周女士在机关工作，但一直想业余做点什么生意赚点钱，当年立春后，求测当年能有外财否？得“风雷益”变“山雷颐”：

甲寅月　辛卯日

蛇　卯兄 ——— 应　寅兄
勾　巳孙 ——— ○　子父
雀　未财 — —　　戌财
龙　辰财 — — 世
（酉官）
玄　寅兄 — —
虎　子父 ———

此卦财爻持世，为财而来。但这财能得否？月建临兄弟，日辰还是兄弟，日月均克世爻之财，此财已绝根，何财之有？五爻巳火子孙发动生世爻之财，似有转机，但不幸的是，又化出了子水的父母回头克，一点希望也破灭了。一学生看了后说，青龙持世有喜，现在不行，到了夏季火旺之季可生土，应该有财吧？良好的愿望而已。甲寅、辛卯月建、日辰已经把测卦时的状态定下来了，确定了就不会随着流月流日而变化。即便到巳月巳日，午月午日，也不会有财。还是那句话，否则，世界上哪还有不成之事了？

第二节　月建日辰对卦爻的作用深探

上部已述，月建、日辰对一卦有着极其重要的作用，这些作用除了上部所论之外，还有着更深层次的意义，而这一部分内容，恰恰是浩如烟海的纳甲书籍没有系统论述的，本节试图尝试揭开其面纱。

一、月建日辰对卦爻旺衰定性的作用

月建日辰对卦爻旺衰有着决定性的作用。而卦爻旺衰又是决定一卦成败的关键，这一点，古今论述都是一致的。这是月建、日辰的主要作用。本节不再赘述。

二、月建日辰所属六亲五行对卦爻的含义

月建、日辰对卦爻旺衰的作用人所共知，而其他的作用却不能引起初学

者的足够重视，古今书籍又鲜有系统论述的。但这部分内容却是很重要的，不了解它，就很难对一卦进行全面的论述，就更谈不上一卦多断了。

这里所说的其他作用，主要是从月建、日辰所临的六亲、五行的角度窥视出旺衰之外的东西。比如，月建临父母、临妻财，日辰临官鬼、临子孙等，对断卦多具有重要意义。

比如测财，财爻临月破，当然表示财运不佳，甚至破财。那因何而破财呢？就要看月建是什么六亲，如果是父母，则表示破在“父母”上，具体可能是因父母而花钱，因投资项目而花钱，因学习而花钱等等。如果也是妻财，则表示因投资、证券等而破财。其他依此类推。

现举一例：

2002 年 6 月 22 日，客户来预测财运，得“地雷复”变“震为雷”：

丙午月　辛酉日

蛇　酉孙　▅▅　▅▅　　　　戌兄
勾　亥财　▅▅　▅▅　　　　申孙
雀　丑兄　▅▅　▅▅　×应　午父
龙　辰兄　▅▅　▅▅
玄　寅官　▅▅　▅▅　(巳父)
虎　子财　▅▅▅▅▅　世

此卦财爻持世日生，还算有力，不利的是应爻动化月建回头生而克世，破财之象。故告之，这一段财运不佳，虽也有收入，但支出甚大，破耗多端，宜小心为是。

财爻月破，破在哪了呢？月建为父母，世财临白虎，应该是为父母有病而花钱吧！来者认同。

三、月建、日辰为外部力量、外部人士

月建、日辰及动爻、变爻对卦爻都有作用，但作用最大的还是月建和日辰，月建日辰如天上的日月，动爻、变爻如人间的力量，人间的力量怎能和太阳、月亮相比！除此之外，在实际预测中，月建、日辰还表示外部力量、

外部人士。比如要预测单位内的人和单位外的人谁能帮助自已，如得月日来生合，则为单位外的人；如得动爻来生合，则为单位内的人。至于能不能帮成，还要由旺衰等因素来判定。

现举一例：

2001 年 6 月 21 日，某单位被盗，其单位领导来求测盗窃行为是自己人干的，还是外边人干的？案子能破否？得“山泽损”变“雷泽归妹”：

甲午月　乙卯日

玄	寅官	———	○ 应	戌兄
虎	子财	— —		申孙
蛇	戌兄	— —	×	午父
勾	丑兄	(申孙) — —	世	
雀	卯官	———		
龙	巳父	———		

此卦鬼动、财空破，失窃之象明显。问自己人还是外边人干的，需要从卦理去破译了。此卦应爻临玄武官鬼为盗贼，日辰也为官鬼，为另一盗贼，卦中出现戌兄动而劫财，又与日辰相合，内外勾结之象明显。因为，日辰之鬼当为外贼，卦中之鬼为内贼，又形成三合局，所以至少有三人所为。

案子能否破呢？世爻旬空，底气不足。子孙伏藏，库于飞神，又不得月日，综观其象，此案破不了。

四、月建、日辰为高级别行为

月日高高在上，卦中之爻无法触及，正所谓卦爻再旺，也克伤不了日月。所以，月建、日辰为高级别人物、高级别行为，相当于道教中天上的神仙，与人类不在一个太极圈，不在一个时空场，而在另一个高级别的时空当中，人类也当然奈何不了他。但因高级别可涵盖低级别，所以，他却可以主宰卦中各爻。

比如，测人事，卦中有官，日或月又临官，则卦中之官为小官儿，日或月之官为大官儿。

现举一例：

2002年12月3日，刘先生求测为女儿办工作能成否？得“天风姤”变“巽为风”：

辛亥月　乙巳日

玄	戌父	——		卯财
虎	申兄	——		巳官
蛇	午官	——	×应	未父
勾	酉兄	——		
雀	亥孙	（寅财）——		
龙	丑父	（子孙）— —	世	

此卦父母持世，为求工作之事。世下伏子孙，为儿女之工作。现父母持世，应爻临官鬼动而生世，卦之构架很好。那所求之事能不能成呢？世爻得日辰之生，动爻之生，具备成事之旺度，故可断工作之事会成。找什么样的官帮忙较好呢？应爻之官能否帮上忙呢？应爻之午官旺度还可以，具备行使能力之基本条件。再具体分析一下就发现病况了：动而化合，二爻亥水又暗动克之，阻之，其生世爻之力受阻，当断不能帮上忙。而日辰之官却具备生世爻的条件，日辰的官为高级别的官，应爻的官为本单位的直管官。故告之，单位的领导帮不上忙，去求更高一级的官员帮忙可成。

从卦中可见，此人已经在单位领导身上花钱了。

五、月建日辰合卦爻的特殊意义

月建、日辰合卦中之爻，除了合旺、合起等之外，还有着特殊意义。即日月合卦中之爻，表示各种类型的相连之意。

比如，日辰的官鬼合卦中某爻，表示被合之爻所代表的人有官职或有麻烦在身。具体是官职还是麻烦，就要看该爻的状态及所临神煞等，如果旺相，没有它爻来害，又临吉神，当然是官职而不是麻烦了。反之，则易为祸害在身了。

再如，测身体，月建临官鬼合世爻，表示有病在身。什么病呢？如月建为午火，则易为心脏病；月建临申金，易为呼吸系统或大肠疾病等等。

现举一例：

2000 年 5 月 9 日，朋友儿子小王求测所谈对象能成否？得“山雷颐”变“火雷噬嗑”：

辛巳月　丁卯日

龙	寅兄	——		巳孙
玄	子父	— —		未财
虎	戌财	— —	×世	酉官
蛇	辰财	— —		
勾	寅兄	— —		
雀	子父	——	应	

此卦一出，不吉之象尽显。其一，主卦游魂，不定之象；变卦口舌是非之卦。其二，财爻、世爻同位旬空。其三，财爻动而变鬼。其四，财爻与日辰兄弟相合，为其对象除他之外还有别人，这一点正是本节所论述的。其五，三爻的财下也伏鬼，看来真是一个不洁之女呀！

因是笔者最好的朋友之子，故基本如实告之，以令其尽快罢手，另寻它机。不想笔者讲完后，小王竟连连称是，原来，他已有所察觉，到笔者这来只是想验证一下，没想到让笔者直言说破，他反倒有了豁然开朗之感……

六、月建日辰冲卦爻的特殊意义

月建、日辰冲卦中之爻，除了产生月破、暗动等效果之外，还有着特殊意义。即因何而破，因何而动。

如测孩子，子孙爻被日辰官鬼冲，极易遇到坏人。测学业，父母爻被日辰妻财冲，则学业当受女性、钱财干扰。测出行，世爻被日辰的兄弟爻冲，当注意所带旅费是否够用，或兄弟、同事、同学来找。等等，不一而足。

现举一例：

2003 年 7 月 1 日，某单位张处长求测单位重新竞聘上岗原职位能继续干否？得“火风鼎”变“火天大有”：

戊午月 乙亥日

玄	巳兄	———		
虎	未孙	— —	应	
蛇	酉财	———		
勾	酉财	———		辰孙
雀	亥官	———	世	寅父
龙	丑孙	(卯父) — —	×	子官

此卦实际就是测官，显然以官鬼为用神。本卦官鬼持世，虽不得月令，却得日辰帮扶，为旺相有力，如照此思路断下去，该是所问之职必得无疑。但仔细品味，就发现了问题：其一，初爻丑土子孙动而化子官克世；其二，六爻旺相之巳兄受日冲为暗动，暗动后必冲世爻的官鬼。兄地旺而冲世用，竞争之象。故断为：此职位将由他人取而代之，求测人将会变动一下，换个部门，还做他的处长。

那是什么样的人取代之呢？临六爻，当为外地、远处，临玄武暗动，现在已经在谋划，而且有官贵帮他，为什么呢？因为受日辰的官鬼而冲！这就是日辰冲卦中之爻的特殊意义。

第三节 真假变爻作用探讨

六爻的著作中，都说变爻只对本位的动爻产生作用，不对它爻发生作用，偶尔又有卦例的解析中，把变爻与主卦的它爻联系了起来，除了本位动爻之外，到底变爻对主卦其他各爻有没有作用，有没有联系？

再者，因卦变所带出之爻与所对应的主卦各爻有没有关系呢？比如，“天水讼”五爻动变“火水未济”卦：

戌孙	———		巳兄
申财	———	○	未孙
午兄	———	世	酉财
午兄	— —		
辰孙	———		
寅父	— —	应	

此卦五爻申金财动化未土子孙，首先，变爻的未土对动爻申金有相生的关系，这是六爻理论中公认的常识。而未土除了生申金之外，对其他爻如三爻的午火等有没有关系？变卦四爻的酉金对主卦的各爻又有没有作用？

本节就论述这一问题。

一、真假变爻的概念

真假变爻是什么意思呢？

动爻变出的爻，通称变爻，笔者将其定义为真变爻。随着爻动而产生一个新的卦，主卦未动之爻相对的变卦之爻，笔者将其定义为假变爻。这是笔者的定义，有待其他专家学者的认同。暗动之爻所对应的变爻也为假变爻，非真变爻。

题头的例子中，变卦中五爻未孙为真变爻，六爻巳兄、四爻酉财即为假变爻。

二、真变爻与主卦各爻的关系

笔者认为，真变爻除了对变出它的动爻产生作用外，还与主卦的其他各爻发生关系。但其关系中，绝没有生克的作用，也就是对主卦其他各爻的旺衰没有影响，而只能发生冲合的关系。

比如，题头的例子中，未孙除了可生申财外，还与主卦三爻的午兄有相合的关系。

现举一例：

1999 年 7 月 11 日，某私营公司老板孙女士前来测下半年运程，得“坤为地”变“水地比”卦：

辛未月 甲子日

玄	酉孙	▅▅ ▅▅	世	子财
虎	亥财	▅▅ ▅▅	×	戌兄
蛇	丑兄	▅▅ ▅▅		申孙
勾	卯官	▅▅ ▅▅	应	
雀	巳父	▅▅ ▅▅		
龙	未兄	▅▅ ▅▅		

企业测运程当以经济效益为主，即重点看财爻。此卦子孙酉金持世，得月生，旺相有力，财临日辰，总体表现出理想的局面。但五爻财爻发动，化戌兄回头克，破财之象。这财应该破在哪里呢？化出的戌土兄弟来合三爻的卯官，卯官临勾陈，在应爻。当因工商税务查处而破财吧。

什么时间呢？当在戌月。戌兄克财合官之故。

孙女士将信将疑而去，十月底专程来拜访，告之笔者税务之事刚刚处理完，因账目问题，经过大量工作后，被罚五千元。

三、假变爻与主卦各爻的关系

关于假变爻的作用至今没有六爻书籍系统论述到，更多的观点是它没有作用。所以，很多书在排卦时，都不将其写出，而只写真变爻。古籍的《增删卜易》以及今人的一些书籍都是这样。

笔者认为，假变爻同样与主卦的各爻有着千丝万缕的联系，这种联系，首先表现在假变爻与其对应的主卦之爻上，如题头的例子中，六爻戌孙与巳兄，世爻的午兄与酉财。戌孙与巳兄连在了一起，午兄与酉财连在了一起，必然反映某种事情。但它们之间绝没有生克关系。认为巳兄可生戌孙就错了。

再者，四爻的假变爻酉财，与主卦二爻的辰孙也有着相合的关系，通过相合，也使它们联系了起来。

现举一例：

2002 年 1 月 22 日，学生小李测工作，得“地水师”变“山风蛊”卦：

辛卯月　壬戌日

虎	酉父	▅▅ ▅▅	×应	寅孙
蛇	亥兄	▅▅ ▅▅		子兄
勾	丑官	▅▅ ▅▅		戌官
雀	午财	▅▅ ▅▅	×世	酉父
龙	辰官	▅▅▅▅▅		亥兄
玄	寅孙	▅▅ ▅▅		丑官

测工作以父母爻为用神，此卦财爻忌神持世，主卦用神酉金动化子孙寅木绝地，世爻又化出一用神酉父，明现工作变动之象。什么时候呢？动逢合为应，即辰月当变。

此卦二爻官鬼辰土日冲暗动，官动可生父母，对求工作有利，为有贵人帮。但二爻辰官与假变爻亥兄相连，必要破费些钱财。

于是告知，工作在辰月将变动，有贵人帮，不过得花点钱。

后果然在辰月在付了一些人情费之后，换了一份理想的工作。

四、真假变爻作用的机理

作出上述的论断，其实有着深层次的易学卦变机理。

从上下卦来分，有动爻的卦就要随动爻而发生变化，变出了一个新的卦；没动爻的卦当然就不变了，不变就等于主卦自然地成为了变卦。如果卦有一个爻动，上下卦中，必然就存在一个卦的主卦和变卦是一样的；上下卦都动的卦，则上下卦当然就都变化了。我们再拿题头的卦例来说就更直观：

“天水讼”五爻动变“火水未济”卦：

戌孙	▅▅▅▅▅		巳兄
申财	▅▅▅▅▅	○	未孙
午兄	▅▅▅▅▅	世	酉财
午兄	▅▅ ▅▅		
辰孙	▅▅▅▅▅		
寅父	▅▅ ▅▅	应	

上卦乾卦有动爻，则乾卦变，变成了离卦；下卦坎卦没有动爻，故坎卦

不变，“动为始，变为终”，坎卦不变，不等于没有“结果”，而是“终”和“始”是一个卦。

基于这一确认，变卦中的各爻自然要发生关系，所以，未孙与三爻的午兄发生关系就不奇怪了，酉财与二爻的辰孙有联系也是正常的了。

再者，有动爻的卦因动爻而产生卦变，就一定会带动不变的爻的变化，主变卦之间有连带关系，相应的各爻之间也一定有连带关系。所以，六爻的戌孙与巳兄之间，四爻的午兄与酉财之间，有联系便是正常的了。

五、真变爻力量探讨

真变爻不同于主卦各爻，具有自己独立的个性特点。所以，在分析论断时，对于真变爻一定要另眼相看。

（一）真变爻的生克力量之一表现在它的力量只能作用于本位的动爻，而不能作用于主卦其他各爻。

（二）真变爻的力量之二是，与主卦其他各爻有着合冲刑害的关系。

（三）真变爻的力量来源与主卦各爻不同，主卦各爻的力量来源有两个：

其一为预测时的日月，也是主要来源，日月生者就旺，克者就衰；

其二为动爻，是次要来源，动爻生之则旺，克之则衰。

真变爻的力量来源只为预测时的时间，但预测时的日月对其旺衰的影响与对主卦各爻的影响是不同的，具体点说是很难绝其根。

所以，真变爻即使日月俱克，也照样可以应事之吉凶。也可以说，测卦时的日月不能绝其根。这也正是回头克的厉害。六爻预测研究应用到一定程度都会知道，回头克是不可轻觑的！在调运解灾时，遇到回头克的情况是很难化解的，就是这个道理。

笔者提出这一观点，也许会得到一些专家的反对，但笔者认为，实践是检验真理的惟一标准。不过上面的现象，我想专家们都会认同的。

从理论来说，也有深层次的道理。动为始、变为终，主卦为事情的开始，变卦才是事情的结局。所谓结局，就是事情应验的时间。什么是应验的时间呢？其中就包括变爻所示的时间来临的时候，也就是变爻加力的时候。

更多的不再赘述，期与易界同仁就六爻预测的深层次机理进行交流探讨！

《增删卜易》讲解《黄金策》总断“除恶未尽，死灰须防复燃”一句时举了一例：

卯月、甲申日占病，得“地山谦”变“水山蹇”卦：

玄	酉兄	— —		子孙
虎	亥孙	— —	×世	戌父
蛇	丑父	— —		申兄
勾	申兄	——		
雀	午官	— —	应	
龙	辰父	— —		

此病主丁亥日痊愈，但至巳月却旧病复发而不治。《增删卜易》解释是戌土得月合，得日长生，至巳月死灰复燃，克尽主卦之爻而应。

其实，本卦正是体现了回头克之厉害，也是日月很难奈何变爻的一个实证。

现举一例：

2004年10月13日，刘女士委托中介办房子的产权证，中介机构要求先交钱，后办证，刘女士希望办完证再付中介费，怕中间出变故，比如能否办下来等。双方僵持，于是，刘女士求测如先交钱妥否？产权证能办下来否？得“地风升”变“地天泰”：

甲戌月　乙丑日

玄	酉官	— —		
虎	亥父	— —		
蛇	丑财	— —	世	
勾	酉官	(午财) ——		辰财
雀	亥父	(寅兄) ——		寅兄
龙	丑财	— —	×应	子父

此卦世应旺相有力，世应比合，关系融洽之象。鬼静不动，无麻烦之征。产权证当以父母爻为用，此卦父母日月俱克，原神不动，常理当以不成

断事。此卦的关键就是应爻变出一个父母爻子水，按“变出必应”的原则，此事当成，中介所可以把产权证办下来。

再者，“地天泰”，安泰之象。

实际情况正如所测，顺利办成。

如果变爻和主卦各爻一样受到日月的作用，那日月俱克的爻一定是不能成事的。

再举一例：

2006年3月24日，王女士测婚，得“水风井”变“坎为水”卦：

辛卯月 壬子日

虎	子父	⚋		
蛇	戌财	⚊	世	
勾	申官	⚋		
雀	酉官	⚊	○	午孙
龙	亥父	⚊（寅兄）	应	辰财
玄	丑财	⚋		寅兄

此卦财爻持世，测婚本不为忌。但休衰无气，月建兄弟来合，为夫外遇之象。再看用神，就更不佳了。官鬼两现，但皆休囚无气。更为不利的是，三爻酉官月破，动化午孙回头克，分手之象显露无疑。

此卦的一个关键点，变爻午火子孙虽回头克官，但受日辰子水来冲，午火能散吗？不散，因午火得月建之生，旺相有力，且为变爻，虽冲不散。

尽管卦中显现此婚必离，但还是做了很多和解工作，告诉她以合为上。

预测完毕，王女士讲出了他们的状况：先生在外有女人已不止一年，而且已经达到了公开的程度，在王女士面前也已公开化，但他并不一定要离婚，希望两者和平共处，但妻子怎能做得到呢？王女士及家人百般的规劝，也想了很多办法，但都无济于事。王女士并非一般的完全依赖丈夫的家庭女性，而是有自己事业空间的职业女性，让她这样下去对她也确实不公平。于是，笔者破例支持她离婚！

2006年5月，王女士办理了离婚手续。

第四节　六亲喜忌深探

父母、兄弟、子孙、妻财、官鬼六亲都是有喜忌之分的。有时以喜神的面目出现，有时以忌神的面目出现。什么是喜神呢？传统六爻书中没有这样论的，这里把它定义为对所测之事有利的六亲，也就是用神和原神。具体六亲是喜是忌更多时候是一目了然，但也有个别时候不很清晰，需要认真分析判断。

一、直观的六亲喜忌综述

上部已述，大千世界，六亲各有所主，求测六亲所主之事，一般该六亲就为用神，比如，求财，以财爻为用神；求官，以官鬼爻为用神；问父母，以父母爻为用神；问子孙，以子孙爻为用神。现就常见事类将喜忌神总结如下：

（一）求财

以妻财爻、子孙爻为喜神，其中以妻财爻为用神，子孙爻为原神。以兄弟爻、父母爻、官鬼爻为广义的忌神，其中以兄弟爻为忌神，以父母爻为仇神，以官鬼爻为耗护神。

（二）求官、求名

以官鬼爻、父母爻、妻财爻为喜神，其中官鬼爻、父母爻为用神，妻财爻为原神。以子孙爻、兄弟爻为广义的忌神，其中以子孙爻为忌神，兄弟爻为仇神。

（三）考试、求文书、父母之事等

以父母爻、官鬼爻为喜神，其中以父母爻为用神，以官鬼爻为原神。以妻财爻、子孙爻、兄弟爻为广义的忌神，其中以妻财爻为忌神，以子孙爻为仇神，以兄弟爻为耗护神。

（四）合作、兄弟之事等

以兄弟爻、父母爻为喜神，其中以兄弟爻为用神，以父母爻为原神。以官鬼爻、妻财爻、子孙爻为广义的忌神，其中以官鬼爻为忌神，以妻财爻为仇神，以子孙爻为耗护神。

（五）子孙之事、佛事、游乐等

以子孙爻、兄弟爻为喜神，其中以子孙爻为用神，兄弟爻为原神。以父母爻、官鬼爻、妻财爻为忌神，其中以父母爻为忌神，以官鬼爻为仇神，以妻财爻为耗护神。

二、六亲喜忌变化种种

在实际预测中，六亲在卦中的角色常常发生变化。也就是本来为喜神的六亲，却变成了忌神；本来为忌神的六亲，却也会变成喜神。在这一变化中，耗护神应该是变化最突出的一神。

（一）原神的变化——变为忌神

原神一般为喜神，因其生用神。但这却不是金科玉律，原神也有投敌的行为——尽管很少。

这种现象一般发生在原神自己发动变坏，也就变相地变为了忌神。

原神本为喜神，发动生用神之力更强。但如发动后化回头克、化空、化破、化绝、化泄，则原神之吉象减力、消失。虽未变成忌神，但原神变坏，求事不成，或使事情失去了后劲。

比如，2000 年 5 月 3 日戴先生测新开饭店效益如何？得“风雷益”变“山雷颐”：

壬辰月　辛酉日

蛇　卯兄 ——— 应　寅兄
勾　巳孙 ——— ○　子父(空)
雀　未财 — —　　戌财
龙　辰财 — — 世
玄　寅兄 — —
虎　子父 ———

测饭店效益，实际就是测财。财爻临月建持世，子孙爻动来相生，此卦初看很好。但仔细一分析情况就不同了。财爻持世，但与日辰相合，初学者可能会说，与日合不是好现象吗？实际不然，因日辰为官鬼，在开饭店一事中，官鬼爻为麻烦、破耗等。现世爻与其合在了一起，不正是麻烦、破耗临身吗？更为严重的是，子孙爻代表客户，为财源，现子孙爻动化子水回头克，又化空（子丑空），子孙不多、不久之象。

根据上述的判断，笔者告诉他，现在饭店还不错，但没有后劲，过了夏天以后有关门之危，宜早做准备。如果从风水角度旺一下，也许会好些。

戴先生听了很不高兴，以为笔者在骗他，要通过策划风水来赚他的钱，当然他不能接受我的建议了。

也正是这件事情之后，笔者再不主动提出与人化解之类的事情，除非对方主动提到。

后来，果如所料，勉强维持了一夏，一进立秋，便关门大吉了。后来我们成了朋友，当然他也对周易预测深信不疑了。几年后，逢人还开玩笑说，就是王老师给测的，不然不会关门。

由上例可见原神的重要性。

（二）忌神的变化——变为喜神

忌神在具体预测中是最大的反面力量，克害用神。但忌神就相当于旧中国的土匪，虽然匪气十足，干尽了坏事，但也并非无药可救，经过政府的改造，也可以改过自新，做好事，成为对社会有用之人。

1. 原神发动，忌神转而生用神

忌神克用神天经地义，但当原神也发动时，忌神就不克用神了。因按照卦爻相生克的原理，原神发动以后，忌神的主要力量就会去生原神，原神又生用神，也就等于忌神生用神了。也就是通常所说的连续相生。

如 1997 年 8 月 12 日，某机关李处长屡被下属举报、陷害，经朋友介绍求测能有害其职位否？得“火风鼎”变“巽为风”：

戊申月　丙戌日

龙　巳兄 ▅▅▅▅　　　　卯父
玄　未孙 ▅▅ ▅▅ ×应　巳兄
虎　酉财 ▅▅▅▅ ○　　未孙
蛇　酉财 ▅▅▅▅
勾　亥官 ▅▅▅▅ 世
雀　丑孙 ▅▅ ▅▅

此事当以官鬼爻为用神，今官鬼临勾陈持世，一者反映了其关心所在，二者反映了他的忧虑之心。应爻玄武临子孙正代表其下属，发动克世，化回头生，力量还是挺强的。此卦子孙当然为忌神了。所幸的是，四爻酉金财爻也发动而生世，则未土子孙就克不着世爻亥水了，因其会生酉金，酉金又生亥水，为连续相生，化不利为有利。怎样化解，以财通关！此事后来当然不了了之。

2. 忌神变坏，失去其原有的凶性

忌神本为克用神之物，以凶论之。但如发动后化回头克、化空、化破、化绝、化泄，则忌神之凶象减力、消失。从辩证的角度看，忌神凶性失去，也就为吉了。如忌神为寅木，动而变酉金，为化回头克，也就是忌神受制，当然不克用神了。

2005 年 4 月 16 日，友人孩子高考，测能否如愿。得“风地观”变“风山渐”：

庚辰月　庚午日

蛇　卯财 ▅▅▅▅
勾　巳官 ▅▅▅▅
雀　未父 ▅▅ ▅▅ 世
龙　卯财 ▅▅ ▅▅ ×　申兄
玄　巳官 ▅▅ ▅▅ 　午官
虎　未父 ▅▅ ▅▅ 应　辰父

高考已经考完，此卦父母持世，日生月扶，官父两旺，成绩还不错。毛病在于三爻妻财卯木在辰月还有余气，动而克世爻之父，为文星受克。好在卯木自化回头克，其力受制，克父之力锐减，故不会影响大局。

告之成绩还不错，基本可以实现自己的理想。但须额外花点钱方可如愿。

最后，此子果然如愿升到了南开大学。

3. 耗护神同时有力发动，忌神凶性得到制约

忌神克用神，但如同时耗护神发动，则必克忌神，忌神受制，用神就不受克了，这也正是耗护神中“护”的作用的体现。如用神为财，忌神当为兄弟，耗护神就为官鬼。兄弟忌神发动克财，官鬼再动，必克兄弟，兄弟受克就不劫财了。

现举一例：

1998 年 10 月 20 日，某千万资产企业老板王先生求测税务罚款能减免否？得“火雷噬嗑”变“山泽损”：

壬戌月　庚子日

蛇	卯兄	——		寅兄
勾	未财	(巳孙) — —	世	子父
雀	酉官	——	○	戌财
龙	辰财	— —		丑财
玄	寅兄	— —	×应	卯兄
虎	子父	——		巳孙

未看下面的分析之前，请读者朋友自己分析一下：卦中官鬼代表什么，为吉为凶？兄弟代表什么，为吉为凶？

这一卦耗护神的作用体现得最明显。卦中二爻兄弟应该代表罚款行为和人，动而化进克世爻之财，明显要损财之象。可喜的是，四爻官鬼发动化回头生，必克二爻的兄弟，兄弟被克制住就不劫财了。但是，官鬼发动是不会白动的，它除了克制兄弟之外，还要盗泄世爻妻财之气，也就是说还是要破点财的。破在哪呢，破在官鬼上。

根据上述的分析，我告诉王先生，此事可解，找人帮忙可以化解。他马上问，能否找到合适的人，我告诉他，没问题。

一般情况下，除了求官求名应试等，官鬼动都不是好事，特别是求财，最忌官鬼发动、官鬼持世，官鬼发动必破耗多端。惟有此种情况是个例外。

4. 忌神发动化出用神

忌神动本克用神，但现在忌神发动，却变出了用神，为成事之征。还能说这个忌神是坏的吗？

现举一例：

1996 年 8 月 29 日，赵小姐测所找之工作能成否？得“泽雷随”变“泽火革”：

丙申月　戊戌日

雀	未财	— —	应	
龙	酉官	——		
玄	亥父	（午孙） ——		
虎	辰财	— —	× 世	亥父
蛇	寅兄	— —		丑财
勾	子父	——		卯兄

测工作以父母爻为用神。此卦父母爻亥水居第四爻，月生日克，本来已平衡，具备成事之条件，但忌神世爻辰土之财又动而克之，故其已丧失成事的能量。所幸的是，世爻动而又化出一父母亥水爻，为忌神动而化出用神。故而断工作可成，但应该是另一份工作，而不是目前所求者，成事之期在下个月。

后果然在 9 月 23 日即丁酉月癸亥日上班。应丁酉月者，辰与酉合，动而逢合；应癸亥日者，父母爻值日。

（三）仇神的变化——变为喜神

仇神是生助忌神之神，为助纣为虐者，当然为泛称的忌神了。但当具备一定的条件时，其也可以变为喜神。具体有下面两种情况：

1. 仇神动而变出用神

仇神非吉物，动而危害更凶。然而，仇神动而变出了用神，仇神就不为害了。仇神化用神，也具备成事的基本条件，但因仇神终克原神，故所求之事虽可成但不宜久。

现举一例：

1998 年 9 月 8 日，张女士求测生意可做否？得“风泽中孚”变“山泽损”卦：

辛酉月　戊午日

雀	卯官	▅▅▅			寅官
龙	巳父	(子财) ▅▅▅		○	子财
玄	未兄	▅ ▅		世	戌兄
虎	丑兄	(申孙) ▅ ▅			
蛇	卯官	▅▅▅			
勾	巳父	▅▅▅		应	

此卦兄弟持世，求财不利。财爻、子孙爻均伏藏，更是不利。求财父母为仇神，此卦父母仇神又发动，又现不吉。但可喜的是，父母发动变出了用神财爻子水，可谓一爻定乾坤，有财了！惟有财不久。

此卦正应仇神动而变出用神，成事之象。

2. 仇神动而变出原神

仇神动而化出原神，也和化出用神类似，则其虽克主卦的原神，却不克变卦的原神，利于事情的长久发展，故为化喜。

现举一例：

2003 年 9 月 5 日，周先生求测一新项目可做否？得“山雷颐”变“风雷益”卦：

庚申月　辛巳日

蛇	寅兄	▅▅▅			卯兄
勾	子父	(巳孙) ▅ ▅		×	巳孙
雀	戌财	▅ ▅		世	未财
龙	辰财	(酉官) ▅ ▅			
玄	寅兄	▅ ▅			
虎	子父	▅▅▅		应	

此卦财爻持世，得日生，有利之象。父母爻为财的仇神，此卦中父母发动，仇神发动，显然为不利之象。好在父母爻动化子孙，此父母子水当然不克其变出的子孙了，即化出了原神，对财当然有利了。从另一个角度理解，父母爻又为项目，项目动化财源，也是有利之象。

此卦子孙爻不现，发动的父母爻克不着子孙，如果子孙爻出现，此卦也以吉论。因父母变出的子孙是不会受克的。

（四）耗护神的变化——时而为喜，时而为忌

耗护神，顾名思义，本来就有“耗”和“护”的双重功用。其受用神之生，则为泄耗；其克制忌神，守护用神，则为“护”。所以，耗护神喜多事儿——忌神发动。就相当于人事，只有出事了，即忌神发动了，当官的才有用，不出事，需要当官的保护什么呢？但是，一个企业，一个人都不能现用现交，要有资源储备的思想。没有特殊事情时，要认可耗神，有了特殊事情时，护神才肯帮你。“台上一分钟，台下十年功”啊！

1. 忌神发动，耗护神为喜神

忌神若发动，耗护神就为护神。因为耗护神是克制忌神的。如测财，忌神为兄弟，若兄弟发动，必克财。但若官鬼同时发动，官鬼则克兄弟，兄弟受制就克不动财了，则官鬼就为耗护神。

现举一例：

2001 年 6 月 15 日，临界高考学生小张母亲求测儿子高考情况，能如愿否？得“火地晋”变“山火贲”卦：

甲午月 己酉日

勾	巳官	▅▅▅		寅财
雀	未父	▅ ▅		子孙
龙	酉兄	▅▅▅	〇 世	戌父
玄	卯财	▅ ▅	×	亥孙
虎	巳官	▅ ▅		丑父
蛇	未父	（子财）▅ ▅	× 应	卯财

卦象一出，状况了然。测考试，以官父为用神，现内卦亥、卯、未三合

财局，忌神成局，显然对考试不利，成绩不会好。幸世爻兄弟旺而发动化回头生，克制忌神，忌神有制，克用神之力骤减，用神获得了生机。也就是说，可以考上大学，但打了点折扣，终因父母爻得月生合，所录的院校还是可以的。

此卦财爻为忌神，兄弟爻为耗护神，忌神、耗护神同动，耗护神变成了喜神。

此卦耗护神兄弟动不会白动，是要花钱的。也就是说，最后要通过额外花钱来实现理想。

此卦还有一个明显的现象，这个男孩子在处女朋友，影响了其学习。玄武临财冲世，卦象显示得清清楚楚。笔者当时就告诉了其母亲，其母亲认同(卦象已显示母亲知道此事)。

由此易理我们可以推而广之，在学校处女朋友是要花代价的，其中一个重要的代价就是要破财。因财可破印，要想不破印，就得制财，靠什么？惟有兄弟吗！

2. 忌神不动，耗护神为忌神

忌神若不动，耗护神就成了耗神。如测财，官鬼无故发动，无处发威，必盗泄财气。如下例：

2004 年 7 月 21 日，某食品企业老板刘先生来求测企业状况，得“地水师”变“坤为地”卦：

庚午月　辛丑日

蛇	酉父	▅▅　▅▅	应	
勾	亥兄	▅▅　▅▅		
雀	丑官	▅▅　▅▅		
龙	午财	▅▅　▅▅	世	卯孙
玄	辰官	▅▅▅▅▅	○	巳财
虎	寅孙	▅▅　▅▅		未官

此卦财爻持世临月建，一看效益尚佳。但卦中的另一个焦点为动爻——官鬼临玄武旺动回头生，明现破耗之象。因什么破耗呢？官鬼临玄武——偷

盗，在内卦，离世爻很近——内贼。因此告诉对方，你的公司目前效益不错，但有一个突出问题就是内盗现象存在而严重！

刘先生当即表态："说得太对了！企业经常出现被偷，保安和库管联手做案，查了几次，也开除了几个人，但过一段时间还出现，也不知道为什么？"

从卦象看，二爻宅爻临官鬼，有厂区风水的问题，出在何处呢？内卦坎变坤，有西南之象。于是笔者告诉他，应该是工厂风水所致。刘先生解决问题心切，当即表示邀请笔者去现场察看。择日察看后，果然是工厂的西南方有问题……

我们再回到卦理，此卦正是耗护神发动，但因忌神未动，耗护神就成了耗财之神了。

3. 耗护神变动的情况

在上述原理的基础上，耗护神自己变坏，情况就又不同了。耗护神做护神时（忌神发动），变坏为凶；耗护神为耗神时（忌神不发动），比如，变回头克，变坏反为吉。

第五节　用神应用深探

用神是一个即简单又复杂的概念，既属基础，又属高深的理论。用神一关不破，测卦难入妙境！结合多年的实践，本节笔者试图将这一问题进行一下深入的探究。

一、取用神的种类

六爻断卦首先要取用神，只有取对了用神，卦才有可能断准。有些卦，用神好取，简单明了；有些卦则很难取，需要进行判断。其中，首先需要论述的就是取用神的种类。笔者概括主要的种类有三种：以六亲取用神，以五行取用神，以地支取用神。

(一) 以六亲取用神

以六亲取用神，是最常规的取用神方法，即测不同的事，取不同的六亲为用神。如测财，取财爻为用神；测官，取官鬼爻为用神；测学业，取父母爻为用神，等等。关于此点，不再赘述。

六亲取用神大部分比较容易，个别的也需要仔细分辨。比如测姐夫以何六亲为用神？常理可能认为以兄弟爻为用神，这就错了，当以官鬼爻为用神。再如，测钥匙，以何为用神，也是一个容易混淆的问题。笔者认为，以父母爻为用神较合适（而有人认为以妻财爻为用神），经多例实践检验很应验。

现举两例说明：

测钥匙以何六亲为用神？

例一：

1998 年 6 月 17 日，某女士家中钥匙不见了，情急之下，电话给笔者问钥匙失于何处，能否丢失？起卦为“山水蒙”变“地水师”：

戊午月　乙未日　已卯时

玄	寅父	——	○	酉财
虎	子官	— —		亥官
蛇	戌孙	— —（酉财）	世	丑孙
勾	午兄	— —		
雀	辰孙	——		
龙	寅父	— —	应	

“山水蒙”，忘记之象；六爻爻辞“击蒙，不利为寇，利御寇”，象辞“利用御寇，上下顺也”，二辞的意思都是不会因钥匙出现安全问题，即钥匙不会丢失。由此可大致知此钥匙未丢室外，为忘在家中。

从六爻看，钥匙以父母爻为用神，此卦父母两现，一居初爻、一居六爻，父母爻虽不旺，但也未至衰绝。六爻回头克，不可用，初爻安静可用，初爻为地面，故断在地板上，在坎卦，当在厨、厕等阴暗处。用卦动变☷，为在包中。后果在厕所之垃圾袋中找到。

如以财爻为用，不会在地板的位置。

例二：

1999 年 11 月 25 日，朋友单位上街扫雪，回到单位发现钥匙不见了，于是，又想到了我，随机起卦为“天泽履”变“乾为天”卦：

乙亥月　辛巳日

蛇	戌兄	▅▅▅		
勾	申孙	▅▅▅（子财）	世	
雀	午父	▅▅▅		
龙	丑兄	▅ ▅	×	辰兄
玄	卯官	▅▅▅	应	寅官
虎	巳父	▅▅▅		子财

测钥匙以父母爻为用神，此卦子孙持世，“子孙持世事无忧”。父母巳火临日辰，不丢之象。用神巳父与世爻作合，在自己身上。卦中巳父居于初爻，当在自己身体的下部，笔者也说不清楚，难道下部有兜吗？根据上述卦象显示，笔者告诉对方在自己身上再找一找。对方回答都找几遍了。笔者进一步提示对方，在自己身体的下面翻一翻，“下面有兜吗？”笔者这样一提示，对方便不自觉地往羽绒裤上摸，果然在羽绒裤的裤角处找到了。原来，裤兜露了，掉到了裤角处，幸好下面是封死的，没有掉出去。

由此卦也可看出，如以财爻为用，也不会在裤角的位置。

通过上述两例可以充分说明，测钥匙还是当以父母爻为用神。

（二）以五行取用神

有些特殊的情况，需以五行为用神来选取。例如，测火灾，取火爻为用神；测水，以水爻为用神，等等。

现举例说明：

例一，测天气何日转暖？

1996 年冬，天气酷冷，1997 年 1 月 6 日，测天气何日可转暖？得“火山旅”变“雷山小过”：

辛丑月　戊申日

雀　巳兄　———　○　戌孙
龙　未孙　— —　　　申财
玄　酉财　———　应　午兄
虎　申财　(亥官)———
蛇　午兄　— —
勾　辰孙　(卯父)— —　世

测天气冷暖，可从两个角度选用神。其一，从六亲角度选用神，子孙当为暖，官鬼当为冷；其二，从五行角度选用神，火爻为暖，水爻为冷。此卦当从何角度选用神呢？从卦的组合及动爻来看，显然当以五行选用神，因此卦六爻巳兄临朱雀发动，又化出子孙戌土，子孙戌土为巳火之库，同时又是子孙爻。在寒冷的冬季，巳火衰弱是对的。巳火一动，表示天气转暖必有期，那应期在什么时候呢？巳动化库，巳又被日辰申金合，故必当应在巳火逢冲之时，即三天后的辛亥日。亥一冲，即解了合，又冲出库。

实际情况：申、酉、戌三日气温皆低，戌日最高为-15°，最底为-21°，而到亥日气温显著上升，最高达到-6°，最低为-15°。

例二，测新房的暖气会怎么样？

2001 年 2 月 6 日，都先生欲买某处房子，但担心采暖有问题，电话问采暖能有问题吗？得“风地观”变“风水涣”卦：

庚寅月　庚子日

蛇　卯财　———
勾　巳官　———
雀　未父　— —　世
龙　卯财　— —　　　午官
玄　巳官　— —　×　辰父
虎　未父　(子孙)— —　应　寅财

笔者多次强调，预测一定要捕捉一卦的焦点。本卦的焦点在哪里呢？当在“火”爻！因其关心的就是采暖问题，采暖五行为火，火爻有利，采暖便没有问题，反之，就不利了。此卦父母持世，应爻也临父母，但父母爻旺度不高，幸此卦二爻巳火发动，可生父母。虽巳火临官鬼，也不为不利，因官鬼可生世爻的父母，虽为官鬼，何害之有？巳火又空，“旺不为空”啊。

经过上述的分析，笔者告诉对方，此房可买，采暖不会有问题。

结果，都先生按照笔者的意见买下了那处住房。非常令他心服的是，买后不长时间还没有进住，此房的采暖问题就解决了。

例三：

2005年，美国李女士欲购买某处住房，这是一处别墅庄园，周边有很大一片地，可以种植葡萄，但要有足够的地下水才行。6月7日，电话求测地下水充足否？得“地山谦”变“水山蹇”卦：

壬午月　壬戌日

虎	酉兄	▅ ▅		子孙
蛇	亥孙	▅ ▅	× 世	戌父
勾	丑父	▅ ▅		申兄
雀	申兄	▅▅▅		
龙	午官	(卯财) ▅ ▅	应	
玄	辰父	▅ ▅		

测水充足否，显然要以水爻为用神。此卦恰为亥水持世，但日克月休囚，又动化回头克，不足之象明显。不过，初爻辰土被日冲暗动，辰为水库，水库逢冲，出水之象。所以，如果重新打井，水会好一些，但绝不会太旺。

实际情况，水量确实很少，但仅满足生活用水，还是没有大问题的，如果养殖葡萄，水就明显不足了。到笔者写此卦例时，井还没有打。只是找了两次，没有找到。

（三）以六亲、五行合取用神

有些情况下，以六亲、五行合用取用神，才是最准确表达卦理的方法。

现举一例：

测煤气能来否？

1997年9月11日酉时，当日停煤气，测当晚能来否，以决定还能否在家做饭？得“火风鼎”变“火水未济”：

己酉月　丙辰日　酉时

龙　巳兄 ▅▅▅▅
玄　未孙 ▅▅　▅▅　应
虎　酉财 ▅▅▅▅
蛇　酉财 ▅▅▅▅　○　午兄
勾　亥官 ▅▅▅▅　世　辰孙
雀　丑孙 ▅▅　▅▅（卯父）　寅父

此卦涉及到取用神的种类问题，此卦取用神当从两个角度取之：其一，以六亲取用神；其二，以五行取用神。

以六亲取用神，煤气当为妻财爻；以五行取用神，煤气当为火爻。

此卦三爻酉财发动，当月建、得日合，又临时辰，煤气怎会不来呢？再从五行的角度看，三爻发动化出午火，也为来煤气之象。

综上所述，煤气很快就会来。后果然片刻即来了。

此例当为六亲用神与五行用神合断的结果。

（四）以地支取用神

有些特殊的卦，以六亲取用神或以五行取用神，都不能很好地反映所测之事，而以地支取用，却是最佳的取用方式。在《何知章》中，就涉及了这种取用方式，如：“何知人家无牛猪，丑亥空亡两位虚。何知人家无鸡犬，酉戌二爻空亡卷。”等，实际就是以十二地支为用神的说法。

现举一例：

世纪末将近几年，针对世界末日的种种说法广泛流行，其中之一是鼠疫说，即 1999 年世界将广泛流行鼠疫，人类大量感染鼠疫而死亡，恐怖异常。1997 年 11 月 2 日，在周末的易经学习班上，有学员提出了这一问题，希望能预测一下，于是现场起卦测之，得“乾为天”变“火天大有”卦：

庚戌月　戊申日

雀　戌父 ▅▅▅ 世　巳官
龙　申兄 ▅▅▅ ○　未父
玄　午官 ▅▅▅　　酉兄
虎　辰父 ▅▅▅ 应
蛇　寅财 ▅▅▅
勾　子孙 ▅▅▅

测鼠疫，一可看官鬼，因官鬼为灾害，若官鬼旺动，鼠疫必生，官鬼休囚无气，鼠疫必无；二可看子水，因子为鼠，若子水“无病”，鼠怎能有灾？看此卦，官鬼月库，不占日辰，休囚无气，无灾之征；更主要的是，初爻子水月克日生，五爻申兄又动来生，没有丝毫的病灾象。所以，必无鼠疫。

大家共同断出了这一结果，于是，笔者特别号召学员，向社会可以广泛宣传，稳定人心，稳定社会。

再举一例：

2007年9月13日下午四点半，接到北京老朋友文女士的电话，很急切地请笔者预测一下自己心爱的小狗丢失能否找到？原来，家人带小狗到宠物医院，出来时不小心小狗走失，当时约为下午三点二十分，一家人找了一个多小时还没找到，已有些灰心。感觉到朋友的急切心情，笔者马上起卦得“天火同人”变“乾为天”卦：

己酉月　庚戌日

蛇　戌孙 ▅▅▅ 应
勾　申财 ▅▅▅
雀　午兄 ▅▅▅
龙　亥官 ▅▅▅ 世　辰孙
玄　丑孙 ▅ ▅ ×　寅父
虎　卯父 ▅▅▅　　子官

测宠物，当以子孙爻为用神，此卦主卦子孙两现，一个居于应爻，临日辰；一个居于二爻，动而化空、化回头克。如果“以舍其安静，而用动爻”准则，丑孙难回。但根据笔者的论述，定性当取无病之爻的原则，戌孙当然可用了，临日辰，当日一定可找到。

再结合以地支取用神的原则，小狗当然要以“戌”为用神了，也一定可以找到。

于是，告诉她，可以找到，没有走远，当在西北部，戌时可找到。

后来，在近乎绝望之时，找到了小狗，被西北部的一家饭店抱走，饭店工作人员念主人的不舍之诚心，把小狗放了出来。时间已到晚十点十五分。应在亥时，寅父旬空，逢合为应之故。

此卦是六亲用神和地支用神合二为一了，这就加重了断卦定性的决心。

二、取用神的活变性

用神不是固定不变的，它随着下列情况而发生变化。

（一）用神随时代而变化

纳甲法产生于两千年前的汉代，经历了几个王朝的封建时代，又走入科技高度发达、高度文明的今天。有些理论已经不适合时代的状况，必须加以改变。这正是易学“与时俱进”的需要，“易穷则变，变则通，通则久。(系辞传下)”纳甲预测法的用神，也要随时代而变化。比如，拿预测失物来说，过去凡测失物皆以妻财爻为用神，为什么？因为在过去经济落后的时代，失物必为破财，一把斧子丢了也算破财，那不以妻财爻为用神以什么呢？而今天不同了，社会已经进入了小康时代，不用说一把斧子，一辆自行车丢了也算不上破财，只能说没了交通工具，带来了不方便。所以，测自行车丢失，一般情况要从其使用价值的角度以父母爻为用神。但对于目前尚处于贫困线下的人们来说，仍要首取妻财爻才对。

（二）用神随所测事情的角度而变化

用神不是固定不变的，它要随所问事情的角度的不同而发生变化。比如，测汽车，以什么为用神呢？很难一言定死。就要看所问的核心在哪里，如果是它的使用价值，则当以父母爻为用神；如果是它的经济价值，则必以妻财爻为用神。

(三) 用神随预测场态习惯而变化

当代，测六亲之事有一种不用六亲而以世爻为用神的方法，也就是说，测六亲之事也相当于本人到场预测一样，这样，就省去了看六亲用神的麻烦。

在特定的情况下，笔者也是赞同此种用法的。

比如，当代测人以求测人的名字进行预测时，当代测人以求测人特征进行预测时，当以时间起卦时，一般皆可以世爻为用神来断。

但当代测人摇卦为他人求测时，笔者还是不赞成直接以世爻为用神断事的。

现举一例：

2007 年 5 月 31 日，韩女士求测个人事业，预测完后，女士又要问孩子的事情，这时，如果再用通常的方法摇卦，很多时候是不准确的，这不准确不在于你的断卦水平，而是卦象本身就没能准确反映所问之事。这时，就要用其他的方法起卦。名字起卦法就是其中之一。

于是，笔者询问其孩子的名字，其女叫“×涵霏”，按照笔者姓名起卦的原则起出卦为“坎为水”变“水风井”：

乙巳月　乙丑日

玄	子兄	▅ ▅	世	
虎	戌官	▅▅▅		
蛇	申父	▅ ▅		
勾	午财	▅ ▅	× 应	酉父
雀	辰官	▅▅▅		亥兄
龙	寅孙	▅ ▅		丑官

根据卦象，笔者告诉她，这孩子学习状况非常不好，分心严重，因什么而分心呢？玄武临兄弟持世，官鬼临日辰合世，处对象之象。应爻临财爻动而冲世，还有女孩与其相争。这种状况的存在，孩子怎能静心学习呢？

韩女士频频点头称是，因为这些现象她都知道。

笔者接着告诉她，这孩子就是花钱的命，告诉她早准备钱，考大学还要额外花钱。而且这孩子就是这样，上高中就应该多花钱了。韩女士再次表示赞同。

这一点，卦理显示得也很清楚，兄弟持世，财动化父，明显靠钱上学吗！

这一卦尽管是母亲问女儿之事，但因起卦方法的不同，卦主就定为所问之人了。

三、用神多现论

（一）用神多现对于事情的定性与应期

上部已述，在有些卦中，会出现多个用神爻，它们的旺衰状况又有所不同，这种状况下取谁为用神呢？是简单的“舍其间爻而用世应，舍其无权而用日月，舍其安静而用动爻，舍其被伤而用不伤，舍其旬空而用不空，舍其月破而用不破”吗？

笔者的观点是，用神多现时，多个用神是都要看的，对于定性来说，旺相而不空不破等无病的要看，月破被伤、旬空安静等有病的也要看。

选用神有两个方面的用途，其一，用于定性，即看所测之事能否成；其二，用于定应期，所谓应期，就是指所测之事发生的时间。而上述的论断，是针对第一条而言的，即针对定性而言。要看应期，用上述论述的原则是不对的。而初学者往往把两者混为一谈，以为选好了一个用神，既可以定性，又可以定应期。应期的看法，恰恰要选相反的爻，即选空破被伤的，也就是选“有病”的。所以简单说，用于定性，要选“无病”的爻；用于定应期，要选“有病”的爻。这一确切论断，在实践中，很多成熟的预测师都在用，古籍中也不乏其例，但没有系统总结的。读者不妨在实践中加以体会。

下面我们看一下古籍中著名的《十八问》中的一例：

未月庚子日占求财何日到手，得“风天小畜”卦：

蛇　卯兄 ▅▅▅▅

勾　巳孙 ▅▅▅▅

雀　未财 ▅▅ ▅▅ 应

龙　辰财 ▅▅▅▅

玄　寅兄 ▅▅▅▅

虎　子父 ▅▅▅▅ 世

此卦身旺、财旺，财临月，月内必有，何日到手呢？卦中财爻两现，一居应爻的未土临月建，一居三爻的辰土旬空。依据本书的原则，在断应期时当舍其无病，而用有病。显然三爻辰土旬空为有病，故必在辰日应之。

古籍也基本是这样断的，只是具体理论没有跟上。

（二）用神多现表示多个事情同时存在或多次发生

测有些事情，用神多现，表示多个、多次。比如，女测婚姻，卦中官爻两现，则表示丈夫、情人同时存在，或一先一后。测工作，卦中父母两现，则很可能是两份工作，或一前一后，刚刚转换。

现举一例：

1998 年 9 月 17 日，马女士夫妇以经营出租车运营为业，经人介绍前来测运，得“风雷益”变“风泽中孚”：

辛酉月　丁卯日

龙　卯兄 ▅▅▅▅ 应

玄　巳孙 ▅▅▅▅

虎　未财 ▅▅ ▅▅

蛇　辰财 ▅▅ ▅▅（酉官） 世　丑财

勾　寅兄 ▅▅ ▅▅ ×　卯兄

雀　子父 ▅▅▅▅ 　巳孙

卦象一出，不吉尽显。财爻持世，月合日克，休囚无气，虽得月合，但合者为鬼，不利更甚。车祸无疑，破财难免。

再看动爻，寅木兄弟得日辰帮扶，动而化进，克世爻妻财，也是破财之兆。

此卦兄弟两现，二爻寅兄旺动化进，其害当在眼前；六爻卯兄得日辰飞临，冲官克世，为又一次。

于是，笔者告之，你们的车出事了，麻烦不小，破财官灾。今年三月份也应该出过事。还没等笔者说完，马女士便急于表态了，“太对了，今年三月份真的出过事，现在更麻烦了。你能看出这次是哪天出的事吗?”

笔者简单看了一下，因比较直观，告诉对方，就在昨天。寅木兄弟化进克世，一定是应在寅日了。

接着，笔者进一步告诉对方，当在昨天晚上的五点到七点，车应该是东西向行驶。马女士更觉吃惊，“什么方向开车还能看出来，真是太神奇了!”

谈完了车祸之事，马女士又问，能看出这些年的经营情况吗?笔者告诉她，1989~1991年应该不错，1992~1994年也可，1995年起状况不好了，明年更要有不好的准备。对方点头称是。

四、多用神概念

在很多实际预测中，都不是取单一用神所能把事情完全理清的，而要同时取几个用神，合而论之，方能把事情断准。如前所述，对于丢自行车一事，往往要父母爻和妻财爻合看，方能准确。因为对于目前的一些人来说，丢自行车即造成了不方便又算破了小财。

所有代测之卦都属多用神范畴。比如，父母代测子女考学，既要看子孙爻的状态，又要看父母爻、官鬼爻的状态，单取其一，必不准确。再如，妻子求测丈夫的病，官鬼爻为丈夫，一般喜旺；而官鬼爻同时又是疾病，一般喜衰。这时，到底是旺好还是衰好呢?一般来说，过旺过衰基本都不是好现象，同时还需要破译了，破译卦中所现之官鬼主要是官，还是主要是鬼。测合伙做生意，既要看财爻的状态，又要看兄弟爻的状态，妻财爻为生意的标的，而兄弟爻是合作伙伴，也是很重要的，所以必同参方可。麻烦的是，兄弟爻又克财，为求财的忌神，这就要看兄弟爻与妻财爻是什么样的一种格局……

代测之卦都是比较难断的。为了解决这一问题，今人有将代测之法转换，也以世爻为所测之人的，用好了也很准确；还有的预测师不管谁测何事，了解了所测之事后，一律由他自己摇卦，断出来也较准确。这两种方法笔者都不否定，但客观地说，这都不是多用神的使用方法，是为解决多用神的难断之问题而发明的简捷方法而已。

多用神的问题是一项高层次的技术，也是一卦多断的基础。不会多用神的选取，就无法进行一卦多断。

不会多用神的使用，就无法面对各类求测者，当面对头脑中存有纷繁复杂的事情的客户时，就会手足无措。在现实预测环境中，经常有客人问完了一个问题，又提出了另一个或几个与此无关的问题，这时，一个基本技术要求就是要会多用神的使用，当然还有其他方法如随机起卦的配合使用问题等。

在实际预测实践中，很多卦都需要多用神的知识，很多初学者自己觉得基础知识也掌握差不多了，但一遇到实例就不会断，缺少多用神知识是重要原因。

现举一例：

2002年7月19日，周女士求测儿子高考录取能如愿否？得“风地观”变“风水涣”卦：

丁未月　戊子日

雀	卯财	———		
龙	巳官	———（申兄）		
玄	未父	— —	世	
虎	卯财	— —		午官
蛇	巳官	— —	×	辰父
勾	未父	— —（子孙）	应	寅财

此卦母亲预测孩子考学，便属多用神卦。测考试、升学当以父母爻为用神，测孩子的事，又当以子孙爻为用神。所以，分析 时就当父母、子孙同参。父母爻、子孙爻同旺，父母、子孙爻还要不犯大毛病，产生某种联系，便是吉祥之象。

此卦父母临月建而持世，虽旬空，但旺相有力，二爻又变出一父母爻可有可用。子孙爻又临日辰，在卦中虽伏于父母之下受其克，妙在父母旬空，"空下伏神易于引拔"，所以，子孙爻也有力可用。综合断之，大学可以上，但因世应未土旬空，二爻又化出一父，主换另一所大学，但学校也不错，基本可以满意。正为涣卦之应。

五、用神破译论

用神需要破译，并非故弄玄虚，在实际预测中，很多时候是复杂的，绝非单一的求官得否，求财有否，大学升否，对象成否等，在其所问的问题背后是复杂的思考。比如，为官者测官，有时是直接问此官能升否，有时却是在问某领导能帮忙否，有时又是在问能竞争过对方否，也有时是问在任之官能保住否，更有时是要问在任之官能被查处否，等等。难于把握的是，碍与某种原因，求测者的心态并非都能如实相告，往往会自觉不自觉地有所隐藏，在这种背景下，要想把卦测准，首要的工作是选准用神，这一选，实际就是"破译"了！本节笔者就试图把这一破译方法对有缘人——本书的读者做个交代。

（一）什么情况用神需要破译？

有些情况用神不需要破译，直接读用神就可以了。比如，测企业效益，财爻是不易之用神，没什么复杂的，也没什么需要掩饰的；男孩子无目标地测何时找到对象，也是无可争议地以妻财爻为用神。等等，比较简单的事情，都可以直接取用神。

但是，下列情况取用神时，需要破译：

1. 情况暧昧，对方不便说穿的关系。

如某女测单位男同志的事情，只说普通同志，但你可不要轻信了，要破译一下，看是否真的是普通同志、朋友。如果是普通同志，显然以兄弟爻为用神；如果不是普通同志，显然不能以兄弟爻为用神了，如是情人，当以官鬼爻为用神。

现举一例：

1999年6月3日，在周易学习班上，某女学员（约40岁）问一朋友当日出差走否？得“风地观”变“山天大畜”：

庚午月　丙申日

龙	卯财		——		寅财
玄	巳官	(申兄)	——	○	子孙
虎	未父		— —	世	戌父
蛇	卯财		— —	×	辰父
勾	巳官		— —	×	寅财
雀	未父	(子孙)	— —	×应	子孙

卦象一出，笔者马上断曰：“此人为男性，你关心的不是他出不出差的事，而是别的事情。”她点头表示赞同。因牵涉到了个人隐私，笔者应付了几句，便告之课后单独详断。

下课后，笔者直截了当对她讲，这个人是她的情人，她们现在关系不好，她是关心她们的前景，看他对她是否忠实。在得到了她的认可后，笔者继续告诉他，她们的关系很复杂，这种关系不会长久。

关于这种事情，笔者坚持“点到为止”的原则。千万不要不分状况，为了体现自己的神断而信口开河，“知无不言”。反之，不但影响了求测人的心态，违背了周易预测的初衷，弄不好会出大问题！

其实，这个卦别看多爻乱动，但并不复杂，我们不妨简要分析一下：父母持世，与月建之官相合，女测情感当为有夫之妇。卦中两官爻皆动，又出两位男士，五爻之官临玄武，官下伏申兄，也为有妇之夫。二爻之官初看较“本分”，但与日辰之兄作合，又化出寅财，又一个同时有别人的先生！复杂不复杂？能否长久呢？五爻之官已化回头克，在退；二爻之官化寅木回头生而生世，还可维持，但因寅木之财终归受日辰申冲，根基也在动摇，所以，也不会长久。

至于她所关心的当日出差之事更明了，官星与日辰相合，当日不会出差！

2. 出于某种考虑，对方不能说明真正的关心所在。

如某官员问仕途，有时他关心的并不是升迁的问题，而是能否出事的问题。这种情况下，官鬼爻已经由用神变成了忌神，那显然，官鬼持世、官鬼合世都不是吉象了，官鬼克世，更以凶论。而反之，当做测升迁去断卦，以官鬼持世为吉征，就正好测反了。

现举一例：

2002年4月15日，某官员求测仕途，得“山泽损”变“地泽临”卦：

壬辰月　戊申日

雀	寅官	▅▅▅▅	○ 应	酉孙
龙	子财	▅ ▅		亥财
玄	戌兄	▅ ▅		丑兄
虎	丑兄	(申孙) ▅ ▅	世	
蛇	卯官	▅▅▅▅		
勾	巳父	▅▅▅▅		

官宦之人测运，一般当以官鬼爻为用神，此卦官鬼寅木日辰冲克，自化回头克，只月占余气，不利之极。是否当以凶论呢？其实不然，只要仔细理清卦理，就可窥出实乃吉象。为什么呢？因兄弟持世，应爻官动来克，此官已不是什么官了，该当鬼论，即官灾，为忌神。那现在代表官灾之鬼被制住，不是大吉吗！

此例实际用神发生了变化，由官鬼变成了子孙，子孙为解忧制灾之神。

根据上述的分析，笔者大胆地对他说，你所关心的不是升迁的问题，而是是否平安的问题。对方没有直接回答，只是略一点头。但马上反问，“平安吗？”笔者告诉他，灾害已过，放心吧，不会再有问题了。

3. 因对方关心点的不同，用神要发生变化。

如某女孩未归家，家长求测其安全否，何时归，这时，多数情况下不是以子孙爻为用神，而是以妻财爻为用神。而如果是男孩子，就当以子孙爻为用神了，为什么呢？

家长关心的一般多是女孩子会否遇到坏人，受到性侵犯。已经转变成了财爻的范畴了！这种情况当然无需家长言明了。

在现实中，类似的情况很多。

现举一例：

2005年6月21日，程女士求测托居于领导岗位的表哥为其孩子安排工作能帮忙否，得“兑为泽”变“泽水困”卦：

壬午月　丙子日

龙	未父	▅ ▅	世	
玄	酉兄	▅▅▅		
虎	亥孙	▅▅▅		
蛇	丑父	▅ ▅	应	午官
勾	卯财	▅▅▅		辰父
雀	巳官	▅▅▅	○	寅财

看其意图应该是以代表表哥的兄弟爻为用神，但卦一出，反映的“天机”不是这样，她的心里已经把表哥当成了“官”，所以，当以官鬼爻为用神才对。

此卦父母持世，初爻巳官动化寅财回头生而生世，官帮忙之象明显。如果以兄弟爻为用神，兄弟酉金月克日泄，动爻又克，无力之象，一定不肯帮忙或无力帮忙。

笔者简单看了卦后告诉她，放心去找他吧，一定会帮忙，也一定会成功的。

结果，仅一个多月，孩子便上班了，程女士高兴地进行了电话反馈。

（二）破译用神的几种方法

方法一，直接询问法

这是一种低级的破译方法，说是破译已经不恰当了，但当用其他方法无法判断时，也不失为一种有效的方法，比胡乱去猜、去蒙要好得多。因为，只有用神搞准确了，卦才有断准的可能。用神没有选准，基本就不存在把卦断准的可能了。

具体方法是，可以跟他聊一聊，通过聊天，你就可以知道他所关心的事情的症结所在，这时再去选用神，就容易多了。

方法二，事理分析法

这一点，需要你具备广泛的社会知识，对世事深刻的了解，有过多种社会阅历、体验，才能够了解对方所测事情的性质，难易程度。如果你对官场一无所知，你为官员服务就要难得多；如果你对商场一无所知，你为经济界人士服务也难于让对方满意；如果你还没有结婚，你怎能为人策划好婚姻家庭之事；如果你对股市的知识一无所知，你能测好股票谁会相信！

所以，易学工作者首先应该是个杂家，通天文、知地理、懂人事。才能够更好地用易学服务社会、服务百姓！才不愧《四库全书总目提要》中“旁及天文、地理、乐律、兵法、韵学、算术……”对易学的评价。

方法三，卦理破译法

卦理破译法是一种最高级、最难于把握，当然也是最令人称奇的方法。所谓卦理破译法，就是通过六爻中各爻的动、变、空、破、冲、合等信息，来直接识别当取何爻为用神。

比如，上文所言，父母测出走的女儿在外平安否？如卦得官鬼爻合妻财爻，妻财爻又衰破，则此妻财爻当为其女儿即用神。

再如，官员测仕途，得官鬼旺而持世，子孙爻发动克世，这时是论吉还是论凶呢？按常理，子孙发动克官，当官之人当以凶论。但如世持青龙，卦象有解忧之征，则此种情况当以吉断。吉在何处呢？原来，子孙爻成了解忧之神，此时的官鬼不为官，反为鬼了，子孙发动克去身边之鬼，怎能不吉呢？遇到麻烦之官员测卦极易出现此象。

再如，测财一般以妻财爻为用神，以兄弟爻为忌神，如得兄弟合世，一般当以凶推才对，兄弟合世，不会赚钱。但有时却不是这样，因有时测卦人关注的不是赚不赚钱的问题，而是合作之事能否进行的问题。这时，就不能以妻财爻为用神，而当以兄弟爻为用神了，兄弟合世，当以吉断！

那当对方没有正面告诉我们的时候，如何能知晓是项目不赚钱还是项目属于合作性质呢？这是又要结合卦理的其他因素去破译了。比如，卦中财爻不弱，子孙有气，卦象吉祥，那就基本可以断定是合作项目，且可以成功的了。反之，便可当作破财解了。

等等，类似的情况很多，需要我们的智慧去破译。

现举一例：

1996 年 9 月 21 日，某省局长之妻求测丈夫仕途，得“风泽中孚”变“风雷益”卦：

丁酉月　辛酉日

蛇	卯官	——		
勾	巳父	(子财) ——		
雀	未兄	— —	世	
龙	丑兄	(申孙) — —		辰兄
玄	卯官	——	○	寅官
虎	巳父	——	应	子财

说实话，卦一排开真有点“蒙”了，为官之人得出了这样“糟糕”的卦象！但冷静了一下，仔细一分析，便探出了原由：局长一定是遇到麻烦了，其妻是关心能否解掉。

此卦二爻卯官动化退，又处于日月毫无生气的状态。兄弟持世，官动克之，日月临子孙，形成了一种官鬼动克世，日月子孙制官的格局。综合一分析，此卦所现之官，当为鬼，克世之鬼被制住，当为吉象了。

于是，笔者试探问局长夫人，“是局长遇到了点小麻烦吧？”“也没什么大事，某某单位的领导出事了，因属下属单位，看看能牵连到他不？”

“放心吧，不会有任何问题。”笔者十分明确地告诉对方。

子孙为下属，子孙制鬼，不会牵连。而且子孙很旺，这个头头也不会有太大的问题，官灾应该也会化解掉。

后来得到反馈消息，这个头头只被以某种名义剥官了，没有受到刑事处罚。

再如：

2000 年 1 月 25 日，小区公告通知将停水 36 小时，起卦测能停否？得“山风蛊”变“山水蒙”：

丁丑月　壬午日

虎	寅兄	▅▅▅	应		
蛇	子父	▅ ▅			
勾	戌财	▅ ▅			
雀	酉官	▅▅▅	○	世	午孙
龙	亥父	▅▅▅			辰财
玄	丑财	▅ ▅			寅兄

此卦的焦点在官鬼爻，官鬼持世，正反映了停水不利的状况。此卦虽官鬼持世，官鬼得月建生而有力，却动化子孙回头克，为克去身边之鬼，哪能停水呢？于是，告诉家人，放心吧，不会停水的，也不用备水了。但家人还是不敢相信，公告了怎么能不停呢？于是照样接得桶满锅满，就等着停水了。但一天、两天过去了，一刻都没有停。老母亲惊叹地说，周易真神！

虽为测水，但这一卦就不能看"水"爻，因水爻没有成为该卦的焦点，而焦点在世爻所临之动爻上。

第六节　旬空深探

一、古籍观点真伪辨

旬空是一个纳甲预测体系中很复杂也很重要的概念，正如《增删卜易》中言"李我平曰：空亡之说，鬼神不测之妙，似有又无，似无又有，实有到底全空，又有填实不空"。

古人对旬空的论述很多，有些论述是在实践中总结而来，深邃而有价值，但也有些论述像有些今人的书一样，属纯理论性的，听起来有道理，在实际操作中却不是那么回事，比如：《易隐》中引入的"《五星秘要》曰，土空，谓之土陷山崩，主退败，会火动，则为补缺填凹；金动，则为山耀宝山，又主名成利遂。木空谓之枯枝落叶，会金动，则斩削成材；火动则焚毁成烬；水动，则漂槎泛筏，不免漂荡之祸。水空，谓之长江流荡，退败无余；会金动，则洪水泛滥，主灾生不测。金空，谓之烂铁锈斧，会火动，则镕炼成器，主名利有成。火空谓之离中火虚，爝火大明，反主发达。”听起来很有道理，但真的经不住实践的检验，读者不妨多加验证。

二、旬空在实际预测中的高级应用

在实际预测中，它不仅体现在真空、假空，有用、无用方面，还有着特殊的预测含量，本节就探讨这一问题。

（一）旬空参与定性

一卦定性主要是通过六亲的生克制化与旺衰来进行的，一般来说，用神旺，世爻旺，用神、原神持世，事就易成，反之，事易败。旬空一般不参与一卦的定性，但当用神较衰时，旬空又给予雪上加霜，这时，旬空就要参与定性了。即所求之事不成。

现举一例：

1996 年 10 月 30 日，陈女士求测已开饭店经营如何？得“山泽损”变“风泽中孚”：

丙戌月　庚子日

蛇　寅官 ▅▅▅ 应　卯官
勾　子财 ▅ ▅ ×　巳父（旬空）
雀　戌兄 ▅ ▅　未兄
龙　丑兄 ▅ ▅ 世
玄　卯官 ▅▅▅
虎　巳父 ▅▅▅

此卦兄弟旺而持世，求财不利。但五爻子财临日辰动而合世，有财之象。财临太岁，年景不错。粗看一派大好景象，但仔细一分析，问题就出来了：卦中子财动而化绝、化衰、化空，原神不现，不长久之象。今年财临太岁，问题不大。进明年丑年就会不同了。后来，1997 年春节一过，饭店生意急转直下，过“五一”就挺不住了，只有出兑。

此卦变坏的关键是财爻变坏，而变坏的原因之一就是化空！

再如：

1997 年 8 月 1 日，家在铁岭的客户谭女士来电话说，当地传言当晚铁岭有地震，问有否？得“雷地豫”变“火地晋”：

丁未月　乙亥日　辰时

玄	戌财	▅ ▅	×	巳孙
虎	申官	▅ ▅（空亡）		未财
蛇	午孙	▅▅▅	应	酉官
勾	卯兄	▅ ▅		
雀	巳孙	▅ ▅		
龙	未财	▅ ▅（子父）	世	

测地震，重在官鬼。此卦官鬼爻居于五爻，得月建生，旺相有气，但旬空。其他特征如：六爻为天爻，天爻动，与地无关；六合卦，无冲；蛇鬼俱静；震卦在地上；整个卦无灾害之征，故告之放心，不会有地震。

后当然没有任何动静，地震之说，纯属造谣。

（二）旬空用来定应期

假空之爻是会应事的，所测之事成在何时，旬空是一个主要的判断条件。上部已述，一般应在出空填实之时或逢冲之时。

本节不再多言，仅举一例：

2006 年 2 月 24 日，自测笔者拙著《房地产建筑风水策划指南》何时可出版？得“雷天大壮”变“雷泽归妹”：

庚寅月　甲申日

玄	戌兄	▅ ▅		
虎	申孙	▅ ▅		
蛇	午父	▅▅▅	世	
勾	辰兄	▅▅▅	○	丑兄
雀	寅官	▅▅▅		卯官
龙	子财	▅▅▅	应	巳父

此卦基本还是比较清晰的。测出版以父母爻为用神，此卦父母持世，得月生，二爻寅官又暗动来生，虽三爻兄弟动阻，但自身化退，又受暗动的官爻来克，阻力有限。综上所述，此书定可出版。什么时间能出呢？世爻父母旬空，出空为应，即午火月可出。

后此书果在6月出版，全国新华书店正式发行。出版社定名为《建筑中的风水——房地产建筑风水策划指南》。

此卦为因旬空而定应期。

（三）旬空表示心不实

如果世爻旬空，表示测卦人自己心中无底，心不踏实；测双方之事，如果对方之爻出现旬空，往往表示对方心不实、不诚，出现此种情况就要心中有数、按部就班了。

现举一例：

2000年5月6日，大连某公司姜总求测与人合作一个项目能成否？得“天地否”变“泽地萃”：

辛巳月　甲子日

玄	戌父	▅▅▅▅	○ 应	未父
虎	申兄	▅▅▅▅		酉兄
蛇	午官	▅▅▅▅		亥孙
勾	卯财	▅▅ ▅▅	世	
雀	巳官	▅▅ ▅▅		
龙	未父	▅▅ ▅▅		

测合作涉及到双方关系。此卦为六合卦，世应相合，财爻状态也可以，似为吉象。但应爻一动，把整个局面全打破了，应动化退，又旬空，临玄武，明现对方有变，临玄武旬空心不实。所以，最后的结果当为不成。

后果然没有谈成。

（四）旬空有时为吉象，有避空之意

有时某爻旬空，有避空之效果，使自己不受克害。这时，空比不空还好，因实则受克难免。比如测灾害，官鬼发动克世，不吉之象，此时如果世爻旬空，就克不着了，到出空之时，灾害已过。测考试，财爻发动，非吉象，但若父母爻旬空，则也谓之避克，反为吉也。再如，测考试打小抄能否被老师抓住，得官鬼爻旬空，则表示老师看不着，不会被抓（本书只是从易理的角度论之，并无支持、怂恿该行为的意图）。

现举一例：

1997年10月8日，袁先生单位晋职称，需要英语统考，但因多年不用，自己考实难通过，于是，想找人替考，问能被抓否？得“火山旅”变“火风鼎”卦：

因是很熟的朋友，无法推却，只得预测，但先告诉他，还是要自己考，预测只当游戏！

庚戌月　癸巳日

虎	巳兄	▅▅▅		
蛇	未孙	▅ ▅		
勾	酉财	▅▅▅	应	
雀	申财	(亥官) ▅▅▅		酉财
龙	午兄	(旬空) ▅ ▅	×	亥官
玄	辰孙	(卯父) ▅ ▅	世	丑孙

世临玄武，见不得阳光；世下伏父，为文书之事；兄弟发动生世，别人帮忙；但兄弟化官回头克，有被监考发现之可能，不过，化出之亥官又被日辰巳兄冲，午兄旬空，为避克之象；三爻所伏之官被日兄所冲，用神被兄弟冲出，有利……其中，最关键一条是，生世的兄弟旬空，因其化官来克，旬空则正可避克，故为吉象。

由上所论，必为替考通过之象。

再举一例：

1998年5月7日，测当日股市涨跌，得“风火家人”变“水火既济”卦：

丁巳月　甲寅日

玄　卯兄 ——— ○　子父
虎　巳孙 ———　应　戌财
蛇　未财 — —　　　申官
勾　亥父 (酉官)
雀　丑财 — —　世
龙　卯兄 ———

此卦的关键是要说明旬空并非都能避克。

财爻持世，月生日克，六爻卯兄临玄武发动自化回头生而克世，下跌之象明显。上午巳时临子孙，丑又处空地，当不会明显下跌；下午未时未丑冲，财空被冲实，必跌。

实际情况正如所测：沪市前收 1348.4 点，上午盘整，最高冲至 1352.5 点，下午最低 1326.6 点，收盘在 1327.8 点，下跌近 20 点。

由此卦可见，日辰旬空之爻，虽可避空，但时辰冲之，也可破空而受克。

(五) 旬空表示不在职位

有时某爻旬空，就表示该爻不在职位，不能行使职能，故有时也为吉象。比如，测破案，官鬼空亡则罪犯不易被抓。其他类似的事情也按同理论之。

现举一例：

2007 年 3 月，沈阳实行车辆管制，白天车辆上路按单双号排，即尾号为单号车，允许单号上路，尾号为双号车允许双号上路，反之，将受处罚。

2007 年 3 月 6 日，因特殊事情，孩子上学时间错后，回家时已到了管制时间，故测之开车出去，回来能否被警察发现？得“火天大有”变“火泽睽”：

癸卯月　己亥日

勾　巳官 ———　应
雀　未父 — —
龙　酉兄 ———
玄　辰父 ——— ○ 世　丑父
虎　寅财 ———　　　卯财
蛇　子孙 ———　　　巳官

预测此类事情，官鬼爻是重点爻，因官鬼代表警察。此卦官鬼带勾陈临应爻暗动生世，官鬼生我，不是被罚之象。再者，此卦世应俱空，空者，看不到也！更是无危之征。

此卦很有意思，回来快到家时，在路口果然有一警察，但那一瞬间，正巧把脸转了过去，没有看到。正应了卦理“世应俱空”看不见！

（六）旬空表示过去曾经发生过

旬空还有一项功能，就是反映过去的信息。在一卦多断时这项功能很有用。比如，测卦时出现官鬼临勾陈而旬空，则反映该人过去曾经有过官司，在什么时候呢？当在官鬼爻实空之年月。如官鬼临申金，则官司当在 1992 壬申年、2004 甲申年。再如男测婚时得妻财爻旬空，则表示其过去曾经深处过对象，时间当在妻财爻实空之时。

1996 年 8 月 10 日，在一朋友聚会场所，为一大女孩测名，得“山风蛊”变“火风鼎”：

丙申月　己卯日

勾	寅兄	——	应	巳孙
雀	子父	— —		未财
龙	戌财	— —	×	酉官
玄	酉官	——（旬空）	世	
虎	亥父	——		
蛇	丑财	— —		

此卦官鬼持世，旺相有力，对于女孩来说，是男友、对象之象。临玄武、被日辰兄弟冲，关系复杂……在此列出此卦，因官鬼酉金旬空，1993 年为酉年，故断 1993 年该女孩便处了男朋友。女孩表示，确在此年处的第一个对象。

此卦就是表示旬空即为过去曾经发生过。

第七节　长生十二神用法揭秘

一、十二神总述

长生十二神即长生、沐浴、冠带、临官、帝旺、衰、病、死、墓、绝、胎、养。关于这十二神的用法，多有说辞，较传统的说法是卦爻临长生、沐浴、冠带、临官、帝旺则此爻以旺论。卦爻临衰、病、死、墓、绝、胎、养则此爻以衰论。也有一些书籍，如《增删卜易》只论生、旺、墓、绝，不论其他。生、旺则以旺论，墓绝则以衰推。现代又有些大家把长生十二神完全地抛弃，只以正五行论生克。

二、十二神的特殊用法

笔者认为，长生十二神的作用不在于决定卦爻的旺衰，卦爻的旺衰还是要由正五行的生克来决定。比如金见土就为生，见火就为克。说酉金见巳火日为旺与易理不通。十二神的作用在于决定卦爻的某种状态，这种作用是很明显的，也是断卦时不可忽视的。那么，十二神都决定了卦爻的何种状态呢？现述之如下：

（一）长生

1. 基本含义

初露锋芒，逐渐成长，青年时期，初兴阶段，最有发展。

2. 具体应用

长生为事物开始生长，由生长到长成必经历一个过程，也就是需要一定的时间。所以，古籍有“长生迟”之说，比如测行人，用神临长生，则行人归来必迟；测财运，必为源源不断；求官职，当官阶连升；测凶事，“凶化长生，炽而未散”……

(二) 沐浴

1. 基本含义

虽为渐长，但含败运。相当于少年阶段不好管教，青春期，春心萌动，易惹是非。又主桃花，因易带败运，故多称桃花煞。

2. 具体应用

在卦中卦爻临沐浴，多主桃花、婚外情。“吉连沐浴，败而无成”。不吉的状况还要分属什么五行，因为不同的五行沐浴在正五行的关系是不同的，木见子为沐浴，为相生；火见卯为沐浴，也为相生；金见午为沐浴，为相克；水见酉为沐浴，为相生；土见酉为沐浴，为子孙泄气。所以，金临沐浴当最不吉。

(三) 冠带

1. 基本含义

性情趋向了稳定，走向了成人的行列。

2. 具体应用

在实际预测中，多以正五行的关系论之。

(四) 临官

1. 基本含义

为正当年的状态，又称禄地，食禄也！

2. 具体应用

除土之外，临官状态都为正五行的帮扶之位，故也为旺地。

(五) 帝旺

1. 基本含义

万物之最旺状态。

2. 具体应用

除土之外，帝旺状态都为正五行的帮扶状态，也为最旺之地。物极必反，万物发展行将下滑，故虽旺但短暂。故古有“帝旺速”之说。测事临之，事态发展较快，测行人速归。股票遇之，有见顶之象。

（六）衰

1. 基本含义

“人过中年天过午”，走向衰败。

2. 具体应用

具体应用中，多半以正五行论之，正五行也多半为泄气状态，但衰而无病。

（七）病

1. 基本含义

万物开始出现毛病。

2. 具体应用

正五行均处于受泄耗状态。又有“化病兮，伤损”，测卦见之，易出现受伤现象。

现举一例：

1998 年 2 月 7 日，学生小张单位开会，某同事未到会，起卦测何故？还能来否？得“火水未济”变“火山履”：

甲寅月　乙酉日

玄	巳兄	——	应	
虎	未孙	— —		
蛇	酉财	——		
勾	午兄	（亥官）— —	× 世	申财
雀	辰孙	——	○	午兄
龙	寅父	— —		辰孙

还能不能来呢？兄弟动而化财忌神，财临日辰，子孙忌神发动，不能来了。那是什么原因呢？学生的第一判断是赚钱去了。为什么呢？因兄弟动而化财，子孙发动。是不是呢？我们来分析一下：

此卦当以兄弟爻为用神。卦中兄弟持世，临勾陈，临空，动而化财，世爻兄弟下还伏了一个官鬼。伏官，不是因官，就是有鬼；化财，又是化病地，“化病兮，伤损”，这么一分析当不难得出结论——受伤了。

当场电话联系，原来小腿骨折了！

这一卦是学生后来“考”我出的，经我一分析，学生恍然大悟，真是卦不欺人哪！

(八) 死

1. 基本含义

万物生命的终结，毫无生气。

2. 具体应用

具体应用中多从正五行的角度论之，而正五行均为衰死状态。

(九) 墓

1. 基本含义

万物死后之所。还有一个概念为“库”，万物储藏之所。

2. 具体应用

为墓为库状态有别。上部已简单论述过，这里接着做一些深化。

什么时候为墓，什么时候为库？简单说，用爻具有一定的旺度，可以发挥行使其功能时，就为库；用爻衰弱无力，无法行使其功能时，就为墓。墓是死亡状态，库是储藏状态。但做为储藏状态，也是暂时的死亡，在没有出库时，以死亡论处。

所以，测身命遇之，愚蒙不振；测病遇之，主昏迷之象；测抓捕，深藏难觅；测失物，深藏不见；测婚姻，暗昧不明……这些状况是永久还是暂时，就要看用爻的旺衰状态了。

现举一例：

1998年3月28日，李女士测父病，得“天泽履”变“天水讼”：

乙卯月　甲戌日

玄	戌兄	▅▅▅		
虎	申孙	▅▅▅	世	
蛇	午父	▅▅▅		
勾	丑兄	▅ ▅		午父
雀	卯官	▅▅▅	应	辰兄
龙	巳父	▅▅▅	○	寅官

测父病以父母爻为用神，此卦父母爻两现，一动一静，应用舍其静爻而取动爻的原则，取初爻巳父为用神。现巳父得月生，但入日墓，化官鬼回头生，子孙持世虽空有力。故告之可以好，尽管现在处于昏迷糊涂状态。李女士马上说："你怎么知道现在昏迷糊涂呢？"我说："卦上写的！"真是卦上写的呀，用神入墓，又是老年病人，怎能不昏迷呢！

李女士又问，大概什么时候好？告之4月3日就会明显好转，清明之后就逐渐好起来了。

说到这，有的读者可能会问，父母变官鬼，不会"变鬼"呀？我们再来分析一下就清楚了。父母化官鬼，又为回头生，官鬼临卯月为帝旺之地，也就是最旺的时候，而且已近月末，即将进入清明的衰地。用爻又临青龙喜庆之神，卦得有惊无险之象。所以这次不会"变鬼"。能否彻底好呢？也是不可能的。父母与鬼相连，鬼源源不断来生，生其命，也生其病呀！

（十）绝

1. 基本含义

什么都没有了。骨灰都没了。

2. 具体应用

绝是十二神中较常用的一个。绝之位多为季节对冲的时候，故极衰。绝多应在长生。绝为毫无生气，测胎孕当为未孕之象。

（十一）胎

1. 基本含义

生命又一轮的开始。在腹中尚未成势。

2. 具体应用

正五行还在衰地。但根据其情状有特殊意义。"化胎兮，勾连"，化胎勾连，临日辰胎地也主勾连。所谓勾连，是指相连、牵扯、相关、分不开等状态。此外，又有怀孕之象。

现举一例：

2005年7月30日，客户白先生求测其子状况，得"风山渐"变"风地观"：

癸未月　乙卯日

玄	戌兄	▅▅▅（寅官）	应	
虎	申孙	▅▅▅（子财）		
蛇	午父	▅ ▅		
勾	申孙	▅▅▅ ○	世	卯官
雀	午父	▅ ▅		巳父
龙	辰兄	▅ ▅		未兄

此卦一出，我的第一句话就是："你孩子出事了！"他说："出什么事了？"我说："进去了！"他随之马上赞不绝口，"周易真厉害！"

其实，有一定纳甲基础的人都会一眼看出，因为此卦确实很简单。子孙持世临勾陈化官鬼，不是有官司的明显信号吗！仔细再看一下之后我对他说："你儿子是受别人的牵连出事的。"他马上说："对，没交好人哪！"原来，其儿子的所谓朋友约其他两个人一起盗窃某公司财物，按分工他儿子负责放哨，结果事发，一起被拘。

为什么说是受牵连呢？就是从这一节的内容得出的。

子孙申金化卯官，又为化胎，在日辰上也为临胎地。上面已述"化胎兮，勾连"，所以为牵连所为。

主犯是谁呢？应爻的戌兄，合日辰的官鬼，下面又伏官鬼，临玄武，受月刑，当然更严重了。此卦财爻旬空，伏在五爻子孙申金之下，其已为此事花钱了。

（十二）养

1. 基本含义

在约束中的滋养、成长状态。命理上又叫进气。

2. 具体应用

正五行多在衰地。在实际应用中也有特殊意义。"养主狐疑"，即在养地主疑惑、不明、怀疑、不踏实等。事情只能处于酝酿阶段。

现举一例：

2000 年 2 月 16 日，曾女士求测年运。多年来，有一些朋友和客户已经形成了习惯，每年进立春之后都要测一测一年的整体运气，或好，或坏，要注意些什么问题，若有问题，能否化解，怎么化解等，简称测年运。这一年，曾女士得个“雷风恒”变“火风鼎”：

戊寅月　甲辰日

玄　戌财 ▅▅ ▅▅ ×应　巳孙
虎　申官 ▅▅ ▅▅　　　未财
蛇　午孙 ▅▅▅▅▅　　　酉官
勾　酉官 ▅▅▅▅▅ 世
雀　亥父 ▅▅▅▅▅（寅兄）
龙　丑财 ▅▅ ▅▅（子父）

根据经验，这一卦主要主婚姻，也就是焦点是婚姻问题。“雷风恒”、官鬼持世、财动生世，都是婚姻的标志。那婚姻怎么样呢？状况还可以，但也有问题，而且问题很清晰——丈夫婚外情。卦主是否知晓呢？应该是处于怀疑的状态。为什么？世爻酉金见辰日为临养地，“养主狐疑”呀！为什么说不是明确知道呢？卦的状态比较稳定。

第八节　六神作用深探

前章已述，六神——青龙、朱雀、勾陈、螣蛇、白虎、玄武，其各有所主。简单说，青龙多半为吉，白虎多半为凶，朱雀有吉有凶，螣蛇、玄武不良属性大于优秀品质，勾陈中性更强。这只是非分不可的分法，其实，六神各自本来都是吉凶参半的，青龙也有凶性，白虎也有吉应。在测具体事情时，吉神加临未必吉，凶神加临未必凶。这一点并不是本节所要论述的，本节要强调的是，六神的作用并非决定事情的吉凶性质，而是决定事情的状态、属性等附带因素。下面一一论之：

一、六神的主要功能

(一) 判断所测事情或吉或凶的类型

如测卦官鬼克世，当为凶象，那凶到什么程度呢？要看官鬼的旺衰程度及世爻的旺衰程度；有无解救呢？要看这动的官鬼有否受制，或是否得化；但是何种凶呢？识别的办法之一就是应用六神理论。比如，官鬼临勾陈，则十有八九是官司！因勾陈主官司牢狱。如官鬼临玄武，则多半是被骗。因玄武为贼……

再如，测卦父母合世，当为吉应。而父母表示文书、职称、长辈、房屋等。那到底是哪种吉呢？如父母临朱雀，当为文书职称之类；如父母临勾陈，则当为田土房屋。等等依此类推。

在具体断卦时，如何把握准确，就要看你卦理及六神掌握的熟练程度了！

现举一例：

2001年2月6日，某商户主测年运，得“泽雷随”变“兑为泽”卦：

庚寅月　庚子日

蛇	戌财	▅▅ ▅▅	应	
勾	申官	▅▅ ▅▅		
雀	午孙	▅▅▅▅▅		
龙	辰财	▅▅ ▅▅	世	丑财
玄	寅兄	▅▅ ▅▅	×	卯兄
虎	子父	▅▅▅▅▅		巳父

此卦财爻持世，正合求财之人。兄弟寅木旺动化进克世，破财之象。是什么性质的破财呢？兄弟临玄武，又青龙持世，当为兄弟骗局所致。故告之谨防熟人骗局。事后得知，因有思想准备，没有骗成，但事情的确在当月就出现了。

(二) 判断所测事情的状态

所测事情的状态包括人的性情，所测之物的状态，事情的进展情况等等。

这一点，是增加断卦丰富程度的重要手段。比如，测卦中涉及到某人，那这个人是什么性情呢，可以通过所临六神的特性加以判断。比如临勾陈，这个人就比较实在，如地支五行再临土，则特性更明显了。如临螣蛇，则此人容易怪里怪气，人较瘦，个子较高等。

再如，测单位的人事安排，官鬼临玄武，则表示此事还在私下酝酿阶段，还没到公开研究的时候。

等等依此类推，如果不考虑六神的特性，完全把六神抛弃，只依据六亲五行的状况来断卦，有些内容是很难断出的。

现举一例：

2000年7月28日，客户刘先生求测一合作项目能成否，能赚钱否？得“风泽中孚”变“风水涣”卦：

癸未月　丁亥日

龙	卯官	———		
玄	巳父	（子财） ———		
虎	未兄	— —	世	
蛇	丑兄	（申孙） — —		午父
勾	卯官	———		辰兄
雀	巳父	———	○ 应	寅官

此卦兄弟持世，应动化回头生而生世，事情当为对方主动，且项目为对方带来。日辰亥水之财合应爻寅木，对方也有一定的资金。卦中子孙伏藏，飞神月破伏神得出，财爻临日，项目可行。应爻临朱雀又临火爻，项目当为电子、通讯等项目。应爻临朱雀，对方善谈、快言快语、急性子。上述所断，客人均表示赞同。如果抛开六神，对方的情况是不敢这样断的。

二、六神与六亲组合效应

六神与六亲组合到一起，会产生更明确的标志，有利于断卦时迅速加以判断。

现将常见的组合列表如下：

	青龙	朱雀	勾陈	螣蛇	白虎	玄武
官鬼	官职的典型标志、领导、贵人、官场喜事、酒色之灾。	官非口舌的典型标志、辩驳、报案、咒咀、火灾、爆炸。	官司的典型标志、忧虑、纠缠、勾引、车祸、跌倒。	怪异、惊恐、纠缠的典型标志、主梦、占病为鬼魅缠身、吊死鬼、狡猾之夫、注定之夫。	疾病的典型标志、血光之灾、开刀手术、暴雪。	盗贼的典型标志、女测为情人、水灾、淹死鬼、淫乱、狡诈。
父母	文书、文凭、证件、法律条文、契约、官方档案、登记簿册、经文、学业佳。	文书的典型标志、书信、邮寄、电报、教师、文书、档案、证件、电话、电脑、文职工作、电影电视。	房产的典型标志、文书阻滞、劳碌牵挂、难产、房地产工作、执法工作、厂房、车站。	惊异的消息、细长物品、父母有惊。	跌打损伤、长辈有病、军职工作、车、雪、金属物品。	文书有伪、长辈有伪情相瞒、假的文书资料、雨。
兄弟	胞兄弟、正义朋友、朋友临喜、因喜事花钱。	口舌是非的典型标志、争吵、搬弄是非、善谈之兄弟。	诚实之兄弟朋友、阻隔。	受阴谋暗害骗财、吝啬。	朋友疾病缠身、义气、破大财。	欺骗的典型标志、赌博破财、股票破财、好赌。
妻财	正义之财、发妻、喜财、美女、豪华酒店。	汇款、善言之妻、公关之妻、碎嘴婆、工资。	诚实之妻、诚实之女人、房地产之财、死工资。	注定之财、注定之妻、妻子神经质、歇斯底里、怪异、吝啬、妻瘦。	富而带疾、妻子有病、金属之财、大财、妻子厉害、妻子白、西餐厅、银行、钱柜。	伪骗之财、情人、三陪女、赌博之财、股票之财、狡猾之妻、内向之妻、小金库。

续上表

	青龙	朱雀	勾陈	螣蛇	白虎	玄武
子孙	气质清闲高雅、事业为清闲、婚吉、不药而愈、休闲游乐、豪华饭店。	音乐歌曲、宠物雀鸟、念诵佛咒、游乐场所、歌厅。	公检法人员、房地产生意、继承人。	怪异、惊恐命中注定之子女、亦为积德、有阴功、瘦高之子。	子女有疾、医生、游戏机、西医或针灸。	偏门享乐、多物欲心理享受、子爱偷。

三、应用六神的误区

应用六神有两个误区：

误区之一，是把六神完全抛开不用，有的甚至不排。实践证明，不用六神，会大大降低断卦的丰富程度。这种观点的代表著作为《增删卜易》，在《增删卜易》的卦例中，均不排六神，当然也就不应用六神了，这和“野鹤老人”的断卦风格相一致，“野鹤老人”断卦从不断细节，更谈不上一卦多断了。不断细节，六神也就显得无用了。

笔者在开班教学中，是强调六神的作用的。现场演示的卦例，也都严格装排六神，学生问卦，不排六神一律不予回答，以养成良好的排卦习惯。

误区之二，是过分强调六神的作用。这是初学者易犯的毛病，一见青龙就言喜，即使临忌神，也易抱着良好的愿望；一见白虎就想悲，即使临原神，也会往坏处想。不摆脱这一误区，极易对所测之事的定性产生影响，从而降低预测的准确率。

第九节 应期深探

在上部，我们已就应期的基本规则做了阐述，这一节，笔者结合多年实践，试图解决一些高层次的应期问题。

一、应期的具体确定原则

看古籍及当代书籍，关于一种应期多半都定两个，比如，“动逢合、逢值”，那到底是逢合还是逢值，还是都可以应呢？没有说具体的。笔者现就常见的几种应期情况论述如下：

（一）静而逢值逢冲

什么情况逢值，什么情况逢冲呢，还是都可以？

旺度较强的卦爻，一般应在逢冲的时候较多。什么是旺度较强呢？日月相生、临月日生、临日月生、临日临月等，为最强状态，这种情况下，一般应在逢冲之时，旺不怕冲。

旺度不是很强的卦爻，一般应在逢值的时候较多。日生月克，再得动爻生；月生日克，再得动爻生；月生日泄耗，再得动爻生；日生月泄耗，再得动爻生。上述种种，一般应在逢值之时。

当用爻旺衰适中时，多应在先出现的应期上。

为什么呢？因为卦理就是平衡学，断卦就是在寻求平衡，衰者强之，旺者库之。上述第一种情况，不需要再增旺，故冲之即可；第二种情况，旺值不高，故值之使之更旺，方可应事。

（二）动而逢合逢值

主事爻为动爻，当应在逢合逢值。与上相近，当动爻旺度很强时，多应于逢合之时；当动爻旺度不强时，多应于逢值之时。当用爻旺衰适中时，多应在先出现的应期上，道理同上。

（三）太旺者，逢墓绝逢冲

什么为太旺呢？卦爻临日月为之。《黄金策》“太过者，损之斯成”，就是指这种情况。这时，当应在逢墓绝、逢冲之时。那什么时候应在逢墓绝，什么时候应在逢冲呢？

如果太旺者为静爻，多应在逢冲之时；如果太旺者为动爻，多应在逢墓绝之时。

（四）衰绝者，遇长生遇旺

主事爻衰绝，当其逢生旺之时为应期。

一般具体规律是：主事爻遇衰，应期当在帝旺之时；主事爻遇绝，应期当在主事爻逢长生之时。

（五）入三墓俱喜冲开

就是主事爻临三墓，所谓三墓，即日墓、动墓及化墓。这时，当墓爻或主事爻逢冲之时应验。在每一个具体预测中，是冲墓还是冲用爻为应期呢？

如果用爻旺，冲墓或冲用爻均可应验，具体就看哪个应期先轮到；如果用爻衰，一般只能应在墓爻逢冲之时。因为用爻如果衰，就承受不住冲击，或自身动能太弱，冲之也难于引发。

（六）遇六合亦宜相击

如用爻被合，必待冲开之月日为应期。冲谁呢，是用爻还是来合之神？

如果用爻旺相，冲用爻和冲来合之神均可。如果用爻不够旺，勉强具备成事的条件，则不宜冲用爻，多应在冲来合之神上。

为什么说“来合之神”，而不说卦爻呢？因合用爻的不单卦爻，还有日月。应期能应在冲日月上吗？一般来说，如果日月并卦中之爻，则可应在冲日月上，因为此种情况，日月已经下凡人间，将遵从人间的规范。但如果日月不并卦中之爻，则不能冲日月，日月如天，神圣无比，岂可去冲？又怎能冲得着？

（七）月破喜逢填合

如用爻月破，应期当在逢值、逢合或出月之时。

在这一应期中，最难于把握的是什么情况需要出月而应，什么情况下不需要出月便应。

当用爻临日辰，又得动爻生等旺度较高的情况时，可不出月便可以应事；当用爻也可以成事，但旺度不是很高时，则需要出月方应。

（八）旬空最爱填冲

如主事爻旬空，应期当在出空、填实、逢冲之时。

出空和填实相近，阳支空，出空即为填实；阴支空，出空的第二天也即填实了。比如申酉空，出空即为甲申日，第二天则为乙酉日。

这一项的关键是出空与逢冲的区别，也就是什么情况下应在逢冲，什么情况下必须出空方应。一般情况下，如果用爻的旺度不是很强，则必须出空填实方应；而当用爻的旺度较强时，则可提前应在逢冲之时，当然这是指入空时间较短的卦爻，如果入空时间长了，过了逢冲之期，就不存在逢冲的概念了，因过几天就直接出空了。

（九）化进神，逢值逢合

如主事爻动而化进，则应在动爻逢值、逢合之时。

这一应期中，存在一个具体是应在逢值还是应在逢合的问题。一般来说，用爻旺度较高时，逢值逢合都可以，哪个应期先到就应哪个；但当用爻的旺度不是很高时，则只能应在逢值之时。

（十）化退神，忌值忌冲

如主事爻动而化退，则应在变爻逢值、逢冲之时。具体情况是，当用爻旺度极衰时，应在逢值之时较多；当用爻旺度没有达到极衰状态时，多应在退位逢冲之时。冲则使其彻底退去。

（十一）间有应于变爻动爻

对于一个爻动的卦，应在独动之爻逢值逢合之时，但有时不应在动爻位，却应在了变爻位。那具体如何区分呢？

这种情况比较复杂。第一，要具体分清动爻的六亲与变爻的六亲关系。比如，财爻动，是变出了什么六亲，又要结合预测何事。如果是回头生克的关系，则多应在变爻上，因为变爻有力才能生克本位的动爻。

第二，还要结合动爻和变爻的旺衰状况。在这一条上，多应在较衰的或毛病大的那个爻上，不管它是动爻还是变爻。

在具体预测中，上述两条要结合考虑，方可准确定出应期来，这实际上就涉及到了复合应期的问题。

（十二）忌神来冲来克，须观忌神临值位

测事忌神动而来冲克，凶事多应在忌神逢值逢合之时。

是逢值还是逢合，也是要结合忌神的旺衰状况及逢值逢合到来的先后顺序，有时先到者先应。旺衰状况不同时，旺时，逢值逢合都可能；衰时，逢值的可能性更大。

（十三）原神来助来扶，应于原神逢值合

测事原神动而来生扶，成事多应在原神逢值逢合之时。

原神强旺时，应在逢值、逢合都有可能，则先到者占优了；原神不很强时，则应在逢值的可能性更大。

现举一例：

一亲属做小买卖，几日不开张，2001 年 3 月 1 日，见到笔者求测何日开张进财？得“地风升”变“地天泰”：

庚寅月　癸亥日

虎	酉官	▅▅ ▅▅		
蛇	亥父	▅▅ ▅▅		
勾	丑财	（午孙）▅▅ ▅▅	世	
雀	酉官	▅▅▅▅▅		辰财
龙	亥父	（寅兄）▅▅▅▅▅		寅兄
玄	丑财	▅▅ ▅▅	×应	子父

测进财以财爻为用神，此卦财爻持世，但休囚月克又旬空，原神不现，经营不会好。那是不是一点财都没有呢？还不能这么说，因终归是财爻持世。那何日能有呢？财爻旬空当在出空、值日之时应之，也就是明后天的甲子、乙丑日。

结果，次日果进小财 50 元，丑日又进财 130 元。

由这个卦可知，旬空之爻不一定要应在值日，出空即可应之。但因财爻衰弱，逢值之时应得更强。

再举一例：

2006 年 1 月 23 日，同学小聚，闲来预测买一外衣何日能买到，质量如何？得“水风井”卦：

己丑月　壬子日

虎　子父 ▅▅ ▅▅
蛇　戌财 ▅▅▅▅▅ 世
勾　申官 ▅▅ ▅▅（午孙）
雀　酉官 ▅▅▅▅▅
龙　亥父 ▅▅ ▅▅（寅兄）应
玄　丑财 ▅▅ ▅▅

衣服当以父母爻为用神。此卦财爻持世，应临父母，为忌神持世。凡忌神持世，事成也慢。此卦父母爻在卦中两现，且旺相又临日辰，买到不会有问题。应父临青龙，衣服必好。应父下伏寅兄，又得日生，价格不菲，但旬空，有折扣。卦中用神临水，外卦为坎，为黑色。六爻父临白虎，为毛皮领。

什么时候能买到呢？静逢值、逢冲，当日临用神，但因不会很快，故不能断当日。巳日冲动亥父用神，必应。

后果于五天后的丁巳日买到可心的衣服。所买衣服为“尼克服”，衣服中间为貂皮，貂皮毛领，果然为黑色。

此卦正应静逢冲。

二、复合应期探讨

所谓复合应期，一般是在多爻乱动的背景下，把旺衰、空破、动变、合冲等因素都考虑进去，最后得出的应期。复合应期是很难把握的。只有把应期的各种原理都熟练掌握，方可作出准确的判断。

复合应期很难用几句规则把它定下来，现通过一例加以说明：

2001 年 9 月 1 日，某政府周先生测何时可升迁？得“雷山小过”变“火天大有”：

丙申月　丁卯日

龙　戌父 ▅▅ ▅▅ ×　　巳官
玄　申兄 ▅▅ ▅▅　　　未父
虎　午官 ▅▅▅▅▅ 世　　酉兄
蛇　申兄 ▅▅▅▅▅　　　辰父
勾　午官 ▅▅ ▅▅ ×　　寅财
雀　辰父 ▅▅ ▅▅ ×应　子孙

测升迁，当以官鬼爻为用神，父母爻为文书、文件、单位等。此卦官鬼临午火持世，得日辰生；二爻又一午官发动，化寅木财爻回头生；初爻辰父发动，而化子孙；六爻戌父发动，化巳官回头生，而且旬空又被日辰合。综合观之，此卦较复杂，但状况应该不坏。所以，当以可升迁断之。

卦中两个父母爻均发动，父母爻表示工作单位，动则单位将换。特别是初爻父母动化子孙，更是工作单位变动之象。初爻为本地，六爻为外地。但应爻为目标的，它爻为其他单位。于是，又可断之：当在动中提升，而且，目标单位去不了，会去其他单位。

什么时间呢？这就涉及到了复合应期。断到来年辰月工作变动，午月升职，而且当为正职。因卦中明现辰动化孙，六爻戌逢合，合待冲，旬空，空也逢冲为应。午月官动逢值，升职。

结果，果然到来年辰月工作发生了变动，被调到了外省的一个办事处工作，原级别没变。午月，因原主任到站，而提升为正职。

第十二章 《黄金策》总断精解

《黄金策》可以说是六爻预测的宗祖之作，从它产生以来，后来者就多半没有离开其左右，根据各自的实践体会，对其进行注释的更是不胜枚举。

但《黄金策》如果离开了使用条件，其价值就会大打折扣，也可以说，就失去了在实践中应用的准确性。这一使用条件，便仁者见仁、智者见智了。

下面就是笔者结合多年的实践，对《黄金策》进行的一定程度的注释，与有缘人交流。

动静阴阳反复迁变。

阴阳是易学的基本元素，世界万事万物无不在阴阳之中。阴阳又是在不停的变化之中，阴极则阳生，阳极则变阴，是整个大自然的法则。动静是物质的两种状态，动是绝对的，静是相对的。在一个卦中，也有动静两种状态。即一卦六爻有动爻和静爻之分，阳动变阴，阴动则变阳。爻动生变故，又有变好和变坏之分。动爻在一卦中的作用要胜过静爻。有时，事情因动而成；有时，事情又因动而破。

虽万象之纷纭，须一理而融贯。

“万象”之“纷纭”，一指世间万事变化多端，二指卦中卦象、爻象之多样，显象之复杂。下句之“理”指阴阳变化之理，“生克、制化、刑冲、合害”之理，高度概括便是中庸之理。虽变化万千，其理惟一。

夫人有贤不肖之殊，卦有过不及之异。

此即言卦理通人事。人有好坏之分，忠奸、善恶之别，卦也同样有“过”和“不及”之分。“过”与“不及”主要指卦爻之旺衰而言，衰故不可，过旺亦非美事，惟有中和方为上乘。

太过者损之斯成，不及者益之则利。

“太过”，是指用爻过旺重叠，比如用爻临年、月、日，又多现于卦中。这种情况下，则“损之”方好。

“不及”，对应太过。是指用爻衰弱，但有气有根的情况。这种情况下，“益之”则有利。

上述的论断，是在阐述卦爻的均衡之理，阴阳要平衡，五行要平衡，旺衰要平衡，多少要平衡。总而言之，平衡是自然界生生不息的一大原则。

然而，这句话却又极易理解错，有些人误认为，用爻过旺了，反倒不能成事，这是错误的。“太过者损之斯成”，其实是针对应期而言，即用爻太过，必须损之方可成事，也就是必当在其墓、绝之时，方能应事。同理，“不及者益之则利”，也是针对应期而言，即用爻旺度不够时，必待生之、旺之之时，方可应事之吉凶。此点还当注意的是，必为定性可成，方有应期，若原卦过衰，定性已不成，则不存在益之则利了。

六爻卦不存在过旺反断不成之理。

生扶拱合，时雨滋苗；克害刑冲，秋霜杀草。

“生”指五行相生；“扶”指同类五行长助幼，即亥对子、寅对卯、巳对午、申对酉、丑对辰、辰对未、未对戌、戌对丑；“拱”指同类五行幼助长，即子对亥、卯对寅、午对巳、酉对申、丑对戌、戌对未、未对辰、辰对丑；“合”包括两两相合、三合局及六合卦，如子丑合、巳申合等为两两相合；寅午戌、巳酉丑等皆为三合局；地天泰、水泽节等为六合卦，即卦中每两爻均相合。“生扶拱合”，是使卦爻变强旺的四种形式，用神临之，一般以吉论，故先贤喻为“时雨滋苗”。

“克”即五行相克，如申克卯、戌克子等；“害”即六害，子未相害、丑午相害、寅巳相害、卯辰相害、申亥相害、酉戌相害；“刑”即地支相刑，寅与巳、巳与申、申与寅或寅巳申全为恃势之刑；丑与未、未与戌、戌与丑或丑未戌全为无恩之刑；子卯互见，为无礼之刑；辰、午、酉、亥各自重见，或辰午酉亥全为自刑。“冲”即地支相冲，子午冲、丑未冲、寅申冲、卯酉冲、辰戌冲、巳亥冲。“克害刑冲”，是使卦爻变弱的四种形式，用神临之，一般以凶论，故先贤喻为“秋霜杀草”。

需加重笔墨的是，“刑”与“害”的作用问题，诸书论述不一，有的甚至完全废弃不用，笔者认为，这是错误的，刑害均有其用，但其作用远小于冲克，而且表现形式也有所不同。

生扶拱合、克害刑冲的作用表现在两方面：一者决定事情的成败、性质；二者反映事情的状况、过程、细节等。刑害的作用，主要表现在后者。难怪野鹤老人在《增删卜易》中说，三刑“合过数十年，只验得一卦”，(即测子病因寅巳申三刑而死）“六害全无应验”而删之，因老人不注重细节，只谈事情的结果。

长生帝旺争如金谷之园，死墓绝空乃是泥犁之地。

长生、帝旺、死、墓、绝为长生十二神中的决定卦爻旺衰比较明显的五位，比如木长生在亥，帝旺在卯，死于午，墓于未，绝在申。其中长生、帝旺为使卦爻变旺之神，死、墓、绝为使卦爻变衰之神。

十二神也有两种作用，一种参与决定卦爻的旺衰，从而参与定事情的成败性质；一种表示事情的状态、细节等。

关于此十二神，有的书只对日辰而论，如卯爻见亥日为长生，见未日为墓库；笔者认为，卦爻除对日辰论之外，对月建、太岁、动爻、变爻及伏神对飞神等都可论之。如亥年见卯爻为遇年长生，如测长久经年之事，则有作用；巳动化寅亦为化长生，巳伏于寅下亦为伏神得长生等。

“空”为旬空之意，如辛卯日午未空。空也有两层含义，一层使卦爻变衰，一层表示卦爻的特殊状态。

“金谷之园”意即金秋堆满粮食之园地；“泥犁”即泥泞不好走之地(诸书之解释为地狱，吾以为不妥)，正反映了“死墓绝空”与“长生帝旺”的不同。

日辰为六爻之主宰，喜其灭项以安刘。

对卦中各爻起重要作用的，一为日辰，一为月建。无日、月，卦便无法断。“主宰”及下文的“提纲”意为强调其重要。日辰决定着卦爻的多种状态，由日辰论旺衰，由日辰论旬空，日辰可冲起、冲实、冲散卦中之爻，也可合住、合起、合旺卦中之爻。日辰可以成事，也可坏事。助起用神，则事易成；助忌神，则事易败。“项”即“项羽”，“刘”即刘邦。意即项羽为邪恶，刘邦为正义，故日辰灭项、安刘怎能不喜呢？

月建乃万卦之提纲，岂可助纣而为虐。

月建为五行旺衰之根，卦中之爻的旺衰，首先当与月建对照。月建好似先天，如春之木为当令必旺，秋之木为死绝必衰。月建还可破卦中之爻，使之在月内“作废”。如此强大力量之月建，如生助忌神，岂不是助纣为虐了！最恶者岁君，宜静而不宜动。

此句实为谈太岁之作用，太岁即测卦时之年支。此段是以太岁为忌神论之，太岁为喜神亦当同理。即当太岁为忌神时，宜静不宜动；当太岁为喜神时，动也为大利之象。

太岁的作用不同于日辰和月令，太岁不决定卦爻的旺衰。一般情况下，太岁不起什么作用，所谓“太岁不理家庭琐事”。只有当通过月、日已定吉凶后，太岁又火上浇油，则事更重。但当测一年之事时，太岁之作用就大了，太岁临忌神动，凶灾不小；太岁临喜神动时，其吉喜也非一般。最要者身位，喜扶而不喜伤。

“身位”即卦身，此处被看得很重。然从古至今，众说不一。笔者认为，善用者则用之，不善用者，也可不用。因用神，世爻等，将所问之事已大体言明。用者，则要看卦身是否出现，几个卦身，与月建、日辰、动爻是何关系。宜得生扶拱合，不宜受刑冲克害，即“喜扶而不喜伤。”

世为已，应为人，大宜契合。

测卦世爻为自己，应爻为他人，世应相生合为宜。此处主要指测双方关系之事，不涉及双方关系之事，世应关系作用减轻，或不必看之。

动为始，变为终，最怕交争。

动爻为事之始，变为事之终。变爻对动爻之作用最大，很难避，很难化解。动变共有五种关系：变生动，谓回头生；变合动，谓回头合；变克动，谓回头克；变冲动，谓之反吟；变动一致，谓之伏吟或化进、化退。其中变克动，变冲动即为“交争”。故动爻若为用神、原神、世爻，则“最怕交争”；但若为忌神，则反喜交争，此点当必知。

应位遭伤，不利他人之事；世爻受制忌宜自己之谋。

“应位”，即应爻也。测自己之事，当看世爻及用神；测他人之事，有以六亲关系为用神者，有以应爻为用神者，当以关系之远近等定之。

以上为传统观点。笔者认为，测他人之事，必用神、应爻同看，且需“破译”方可。故应爻受伤，便“不利他人之事”。测自己之事，世爻受制，怎“宜自己之谋”？

世应俱空，人无准实。

此句谈旬空之作用，空则不实。凡测双方之事，世为自己，应为对方，世应俱空，则双方均无诚意。特别是衰而又空，即假空，更为严重。

内外竞发，事必翻腾。

“内外竞发”，即指内卦、外卦均有发动之爻，“竞”有“竞相”、“纷纷”、“全部”之意。卦爻不乱动，动必有因。一个动爻一个焦点，因内外卦均动，多爻乱动，事情必复杂。多书解为“冲克”，吾以为不妥。

世或交重，两目顾瞻于马首；应如发动，一心似托于猿攀。

此句谈世爻、应爻动变状。“两目顾瞻于马首”、“一心似托于猿攀”，皆指变化不定，所谓心猿意马。意即世应动则事易变。但此点亦当活看，如世动化回头生，则动而愈坚，即不变矣。

用神有气无他故，所作皆成；主象徒存更被伤，凡谋不遂。

用神及“主象”即主事之爻，包括用神、世爻及相关之爻等。如上述之爻旺而有气，又没有其他毛病，则所谋必成；如衰而受伤，则求事难成。这里的“毛病”、“受伤”，当然是指受冲、克及空、破等。

有伤需救。

此名之“伤”当是关键，“伤”即用神或世爻受月、日或动爻、变爻克冲之意。如克制用神或世爻之爻受月、日、或动爻克制则为受伤有救。

无故勿空。

“故”，即受伤的意思，“无故”既没有受伤，也就没有原因。“勿”即不要、不应的意思。“无故勿空”，即没有被伤等原因就不要空，如果空了，就为“无故之空”，这是不吉之象。

同理，也存在有故之空，因为受日、月、他爻冲克而处空地，则为避空之需，反为吉象。

“旬空”概念简单，应用起来劫很复杂，笔者认为，“旬空”可分如下几类：

A. 真空；B. 假空； C. 无故之空。

如果旬空之爻衰弱无气，即使不空也很难成事，这便是真空。诸书有云：“春土，夏金，秋树木，三冬逢火是真空。”笔者认为，这是真空的小概念，且并不准确。比如，午火之爻，在亥月，如果旬空，便符合此条，但若得庚寅日相生，卯木动而相生，此爻旺而有气，这便是假空。假空之爻出空值日、逢冲等时，均可为用。

旬空之爻不受日、月、动爻伤克，便为无故之空，无故之空为真心想空，因此很多情况下非吉兆。好比，要参加一个会议，某人未到为空，如若此人有病、有突发之事等，即为有故之空，如果此人无病，又无事便为无故之空，便是思想有问题了，这便是无故之空。旬空之爻受日、月、动爻伤克，为有故之空，古人有称之为避空者，很有道理。避空为吉象，出空之后便可成事。

空逢冲而有用。

旬空之爻逢冲，冲空则实。并非所有的旬空之爻逢冲均可冲实。所以，空逢冲而有用，并不是所有旬空之爻逢冲均有用，关键要看此旬空之爻有无根基，即有无旺度。旬空而强旺之爻逢冲，为冲实；如果旬空之爻衰弱已极，再逢冲已破散，怎能有用？

合遭破以无功。

“合遭破”即合处逢冲之意。

“合处逢冲”有如下几种情况：

A. 爻与爻合，得另一爻来冲。如申合巳，得亥爻来冲。这一条还要看此三爻之力量对比，如果巳、申之力大，亥水无力，则此冲无力，虽也称合处逢冲，但难以冲开。

B. 爻与爻合，得日辰来冲。如巳与申合，得亥日相冲，必定冲开。

C. 六合卦，即内外诸爻均相合，实为上款之延伸，此卦逢日辰冲，也为合处逢冲。

合处逢冲相当于人际关系先合后散、先好后坏，事情临成见散。

“合遭破以无功”，要看所测何事，测吉事“无功”，测灾难、疾病、麻烦等，合逢冲反吉，病灾消散也。

此外，还要看是什么爻被合，是用神被合，还是忌神被合。若用神被合，冲开来合之爻当为吉象；若忌神被合，冲开来合之爻，忌神被释放，岂能不凶？

所以，“合遭破以无功”，当是从双方关系的角度而言的，不可广泛用之。

空自化空，必成凶咎。

“空自化空”指动爻旬空，变出之爻也旬空。另外，此动爻是指用爻（世爻、用神）而言，若为忌神，则当反论之。

然而，此论也不尽然。此“空”，当为上文笔者所注“真空”方有此论；若为“假空”，则何成凶咎？如测财，得寅木财爻旺动持世化出卯木之财，且寅卯旬空，则出空后，此财必得，何来凶咎？

刑合克合，终见乖淫。

“刑合”，合中有刑，只有巳与申为刑合；“克合”，合中有克，包括子丑合、卯戌合、巳申合三种情况。“乖淫”，指不利，祸害。

笔者认为，克合，以克为主，合为辅；刑合，以合为主，刑为辅。但也要具体分析，并非见克就凶。如测财，子父旺而持世，丑财有气临应动而相克，则为得财无疑，何见“乖淫”而不利？

动值合而绊住。

动爻遇爻合，遇日辰合为合而绊住。即不能应事之吉凶，必得冲开动爻之时，方可应事。

古来原理皆如此，但笔者多年的实践证明，有时也有合不住的情况，即虽遇合，在逢冲之前却应了事。

究其原理，主要是由于发动之爻力量太强，相当于惯性太大，好比一辆超速行驶的汽车，想通过刹车立即停止是不可能的，必会冲出一段路程。

绊住之理还体现在两个方面，一个是到时候（应期）会冲开，一个是合住就不再有行使能力的可能了。

静得冲而暗兴。

静爻逢日冲有两种情况：一种静爻旺相，得冲为暗动；一种静爻衰囚，得冲为日破无用。

静爻逢月冲为月破，也有两种情况：一种是静爻，不得日辰及动爻之生助，则为终破无用，或称真破；一种是静爻得日辰、动爻之生助，月内休衰无力，出月、逢合、逢值等，其力便发，这种笔者称为假破。

静爻逢动爻之冲也有两种情况，一种是动爻强旺有力，冲静使之暗动；一种是动爻休衰无力，虽冲也无多大力量。

所以，“静得冲而暗兴”要分不同情况分别对待，有暗兴者，也有不兴者。

入墓难克。

入墓分两种情况：一种是入墓便不生克他爻，一种是入墓便不被它爻所生克。

动爻入墓有三种墓：一种为日墓，一种为动墓，一种为变墓。动爻入墓，便失去其生机，无生克之力。此动爻又有两种情况，一种是动爻旺相有力，一种是动爻休衰无力。有力之动爻即便入墓，待逢冲之时，其生克之功便开始发挥，这种情况又称入库。休衰之动爻入墓，日后逢冲亦无力生克他爻，这才是真正的入墓，死亡之墓。

有“入墓难克”，就有“入墓难生”，道理相同。

带旺匪空。

此句谈空的两种情况：即旺爻和衰爻。此空，当就上文所谈之“真空”而言。即旺相之爻虽旬空，也不为空，即不为真空，只是暂时空，旬内空，一但出旬、值日、逢冲便可应事之吉凶。初学者往往认为旬空不论真假，均为不空，则大错矣！

初学者还有一点容易混淆，所谓“旺不为空”，是指不为真空，但仍然为假空，和不空之爻还是不一样的。假空也是一个符号，在某些方面要有所体现的。

但如是囚衰之爻逢空，则为真空了。

贪生贪合，刑冲克害皆忘。

此句实为谈多爻之关系。如用神受忌神克，有原神动则不受克，忌神则生原神，原神又来生用神，形成连续相生之势，称为贪生忘克。这是一般情况，更深层次的是，有些情况是不能贪生忘克的，如搭桥之爻毛病太大等。还有一种情况，一爻动，本可克他爻，但又动出一爻，与该爻相合，或该爻自化回头合，则该爻也不会生克它爻了，称为贪合忘克。

冲、刑、害也是一样。如卯来冲酉，有戌动来合卯，则卯便不冲酉了，此谓之贪合忘冲；再如，用爻为子，卦中动出卯，本可刑子，但又动出戌，卯戌相合，故卯不刑子，谓之贪合忘刑。

诸书认为，用神为巳，卦中动出寅木，寅巳本相刑，但因寅可生巳，故不刑巳。笔者认为，此论不妥。寅与巳的关系，当为生中有刑，只不过以生为主，刑为辅而已。

更需强调的是：用爻为申金，卦中动出午火，但午火动化丑土，有书认为此午火贪生丑土而忘克申金，此论差矣。午火还是克申金，只是因午动化丑泄气，克力有减而已。

还需说明的是，上述原则，不只适用于用神，而且也适用于忌神、原神等，如子水用神，本有申动生之，但又动出巳火，则巳申合，申不生子也。再如，子水用神，戌土忌神旺动克之，然有寅木动而克戌，则戌土有制克子水之力减弱。如卦中又动出亥水，则寅与亥合，寅木失力，戌土无制，子水又受克难免了。

总之，在多爻乱动时，一定要理清各动爻之间的关系，方可作出准确的判断。

有助有扶，衰弱休囚亦吉。

此句应该理解为，卦爻不合时令而休衰，若得卦中它爻动而相生，则衰爻变旺了。若为用神，则事情为吉。若为忌神，则凶。所以，月建只是决定卦爻旺衰的一个方面，只有把日辰与动爻同参，方可最后决断。

别衰旺以旺克合，辨动静以定刑冲。

此句谈到了旺衰及动静，卦爻有旺、有衰，有静、有动。动爻可克静爻，静爻不能克动爻；旺静之爻可克衰静之爻，衰静之爻却不能克旺静之爻；衰动之爻可克旺静之爻，旺静之爻却不能克衰动之爻。但还要看程度，衰动之爻，随衰力增加而克力逐减。

卦爻之刑冲，也要随卦爻之旺、衰及动、静而变化。旺动，则刑冲力大；衰静，则刑冲力小。

并不并，冲不冲，因多字眼。

并，指卦中之爻临日辰；冲，指卦中之爻受日辰冲。日辰之力很大，为"六爻之主宰"，然遇下列情况却可出现"并不并，冲不冲"的现象。如，子日测卦，卦中子爻出现，则为并日辰，子爻不动，为很旺的状态，然若子爻动而化墓、化绝、化克，则子爻反变坏而应凶，且不成可应于当日。又如，子日测卦，午爻为用神，则子日冲克午爻，午爻当衰极。然若卦中又动出子爻，且子爻化墓、化绝、化克，则子日辰便不冲克午爻了。

笔者将此日辰受制现象命名为"星辰下界"，即卦中之爻不能伤日辰，但若日辰并爻之时，则可受其他卦爻所制。好比神仙在天上之时，人不能害之，但若附体人间，则便受人间准则之约束。

有书认为，卦中并日之爻多一个，则不并；受日冲之爻多一个也不受冲。如子日测卦，卦中有二个子，则子不并日；或二个午，午也不受冲。笔者认为此论不妥。

刑非刑，合非合，为少支神。

刑即三刑，合即三合，此句意为，刑合不成，是因为少了一个卦爻神。《增删卜易》否定了此句，主张有两爻出现，一爻不现也可成局，到流年、流月、流日出现另一爻时，三合局便形成了。且各举一例说明之：笔者认为，此论不妥，所举之例，并非少一支，只是未动而已。所举之三刑之例，确少一支申，但此卦之所以应在申，并非三刑之力，而是世爻寅木妻财，休囚入日墓又动而变鬼，已为死兆，申日世爻寅木再逢冲而应凶也属正常应期。

爻遇令星，物难我害。

令星，指月令，此句意为，卦爻值月建，其他动爻便不能克伤之。

准确讲，当是克伤也不能为害，因月建力量极旺，而不是不克伤。

伏居空地，事与心违。

此句意为，用神伏藏，且又旬空，则事难谋成。初学者认为伏神藏于旬空之飞神之下就错了。

此句也不全面，还是离不开卦爻旺衰这一根本，如果用神旺相，虽伏而又空，仍可成事，只是应期的问题。例如：2001 年 2 月 17 日酉时，庚寅、辛亥，某人测何日可进财，得“水山蹇”变“水风井”卦。断财爻出空值日之时必得财，果于四日后乙卯日进财 4020 元。

此卦之关键在于财爻卯木旺相又得日生，虽伏而又空，也难以压制呀！但若用爻本来不旺，再加伏藏、旬空，怎能不“事与心违”？

伏无提拔终徒尔，飞不推开亦枉然。

此句意为伏神不得月、日、动爻之生、扶、拱、合，则伏神徒费心力而无成；飞神若不被月、日、动爻等冲开，也难以成事。

此句实为论述伏神可用与否及应期的问题。即伏神如果旺相有气得生扶或飞神受冲则事可成，应期又多应在飞神逢冲之时。

空下伏神易于引拔，制中弱主难以维持。

“空下伏神易于引拔”意为飞神旬空，则伏神较易出现应事。

“制中弱主难以维持”意为用神如受日、月所制，则如枯木无根，难以成事。

这里需要强调的是，有时伏神很弱，只因飞神旬空，伏神便可出，即就可应事。

日伤爻真罹其祸，爻伤日徒受其名。

此句意为，日辰伤克卦爻，会使卦爻受害；卦爻伤克日辰，则徒劳无功。实际就是讲日月可克卦中之爻，卦中之爻却不能克日月。

墓中人不冲不发，

“墓中人不冲不发”，意为用爻入墓，即受约束，故必须冲开墓库方可现生机而发挥作用。

关于此点，诸书多未谈透，故而令后学无所从。

其疑有：

一、是测卦时受冲，还是日后受冲？

二、是墓库受冲，还是入墓之用爻受冲？

野鹤老人在《增删卜易》中谈到了用爻的旺衰问题，可惜上述二点仍未触及。笔者认为：

一、此句所谈之墓，当为三种墓，即日墓、动墓、变墓；

二、墓受冲一者为测卦之日即受冲，此点包括动墓和变墓受日辰所冲；二者为日后应期之所系。即测卦时入墓，后逢冲之时成事；

三、受冲之爻有两种：一种为墓爻受冲，一种为用爻受冲。

如：寅木为用爻，动化未土墓库，则逢丑日冲库或逢申日冲用爻均可应。

四、用爻之旺衰程度是决定事情成败的关键，用爻旺相有助，事可成，则可应冲墓、冲爻之时；如用爻休衰无气再入墓，则此事不成，冲则破矣，更无应期可言。

身上鬼不去不安。

“身上鬼不去不安”，意为官鬼持世之卦，最宜他爻动来冲克而去之。

此冲克也有两种情况，一种为测卦时原卦局即有克冲存在，一种为日后逢冲克时为应期。但需知，原卦局的冲克仅限动爻及变爻，不含日辰，因日辰冲旺爻为暗动，反有助鬼之嫌。

在此还需强调的是，持世之官鬼的强弱旺衰，官鬼旺则喜之，官鬼衰则承受不住强旺之冲克，官鬼极衰时，克去的便不只是鬼还有自身，反倒为害了！

同时，这种卦一定不是求官、求名之卦，如为求官、求名等以官鬼为用神的卦，则不能去之，克去了哪还来官呢？

德入卦而无谋不遂，

“德入卦而无谋不遂”之“德”字，诸书多解为“合”之意，“德入卦”即用神合世，日辰临用合世，日辰生合用爻等，则无谋不遂。

笔者认为，结合下半句，德字当解为原神之意，即原神入卦而有力，则用神有源，无谋不遂。当然，还要结合其他方面，如何爻持世等。

忌临身而多阻无成。

“忌临身而多阻无成”，“忌”即忌神。忌神持世，则多阻无成。

要强调的是，此况只是一般情况，有些特殊情况，忌临身仍可成事，如：

一、忌神持世动而化出用神，此为成事之象；

二、忌神持世较弱，用神强旺，或持世忌神有动爻制之，用神旺而有气，亦为成事之象；

三、忌神持世，用神动来合世，亦为成事之象；

四、测求财等，用神冲世，也为成事之象。

卦遇凶星避之则吉，爻逢忌杀敌之无伤。

“凶星”即冲克用爻之神；“避”即回避之意。避之法有二：一为旬空，二为伏藏。这一点恰是旬空、伏藏显吉性的辨证体现。这句话的意思是：日、月或卦中忌神发动伤克用爻，此时用爻旬空、伏藏则反为吉，而不受其克。

“忌杀”即忌神。“爻逢忌杀敌之无伤”，意即用爻逢忌神克制，如有爻来克制忌神，则用爻不受伤也。在现实社会中，相当于一个人被罪犯恐吓，但出现了警察来制约罪犯，这个人是不会受伤害的。

有书将“敌之”解为有同类相助之意，即身强可抗杀克。吾以为此解不妥，身虽强，忌神克仍在，只是程度轻重而已。如《增删卜易》之例正说明此。

主象休囚，怕见刑冲克害。

“主象”，指用神和世爻等用爻。主象本已休囚，再见“刑冲克害”，必然元气尽伤，无成事之可能。

把主象解释为一卦的大象是错误的。

用爻变动，忌遭死墓绝空。

用爻发动，本为好事，动则力量增强。但若化死、墓、绝、空，为化坏，所求之事必难成，动而不如不动了。所以，“忌遭死墓绝空”。

然而，现实中并非这样简单了事，有些情况下化死墓绝空照样可以成事。比如，动爻妻财子水旺相，动而化巳火父母，巳父也有气，这种情况下，求财必有，为“因父而得财”。然而，子动化巳，恰为化绝。

再如，动爻妻财亥水旺相，动而化申金子孙，申金也有气，不过申金子孙旬空，此况求财也是必有的，只不过得财之日为出空之时而已。

用化用，有用无用；

“用化用”之用，是指用神。这一句是指用神化用神，有有用的情况，有无用的情况。

用化用当有三种状况：第一，用神化进神；第二，用神化退神；第三，用神伏吟。

用神动而化进，成事之象；用神动而化退，事不久、不成之象；用神伏吟，痛苦难奈之象，但事情未必不成。所以，“用化用，有用无用”。

空化空，虽空不空。

旬空之爻又动化旬空，虽旬空却不以为空，实际就是指假空。仔细品位，这句话也是不全面的，离开了卦爻的旺衰谈旬空，没有确切意义。试想，如果该爻衰弱至极，虽空动化空，即便是化进神，也不能成为假空——“虽空不空”。

养主狐疑，墓多暗昧。

下面几句是谈长生十二神的用法。

“养”表示疑惑、犹豫；“墓”预示暗昧不明。

具体来论就是指卦爻在日辰临养地，或动而化养等，则该爻所示之人必处犹疑之态；卦爻在日辰临墓地，或动而化墓，则该爻所示之人必处暗昧不清之状。

比如，午火动而化丑土，为化养；动而化戌土，为化墓。

化病兮，伤损；

用爻动而化病，主伤损。用爻在日辰临病地，也主伤损。如寅木动而化巳火，或测卦临巳火日，用爻寅木均为临病，主伤损。

化胎兮，勾连。

用爻动而化胎，主勾连。“勾连”，即相连、缠绵、羁绊、勾引等意。用爻在日辰临胎地，也主勾连。

如寅木动而化酉，为化胎。

凶化长生，炽而未散；

凶，指忌神。忌神动而化长生，其力绵延，为凶象。比如，巳火动而化寅木，为化长生，则巳火之力会不断加大。

同理，原神动而化长生，原神生用神的力量也是不断加大，为吉象。

忌神、原神在日辰临长生也同理。

吉连沐浴，败而无成。

沐浴非吉神，最大的特点主因色情、桃花而败运，所以，沐浴又称为败神。“吉连沐浴”，就是吉神化沐浴，或吉神在日辰临沐浴，非吉兆。

这一观点有失偏颇。因十二神体系和五行体系有着一定的差异，不同的五行，沐浴可能为生，也可能为克，更可能为泄耗。比如，木见子为沐浴，正五行却为生；火见卯为沐浴，在正五行也为生；金见午为沐浴，在正五行却为克；土见酉为沐浴，在正五行却为泄。所以，难道寅木见子水不论生而论败吗？显然于理不合。但“败”的作用也并非不存在……

忌回头之克我，勿反德以扶人。

回头克是力量最大的一种克，也是避无可避的一种克。人对外来的威胁都可以想出办法来回避，惟有自身的威胁才是最难避开的。一个人想自杀，迟早会得手的，靠别人去看是看不住的。回头克就相当于自杀。所以，回头克为大忌。

然而，并非什么爻回头克都不好，用神、原神回头克为凶，忌神回头克不凶反吉，因忌神被制住了。

"反德扶人"，是指用神动不生合世爻，却去生合应爻。这时，尽管用神很旺，也无济于事，因其去生合了别人。这是在具体断卦时不好把握的地方，初学者往往只注重世爻与用神的旺衰，而忽视了或不会判断旺衰之外的东西。

恶曜孤寒，怕日辰之并起；

"恶曜"，指忌神；"孤寒"指孤单无力。忌神孤单无力，不会危害用神，但若"日辰之并起"——来帮扶，则忌神得力，必克用神，用神受伤，所求无成。

用爻重叠，喜墓库以收藏。

"用爻重叠"，指用爻太多，卦中最多可达四个：上卦一个，下卦一个，上下卦又各自变出一个。这种情况下，见墓库收藏较好。

这里主要是指应期，即用爻重叠，一般应在用爻入墓库之时。

事阻隔兮，间发；

间爻，是指世爻和应爻之间的卦爻。间爻发动，主所测之事有阻隔。

心退悔兮，世空。

世爻旬空，主自己没有底气，心不踏实，当然所求之事也难成了。

卦爻发动，须看交重；

"交"，指阴动；"重"，指阳动。交动主未来，重动主过去。所以，卦爻发动，要看一看是"交"还是"重"。

在实际预测中，这一条应验率却不高，读者不可不知。

动变比和，当明进退。

"动变比和"，意思是用爻动而化出同类五行。这时，要有所区分：一种为化进神；一种为化退神；还有一种为变伏吟。用爻化进神当然为吉，化退神、变伏吟皆为不利之象。所以要有所区别。

煞生身莫将吉断，

"煞"，指忌神。"煞生身"，即为忌神生世。此句告诉我们，忌神克世不利，忌神生世也未必为吉。这是一般情况，如果用神伏藏不现，煞生世就不凶反吉了。

用克世勿做凶看。

用神克世爻，不要便认为是凶。有一些情况用神克世为成事之象，不凶反吉。用神克世为事来找我，所谋易成。比如测财，财来克世，为财来找我而易得；测行人，用神克世人速回。

但有些情况下用神克世也为凶。比如，用神太旺而世爻过衰者，则世爻承受不住旺神之克，身被克破，焉能受财官？再如，用神克世却生应，也为所求为他人所得之象。

另外有一些情况，如求官，官鬼克世一般不以吉论，即便得之，到任后也极其不顺，还易因官得灾，官变成了鬼！

盖生中有刑害之两防，而合处有克伤之一虑。

此句是说明刑害与生克的关系及合与克的关系。

有一些地支是生中带刑害，比如，子与卯，即为生中带刑；午与丑，即为生中带害，寅与巳、申与亥、酉与戌也都为生中带害。如卦中出现申金动生亥水，不但要看到相生的一面，还要看到相害的一面。

同理，子与丑合，但合中有克；卯与戌合、巳与申合，也为合中有克。如卦中出现卯木来合戌土，就要想到卯木还克戌土。从易学视角来看，生生克克，刑刑害害本是自然规律，阴阳共生也是天经地义！

刑害不宜临用，

刑害本是十二地支之间的不协关系，所以，如其临用神，当然是不吉之征。包括日月刑害用神，也包括动爻、变爻刑害用神。

同时，此条不单指用神，还包括世爻等。所以，严格讲还是用用爻一词最恰当。

但切不可因小失大、因噎废食。如果刑害与相生相伴而现，还当以相生为主。就好比人际关系，两个人没有绝对的好，总是相投与相背同时存在，智者就要求同存异，求大同存小异，这样，才能在纷繁复杂的人间关系中立于不败之地。

死绝岂可持身。

本句是与上句相对的伴句，持身也可广义指所有的用爻，死绝不要落在用爻的头上，包括日月和动爻、变爻。

但严格来讲，也要分旺衰，如果用爻旺相，即便临死绝之地，也不影响其发挥威力而成事。如果用爻囚衰，再临死绝之地，则为害不浅了。

动逢冲而事散。

此句意为动爻逢冲不利，主散。显然，这个动爻是指用爻而言，若为忌神，则当为有利之象。

这句话也是值得商榷的。实践证明，旺相有力之动爻逢日冲不散，也就是照样可以成事。衰弱休囚之动爻逢日冲才为散而无用。

绝逢生而事成。

此句是讲绝处逢生。即用爻在日辰临绝地或动而化绝，若再得月建或动爻之生，即为绝处逢生，用爻可以发挥其威力而成事。这是一种解释；还有一种情况是，本句是在论应期，即临绝之爻逢长生为应期。若用爻虽临绝地，但在月令旺相，又有动爻生，为成事之征，成事在何时呢？当在用爻逢长生之时。

除恶未尽，死灰须防复燃；

下面四句疑为后人所加，但因内容确对原文有所补充，故本书将其列入。《增删卜易》将其排在六神及神煞的后面很唐突，将其排在此位笔者认为较佳。

此句的意思是忌神被克就要克死，克不死日后条件具备时就要“死灰复燃”。

什么情况为克死呢？日月俱克、月破日克为克死。

一般情况下，主卦之爻容易被克死，变卦之爻不易被克死。因主卦之爻除了日月之外，还有动爻之力，同时，主卦的卦时正是测卦的时间，而变卦各爻当运行于变卦的未来时间，受预测时的日月生克力量不大。请参照本书“真假变爻作用探讨”一节。

伤害不重，枯木犹有逢春。

此句与上一句同意。只是此句是针对用神而言。用神未被克死，就有再现生机的希望，逢春则发。这里所说的“春”，就是受伤害的用爻恢复生机的应期。比如临长生、帝旺，得生，实空等。

水木须宜寻根，

这里所说的“根”，是指原神而言。原神相当于水之源，树之根，有源之水方能源源不断；有根之木才能常绿不衰。

水木要有原神，火土金也是一样。特别是测久远之事时，原神就更加重要。

动爻何防空破。

此句意思是动爻不怕空破。笔者认为此说不妥。

旺相之动爻不怕空破，休衰之动爻再空破即为真空、真破，事无所成了。

如逢合住，须冲破以成功；

这句话以后的几句都是在论应期的。本句意为用爻被合住，当在逢冲之时为应期。但要注意，被合之用爻一定要具备成事之条件，也就是具有一定的旺度，才有应期可言，如果衰弱休囚，不是成事之爻，就不存在应期了，当然无“冲破以成功”之说了。同理，若忌神被合住，也需要冲开之时方可应凶。

“合住”，一般有如下三种情况：

第一，用爻被日辰合住；第二，用爻被其他动爻合住；第三，用爻被变爻合住。

“须冲破以成功”，是冲哪个爻，该句没有说清楚。在实际应用中，被合爻和主合爻逢冲都是可以的，但用爻越衰，越适宜冲主合爻。如为日辰合爻，卦中有并日之爻，冲日辰方有效，因冲日辰实际还是冲卦中之爻。

还有一种情况是用爻是动还是静，动爻被合之力更大，不逢冲是很难应事的；但若为静爻，有时也不需冲开便应事了。

若遇休囚，必旺相而成事。

卦爻休囚，必到旺相之时才可以成事。需强调的是，这一休囚是在具备成事之条件下的休囚，什么是成事之条件？这是断卦的基本功。

在具体预测中，为所问之事定性是第一要务，定性准确了之后，才是其他细节和多断等问题。初学者往往愿意一口吃成胖子，不会走就想跑，就愿意学多断，结果，因基本功不到，往往出现所问之事没有断对，但却说对了一些不相关的事情。这种现象即使断对了，也是不可取的。在笔者办班时，一律按步安排，不打好基础，休想学“高深”的。

如果卦爻休囚，生旺之时为应期。用爻是这样，忌神也是一样。

速则动而克世，缓则静而生身。

“速”字、“缓”字，都是指应期而言。用爻动而克世，应验较快；用爻静而生世，应验较慢。比如测行人，用神动而克世，行人速归；用神静而生世，归期较迟。测财，财爻动而克世，得财较快；财爻静而生世，也为得财，但得之较慢。

此句需强调的是，世爻必须具备一定的旺度，具备承受冲克的能力，方以此论，特别是前半句，如果衰弱休囚，则所测之事不成，更无应期可言了。

父亡而事无头绪，

父母爻临空亡，主事情没有头绪。这里所说的空亡，当为真空论，如为假空，则不以此论。到出空之时，便有“头绪”了。

福隐而事不称情。

福神即子孙爻。子孙爻伏藏，心情不愉快，因子孙爻为愉悦之神，愉悦之神不出现，当然不会开心如愿了。

鬼虽祸灾，伏犹无气；

官鬼爻虽为灾祸之神，但伏藏不现也不好。这句话实际是在论官鬼爻的特性。

官鬼，官鬼，有时为官，有时为鬼。在纳甲法中，官鬼爻是最不好分析的一个爻，它本性就是两面人，有好有坏，好时极好，坏时极坏。就相当于本书所论的耗护神一样。

为官时，可以增加贵气，得官职，生印星，可以制竞争的兄弟，制劫财的兄弟。无鬼兄弟无制。

为鬼时，主病灾，主耗财，主盗骗。

古人所论“无鬼无气”，生动体现了官鬼爻在一卦中的平衡作用。

子虽福得，多反无功。

子孙爻虽为福德之神，太多了也为不利。

此句要看测何事，如为测财，则子孙爻为原神，子孙爻多则主财源多，有何不利？但有些情况就不宜子孙爻太多，因子孙爻太多必重克官鬼，官鬼无气，卦便失去了灵性！

究父母推为体统，论官鬼断做灾殃。

体统，指出身。断终身时，以父母爻为出身，旺相临贵，则主出身旺族。

官鬼爻主灾殃。

财乃禄神，子为福德，

财爻为禄神，子孙爻可制鬼，为福德之神。

兄弟交重，必至谋为多阻滞；

兄弟爻为阻隔之神，故兄弟发动，凡谋多阻，障碍重重，破耗多端，克妻损财。

卦身重叠，须知事体两交关。

“卦身重叠”，即一卦两个卦身。卦身为事之主体，一卦两身，易三心二意，一事二主。

虎兴而遇吉神，不害其为吉；

下面四句是谈六神的作用。总体是说六神的作用必须配合六亲方得应用，只有通过正五行的作用才能体现。

此句是说，卦中吉神遇白虎，仍然为吉。白虎一般主血伤、凶灾，但必须和卦爻的配合，如白虎临官鬼等，反之，就不能言白虎之凶性了。

龙动而逢凶曜，难掩其为凶。

青龙为最吉之六神。但如其临凶神，比如克世之官鬼，则克世之鬼的凶性丝毫不减。

玄武为盗贼之事，亦必官爻；

玄武虽是主盗贼的，但不能在卦中一见玄武就称盗贼，必须与官鬼爻搭配方以此论。

朱雀为口舌之神，还须兄弟。

朱雀临兄弟方主口舌，不能一见朱雀就称口舌，很显然，那岂不卦卦口舌了。

疾病大宜天喜，若临凶煞必生悲；

下面两句是论神煞的。

疾病最喜见天喜，但若临其他凶煞，仍然属凶多吉少。

神煞的作用与六神的作用相似，单独是不能为所测之事定性的。

出行最怕往亡，如系吉神终获利。

这句话的意思是，往亡是关于出行的神煞，主出行有祸。但也离不开六亲的吉凶属性，如临旺相之用神、原神，造样可以获利。

实践证明，决定一卦吉凶的主要因素还是五行、六亲的生克制化。六神、神煞等只能起到辅助作用和细节作用。

是故，吉凶神煞之多端，何如生克制化之一理。

所以，吉凶神煞变化多端，断卦的关键还是五行生克制化之理。

大匠诲人必以规矩，卜者决断全在灵机。

纳甲预测作为大宗之法，有一套完备的体系，有规律可寻，所以，后来者才可以学习，师者才可以教人。但在具体断卦时，离不开灵机，也就是人们常说的所谓悟性。死抱书本，不知变通，难有大成！

筮必诚心，子日不忌。

下面几句是卦外工夫，看起来没有技术含量，但对于断卦的准确性来说，也是十分重要的，不可不知。

此句意思是，求测者必须诚心，子日测卦也是可以的。

关于诚心的问题，虽然不是“心诚则灵”，心不诚则不灵，但求测者虔诚、良好的心态，对于预测的结果是有一定影响的。

占勿二念，早晚何妨。

预测时，心要静，专心问一件事，要心无杂念。至于早晨还是晚上测都无妨。

我事不可命人。

此句是讲不可代测。自己的事情就要自己测，不要委托他人。

这句话是讲委托他人代测，与主动测六亲之事是两码事。意念不同，委托他人为两念，自己求测亲人之事为一念。除了一些特殊情况外，还是不这样做为好。

他事由他，动念甚勿提他。

自己的事情要自己想测，他人提示而测，效果不佳。所以，不要动员他人去预测，更不能强求某人预测，这样，即便做了，效果也不佳。最多可以提示他，但一定要到主人自己动念想测时再求测，这样效果方佳。

我占必以直告，切莫昧己。

这句是对于求测者的要求，但对于预测师来说也要懂得。

求测人在预测师面前不可不言真情，因某种原因隐瞒真实意图，预测师如果没有那样高的破译能力，就极容易把卦断错，从而也影响求测人对事情的判断、决策。

占远应近，务必留心。

还有一种情况，即本来是预测远期之事，但卦出来却反映了近期之事。所以要留心出来的结果是远期的事情，还是近期的事情。

占此应彼，必须详察。

再有一种情况是，本来是要求测某件事，但卦却应在了另一件事情上。这一点，所应者往往是突发的重要事件，你虽不察，神机却现！所以，作为预测师，当明此理。而且要对所现之机予以重视，给予提示，以防不测之事侵害客人。

第十三章　分类预测详述

第一节　企业、经济篇

本节所论的企业、经济，又可以俗称求财，包括个人求财，也包括企业经营。含投资、生产加工、养殖、种作、贸易、证券股票、贷款等多方面的信息。

一、求财预测的基本原则

1. 求财以财爻为用神，既代表财利、收入、效益，又代表资金、贷款，还代表秘书、服务人员、技术人员等。喜财爻旺相有力，忌财爻空破休囚。

以子孙爻为原神，子孙爻既代表财源、顾客、项目、机会，又代表下属、职工等。

喜子孙爻旺相有力，忌子孙爻空破休囚。

以兄弟爻为忌神，兄弟爻既代表破财、消耗、阻滞，但同时又代表合作伙伴、竞争者。

自己经营喜兄弟爻空破休囚，忌兄弟爻旺相有力，发动克财。但若是合伙经营，则不宜兄弟爻太衰、变坏，因兄弟爻为合作伙伴。

以父母爻为仇神，但同时，父母爻又表示经济活动中的文书、合同，也表示项目、单位、场址等。故此，父母爻旺衰利害需结合卦中的具体环境加以分析。

以官鬼爻为耗护神，有时为吉而护财，有时为凶而耗财。古人有“无鬼无气”说，也近乎此理。但同时，又代表官员、官方、管理机关等。所以，在不同的预测意念中，官鬼爻的作用是不同的，要认真分析，缜密判断。

2. 世爻代表求测人，世爻旺相，财爻旺相，求财易得。世爻衰弱休囚，财爻休衰无力、旬空、月破，求财不得。子孙爻旺相无病，求财长久。

3. 妻财爻持世，子孙爻持世，求财易得。兄弟忌神持世，求财不得(特殊情况除外)。父母仇神持世，求财艰辛。官鬼持世，求财多破耗，因为财来生身的同时，也会生鬼，生鬼的部分即破耗掉了。

4. 求财最喜兄弟、子孙同动卦中，或兄弟、子孙、妻财同动卦中，因兄动生子孙、子孙生财，连续相生，财源更固，故为大吉之象。

求财最忌父母、兄弟同动卦中，父动克子，兄动劫财。正所谓“父兄同动，无殊缘木求鱼”。

二、求财预测的特殊规则

1. 兄弟持世，动而化财，求财可得。这种情况兄弟帮忙得财、投资得财的可能性为多。

2. 求财喜财来生世、合世、冲世、克世。须强调的是，财来冲世、克世都为得财之象。财来冲世、克世为财来找我，求财更易得。财合世、财冲世，就有可能是兄弟持世，所以，这种情况兄弟忌神照样得财。

但在具体预测中，一定要结合用神和世爻的旺衰，方可最后下结论。如果世爻过衰，旺财冲世，是不会得财的，即使得到，也会因病灾等花出去，甚至花出去的更多。“身弱不胜财”就是这个意思。

3. 仇神动而化财，即父母爻动而化财，为有财之象，但一般仅此一次，不易长久。卦理为父母克子孙，财源被克，怎会长久？

4. 对于长期经营的项目，兄弟持世有力，财临日月有根，不能做无财断。只能说明该项目花销较大。

5. “兄弟过旺不劫财”是错误观点。在六爻预测中，不存在过旺而反的现象，“太过者损之斯成”不是这个意思。

三、《黄金策》求财预测的经典古诀

居货曰贾，行货曰商，总为资生之计；

蓍所以筮，龟所以卜，莫非就利之谋。

要问吉凶，但看财福。

财旺福兴，无问公私皆称意；

财空福绝，不拘营运总违心。

有福无财，兄弟交重偏有望；

有财无福，官爻发动亦堪求。

财福俱无，何异守株而待兔；

父兄皆动，无殊缘木以求鱼。

月带财神，卦虽无而月中必有；

日伤妻位，财虽旺而当日应无。

多财反复，必须墓库以收藏；

无鬼分争，又怕交重而阻滞。

兄如太过，反不克财；

身或兄临，必难求望。

财来就我终须易；

我去寻财必是难。

身遇旺财，似取囊中之物；

世持动弟，如捞水底之针。

福变财生，滚滚利源不竭；

兄连鬼克，纷纷口舌难逃。

父化财，必辛勤而有得；

财化鬼，防耗折而惊忧。

财局合福神，万倍利源可许；

岁君逢劫煞，一年生意无聊。

世应二爻空合，虚约难凭；

主人一位刑伤，往求不遇。
世持空鬼，多因自己迟疑；
日合动财，却被他人把住。
要知何日得财，不离旺衰生合；
欲决何时有利，但详春夏秋冬。
合伙不嫌兄弟；
公门何虑官爻。
九流术士，偏宜鬼动生身；
六畜血财，尤喜福兴持世。
世应同人，放债必然连本失；
日月相合，开行定主有人投。
应落空亡，索债者失望；
世遭刑克，赌博者必输。
鬼克身爻，商贩者必遭盗贼；
间兴害世，置货者当虑牙人。
停榻者喜财安而鬼静；
脱货者宜财动而身兴。
路上有官休出外；
宅中有鬼勿居家。
内外无财伏又空，必然乏本；
父兄有气财还绝，莫若安贫。
生计多端，占法不一，
但能诚敬以祈求，自可预知其得失。

四、求财方位的选择

求财方位的选择可包括贸易行商的方位，也包括开店经营坐商的经营场所的选择。具体可从如下两个方面选择：

（一）六爻五行方位的选择

一般来说，贸易方位及经营场所的方位宜选在财爻和子孙爻的方位，但这只是一般原则，有些特殊情况，有利于财的方位不一定是财爻或子孙爻的方位，比如，兄弟发动克财，官鬼也发动制兄，则此种情况就不能选子孙爻的方位，而应选官鬼爻的方位；再如，财爻旺相但伏藏不现，则选择冲飞神的方位最佳，因飞神被冲去，财爻才可出，才可得财，依此类推。

（二）卦象方位的选择

以财爻、子孙爻、应爻所在之卦来定求财的方位。当卦象所表示的方位与财爻、子孙爻或应爻所属的方位一致时，为最佳方位。比如风火家人卦，应爻临巳火子孙，方位为东南；而应爻巳火所居之外卦为巽，巽卦也主东南。于是，求财之方必在东南。

五、财之类型的预测

预测求财之类型，也要六爻和卦象同参效果最佳。

（一）由六爻五行定之

六爻妻财五行属水，则财在水上，可包括：各类饮品、酒类、水产养殖、水产经营、水利工程、养猪、猪肉生意、一般贸易等等；

六爻妻财五行属火，则财在火上，可包括：石油、燃油、天然气、煤气、煤、电力、电视等家电产品、电脑、电池、手机、电话、化妆品、影院、网吧、照相馆、设计、规划、饭店等等；

六爻妻财五行属木，则财在木上，可包括：木材、园林、绿化、花木、茶叶、家具、地板、绿色农业等等；

六爻妻财五行属金，则财在金上，可包括：钢铁等各种金属、黄金、珠宝、五金、机床、汽车、KTV 歌厅等等；

六爻妻财五行属土，则财在土上，可包括：房地产、建筑、道路、石材、粮食、农产品、牛羊肉、布匹等等。

在具体预测中，如果财爻临巳午火，则财的类型易在上述燃油、电子、影视等方面，具体是什么，还要结合财爻所在的卦象等，方可作出最后的判断。

（二）由卦象定之

若财爻在乾卦上，则财的性质可在下列方面：官方、黄金、珠宝、钢铁等各种金属、机床、汽车、航天等等；

若财爻在坤卦上，则财的性质可在下列方面：房地产、建筑、道路、粮食、农产品、牛羊肉、布匹等等；

若财爻在震卦上，则财的性质可在下列方面：园林、绿化、花木、茶叶、家具、地板、绿色农业等等；

若财爻在巽卦上，则财的性质可在下列方面：木材、园林、绿化、花木、茶叶、家具、地板、绿色农业等等；

若财爻在坎卦上，则财的性质可在下列方面：各类饮品、酒类、水产养殖、水产经营、水利工程、养猪、猪肉生意、一般贸易等等；

若财爻在离卦上，则财的性质可在下列方面：石油、燃油、天然气、煤气、煤、电力、电视等家电产品、电脑、电池、手机、电话、化妆品、影院、网吧、照相馆、设计、规划、饭店等等；

若财爻在艮卦上，则财的性质可在下列方面：房地产、建筑、道路、石材、农产品、山林特产、牛羊肉等等；

若财爻在兑卦上，则财的性质可在下列方面：钢铁等各种金属、五金、机床、KTV 歌厅、三陪、废品收购等等。

在具体预测中，如果财爻临离卦，则财的类型易在上述电子、影视、化妆品、设计等方面，具体是什么，还要结合财爻所临的地支五行等，方可作出最后的判断。但很多情况下，卦象的作用是很大的，有时是比五行的作用还大，读者不可不知。

六、求财数目预测

求财数目的预测在实际求财预测中也要涉猎，但求财数目多少是一个比较难断的问题。一般依据如下原则进行：

(一) 财之数目的确定种类

1. 以财爻五行数定数目

财爻的五行数为：

五行	水	火	木	金	土
地支	亥、子	巳、午	寅、卯	申、酉	辰、戌、丑、未
五行数	1、6	2、7	3、8	4、9	5、10

如果财爻为巳火，则财之数多为 2 或 7；如果财爻为酉金，则财之数多为 4 或 9 等。

2. 以卦数定数目

(1) 以财爻所在卦数定数目

卦数是以先天八卦数为准，也有的学者使用后天八卦数，也不能说错，但笔者习惯使用先天数，八卦对应的先天数见下表：

八卦	乾	坤	震	巽	坎	离	艮	兑
卦数	1	8	4	5	6	3	7	2

财爻所在卦是指单卦而言。在具体预测中，即财爻在震卦上，财之数就可能为 4；财爻在艮卦上，财之数就有可能为 7 等。

(2) 以主卦数定数目

所谓主卦数，就是主卦的上卦数加下卦数之合，这个数当然也是先天数。比如，预测求财得“风雷益”卦五爻动，则财之数就可能为 5+4=9。

(3) 以主卦加动爻数定数目

有时，财之数又为主卦数加动爻数。比如，预测求财得“风雷益”卦五爻动，则财之数就可能为 5+4+5=14。

(4) 以全卦数定数目

还有时，财之数为全卦数。比如，预测求财得“风雷益”卦五爻动，变“山雷颐”，互卦为“山地剥”，则财之数就可能为（5+4）+（7+8）+（7+4）

=35。

(5) 以全卦数加动爻数定数目

还有时，财之数为全卦数加动爻数。比如，预测求财得“风雷益”卦五爻动，变“山雷颐”，则财之数就可能为（5+4）+（7+8）+（7+4）+5=40。

(二) 财之数目的确定方法

上面列举出了那么多数目确定的种类，在实际应用中如何取舍呢？一般情况下，以五行数和卦数相吻合的数字即为财之数。比如上面的例子，财之五行数为5、10，则卦数也当往五上靠，能靠上哪个，就确定为多少。上例全卦数为35，故此卦之财数就很可能是35。

另外，要考虑所测之财的数值范围，如果已知财数的范围，那就要在此范围内选择了。

更精确数目的确定，离不开经验的积累，现场灵感的捕捉，外应的配合等。

(三) 财之数目单位的确定方法

关于财之数目的预测还有一个问题，就是数目的单位怎么确定？是元、百、千，还是万、十万？这就要结合实际情况来判断，理应在什么单位状况，就按什么单位去预测。一个个体户预测求财，不可能为几十万。当然也不可能为几元、几百而求测。而一个大公司，则不会是几千、几万的数目。同时，还要结合时代的特点，如在20世纪80年代初，万元为大钱，但现在万元真不算什么大钱了。

再者如给外国人预测，更要了解不同国家外币的汇率情况，如2000越币才兑1元人民币，所以，以外币为单位给外国人预测，就要细心了。

有一种观点认为可通过财爻的旺衰来判断，旺则大，衰则小，听起来很有道理，其实，在实际操作时却不具有可行性，没有准确率。惟有一种情况尚可参考，就是专门预测某财的单位大小，则旺则大，衰则小。

现举一例：

2002年3月16日，沈阳某建筑公司王总慕名前来沈阳太极文化咨询有限公司预测一工程情况，因工程较大，笔者亲自接待并预测，得“山火贲”

静卦：

癸卯月　癸未日

虎	寅官	▅▅▅	
蛇	子财	▅ ▅	
勾	戌兄	▅ ▅	应
雀	亥财	▅▅▅（申孙）	
龙	丑兄	▅ ▅（午父）	
玄	卯官	▅▅▅	世

据此卦笔者告知如下信息：

1. 此项目确有其事，且较大；

2. 双方谈的较合；

3. 对方无资金实力，资金高度紧张；

4. 对方有欺骗行为，不实之处多处，主要体现在资金方面；

5. 此项目不可做，否则必因对方资金不到位而深陷其中；

6. 谨防破财。

建筑公司王总听后，半信半疑，又详细地描述了工程情况：此工程为辽宁盘锦市一大型商厦，此前已谈两次，效果很好，对方出一能干之女子接待洽谈，对方言资金充裕账户两千万在户。

正交谈间，对方电话到，已经下高速公路进沈阳，进行第三次商谈。对方要求乙方先垫资 200 万元，随后甲方注入 300 万元，工程开始。

笔者告诉他，对方不用说 2000 万，200 万也拿不出来。王总虽半信半疑，但终归多掌握了一些信息，说可以在注资上制约对方。

后来，因怕预测失误，笔者又用两种方法校验预测，结果一致。

当晚与对方谈完后，王总随行又给笔者打电话，再求预测，笔者又电话为其预测一下，结果不变，故告知千万小心。

后两个半月无消息，6 月初，王总因它事再求预测，同时反馈预测结果：上次预测五天后，双方签约，同时给甲方注入资金 100 万元，结果，对方约定的 200 万元却迟迟不到位，反而要求乙方再注入 300 万元，王总一看，已按预测的结果运行，再也不敢注入了，结果此项目便搁置下来，双方新约定，当甲方再找到其他乙方，新资金注入后，返回王总的 100 万元。

王总见面之后，后悔莫及，一再表示周易真是科学，再不敢不信了。

此卦官鬼持世，测生意等得官鬼持世，就一定要注意了。要防破耗、欺诈、官灾等。此卦又加临玄武，凡官临玄武，多有不实、欺骗之现象存在。卦中财爻虽两现，但都休囚无气，怎能赚到钱呢？应爻临兄弟，与月建官鬼作合，无钱而骗，在所难免。

再举一例：

2006 年 9 月 15 日，学员程先生前来求测到国外某国做生意可否？得“乾为天”变“天风姤”卦：

丁酉月　丁未日

龙	戌父	——	世	
玄	申兄	——		
虎	午官	——		
蛇	辰父	——	应	酉兄
勾	寅财	——		亥孙
雀	子孙	——	○	丑父

此卦一出，了然若揭。乾卦初爻，“潜龙勿用”。此卦父母临六爻持世，远处之象。以财爻为用神，现用神休囚旬空，原神动化回头克，无财之象。

把结果告诉了他，他还不甘心，自我感觉不会这样，于是，主动要写一字再测，笔者应允。接着，程先生写了一个“国”字。“国”字怎么拆析呢？为财宝不出国之象，中间的“玉”为财宝、金钱、利润……“口”为范围、区域、国境……不正是财宝在国内，财宝出不了国门吗？而程先生的生意正是要把外国的资源运到国内……于是，笔者告诉他，此生意不可做，还是在国内发展较好，财宝在国内呀！

这次预测之后，程先生谈判时提高了警惕，果然没有谈成，后在国内做起了其他生意。

七、股市、合同、投资、合作等预测法

(一) 股市预测法

1. 基本原则

妻财爻代表大盘指数和具体股价，子孙爻代表股指和股价上涨的动力，兄弟爻代表股指和股价下跌的动力，父母爻代表股票市场、机构、股票凭证等，官鬼爻代表股票市场政策因素。

2. 预测类型

预测股市一般有如下几种情况：

(1) 预测大盘

预测大盘包括预测股指长期走势和股指短期的涨跌。这两种预测理论基本一致，关键看意念所在，预测长期的意念，则反映股指长期的走势；预测短期的意念，则反映股指短期的走势。但在实际预测中，“占远应近”的现象并不少见；而“占近应远”的现象一般不多。

另外，预测长期的大盘走势更要注重子孙爻的状态，因子孙爻代表上涨的动力、后劲，而财爻一般表示目前的股价、指数。

现举一例：

2006 年 2 月 10 日，学生小杨来笔者办公室看我，谈起了股市及股市预测起卦方法，当场通过指数预测一年行情。笔者问当时沪市点位为 1276 点，于是用沪市当时的收盘点位起卦，得“震为雷”变“地雷复”卦：

庚寅月　庚午日

蛇	戌财	▅▅ ▅▅	世	酉官
勾	申官	▅▅ ▅▅		亥父
雀	午孙	▅▅▅▅▅	○	丑财
龙	辰财	▅▅ ▅▅	应	
玄	寅兄	▅▅ ▅▅		
虎	子父	▅▅▅▅▅		

此卦为“震”，“震”主上涨，主变动。财爻旺而持世，但旬空，子孙

发动化财生世，寅午戌三合子孙局，股市上涨之势明显。因三合子孙局，涨幅必大。什么时候起来呢？戌财旬空，辰月冲实必涨；午月子孙午火临之必高；戌月财爻实空之月必旺，丑月因有化出之财而旺势不减……故断为股市将反转，而非反弹，一轮新的行情将展开，一年旺势。

2006年的行情走过来大家都清楚了，到2007年立春的前一天沪指收于2673点，比预测时翻了一番，已不必多言。由此卦可知，用指数起卦，只要场态到位，是很准确的。

（2）预测个股

预测个股即指个股的涨跌，即包括个股的长期走势，又包括个股的短期走势。一般来说，预测个股的短期走势准确率较高，而预测长期走势准确率相对差些，差别的原因在心态。

现举一例：

1999年10月14日，马先生求测中科健股票近期走势，时价为17.39元，得“泽水困”变“风天小畜”卦：

甲戌月　己亥日

勾	未父	▅▅ ▅▅	×	卯财
雀	酉兄	▅▅▅▅▅		巳官
龙	亥孙	▅▅▅▅▅	○ 应	未父
玄	午官	▅▅ ▅▅	×	辰父
虎	辰父	▅▅▅▅▅		寅财
蛇	寅财	▅▅ ▅▅	× 世	子孙

测股票以财爻为用神，此卦财爻持世，日临长生，又自化回头生，仅此一条，基本就可断未来几日当为上涨行情。更何况外卦亥卯未三合财局成局，涨象更明确。

结果，到10月27日，不到半月之间，此股从17.39元，上涨到19.54元，上涨了12.4%，在当时的市道下，涨幅还是很不错的。

（3）预测买卖

在股票预测中，预测买卖的情况为多，而更具体的是何时买，何时卖。

实际上，预测买卖和预测个股是相通的，预测买卖点位，无外乎是看一股票的走势，而且当是近期的走势，走势低点买入，走势高点卖出。

现举一例：

1999 年 7 月 3 日，学员赫女士测手中松辽汽车股票近阶段何日卖最高？得“地水师”静卦：

庚午月　丙辰日

龙	酉父	▅ ▅	应
玄	亥兄	▅ ▅	
虎	丑官	▅ ▅	
蛇	午财	▅ ▅	世
勾	辰官	▅▅▅	
雀	寅孙	▅ ▅	

此卦财爻持世临月建，一者说明该股目前股价较高，当月在帝旺之地，二者说明赫女士已获利。

再看表示上涨动力的子孙爻，寅木休囚无气，也反映上涨乏力。所以，当月极可能是个阶段性的高点。当日为周六，下周一为戊午日，当抛掉为上。

有学员问，卦中六爻酉金父母被日辰合是什么意思，反映什么事？笔者告知，在股票预测中，父母爻表示人盘，表示股票，也表示股票证、卡，个人预测，父母被合，当表示股票证被合住。于是，笔者大胆断之，她的股票证不在她手中，赫女士立刻表示赞同。在哪呢？被官鬼合，在家庭关系中，官鬼当然是表示丈夫了，笔者这回没有直接揭底，而是让大家断，其中一个学员马上脱口而出：“在她丈夫手中！”

下面是周一开盘后每天的收盘情况：

测时	周一	周二	周三	周四	周五	周六日
丙辰	午日	未日	申日	酉日	戌日	亥子日
7.28	7.64	7.26	7.29	7.10	7.15	休市
			8.00（当日最高）			

周一	周二	周三	周四	周五
丑日	寅日	卯日	辰日	巳日
6.80	6.63	6.96	7.05	7.15

由上表不难看出，周一午日阶段收盘价最高，周二未日虽开盘冲高到8.00元，但无法卖出，不具有操作性。

(4) 预测股市消息

消息在股市上是非常重要的，消息有利好消息，有利空消息，能够刺激股市上涨的消息为利好消息，能够导致股市下跌的消息为利空消息。

消息一般以父母爻表示，利好消息往往是父母爻带子孙爻或妻财爻；而利空消息则是父母爻带兄弟爻。何为父母爻带子孙爻？一者父母爻动化出子孙爻；二者父母爻冲动旺相的子孙爻；三者父母爻动合旺相的子孙爻。

特殊背景下，也有以官鬼爻表示消息的。比如，在下跌的行情中，官鬼发动制住动兄，则此官鬼爻就为消息，而且是利好消息。

现举一例：

1997年11月，股市在1200点徘徊，11月15日，在周末易经学习班上与学员同测股市何日出利好消息？得“天火同人”变“乾为天”卦：

辛亥月　辛酉日

蛇	戌孙	▅▅▅	应	
勾	申财	▅▅▅		
雀	午兄	▅▅▅		
龙	亥官	▅▅▅	世	辰孙
玄	丑孙	▅ ▅	×	寅父
虎	卯父	▅▅▅		子官

测股市消息以父母爻为用神，看消息是利好还是利空，就要以父母爻与子孙爻、兄弟爻的关系来看，父母爻克制子孙爻，消息当为利空；父母爻化出子孙爻，消息就为利好。此卦主卦初爻卯父暗动克子孙，二爻又化出父母爻回头克制子孙爻，有消息定为利空。

消息何日出呢？初爻暗动，当应当日出；二爻变出之寅父，当应寅日出。也就是说，当有两个消息发出，一个在当日，一个在五天后的丙寅日。

果然，当晚出台《投资基金管理条例》，周一开市便冲高回落；周四丙寅日再出“全国金融工作会议”结束消息，没有推出利好，市场便以利空对待，结果，次日便大跌！

3. 关于预测股票起卦方法探讨

纳甲预测起卦方法很多，只要应用得好，无不可以为卦。就股市预测一般可以应用如下方法：

(1) 摇卦法

这一纳甲最基本的起卦方法同样适用于股市预测。不管是预测大盘，还是预测各股都适用。但求测时，意念一定要到位，预测大盘就是大盘，个股就是个股，意念不可相混。

(2) 股指、股价起卦法

这种起卦方法也是预测股市时常用的方法，但切不可将其定义为固定的模式。比如，每天都通过任意股收盘价来起卦，或每天都通过大盘收盘价起卦预测，这样准确率必低。尽管一些纳甲预测股市的书目都推荐这一方法，且有的还说得十分灵验，但实践是检验真理的惟一标准，读者不妨多试一试就知道了。

我这样说并不是否定股指、股价起卦法，在现实中，笔者也是经常使用的，而且也是很准验的。上述2006年一例就是根据大盘点位起卦的，实践证明很准确。

周易预测是很玄妙的一种行为，“简易、变易、不易”的道理随处可见。

现针对股价起卦法的准确问题举二例说明：

例一：

2007年9月6日，一汽夏利前日收于13.58元，当日大涨10%，收于14.94元。我们按照13.58起卦，得“风泽中孚”变“山泽损”：

戊申月　癸卯日

虎　卯官　———　　　　寅官
蛇　巳父　———　○　　子财
勾　未兄　— —　世　　戌兄
雀　丑兄　— —
龙　卯官　———
玄　巳父　———　应

此卦虽兄弟持世，但不旺，五爻巳父动而化财生世，上涨之象明显，合此卦之当日表现。

例二：

2007 年 9 月 11 日，一汽夏利大跌，由前日的 16.21 元跌至 14.82 元收盘，跌幅达 8.6%。我们按照前日的收盘价排卦得“地风升”变“地天泰”：

己酉月　丁未日

虎　酉官　— —
蛇　亥父　— —
勾　丑财　— —　世
雀　酉官　———　　　　辰财
龙　亥父　———　　　　寅兄
玄　丑财　— —　×应　　子父

从该卦分析，当日不应该出现巨跌，因财爻持世，日辰也为财，虽冲世，但绝对不应以破论，所以，没有出现大跌的道理，但实际却接近跌停，卦理未错，当然就是卦起错了。

(3) 随机起卦法

这种方法一般用于别人发问时起卦，则可以本书高级起卦法一章介绍的所有方法起卦，如时间起卦法、人物起卦法、声音起卦法、数字起卦法等等。

(二) 经济合同预测法

1. 经济合同预测的基本规则

(1) 合同预测以父母爻为用神；官鬼爻为原神，又为纠纷；财爻为合同的效益；子孙爻为财源；兄弟爻为阻隔，伙伴，又为破财之神。

(2) 世爻为我方，应爻为对方。喜应生世，世应比合；忌应克世，应克世合同对我不利。最忌应临官鬼、兄弟克世爻，主日后生变、被骗。应临玄武官鬼克世，典型的对方欺骗之象。一般忌世应俱空，“世应俱空，人无准实。”忌世应动化回头克，世化回头克，我方将变；应化回头克，对方易变。

(3) 喜父母爻旺相，父母休囚合同难成；财爻休囚空破，无效益可言；鬼动卦中，防波折；兄动卦中不向我，也为破财阻隔之象。

2. 经济合同预测的特殊原则

经济合同预测属多用神范畴。财爻为效益，合同的最终目的是要带来效益；父母为合同文本、文字内容，空破休囚，契约难成；同时，财爻是克父母爻的，这就产生了矛盾，那到底该怎么看呢？

易经的根本在于平衡，阴阳平衡、五行平衡，平衡了，事情就可成；平衡了，事情就不会变。也正因为事情经常出现不平衡，所以，才经常生变。这也正是“变易”与“不易”的道理。

在预测经济合同时，也要把握均衡的道理，财爻与父母爻均衡出现，就具备了好合同的前提。财爻与父母爻不相战，是好合同的又一指标。什么是相战？相克、相冲。财克父为相战，父冲财也为相战。而相战又要产生失衡，才是真的相战。有时，父母冲财，财爻旺相，反为因合同得财之象。

“书不尽言，言不尽意”，很难几句话把其中的道理、状况都说清楚，更多的还是要读者在实践中依据“不易”之理去体会、揣摩！

现举一例：

1999年9月28日，沈先生承揽一项工程，已基本谈妥，求测有散失否？得“山水蒙”变“地泽临”卦：

癸酉月　癸未日

虎	寅父	———	○	酉财
蛇	子官	— —		亥官
勾	戌孙	— —	世	丑孙
雀	午兄	— —		丑孙
龙	辰孙	———		卯父
玄	寅父	— —	×应	巳兄

测承揽工程，是以财爻为用神，还是以父母爻为用神，是很多初学者断卦时较头痛的一个问题。此卦如果以财爻为用神，当论有财；如果以父母爻为用神，则很难以成事断之，因父母爻虽两现，但月克日库，一个化回头克，一个化兄弟。那此卦当以谁为用神来看呢？当以父母爻为用神，因二父皆动，焦点明显，沈先生的心态也是担心对方变卦，而不是项目能否赚钱的问题。这样一来，此卦就清晰了——合同签不成！

于是，笔者肯定地告诉沈先生，对方有变，此项目成不了。沈先生将信将疑，次日与对方沟通，便感觉到了对方的变化，后果然没成。

（三）投资预测法

1. 投资预测的基本规则

财爻即为投资回报、经济效益，又为所投资金，财爻越旺，投资效益越高，或者所投资金越多；子孙爻为所投项目的回报率，子孙爻越旺，投资回报越好；父母爻为项目契约、合同、文书，父母爻过衰，项目难成；兄弟爻为影响项目产生效益的因素，兄弟爻旺动，效益难保；官鬼爻为项目的阻力，项目中的官方，官鬼持世，防投资不成。

2. 投资预测的特殊规则

（1）投资预测并非很简单的预测。其中的财爻即表示投资的回报，又表示所投的资金。所以，财爻旺，是所投资金足，还是投资回报高；财爻衰，是欲投资金不足，还是投资散失？这确实是很难区分的问题，真的需要具体破译，这一问题，笔者也很难脱离具体卦例把它说清楚，但有一条，妻财爻有病，即空破休囚衰，投资是一定不可行的。

再一种区分方法是，看子孙爻的状态，来判断投资项目能否赚钱，见下面论述。

（2）投资预测最喜子孙爻旺相有力，最忌子孙爻休囚无气、空破被克，占之，项目无效益可言。

（3）财旺但不能破印（财克父母），财旺破印，非资金充足，也非效益可观，而是项目不成的预示。

（4）鬼动卦中要格外小心，鬼临玄武防欺诈，克世、冲世，甚至合世都非吉象。

现举一例：

2002 年 5 月 28 日，姜先生单位要成立一股份公司，单位职工自愿入股，姜先生求测入股可否？有利否？得“天雷无妄”变“天地否”卦：

乙巳月　丁酉日

龙	戌财	▅▅▅		
玄	申官	▅▅▅		
虎	午孙	▅▅▅	世	
蛇	辰财	▅ ▅		卯兄
勾	寅兄	▅ ▅		巳孙
雀	子父	▅▅▅	○ 应	未财

此卦子孙旺而持世，有利之象。应爻父母动化妻财，为投资入股得财之象。父母爻得日生，旺相有气，项目可行。然父母化财回头克，恐公司运作时间不长。

于是告之，此事可行，无风险，有钱赚。但运作时间不长。

后先生依照预测投了进去，结果，此公司生存了两年，因种种原因便解体了。但效益却还真不错，投资两年回报翻了一番。

此卦的关键是父母与财爻达到了均衡。

(四) 合作预测法

合作是现代商场中经常出现的经营现象，但合作有成功，也有失败。所谓成功，就是合作长久，效益可观；而不成功，有的是效益不佳，亏损，有的是效益虽可，但合作不愉快，甚至出现严重纠纷，官司，互相伤害。

1. 合作预测的基本规则

预测经济合作，应爻表示合作方，喜应爻生合世爻，应爻旺相，忌应爻动而化坏；兄弟爻也为合作方，故兄弟爻不可病重，同时，兄弟爻又为劫财之神，旺动亦当谨慎视之；父母爻为合作文书，病态突显，契约难成；子孙爻为生财之神，反映项目状况，宜旺忌衰；官鬼爻为障碍阻力，口舌是非，同时，又可制兄而生文书。

2. 合作预测的特殊规则

合作预测也为多用神预测，有一些要点需要谨慎把握：

(1) 兄弟为合作对象，又为劫财之神，合作对象不能过衰，劫财之神又不能旺。这两者怎么区分呢？一般来说，兄弟爻不宜动，动者多为阻隔破财之神。

(2) 兄弟持世，正是合作的标志之一，故不应做劫财解。

(3) 官鬼为制兄弟之神，故遇官鬼持世，一者为合作之主，二者防日后关系生变，变之原因又往往在自己；鬼动卦中，主合作生变，破坏关系；同时，卦中无鬼之卦，合作也易生变，因无鬼兄弟便无制，对方易欺我。

(4) 应爻生合及适度的冲克世爻，皆为对方主动之征。

(5) 与应爻作合之财，为对方之投入；与世爻作合之财，为我方之投入。

(6) 应爻在六爻，合作对象易为外地、远处。

(7) 间爻中间发动，合作有阻之象。

(8) 子孙为生财之源，空破休囚，合作难赚钱。

(9) 世动化克，我方易变；应动化坏，对方改张。

现举一例：

2002 年 11 月 23 日，吴女士测某人欲代卖其产品，看看那人能做起来否？得“雷火丰”变“雷天大壮”：

辛亥月　乙未日

玄　戌官　▅▅　▅▅
虎　申父　▅▅　▅▅　世
蛇　午财　▅▅▅▅▅
勾　亥兄　▅▅▅▅▅　　　　辰官
雀　丑官　▅▅　▅▅　×应　寅孙
龙　卯孙　▅▅▅▅▅　　　　子兄

此卦涉及到双方的关系，应爻当为对方，应动化子孙而生世，子孙为财源，即可为世爻带来财富，当为吉象；同时，应动生世，为对方主动找我。

但应爻化子孙即为化回头克，反主变动不长之象。所以，综合观之，当为可有一点销量，但不大，所以不会合作下去，丑月防变。

应验：因关系较好，吴女士就让其代卖了，有一点小销量，因对方入不敷出，只得关门了，时间恰在 2003 年 1 月，即丑月。

凡是爻化回头克的，即使化吉也不久。比如，父母化财，有财却只一把，难以持久。

八、企业预测

企业预测涵盖的范围比较广，包括效益预测、用人预测、安全预测、合同预测、投资预测、纠纷预测等等。

（一）企业效益预测

效益是企业的核心，企业的一切活动都是为了效益，因此，企业效益预测也为企业预测的核心。

企业效益预测其实就是求财预测，因此，求财预测的基本原则都适用于此。

但因效益预测的背后是一个企业，因此，在效益预测时关注企业效益的同时，还要对企业安全等给予关注，一卦多断是适用的。

（二）企业用人预测

1. 企业用人预测的基本规则

（1）爻位分人员

在一个企业中，从董事长、总经理，到部门经理、普通员工在一个卦中各有其位，见下表：

爻位	一爻	二爻	三爻	四爻	五爻	六爻
人员归属	普通员工	办公室主任	基层管理人员	部门经理	董事长 总经理	顾问　离退休人员

（2）六亲分人员

以子孙爻为下属，包括部门经理、基层管理人员、保安人员、普通员工等；以妻财爻为秘书、办公室人员、财务人员、司机、保洁人员等；以官鬼爻代表上级领导，工商、税务、消防、公安等管理人员等；以兄弟爻代表兄弟单位人员，或阻碍企业效益的因素；有时可以父母爻代表单位的离退休职工。

(3) 对于一个人来说，官鬼爻、父母爻代表能力、才干；妻财爻、子孙爻代表生财之道；兄弟爻代表阻碍、破财的因素。

(4) 喜子孙、妻财爻旺相不空；喜官鬼生世，忌克世；喜父母爻旺相有利；喜兄弟爻受制。

2. 企业用人预测的特殊规则

(1) 企业用人预测实为多用神卦，要从如下三个方面加以判断：

其一，以子孙爻或妻财爻为第一用神，如果子孙爻或妻财爻状态不好，空破休囚，则此人不可用，多半为心不在我；也不宜子孙爻或妻财爻克世爻，克世则双方关系难融洽。

其二，以应爻为对方之位，喜应生世，世应比合，忌应克世，世生应也为不利，易受其累；世克应，则用之不随心。

其三，管理人员以官、父为才能，经营人员以财爻为经营能力，所以，管理人员官、父不可有病，经营人员财爻不可受伤。

(2) 官鬼为麻烦，为灾害，为口舌，不可克身；兄弟为第三方，不可与用神相合，合则易为内奸，或脚踩两只船，一心二用。兄弟又为破财之神，若兄弟大旺发动，用之不是第三方干预其中就是与财不利。

(3) 六十四卦卦名卦象也要予以考虑，得“天风姤”，防其工作中桃花泛滥；得“地火明夷”，防灾害同临；得“山泽损”，不利企业效益；得“雷火丰”，防工伤与其相连；得“山地剥”，阴气太重；得“地雷复”，防其做事反复，来去无常；得“泽天夬”，其刚正有余，变通不足；得“雷天大壮”，做事莽撞；得“火雷噬嗑”，易生口舌是非……

反之，得“风雷益”、“火天大有”、“雷地豫”、“风火家人”、“火山旅”等则可大胆用之。

3. 企业用人预测的最佳习惯

对于企业的重要人员，使用之前预测一下是非常必要的，对企业、对员工个人都是有利的。有的人在原岗位上干得不错，一提升，就不行了，因为他的能力就原来岗位那么大。职位上升了，能力跟不上去，既误了公司的工作，又害了员工自己。对于新招聘的人员也是一样，招来了，若不合适，既耽误了公司的事业，又耽误了求职者早日找到适合自己的单位和职位。

现举几例：

例一：

2007 年 2 月 16 日，某房地产公司老板问其销售总监如何？得“风天小畜”变“乾为天”卦：

甲辰月　庚寅日

蛇	卯兄	———		戌财
勾	巳孙	———		申官
雀	未财	— —	× 应	午孙
龙	辰财	（酉官） ———		
玄	寅兄	———		
虎	子父	———	世	

根据起卦方法，世爻代表销售总监，父母爻表示他的工作状况，官鬼爻表示他的领导组织能力。此卦父母子水持世，不占日月，休囚无气，且受四爻未财动来克，以上种种表明，该总监干不长，当早有准备。什么时间呢？未土发动克之，当在午未月应。

因其能力尚可，老板没有主动做什么，但心中有数，特别一进午月后，便暗中选择接替者。阳历 7 月份，该总监果然辞职走人。

如果预测在先，此人就不能用了。

例二：

2007 年 3 月 3 日，某公司林先生测招聘某人合适否？得“泽地萃”静卦：

壬寅月　丙申日

龙	未父	▅▅ ▅▅	
玄	酉兄	▅▅▅▅▅	应
虎	亥孙	▅▅▅▅▅	
蛇	卯财	▅▅ ▅▅	
勾	巳官	▅▅ ▅▅	世
雀	未父	▅▅ ▅▅	

卦得六静，事情不动之象。应临兄弟，日辰又为兄弟合世爻，虽为官鬼旺而持世，也是不利之象。综合来看，对方不会来，而选择了其他单位。

一般情况下，静卦多为事情不变，所求难成。预测用人也是一样。

例三：

2004 年 8 月 5 日，老友赵总求测招聘一重要工作人员可用否？得“地山谦”变“风地观”：

辛未月　丙辰日

龙	酉兄	▅▅ ▅▅	×	卯财
玄	亥孙	▅▅ ▅▅	×世	巳官
虎	丑父	▅▅ ▅▅		未父
蛇	申兄	▅▅▅▅▅	○	卯财
勾	午官	▅▅ ▅▅	应	巳官
雀	辰父	▅▅ ▅▅		未父

测招聘员工以子孙爻为用神。此卦亥孙持世，日月俱克，世爻又变成巳鬼，惟有三爻与六爻的兄弟动来相生，但用神状态还是极差的，此人不可用，用之也不久。什么原因呢？用神受父母所克，能力欠佳。根据卦爻的状态，此人当为女。

因已面试两次，老友感觉还不错，便问如果用，能干多长时间？笔者告之，过不去 11 月。

最后阴差阳错，还是录用了她。但使用之后，果然发现能力实在欠佳，免强维持到 11 月 1 日，便将其辞退了。

（三）企业安全事故预测

企业安全事故预测是一项很重要的内容，一场安全事故，轻则造成不同程度的经济损失，重则造成人身伤亡，给企业及职工造成不可弥补的损失，更甚者还会造成企业领导身陷囹圄，毁了后半生。

1. 安全事故预测的基本规则

以官鬼爻为事故、灾害；以子孙爻为安全标志，安全人员；以兄弟爻为灾害的损失；以父母爻为生产场所。

火鬼主火灾、爆炸；水鬼主水灾；金鬼主工伤；木鬼防坍塌；土鬼防倒塌。

从卦名卦象方面："山地剥"防倒塌挤压；"地火明夷"、"雷火丰"防火灾、爆炸、工伤、交通事故；"雷山小过"防过失致灾；"山天大畜"防爆炸；"离为火"防火灾；"风水涣"防水灾；"天雷无妄"防自然灾害；"山风蛊"食品行业防腐烂；"雷天大壮"防交通事故……

2. 安全事故的具体标志

鬼动卦中，是第一标志。鬼越旺，灾害越大；多鬼现多次应；鬼克世、合世更不利；鬼被子孙制，虽灾不大；鬼得财爻滋生，灾害难解；鬼有父通，灾害可缓。

子孙变鬼，是第二标志。这也是一种不吉而难于化解的组合，往往主员工要受伤灾，甚至死亡。

兄弟带鬼克身，因灾害而破财，是第三标志。这种组合兄弟与官鬼的旺衰必须适度，兄弟变鬼又为官鬼制兄，如果官鬼太旺，反为官制兄而为吉征。

五爻执鬼，交通事故的标志；二爻执鬼，车间厂房事故；初爻执鬼，一线工人之灾；六爻执鬼，天灾当防。

"山地剥"、"地火明夷"、"雷火丰"、"雷山小过"、"山天大畜"、"离为火"、"风水涣"、"天雷无妄"、"山风蛊"、"雷天大壮"等卦出现，均需小心为是，再结合六爻的关系加以深入分析判断。

3. 最佳的预测习惯

(1) 每年立春后专门预测一下企业一年的安全状况，发现问题及时整改、化解；

(2) 企业发生重大变化，如新上大型设备，上新生产线，建新厂房等，要专门预测，防患于未然；

(3) 企业安全比较突出的企业，新官上任，要预测一下企业安全问题。

现围绕整个经济预测再举几例：

例一：

2004年7月30日，某建筑工程公司曲总在朋友的引见下，慕名来找笔者预测两个工程项目能成否，因有朋友介绍，笔者亲自接待了客人。寒暄过后进入预测程序，笔者很遗憾地告诉他，这两个项目都不成。但同时也告诉他，不要因此而止步，周易预测只能作为综合决策的“一个”依据，不可百分之百、不加分析地依赖之，但如果牵扯到了风险之事，则一定要慎重为之！

曲总是一个很有修养的人，故没有直截了当地说预测得不对，而是向笔者大概介绍了项目的洽谈情况，言外之意，已有99%的把握，因关系太不一般了。

曲总离开办公室后，对引见的朋友说，这次笔者肯定预测错了，因两个项目都没有不成的道理。其朋友只好对他说，那就等待结果吧！

转眼进入了2005年，5月份的一天，笔者接到了曲总的电话相约见面，见面后，曲总十分佩服地告诉笔者，那两个项目果然都没成，还开玩笑说：“你真是乌鸦嘴呀，两个绝对把握的项目都被你给说黄了！”接下来曲总便详细地向笔者介绍了两个项目“黄”的具体过程——其中一个是政府项目，当时三个负责人都是他的“老铁”，且他一直私下参与此项目的运作。真是天有不测风云，前后半年时间，三位负责人都相继被调离，好在他心中一直没有忘记笔者的告诫，每当需要投入的时候，他都十分谨慎，且留有善后的办法，所以，没有造成大的损失。另一个项目也遭遇了类似的状况——以不成而告终！

当时笔者所起的两个卦为：

“风泽中孚”变“天泽履”及“天水讼”变“泽水困”：

辛未月　庚戌日

蛇	卯官	———		戌兄
勾	巳父	———		申孙
雀	未兄	— —	×世	午父
龙	丑兄	— —		
玄	卯官	———	(空)	
虎	巳父	———	应	

辛未月　庚戌日

蛇	戌孙	———	○		未孙
勾	申财	———			酉财
雀	午兄	———		世	亥官
龙	午兄	(亥官) — —			
玄	辰孙	———			
虎	寅父	— —	(空) 应		

懂六爻预测法的朋友一看便知，所测项目是不会成的。第一卦兄弟旺而持世，不但无财，且诸事多阻。第二卦也是兄弟持世，父母弱而旬空，子孙虽旺但动而化退，也是不成之兆。

周易预测的诸多方法在经济领域是大有可为的，就其定性一点来说具有很高的准确率，完全可以指导决策。应用好了会大大地降低投资风险，提高成功率，避免损失。

例二：

2000 年 4 月 13 日，王女士测欲开酒店能成否？效果如何？得“天泽履”变“天雷无妄”：

庚辰月　辛丑日

蛇 戌兄 ————

勾 申孙 ————（子财） 世

雀 午父 ————

龙 丑兄 — — 辰兄

玄 卯官 ———— ○ 应 寅官

虎 巳父 ———— 子财

卦变六冲，防不久。此卦子孙持世，得日月之生，开饭店当为吉象。但不利的是，二爻官鬼临玄武发动，二爻为宅爻，开饭店极不利。所以要注意邻里关系，饭店的保卫等。

从经济的角度来说，开饭店要赚钱的，那此卦财如何呢？财爻伏藏不现，又被日月同来克，财之根已伤，虽得飞神生，但无源之水难以得生啊，一个字——无财。

后来，因房子已租，王女士还是干了起来。但步步是坎，因饭店楼上是住宅，居民一看在装修饭店，便纷纷来抗议，直说扰民。花钱销灾吧，经过一系列的工作，终于“摆平”，开业后效果也很不好，维持了半年便关门大吉了。

例三，来电业务辨真伪：

2006年9月25日，外省某房地产公司来电咨询房地产建筑风水策划事宜，电话沟通后，基本达成合作协议。因对对方一无所知，其中是否有诈也不得而知，何况过去曾出现过骗局，于是笔者马上随机起卦，预测此事的真伪，以决定去否。得“山雷颐”变“风雷益”卦：

丁酉月 丁巳日

龙 寅兄 ———— 卯兄

玄 子父 — — × 巳孙

虎 戌财 — — 世 未财

蛇 辰财 — —（酉官）

勾 寅兄 — —

雀 子父 ———— 应

卦象就像X光片，事情的真相会在这里显露无疑。此卦财爻持世无病，应爻临父母，虽旬空但旺相有力，更重要的是，五爻父母动化子孙巳火，巳孙临日辰，明现因项目得财之象。卦象已明，择日成行。

例四：

2006年2月6日，宋女士求测加盟某项目可否？得“兑为泽”卦：

庚寅月　丙寅日

龙	未父	▅ ▅	世
玄	酉兄	▅▅▅	
虎	亥孙	▅▅▅	
蛇	丑父	▅ ▅	应
勾	卯财	▅▅▅	
雀	巳官	▅▅▅	

此卦父母持世，世应比合，但世应均日月俱克，衰弱已极。事情做不起来之象。财虽旺，但子孙休囚旬空，难以赚到钱。

如实告之，但碍于某种关系吧，或对项目寄予希望，最后还是加入了。一年后证实，不但没能赚到钱，连投进去的钱也没有拿回来！悔之晚矣！

例五：

2005年8月8日，客户董先生求测合作一笔生意，问能成否？得“风山渐”变“风地观”：

甲申月　甲子日

玄	卯官	▅▅▅	应	
虎	巳父	(子财) ▅▅▅		
蛇	未兄	▅ ▅		
勾	申孙	▅▅▅	○ 世	卯官
雀	午父	▅ ▅		巳父
龙	辰兄	▅ ▅		未兄

此卦子孙临月建旺而持世，财爻临日辰，粗看是个很好的卦。但仔细一品味，就出现大问题了。子孙持世却动而变鬼，应爻临鬼又加玄武，欺骗之象。于是告诉他，此事不可做，对方没有把所有的真实情况告诉他，整个事

件有一定的欺骗性，当然不能做了。

一个月之后，因它事董先生又来求问，把上次的事情也简单地描述了一下，事情完全像笔者预测的那样，因警惕了，没有受骗，当然非常感谢。

例六：

2004 年 8 月 23 号，友人介绍在沈阳的韩国郭先生问开饭店可否？

在饭店餐桌上，郭先生背对门，坐在中间，根据对方的年龄，当为坎卦，依据随机起卦原则起出“水山蹇”变“风山渐”卦：

壬申月　甲戌日　戌时

玄	子孙	— —	×	卯财
虎	戌父	——		巳官
蛇	申兄	— —	世	未父
勾	申兄	——		
雀	午官	(卯财) — —		
龙	辰父	— —	应	

“水山蹇”，困难之象。兄弟持世，临月建，得日生，子孙虽在月长生为旺，但动而化财，财无根，又被日辰父母合去。主卦财爻卯木伏于二爻玄武官鬼之下，应爻父母爻暗动克财源子孙，综合观之，赔钱之象，饭店不宜开。于是正面告之。

饭后，又去喝茶，郭先生不甘心，又有所疑惑，疑惑的是，笔者什么也没用，就预测出了结果，于是，求笔者再测一下，考虑中间人的关系，打破规矩，再为其立卦预测，因其求问的瞬间由正西的座位移到西南的座位，故起卦为：“泽火革”变“雷火丰”卦。

壬申月　甲戌日　亥时

玄	未官	— —		戌官
虎	酉父	——	○	申父
蛇	亥兄	——	世	午财
勾	亥兄	(午财) ——		
雀	丑官	— —		
龙	卯孙	——	应	

此卦又是官父两旺，兄弟旺而持世，财爻无气且伏兄下，子孙爻无气又被日辰合住，哪有财呀？再者，表示饭店的父母爻动而化退，更是开不久之征，于是再次正色告之，饭店不可开，开必赔。

令人遗憾的是，他没有听从笔者的劝告，还是在年底时把饭店开了起来，结果，没挺到半年，便关门大吉，总共赔了一百来万。

例七：

朋友孙先生与被服务甲方关系出现问题，不知还能否再合作。2007 年 1 月 6 日，欲主动联系，求测结果如何？得“泽水困”静卦：

庚子月　庚子日

蛇　未父 ▅ ▅
勾　酉兄 ▅▅▅
雀　亥孙 ▅▅▅　应
龙　午官 ▅ ▅
玄　辰父 ▅▅▅
虎　寅财 ▅ ▅　世

此卦为六合卦，世应俱旺，应得日月帮扶而生世，大吉之象。卦得皆静，事情简单。故告之合作会继续，服务费也不会有问题。

刚预测完毕，孙先生马上给对方打电话，打破了僵局，谈得非常成功，双方都表示了合作的诚意，从此双方合作又进入了正常状态。

例八：

2004 年 11 月 17 日，洪先生测某项目能成否？得“巽为风”变“水风井" 卦：

乙亥月　庚子日

蛇　卯兄 ▅▅▅　○ 世　子父
勾　巳孙 ▅▅▅　　　戌财
雀　未财 ▅ ▅　　　申官
龙　酉官 ▅▅▅　应
玄　亥父 ▅▅▅
虎　丑财 ▅ ▅

如果简单地看，测项目以父母爻为用神，此卦父母临日月生世，当为可成之象。但此卦兄弟持世，五行偏跛，子孙死绝，求财之大忌，无财显露无疑。兄弟持世，求财心切，恰似骑马追财，越追越远。

其实，几乎所有的卦都是多用神卦。想从单一的一个爻来定事情的成败是不可能的，这也正是断卦的难处所在。

例九：

2004 年 2 月 18 日，笔者办公室接到一个自称“安徽石化”的人打来的电话，说单位要建一座办公楼，需要风水策划，直接要与笔者沟通。工作人员听说是策划业务，便答应把电话转接给了我。

笔者与其简单地沟通了一下。也许是职业的敏锐性，笔者问他怎么得到我们电话的，他答从网上，没有疑点；问他是安徽石化的什么单位？在什么地方？他答是建筑安装公司，在合肥附近的舒城县，也正常；问他是什么身份，他答是办公室主任，姓李，也没问题。过了三关后，便进入了主题，他说，他单位要建一座 5000 多平方米的办公大楼，单位老总很信风水，所以要进行风水方面的策划咨询。同时，老总父母都已八十高龄，想同时帮助选一处墓地。两项合计可支付 6 万元的劳务费。事情很急，一两天就得去。放下了电话，笔者起了一卦，为“山地剥”变“风地观”：

丙寅月　丁卯日

龙	寅财	▅▅▅		卯财
玄	子孙	(申兄) ▅ ▅	× 世	巳官
虎	戌父	▅ ▅		未父
蛇	卯财	▅ ▅		
勾	巳官	▅ ▅	应	
雀	未父	▅ ▅		

此卦子孙持世，但动而化官，又临玄武，应爻也值鬼，这几条就足以看出，此事有诈，当为骗局。

预测之后，笔者又通过对方留的手机号（138×××54160）起卦，为“坤为地”变“雷地豫”：

丙寅月　丁卯日

龙	酉孙	▅▅ ▅▅	世	戌兄
玄	亥财	▅▅ ▅▅		申孙
虎	丑兄	▅▅ ▅▅	×	午父
蛇	卯官	▅▅ ▅▅	应	
勾	巳父	▅▅ ▅▅		
雀	未兄	▅▅ ▅▅		

卦一出，一切了然。子孙持世，应持官鬼，日月临官，更明显的是，日辰卯官冲世，骗局明显。

于是，为了进一步验证，笔者让办公室工作人员通过电话查询，找到安徽石化，但该单位并无建筑安装公司；打到舒城县，也无此单位。至此，预测手段和现代侦察达到一致——此事为骗局。

经济预测既包括微观经济，又包括宏观经济，其理大致相同。关于宏观经济，不再进行详细论述，这里仅举两例：

宏观经济例一：

自 1997 年 7 月起，爆发了一场始于泰国、后迅速扩散到整个东南亚并波及世界的东南亚金融危机，使许多东南亚国家和地区的汇市、股市轮番暴跌，金融系统乃至整个社会经济受到严重创伤。1997 年 7 月至 1998 年 1 月仅半年时间，东南亚绝大多数国家和地区的货币贬值幅度高达 30%~50%，最高的印尼盾贬值达 70%以上。同期，这些国家和地区的股市跌幅达 30%~60%。据估算，在这次金融危机中，仅汇市、股市下跌给东南亚同家和地区造成的经济损失就达 1000 亿美元以上。受汇市、股市暴跌影响，这些国家和地区出现了严重的经济衰退。

1997 年 11 月 30 日，辽宁省政府某官员电话问测下一步能波及中国否？得“风地观”变“风山渐”：

辛亥月　丙子日

龙　卯财　▅▅▅▅
玄　巳官　▅▅▅▅（申兄）
虎　未父　▅▅　▅▅　世
蛇　卯财　▅▅　▅▅　×　　申兄
勾　巳官　▅▅　▅▅　　　　午官
雀　未父　▅▅　▅▅（子孙）　应　　辰父

从卦象看，风行地上，危机真的像瘟疫一样到处飘散。内卦“坤”变“艮”，起于西南，止于东北。

从六爻看此卦并不难，关键在怎么看金融危机。金融危机当以财爻为用神，兄弟爻为忌神。此卦妻财卯木居于三爻，虽动化忌神回头克，但因日月临子孙，源源不断来生财，致使忌神难以克财。针对这种卦象，笔者告之如下几点：

一、不会严重波及我国；

二、此危机已接近尾声；

三、交明年立春，危机便会平息；

四、交明年立秋，即危机一周年之际还有轻微反弹的可能。

结果读者都知道了，1998年2月初，危机逐步解除，正应此卦。

宏观经济例二：

1996年6月23日，辽宁省政府某官员测辽宁经济何时得以振兴？得“雷山小过”静卦：

甲午月　辛卯日

蛇　戌父　▅▅　▅▅
勾　申兄　▅▅　▅▅
雀　午官　▅▅▅▅　世
龙　申兄　▅▅▅▅
玄　午官　▅▅　▅▅
虎　辰父　▅▅　▅▅　应

“小过”，跨越之象。此卦官鬼持世，临月建，日辰为财，生世爻。振兴当以经济论，归属财爻。目前世爻官鬼旬空，不受生，当填实之时，应也。这种大事，不应以日论应期，也不应以月论应期，该以年论之，也就是午年即 2002 年壬午岁为应期。官鬼填实，中央当有政策支持。

于是，笔者告之对方，2002 年辽宁必迎来振兴良机。

现在，世人都清楚了，2002 年年底的十六大，中共中央做出了振兴东北老工业基地的战略决策，辽宁作为东北的龙头省份，实实在在地感受到了振兴带来的变化。

第二节　工作荣誉篇

工作荣誉包括：求官、求职、求学、职称、荣誉等预测，它们所依原理基本一致，因此，把其列在一节论述。

一、求官求职求学职称预测的基本原则

1. 求官以官鬼爻为用神，以妻财爻为原神，以子孙爻为忌神，以兄弟爻为仇神，以父母爻为耗护神。

2. 求职以父母爻为用神，以官鬼爻为原神，以妻财爻为忌神，兄弟爻为竞争，子孙爻也为不利。

3. 考学以父母爻为用神，以官鬼爻为原神，同时，官鬼爻又主名声。以妻财爻、子孙爻为忌神，“名落孙山”便为子孙爻发动。兄弟爻为竞争，又为“议价”生之象。

4. 考学父母爻为成绩，父母爻有病，成绩难佳。官鬼爻为考官、阅卷师、录取官，又为父母之原神，旺官可助衰父。

5. 世爻旺相，官鬼爻旺相，父母爻旺相，求官、求学、求职均易得。世爻衰弱休囚，官父休衰无力，求官、求学、求职均不利。

6. 官鬼爻持世，父母爻持世，求官、求职、求学均易得。子孙忌神持世，求官不得（特殊情况除外），求学不高。兄弟仇神持世，求官艰辛，且

破财难免。求学、求职竞争激烈。

7. 求官更侧重于官鬼爻，求职、求学、职称更侧重于父母爻；但求官要父母爻兼看，求职、职称要官鬼爻兼看。

二、求官求职求学职称预测的特殊规则

1. 子孙持世，动而化官，为有官之象，但当为变动中得官，非原职提拔。

2. 财爻持世，动而化父，为工作变动之征。

3. 求官财动非吉象，因财破印之故。但若父母爻伏藏不现，或父母爻旬空，财动生官反为吉象。

4. 财动生官，往往为用钱“买”官，不花钱，官难得。

5. 兄动卦中，破财之象，在“运作”中花钱，要想不花钱，此官不得。此时，财爻伏藏，兄弟又多为竞争之应。官动合应、合兄，皆为官为他得之象。

6. 考学父母爻为成绩、为学校，官鬼爻为名声，为学校的档次，官鬼越旺，学校越好。

7. 评职称父母爻为用神，官鬼爻为领导，官父同样重要。当代的事情，离不开经济，故妻财爻往往参与其中。父空财动生官，有利之象。

8. 工作调动有时体现在财爻，有时体现在子孙爻，两者虽有别，但差别微细，关键在心态，是重在职位的变化，还是重在职权的变化。

9. 求官卦，官星衰弱，财动生官，为花钱买官之象。不花钱是不会成的。

10. 求学、职称等，财爻持世，如果不旺，而官父两旺，子孙安静，求学、职称可成。

11. 考试得两父、两官相冲，主考题生疏，难有佳绩。

12. 求职预测中，父母爻为单位，父母爻旺相，单位大，临太岁，单位更大。父母爻休囚，单位小，或求职不成。

13. 求职预测中，青龙为政府机关，朱雀为文化、宣传、广告等单位，

勾陈为房地产企业或公检法等单位，螣蛇为惊恐不安的机构，白虎为军警单位或钢铁企业，玄武为洗浴中心、歌厅、赌场等类型机构。

三、官灾预测的基本规则

历史上的中国，是一个情大于法的国度，因此，走后门、拉关系、通融、变通、关照等等一系列词句便频繁出现，直到今天，也没有完全根除，身在其中，实难避免。但在这一现象的背后，便是违反原则，触犯法律。所以，作为为政者，经常需要关心的，就是能否平安走完自己的仕途，有否被免职、被刑罚的可能。

这一问题的预测并不简单，需要认真的分析，更需要经验的积累。

（一）官灾预测的基本规则

以官鬼爻为官灾，又为官方；妻财爻为所贪之财；兄弟爻为经济处罚，又为同案分子；子孙爻为解灾之神，有时又为公检法等执法人员；父母爻为事之大小，案件文书。

（二）常见官灾表现

1. 官鬼克世，为官灾的最常见形式，特别是临勾陈、朱雀，表现更明显。

2. 官鬼临勾陈、朱雀持世，其他结构再不佳，如卦名、卦象不吉，也为官灾之象。但公检法等执法人员预测则要慎重，有时是自身工作的标志。

3. 子孙持世，子孙旺动，为官之人为忌。测官职之去留遇此，多为不祥之兆，但只是去官，并非官灾。

4. 子孙持世，子孙旺动，有时又为吉兆。条件是预测官灾能否上身，并非泛泛而测。这时，子孙为克鬼之神，非剥官之神。

四、《黄金策》求官求名预测的经典古诀

求名：

书读五车，固欲致身于廊庙；

胸藏万卷，肯甘遁迹于丘园。

要相国家，当详易卦。
父爻旺相，文成掷地金声；
鬼位兴隆，家报泥金捷喜。
财若交重，休望青钱之中选；
福如发动，难期金榜之题名。
兄弟同经，乃夺标之恶客；
日辰辅德，实劝驾之良朋。
两用相冲，题目生疏而不熟；
六爻竞发，功名恍惚以难成。
月克文书，程式背而不中；
世伤官鬼，仕路窒而不通。
妻财助鬼父爻空，可图侥幸；
福德变官身位合，亦添科名。
出现无情，难遂青云之志；
伏藏有用，终辞白屋之人。
月建克身当被责；
财如生世必帮粮。
父官三合相逢，连科及弟；
龙虎二爻俱动，一举成名。
杀化生身之鬼，恐发青衣；
岁加有气之官，终登黄甲。
病阻试期，无故空临于世位；
喜添场屋，有情龙合于身爻。
财伏逢空，行粮必乏；
身兴变鬼，来试方成。
卦值六冲，此去难题雁塔；
爻逢六合，这回必占鳌头。
父旺官衰，可惜刘蕡之下第；

父衰官旺，堪嗟张奭之登科。
应合日生，必资鹗荐；
动伤日克，还守鸡窗。
世动化空用旺，则豹变翻成蝶梦。
身宫化鬼月扶，则鹏程连步蟾宫。
更详本主之爻神，方论其人之命运。
虽赋数言，总论穷通之得失；
再将八卦，重推致用之吉凶。

仕宦：

为国求贤，治民之本；
致身辅相，禄养为先。
旺相妻财，必得千钟之粟；
兴隆官鬼，定居一品之尊。
子若交重，当虑剥官削职；
兄如发动，须防减俸除粮。
父母空亡，休望差除宣敕；
官爻隐伏，莫思爵位升迁。
月建生身，当际风云之会；
岁君合世，必承雨露之恩。
世动逢空，官居不久；
身空无救，命尽富危。
鬼化福冲当代职；
财临虎动必丁忧。
日辰冲克，定然诽谤之多招；
鬼煞伤身，因见灾殃之不免。
兄爻化鬼无情，同僚不协；
太岁加刑不顺，贬谪难逃。
卦静世空，退休之兆；

身空煞动，避祸之征。

身边伏鬼若非空；

头上乌纱终不脱。

财空鬼动，声名震而囊箧空虚。

官旺父衰，职任高而衙门冷落。

职居风宪，皆因月值官爻；

官在贰司，只为鬼临傍位。

抚绥百姓，兄动则难化愚顽；

巡察四方，路空则多忧惊怪。

出征剿捕福德兴，而寇贼歼亡；

镇守边陲卦爻静，而华夷安泰。

奏陈谏诤，那堪太岁刑冲；

僧道医官，岂可文书发动。

但随职分以推详，可识仕途之否泰。

现举几例：

例一：

陈女士新到一个单位，职位一直没有定，1997 年 7 月 26 日，测职位何时确定？得“风地观”变“风水涣”：

丁未月　己巳日

勾	卯财		———		
雀	巳官	(申兄)	———		
龙	未父		— —	世	
玄	卯财		— —		午官
虎	巳官		— — ×		辰父
蛇	未父	(子孙)	— —	应	寅财

此卦父母临月建持世，当月当明确。二爻巳官临日辰发动生世，得官之象。应在何时呢？动逢值逢合，三天后的壬申日必应。后果然在此日下了文

件，明确正科长。

例二：

1997 年 12 月 30 日，陈先生求测应聘一单位当日面试能通过否？得“山火贲”变“离为火”：

壬子月 丙午日

龙	寅官	——		巳父
玄	子财	— —		未兄
虎	戌兄	— —	×应	酉孙
蛇	亥财	（申孙）——		
勾	丑兄	（午父）— —		
雀	卯官	——	世	

测求职，当以父母爻为用神，官鬼爻为原神、为喜神。此卦官鬼卯木持世，得月建之生，旺相有力；用神父母临日辰，初看有利必成之象。但仔细一推敲，情况就变了。官鬼持世但旬空；父母虽临日，但在卦中不现，伏于兄弟阻神之下；更为不利的是，应爻临兄弟，又动化子孙忌神。于是看似吉祥的卦便整个逆转了——不成！

结果当然就是这样。

例三：

2000 年 1 月 19 日，某学校孙老师测欲调转学校能成否？得“风地观”变“天地否”：

丁丑月 丙子日

龙	卯财	——		戌父
玄	巳官	（申兄）——		申兄
虎	未父	— —	×世	午官
蛇	卯财	— —		
勾	巳官	— —		
雀	未父	（子孙）— —	应	

此卦有种假象，初看像是很有利，因父母持世，动化官回头生，世应比

合。但仔细一看，就不是这样了。世应虽比合，但都月破，不得日生。官鬼休囚无气，难以生无力之父。世动化出之官还受日冲。综合来看，不会调成。于是，直接告之。后来，果然未成，欲找之人不肯帮忙。

例四:

1999 年 1 月 4 日，王先生求测应聘一私营小单位车间主任职位能成否？得“泽水困”变“天水讼”卦：

甲子月　丙辰日

龙	未父	▅ ▅	×	戌父
玄	酉兄	▅▅▅		申兄
虎	亥孙	▅▅▅	应	午官
蛇	午官	▅ ▅		
勾	辰父	▅▅▅		
雀	寅财	▅ ▅	世	

测应聘当以父母爻为用神。此卦财爻持世，得月生，看似忌神持世，但用神动化进神，得日辰帮扶，旺而有力，卦得六合。综合观之，当以成论。财爻持世当作收入、薪水解，不能论为忌神。

看完卦象，笔者问他是否现在没有工作，王先生给予肯定。于是笔者告诉他，这份工作成了，准备上班吧！

但卦为“困”又变“讼”，卦中官鬼月破无力，这份工作必当有职无权，与老板关系不谐，所以，不会太长，当有准备。

应爻子孙临白虎变鬼，被父母动来克，当注意员工工伤事故。

后王先生果然被录用，于 1 月 13 日丑月乙丑日上班，先实习，2 月 7 日即寅月庚寅日上任，上任第二天，一女员工手便被机器绞了，住院治疗。后因笔者预测的原因，于 3 月 21 日壬申日辞职不干了，前后只干了两个多月。

例五:

2006 年 11 月 8 日，黄女士求测竞聘单位的中层副职能得否？得“水山蹇”变“地山谦”卦：

己亥月 辛丑日

蛇	子孙		— —		酉兄
勾	戌父		——	○	亥孙
雀	申兄		— —	世	丑父
龙	申兄		——		
玄	午官	(卯财)	— —		
虎	辰父		— —	应	

测官运，以官鬼爻为用神，子孙爻为忌神。此卦兄弟持世临朱雀，竞争、口舌之象。官鬼爻休衰无气，原神伏藏，不利之征。父母爻虽旺相而动，但又化出了忌神子孙，综合观之，此官不得。

把结果告诉了对方之后，对方大为疑惑。直言应该不会有问题，因为她们单位后备干部就她一个，而且近一年来一把手不在时，一直由她来“主持”工作。这样一讲，笔者也不敢相信了，于是用另外的方法又起一卦：

己亥月 辛丑日

蛇	戌父		——	○应	未父
勾	申兄		——		酉兄
雀	午官		——		亥孙
龙	卯财		— —	世	午官
玄	巳官		— —	×	辰父
虎	未父	(子孙)	— —		寅财

此卦和上卦大同小异，真是“卦不欺人”呀！此卦官鬼还是临休衰的火地，且旬空，原神未动，父母虽动但又化退。“否”而又“困”，还是不得之象，于是坚定地告诉她，此官不得，以后再找机会吧！同时，让她好好观察一下，局面到底是怎么回事，可以找一把手谈一谈。

黄女士接受了笔者的建议，当日便找了一下单位的总头，总头暗示她是否与部门的一把手谈过。第二天，她又找了部门的一把手，一谈便感觉到了事态的变化，双方把事情挑明了，一把手准备提拔单位另外一人，两人不欢而散……最后的结果可想而知，还是“小胳膊拧不过大腿”，对方上任！

例六：

2006年7月17日，白女士求测职称进级能成否？得“泽水困”变“泽地萃”卦：

乙未月　丁未日

龙	未父	⚋		
玄	酉兄	⚊		
虎	亥孙	⚊	应	
蛇	午官	⚋		卯财
勾	辰父	⚊	○	巳官
雀	寅财	⚋	世	未父

此卦财爻持世，但寅财休囚旬空。卦中用神父母两现，一临日月，一居二爻动而化巳火官回头生，父母爻状态极佳。

此卦为难以判断之卦，世爻状态这样不好能成事吗？

这种情况一般为自身条件不好，通过找人帮忙而得。

实际情况白女士也正是这样，通过正常评定是不可能通过的，也正是在找人帮忙，求测的目的也正是看找人可否？

因关系较熟，7月20日，找人打完了招呼，又求笔者再测，得“天地否”变“风地观”卦：

乙未月　庚戌日

勾	戌父	⚊	应	卯财
雀	申兄	⚊		巳官
龙	午官	⚊	○	未父
玄	卯财	⚋	世	
虎	巳官	⚋		
蛇	未父	⚋（子孙）		

此卦又是弱财旬空而持世，父母爻大旺，官动相生。与上卦不同的是，此卦世爻与日辰的父母爻相合，为进一步的特征。

卦起出后，再一次让她放心，此事定成，不过要花点钱的。她表示认同。

8 月 7 日，经过了一段时间的运作，白女士又来求测，看看状况怎么样。得“雷火丰”变“地火明夷”：

丙申月　戊辰日

雀	戌官	▅▅ ▅▅		酉父
龙	申父	▅▅ ▅▅	世	亥兄
玄	午财	▅▅▅▅▅	○	丑官
虎	亥兄	▅▅▅▅▅		
蛇	丑官	▅▅ ▅▅	应	
勾	卯孙	▅▅▅▅▅		

这一卦的状况就好多了。父母临月建持世，日辰临官来生世，但不宜四爻午财为忌神动来克世，好在财动化官，六爻戌官又暗动通关，使财不克父母。综合观之，此事必成，就在当月。

8 月底，此事落成，高兴地向笔者“汇报”了喜讯。

由这个预测我们可以得出：

1. 一件事情，只要用心专一，相隔一定的时间，是可以多次测的。但一个时间、相同的起卦方法多次起卦，笔者是反对的。

2. 不同的阶段，随着事态的发展，卦象会有很大的不同，但定性应该不变。

例七：

2005 年 1 月 16 日，某政府官员（女性）求测前途，得“震为雷”变“火雷噬嗑”卦：

丁丑月　庚子日

蛇	戌财	▅▅ ▅▅	×世	巳孙
勾	申官	▅▅ ▅▅		未财
雀	午孙	▅▅▅▅▅		酉官
龙	辰财	▅▅ ▅▅	应	
玄	寅兄	▅▅ ▅▅		
虎	子父	▅▅▅▅▅		

政府官员求测，不用问必是关心仕途的升迁。此卦财爻持世，得月建帮为旺。动化子孙回头生，助世爻之力。官鬼用神得月建之生，受动爻生，有力。日辰临父母。综合观之，卦象不错。故告之还会升迁，时间当在2006年（戌年）下半年。

结果，该女士果于2007年1月（实为丙戌年丑月）由纯政府官员转入政府直属的经济实体，级别提升了半格。

世临财动化子孙，在动中提拔。

例八：

友人子于2003年考入了我国某名牌大学，但自从上大学便开始痴迷网络不能自拔，父母苦口婆心、恩威并施都无济于事，甚至动用卫星定位系统来查找儿子所在的网吧……万般无奈时，休学一年。复读后，状况仍然未能改变，又不得不转入另一所高校，但状况仍然没有丝毫的改变。2005年10月31日，其父带领这个孩子找到了笔者，看看书还能念否？

得“地水师”变“山水蒙”卦：

丙戌月　戊子日

雀	酉父	▅ ▅	×应	寅孙
龙	亥兄	▅ ▅		子兄
玄	丑官	▅ ▅		戌官
虎	午财	▅ ▅	世	
蛇	辰官	▅▅▅		
勾	寅孙	▅ ▅		

卦财爻忌神持世，为一不利；父母爻虽旺相有力，但动而化绝、化子孙，为二不利；世爻受冲，人难以安静，为三不利。以上之三不利，决定了孩子的状况很难改变。

父亲求调整之法。看了此卦，笔者心中无底，因为问题出在变爻上是很难调的。但还是为其想了办法，不过告之，只能试一试。

笔者写此段之前，已得到消息，孩子已经彻底退学了，父亲为其找了一份临时工作干上了。

由此事也可进一步说明，不是什么事情都可以调的。在笔者经历的案例中，有好些确实调整达到了理想的效果，但也有少数情况见效不明显或没能根本解决问题。

但根据经验，什么情况好调，什么情况不好调，在卦理上是可以区分的。

例九：

2005 年 11 月 23 日，某领导夫人前来预测领导的仕途，问近阶段能升否？按时间起卦法起得“泽天夬”变“泽风大过”：

丁亥月　辛亥日

蛇	未兄	▅▅　▅▅		
勾	酉孙	▅▅▅▅▅	世	
雀	亥财	▅▅▅▅▅		
龙	辰兄	▅▅▅▅▅		酉孙
玄	寅官	(巳父) ▅▅▅▅▅	应	亥财
虎	子财	▅▅▅▅▅	○	丑兄

此卦是一个较难断的卦。子孙持世，不利求官，但此卦子孙爻休衰无力。官鬼即为夫，又为官，此卦官鬼强旺临应爻。在此卦中，初爻子财动无主流意义。父母爻伏在旬空的官鬼寅木之下，日月齐来冲克，为不可用之爻。综合观之，此升无望。

但担心断错，用其他方法又起一卦：

丁亥月　辛亥日

蛇	戌父	▅▅▅▅▅		
勾	申兄	▅▅▅▅▅	应	
雀	午官	▅▅▅▅▅		
龙	申兄	▅▅▅▅▅		亥孙
玄	午官	(寅财) ▅▅　▅▅	世	丑父
虎	辰父	(子孙) ▅▅　▅▅	×	卯财

此卦更清晰一些了。官鬼持世，日月俱克，父动化克，怎能升官？

第三节　婚姻情感篇

婚姻情感预测包括未婚预测对象，也包括已婚预测夫妻关系，在当代还要包括婚外情。

一、婚姻预测的基本原则

1. 男测婚以妻财爻为用神，以兄弟爻为忌神，喜妻财爻旺相，忌妻财休囚空破；女测婚以官鬼爻为用神，以子孙爻为忌神，喜官鬼爻旺相，忌官鬼爻休囚空破。男女测婚均以兄弟爻为竞争对手，或第三者，男测婚更忌兄弟。

2. 以父母爻为婚约，为登记证。

3. 以应爻为对方或对方之家，有认为未婚以应爻为对象，已婚以妻财或官鬼为妻或夫，笔者认为这种分法不妥，现在的婚姻结婚与否已无实质性界线，一律以妻财或官鬼为用神较合情理，在现实预测中也准确。进一步说，就是预测首看对象，也当首看妻财或官鬼，其次参考应爻的状态，女对象就当财，男对象就当官才对。

4. 男测婚，兄弟发动不吉，子孙连动可解；女测婚，子孙发动堪忧，妻财连动可解。

5. 测婚姻，卦得六合，为吉象；卦得六冲，难成伉俪。

二、婚姻预测的特殊规则

1. 与用神比起来，应爻只能代表对方家庭。所以，应生世，应合世，六合卦，都不能作出美满婚姻的判断，必须结合用神的状态才行。如果用神空破休囚，是不会有理想结果的，只能说明门当户对，双方家长都满意，但当事人的态度却未必。

2. 男测对象成否，得兄弟持世动化妻财，所问之对象必不成，但还会再出现一个，如财爻的状态好，则可成。女测也是一样，子孙持世动化官鬼，所问之对象不成，也会再出现一个。

3. 男测卦中两财，女测卦中两官，均为两个之象。但未必是同时存在的，若一个旺而无病，一个旬空月破，则一般为过去曾经有过一个，但已终止，现在又出现一个。

4. 男测财爻合世，女测官爻合世，双方关系、感情好。应执财官，对方与家长观点一致。

5. 测婚忌间爻发动，这里说的间爻包括世应之间的间爻，也包括世爻与用神之间的间爻。间爻临忌神就更糟，中间人使坏，第三者介入。

6. 不论男女，用神合他爻，包括日月，对方用心不专，当有他人在你之前。

7. 用神冲世，为对方主动之象。女测官鬼冲世，当为男士狂追，如旺衰适度，很快就会被“拿下”。再临玄武，有被已婚男人追之象。

8. 男测财伏官下，财伏兄下，当为有夫之妇，或女有对象、情人；女测官伏财下，官伏兄下，也为有妇之夫，或男有对象、情人。

9. 男测财爻假空，女子当有过婚史或恋爱经历；女测官鬼假空，男子当有过婚史或恋爱经历。

10. 六神中白虎主病，如用神临之，再结合正五行的状态，当考虑对方是否有病在身。玄武主暧昧，台面下面之事，所以用神临玄武，非正当婚姻感情为多。

11. 青龙主漂亮，朱雀主善言，勾陈主实在，也主愚笨，螣蛇主狡猾，又主吝啬，白虎主厉害，又主病，玄武主内向，有心计，也主暧昧。

12. 从用神所临之卦，也可以窥视出对方的一些特性，见下表：

卦	乾	坤	震	巽	坎	离	艮	兑
身高	高	矮	高	中等	矮	中等	高	矮
性情	统领	宽容	暴躁	细腻	阴媚	开阔	耿直	可爱
相貌	英俊	矮胖	威武	纤细	黑缩	美丽	粗大	漂亮

13. 预测婚姻遇纯阳之乾，纯阴之坤多半非吉象；遇山地剥，女盛男

衰；遇地雷复，反复之象，但二婚不忌；遇离为火，难成或难长久；遇泽火革，变革之象；遇坎为水，麻烦之缘；遇天风姤，“女壮，勿用娶女”，女多荡或为强人；卦遇泽水困、泽山咸，多有情感之事；卦遇天火同仁、水地比，多有第三者介入；遇风天小畜，易“夫妻反目”……

三、《黄金策》婚姻预测的经典古诀

男女合婚，契于前定；
朱陈缔结，份在夙成。
然非月老，焉知夫妇于当时；
不有伏羲，岂识吉凶于今日。
欲谐伉俪，须定阴阳。
阴阳交错，难期琴瑟之和鸣；
内外互摇，定见家庭之挠括。
六合则易而且吉；
六冲则难而又凶。
阴而阳，阳而阴，偏利牵丝之举；
世合应，应合世，终成种玉之缘。
欲求庚帖，岂宜应动应空；
若论聘仪，安可世蛇世弟。
应生世，悦服成亲；
世克应，用强劫娶。
如日合而世应比和，因人成事；
若父动而子孙墓绝，为嗣求婚。
财官动合，先私而后公；
世应化空，始成而终悔。
六合而动象刑伤，必多破阻；
世冲而日辰扶助，当有吹嘘。
鬼克世爻，果信绿窗之难嫁；

用合身位，方知绮席之易婚。
财鬼如无刑害，夫妻定主和谐；
文书若动当权，子嗣必然萧索。
若在一宫，当有通家之好；
若加三合，曾叨会面之亲。
如逢财鬼空亡，乃婚姻之大忌；
苟遇阴阳得位，实天命之所关。
应财世鬼，终须妇唱夫随；
应鬼世财，不免夫权妻夺。
妯娌不和，只为官爻反动；
翁姑不睦，定因妻位交重。
父合财爻，异日有新台之行；
世临妻位，他时无就养之心。
空鬼伏财，必是望门之寡妇；
动财值虎，定然带服之婆娘。
世应俱空，难遂百年之连理；
财官叠见，重为一度之新人。
夫若才能，官位占长生之地；
妻如丑拙，财爻落墓库之乡。
命旺则荣华可拟；
时衰则发达难期。
财合财，一举两得；
鬼化鬼，四覆三番。
兄动而爻遇玄武，须防劫骗之谋；
应空而卦伏文书，未有执盟之主。
两父齐兴，必有争盟之象；
双官俱动，斯为竞娶之端。
日逢父合，已期合卺于三星；

世获财生，终得妆奁于百两。

欲通媒妁，须论间爻。

应或相生，乃女家之瓜葛；

世如相合，必男室之葭莩。

先观卦象之阴阳，则男女可决；

次看卦爻之动静，则老幼堪推。

论贫富当究身命；

决美恶可验性情。

雀值兄临，惯在其中得利；

世应冲合，浼他出以为媒。

两间同发，定多月老以争盟；

二间俱空，必无通好以为礼。

世应不和，仗冰言而通好；

间爻受克，总绮语亦无从。

财官冲克，反招就里愆尤；

世应生扶，必得其中厚惠。

一卦吉凶，须察精微委曲；

百年夫妇，方知到底团圆。

现举几例：

例一：

2000年5月6日，罗小姐测对象能成否？得“天风姤”变“天水讼”卦：

辛巳月　甲子日

勾	戌父	———		
雀	申兄	———		
龙	午官	———	应	
玄	酉兄	———	○	午官
虎	亥孙	———		辰父
蛇	丑父	— —	世	寅财

女测对象以官鬼爻为用神，此卦父母持世，应爻临午火官星，暗动生世，为对象主动之象。不利的是，三爻酉兄临间爻发动为阻力，但动化回头克，阻力可排除。什么阻力呢？玄武临兄，必是有他人也看好对方。

综上，对象必成，下个月将进入火热阶段。

应官临青龙，对方长像不错；占乾卦，当为政府机关工作，或有点官职；父母持世，测卦人勤劳、贤惠；世爻假变爻为寅财，测卦人家庭条件还不错；世阴应阳，复合夫妻之道，合美之象……

上述此卦六神当时排错，为错卦错断吧。

例二：

2005 年 12 月 26 日，沈女士求测婚姻，得“泽火革”变“水山蹇”卦：

戊子月　甲申日

玄	未官	— —		子兄
虎	酉父	——		戌官
蛇	亥兄	——	○ 世	申父
勾	亥兄	(午财) ——		申父
雀	丑官	— —		午财
龙	卯孙	——	○ 应	辰官

测婚姻是一种较复杂的卦，女测婚一般以官鬼爻为用神，子孙爻为忌神，兄弟爻为争夺之象。此卦兄弟旺而持世，且化父回头生而加力，争夺之象明显。官鬼两现，六爻未官无力旬空又临玄武，二爻之官临朱雀又与月作合，且月建为兄弟，也就是与别人相合了。子孙又发动，化出另外一官，也是克去一个，又来一个之象。综合观之，此婚难保。时间当在来年的卯、辰月。

财伏兄下，子孙变鬼，兄弟持世，得不到多少财。子孙在应位，化出官鬼，孩子随丈夫之象。

后果于 2006 年 4 月底达成离婚协议，5 月 8 日上班便办理了手续。孩子归男方。

例三：

2008 年 1 月 27 日，经朋友介绍，王女士前来预测婚姻，得“水雷屯”

变“风雷益”卦：

癸丑月　丙寅日

龙	子兄	▅ ▅	×	卯孙
玄	戌官	▅▅▅	应	巳财
虎	申父	▅ ▅		未官
蛇	辰官	▅ ▅ (午财)		
勾	寅孙	▅ ▅	世	
雀	子兄	▅▅▅		

此卦子孙持世，临日辰。女测婚子孙持世一定是不理想的婚姻了。应爻官鬼戌土旬空，断为婚变再婚之人。戌土旬空，2000年庚辰，辰戌相冲，必离婚。但因辰又为官鬼，故当年离婚，当年又再婚。2005年乙酉又离婚，2006年丙戌又结识新人，求测时，又准备再结婚，看合适否。笔者告诉她，对方还没有处理干净，暂时不谈结婚为好，再感受、考察一断时间后再定夺。

谈完了婚姻，笔者又给她讲了几件事：

一、外地有主动找她做生意的，项目还不错，可以赚钱；

二、2006年有被骗等损财的历史；

三、注意车肇事；

四、腰不好，注意硬伤。

以上简要几条，女士一一给予回复：第一条，确有其事，又进一步问笔者项目的情况。第二条，正在起诉，想追回此款，大概有二十几万。第三条，无明显事故。笔者告诉她一定要注意正月时间。第四条，予以肯定。

第四节　医病篇

一、疾病预测的基本原则

1. 以官鬼爻为疾病，子孙爻为医生、医院、药。

喜官鬼衰弱，忌官鬼强旺；喜官鬼受制，忌助鬼伤身（财动生鬼）；喜子孙强旺，忌子孙休囚；喜子孙得助，忌子孙受克。

2. 测病喜子孙持世，病易治、易好，“子孙持世，不药而愈”。忌官鬼持世，病重而不易好，很难去根。

3. 测谁的病，以什么爻为用神。自己测病，以世爻为用神；测孩子病，以子孙爻为用神；测父母病，以父母爻为用神；测妻子病，以妻财爻为用神；测丈夫病，以官鬼爻为用神……

一般情况下，喜用神强旺，忌用神空、破、休囚；喜用神与子孙相关，忌用神与官鬼相连。

所以，测六亲的疾病，属多用神范畴。

4. 父母克子孙，子孙为医药，所以，一般情况下，父母持世、发动不利，因此古歌有：“父母持世，妙药难医”、“父动当头克子孙，病人无药主昏沉”、“父母持世病难疗”。

父母又主寿，宜静不宜动，动则寿已有数。

5. 妻财为饮食，所以，测病妻财受克，饮食困难；同时，妻财又是官鬼爻的原神，也不宜发动，动则助鬼，加重病情。

6. 兄弟爻是劫财之神，测病遇之，必多破耗；同时，财为饮食，兄弟劫财，饮食不济。但另一面，兄弟又可生子孙，有利于病情的好转，正所谓“破财免灾”！在实际应用中，是破财免灾，还是断食之忌，就需要在具体场合中具体分析，具体破译了。

二、疾病预测的特殊规则

除了上述的基本原则之外，预测疾病还有一些特殊的规则，现分述如下：

1. 近病逢冲则愈，久病逢冲难治

测病分近病和久病，在断法上是有很大区别的。所谓近病，一是指发病的时间不长，一般在一周左右之内；二是指非特殊的器质性疾病，特殊的器质性疾病不在此列，比如癌症、肝炎、心脏病，虽刚刚察觉，也不适用此规则。而在此列的一般为流行感冒、肠胃炎等等。近病逢冲，不药而愈。

所谓久病，一是指发病的时间很长了，一般在一个月左右以上；二是指病情危重，或年老体衰之人所得重病。

逢冲包括六冲卦和用神逢冲。

这一原则的机理实际就是针对病人的身体状况，抗病能力来说的。抗病能力强，冲去的就是病；抗病能力弱，冲去病的同时，把人也冲去了。

2. 近病逢空则愈，久病逢空不治

此句断语和上面的逢冲是一致的，就是把逢冲变成了逢空。

其实，机理是一样的，当人身强，抗病能力强的时候，空的就是病；当人身衰，抗病能力弱时，空的就是身体，是元气。

近病逢空又逢合，近病当成久病。这是在实际预测中会遇到的一种情况。

3. 用神变鬼，鬼变用神，大凶之兆

用神变鬼，鬼变用神，测病为凶。用神与鬼互变，就是用神和“鬼”连在了一起，很难摆脱。不是长期不愈，就是生命终结之象，而病亡的为多，化解都很难。

这一原则，测父母病时为例外，需仔细斟酌，要分清官鬼为原神，还是官鬼为“鬼”。如父母变官鬼，也为回头生，原神来生，当然为吉象了。但同时，又不能说父母变官鬼都为吉象，有时，这个官鬼不是原神，而真的是“鬼”。怎么区分呢？卦象是错综复杂的，很难一一列举出来，这里只说明一种情况当以鬼论，即父母爻衰空到极点，又化出官鬼爻，这时，这官鬼爻当以鬼论了，就是说，这个官鬼是生不了父母的，遇这种情况，就可断父母之人不治了。

4. 官鬼旬空并非都是吉兆

官鬼为病，喜子孙医药克之，但如果旬空，便有避克之嫌，鬼不受克，病怎能好？所以，官鬼此空，并非吉兆。

然而，需要强调的是，并非官鬼旬空，皆以凶推，有时又是病情不重的反映。

周易预测，难就难在这里，它是无法数据化的“模糊理论”，有时甚至是“只可意会不可言传”的东西，所以人们常说要“悟”，需要”破译”。

但是，只要基础扎实，掌握了周易预测的基本功，预测达到“出神入化”也并非不可能。

笔者在此说了实话，当然不会给后来者一套拿来便好用的“神奇公式”，因为那样做，是在害人！

5. 测父母之病和丈夫之病最难于把握

测以父母为用神的父母、长辈、师长等之病，是比较难测的类型。因父母以官鬼爻为原神，这时，官鬼爻就一肩二职，即为病，又为父母之元气、原神。为病时，喜其衰；为父母之原神时，喜其旺。这时，要由官父之间的关系来定官鬼爻之喜忌，就存在一个“破译”的问题。这是实话，需要经验的积累。比如，父母爻适度的衰，而官鬼发动生之，此官鬼当为原神，发动以吉论。但如父母爻过度的衰，官鬼爻再动而相生，则此官爻当以病论，而此父病难愈。

妻子测丈夫之病更是一例外。因妻子测丈夫，以官鬼爻为用神；测病，官鬼爻又为病。官鬼爻更是一肩二职，这种情况是最难断的。这时，官鬼爻太旺，必主病，因丈夫在病中怎能旺？官鬼爻过衰当为丈夫，因丈夫在病中，官鬼爻怎能不衰？所以，衰的是夫而不是病。因此，最喜官鬼爻旺衰适中。

再者，要看官鬼爻与世爻的关系。官鬼克世，无吉可言；官鬼生世，当为吉象；官鬼合世，病必缠绵；官鬼冲世，防自己受染。

6. 重病用神太旺，非吉兆

测重病用神太旺非吉兆，防不治之危。相当于“回光返照”现象。

7. 重病鬼空伏，不治之兆

鬼空而伏藏，因为是重病，鬼之状非重病，必反应在不受克。妙药难医，扁鹊难治。

三、《黄金策》疾病预测的经典古诀

疾病：

人孰无常，疾病无常；

事孰为大，死生为大。
火属心经，发热咽干口燥；
水归肾部，恶寒盗汗遗精。
金肺木肝，土乃病侵脾胃；
衰轻旺重，动则煎迫身躯。
坤腹乾头，兑必喉风咳嗽；
艮手震足，巽须瘫痪肠风。
螣蛇心惊，青龙则酒色过度；
勾陈肿胀，朱雀则言语颠狂。
白虎损伤，女子则血崩血晕；
玄武忧郁，男人则阴症阴虚。
鬼伏卦中，病来莫觉；
官藏世下，病起如前。
若伏妻财，必是伤饥失饱；
如藏福德，定然酒醉枕淫。
父乃劳伤所致；
兄为气食相侵。
官化官，新旧两病；
鬼化鬼，迁变百端。
化出文书在五爻，则途中遇雨；
变成兄弟居三位，则房内伤风。
本宫为在家得病，下必内伤；
他卦为别处染灾，上须外感。
上实下空，夜轻日重；
动生变克，暮热朝凉。
水化火，火化水，往来寒气；
上冲下，下冲上，内外感伤。
火鬼冲财上临，则呕逆多吐；

水官化土下直，则小便不通。
若患牙疔，兄鬼金连大煞；
如生脚气，震宫土化木星。
鬼在离宫化水，痰火何疑；
官来乾象变木，头风有准。
震遇螣蛇仍发动，惊悸颠狂；
艮逢巳午又交重，痈疽疮毒。
卦内无财，饮食不纳；
间中有鬼，胸膈不宽。
鬼绝逢生，病体安而复作；
世衰入墓，神思困而不清。
应鬼合身，缠染他人之症；
世官伤用，重发旧日之灾。
用受金伤，肢体必然酸痛；
主遭木克，皮骨定见伤残。
火为仇，则喘咳之灾；
水来害，则恍惚之症。
空及第三，此病须知腰软；
官伤上六，斯人当主头疼。
财动卦中，非吐则泻；
木兴世上，非痒即疼。

病体：

既明症候，当决安危。
再把爻神搜索个中之玄妙；
重加参考方穷就里之精微。
先看子孙，最喜生扶拱合；
次观主象，怕逢克害刑冲。
世持鬼爻，病纵轻而难愈；

身临福德，势虽险而堪医。
用壮有扶，切恐太刚则折；
主空无救，须防中道而殂。
禄系妻财，空则不思饮食；
寿属父母，动则反促天年。
主象伏藏，定主迁延乎岁月；
子孙空绝，必乏调理之肥甘。
世上鬼临，不可随官入墓；
身临福德，岂宜父动来伤。
鬼化长生，日下正当沉重；
用连鬼煞，目前必见倾危。
福化忌爻，病势增加于小愈；
世挠兄弟，饮食减省于平时。
用绝逢生，危而有救；
主衰得助，重亦何妨。
鬼伏空亡，早备衣冠防不测；
日辰带鬼，亟为祈祷保无虞。
动化父来冲克，劳役堪忧；
日加福去生扶，药医则愈。
身上飞伏双官，膏肓之疾；
命入幽冥两墓，泉世之人。
应合而变财伤，勿食馈来之物；
鬼动而逢日破，何妨见险之虞。
欲决病痊，当究福神之动静；
要知命尽，须详鬼煞之旺衰。

医药：

病不求医，全生者寡；
药不对症，枉死者多。

欲择善者而从之，须就著人而问也。

应作医人，空则逃亡而不遇；

子为药饵，伏则感格以无功。

鬼动卦中，眼下速难取效；

空临世上，心中强欲求医。

官临福衰，药饵轻而病重；

应衰世旺，病家富而医贫。

父母不宜持世，

鬼煞岂可临身。

官化官，病变不一；

子化子，药食不精。

福化忌爻，误服杀身之恶剂；

应临官鬼，防投增病之药汤。

鬼带日辰，定非久病；

应临月建，必是官医。

世下伏官子动，则药虽妙而病根常在；

衰中坐鬼身临，则病虽轻而药力难扶。

父若伏藏，医虽名而未谙脉理；

鬼不出现，药总用而不识病源。

主绝受伤，卢医难救；

父兴得地，扁鹊无功。

察官爻而用药，火土寒凉；

验福德以迎医，丑寅东北。

水带财兴，大忌鱼鲜生冷；

木加龙助，偏宜舒畅情怀。

财合用神居外动，吐之则痊；

子逢火德寓离宫，炙之则愈。

坎卦子孙必须发汗；

木爻官鬼先要疏风。

用旺有扶休再补；

鬼衰属水莫行针。

福鬼俱空，当不治而自愈；

子官皆动，宜内补而外修。

卦动两孙，用药须当间服；

鬼伤二间，立方须用宽胸。

父合变孙，莫欲闭门修养；

五兴化福，可用路遇医人。

世应比和无福德，须用更医；

财官发动子孙空，徒劳服药。

现举几例：

例一：

王先生老母亲身体不好，2002 年 10 月 31 日求测今冬有危险否？得“风地观”变“风雷益”：

庚戌月　壬申日

虎	卯财	▅▅▅		
蛇	巳官	(申兄) ▅▅▅		
勾	未父	▅ ▅	世	
雀	卯财	▅ ▅		辰父
龙	巳官	▅ ▅		寅财
玄	未父	(子孙) ▅ ▅ ×	应	子孙

测母亲身体，以父母爻为第一用神，官鬼或子孙爻为第二用神。此卦父母持世，得月建帮扶旺而有力，官鬼爻月库日合，无兴风作浪之机，而子孙爻呈现此卦之焦点，应爻父母未土动而化子孙子水，子水子孙又伏于该父母之下，明现身体健康之征。

于是，笔者告诉对方，放心吧，今年冬天老母亲没问题。

开春后，王先生特地打电话报了平安。

例二：

1998 年 1 月 28 日，范先生求测妻子重病况，何日危？得“雷火丰”变“泽火革”卦：

癸丑月　乙亥日

玄　戌官　━ ━　　　　　未官
虎　申父　━ ━　×世　　酉父
蛇　午财　━━━　　　　　亥兄
勾　亥兄　━━━
雀　丑官　━ ━　应
龙　卯孙　━━━

以妻财爻为用神，丑月冬季，火在衰地，加之日辰又来克，用神非常不利。同时，“父母持世，妙药难医”，动而化进，更是不治之象。“泽火革”凶象又增。于是可断妻病不治，当故在何时呢？看卦象为时不多，人之寿终多在墓绝之时，于是断 2 月 8 日的丙戌日，戌为火之墓，戌又为鬼。

后果在 8 日丑时离开，丑时又是鬼。

例三：

2003 年 9 月 3 日，学生小王的幼儿患病，求测安危，何时好？得“天泽履”变“天雷无妄”：

庚申月　己卯日

勾　戌兄　━━━
雀　申孙　━━━　世
龙　午父　━━━
玄　丑兄　━ ━　　　　　辰兄
虎　卯官　━━━　○应　　寅官
蛇　巳父　━━━　　　　　子财

测孩子病以子孙爻为用神，以官鬼爻为病。此卦子孙持世，临月建，不会有危险。官鬼临应爻，临日辰发动，说明现在还比较重。但此卦好在用神旬空，卦变六冲，“近病逢空即愈”，“近病逢冲即愈”，所以，应该很快就会好。什么时间呢？甲申日用神出空，应爻之鬼动而化退，退神逢冲病必好。

于是告诉这位焦虑的母亲，不要紧急，孩子病没大问题，四日后便可痊愈。对方言现在病得挺厉害，发烧不退，言外之意，还是不放心。笔者进一步再次确切地告诉她，这次预测绝对没有问题，尽管放心好了。

五日后，小王高兴地打来电话，说孩子果然在前一天彻底好了。

这次预测，增强了小王学好周易的决心。

例四：

1998 年 8 月 24 日，袁先生岳父病重，问有危险否？何时危？得“风泽中孚”变“水泽节”卦：

庚申月　癸卯日

虎	卯官	━━━	○	子财
蛇	巳父	━━━（子财）		戌兄
勾	未兄	━ ━	世	申孙
雀	丑兄	━ ━（申孙）		
龙	卯官	━━━		
玄	巳父	━━━	应	

问岳父病，以父母爻为用神。此卦父母旬空，久病逢空不治。六爻官鬼发动，临白虎，自化子水回头生，此官鬼当以病论，化回头生，源源不断，病不会好。

什么病呢？卯官临白虎，肝必有病；巳火旬空，心脏也有病；土受重克，胃也不佳；子水与鬼相连，肾源也不健康。综合来看，五脏六腑都已衰竭，也为不治之象。

后果与酉月病故。

例五：

朋友之弟得尿毒症，需要做换肾手术，电话问配型顺利否，能否配上？几月？得“风火家人”变“山火贲”：

乙酉年　戊寅月　丁丑日

龙	卯兄	——		寅兄
玄	巳孙	——	○ 应	子父
虎	未财	— —		戌财
蛇	亥父	（酉官）——		
勾	丑财	— —	世	
雀	卯兄	——		

卦象一出，不禁倒吸了一口气，因为这不是一个好卦。此卦水爻病象明显，水主肾。

孙发动为吉象，本可制官，官为病。然此卦之官，旬空又伏藏，难以被制，故病根难除。

不过，子孙终究发动，得月生，有力之象。虽化父母回头克不吉，但子父被日辰克合，暂不受制。

断午未月会有机会，效果尚可。

换肾，主卦的亥水为自己原来的，五爻巳火变出的子水，为新换的，这个新肾是谁的呢？当是一属牛之人的……

不过，巳火子孙终究受回头克，子水终究受克合，当巳火被克尽时，当子水被合掉时，病情还会加重。

四、在一般预测中如何断有病？

（　）鬼动为病

在一般的预测中，如果出现官鬼发动，就要小心了，因为官鬼表示疾病，发动便要应事。如官鬼临巳火发动，心脏有病；官鬼临卯木，手臂有伤，等等。

（二）受克之爻为病

如卦中某一爻明显受克，则此爻所代表的部位有病，特别是受鬼克之爻，病在无疑。如木爻发动克土，脾胃难好；初爻子水受克，脚气无疑，等等。

（三）旬空之爻为病

除了上面两种情况之外，旬空之爻也为病况所在。空就是有问题，什么爻旬空，什么爻所代表的部位就有病。如四爻酉金旬空，腰必不好；六爻父母旬空，脑神经不佳，等等。

（四）与鬼相连之爻为病

鬼本身就表示病，与鬼相连之爻当然就有病了。所谓与鬼相连是指该爻变鬼，或鬼变该爻。如二爻寅木变鬼，腿必有病；五爻巳火变鬼，心脏不好，等等。

（五）白虎所临之爻代表病

白虎在六神中代表病、伤，故白虎所临之爻多有病。当白虎与官鬼、受伤、旬空之爻相并时，必主该爻有病，且外伤为多。

（六）坎卦为病、兑卦为伤

八卦中，坎卦为病、兑卦为伤，当卦中出现这两个卦时，要想到身体的疾病所在。如外卦为兑卦，则头易有伤。再和卦爻的病象结合，所断就会更准确。

五、疾病种类部位断法

（一）五行断法

五行断法是疾病断法中常用的方法。就是按照五行对应的人体器官来断病，比如，火主心脏，金主肺等。具体五行对应疾病部位见下表：

<table>
<tr><td>五行</td><td colspan="2">水</td><td colspan="2">木</td><td colspan="2">火</td><td>土</td><td colspan="2">金</td></tr>
<tr><td>地支</td><td>亥</td><td>子</td><td>寅</td><td>卯</td><td>巳</td><td>午</td><td>辰戌丑未</td><td>申</td><td>酉</td></tr>
<tr><td rowspan="2">内脏</td><td colspan="2" rowspan="2">肾、膀胱
血液</td><td colspan="2" rowspan="2">肝、胆</td><td colspan="2">心</td><td rowspan="2">脾、胃</td><td colspan="2">肺</td></tr>
<tr><td>小肠</td><td></td><td>大肠</td><td></td></tr>
<tr><td rowspan="2">外体</td><td>头胫</td><td>足
性病</td><td>腿</td><td>手
臂
腰</td><td>面
齿</td><td></td><td rowspan="2">皮肤、鼻
肌肉</td><td>痔疮</td><td>腰
牙</td></tr>
<tr><td colspan="2">耳</td><td colspan="2">发、筋、
神经</td><td colspan="2">眼</td><td colspan="2">骨、皮肤
结石</td></tr>
</table>

根据上面的对应关系，就可断出疾病所在，比如官鬼爻临火，则心脏当有病；丑土受鬼克，胃当有毛病；申金居三爻临玄武旬空，当有痔疮，等等。

（二）爻位断法

爻位断法就是根据爻位来断疾病的方法，也就是不同的爻有病，就代表不同的疾病部位。现将爻位对应的疾病列表如下：

爻位	初爻	二爻	三爻	四爻	五爻	六爻
疾病	足病	腿病	腰病	腰病	胸病	头病
		阴部病	阴部病	腹部病	肩病	
			腹部病	乳病	颈病	
			肛门病	臂病	乳病	
			手伤		五官病	

根据上面的对应关系，何爻位出现问题，就可断什么部位有毛病。比如，三爻有问题，就可断为腰或腹部或性科出了问题；六爻有问题，就可断头必有毛病，或受伤，或脑内有问题等。

何爻有问题是指什么呢？就是指上面论述的断病方法中提到的一些状况，比如：官鬼所在之爻，受冲克之爻，旬空之爻等。

（三）六神断法

六神也可以作为疾病预测的一种方法。不同的六神，代表不同的疾病。现将六神代表的疾病列于下：

六神	青龙	朱雀	勾陈	螣蛇	白虎	玄武
代表疾病	酒色过度	胡言乱语	消化不良	虚病	血光	忧郁症
	亢奋症	发烧	跌打	怪病	损伤	虚病
		咳嗽	肿胀	腰病	手术	
			血栓	神经病		
			梗阻			

具体断法是，如果有病的某爻临某六神，就可断此人有对应的某种疾病，比如，卦中官鬼爻临勾陈，就可断此人有与勾陈相对应的疾病，如消化不良、肿胀、血栓、梗阻等，那到底是其中的哪一种呢？这就要再结合其他的因素了，如五行、地支等，比如，水鬼临勾陈，首先就要想到血栓；土鬼临勾陈，首先就要想到消化系统的疾病，等等。

（四）八卦断法

八卦断法是将八卦的原理和六爻纳甲理论结合，来论断人体疾病的方法。八卦对应的主要人体疾病见下表：

八卦	乾卦	坤卦	震卦	巽卦	坎卦	离卦	艮卦	兑卦
疾病	头病	腹病	足病	股病	耳病	目病	背指	口舌
	肺病	胃病	肝胆	肝胆	腰病	心脏	结石	肺
	骨	皮肉	神经	感冒	血病	火伤	肿瘤	皮肤
	大肠	浮肿	多动症	中风	肾病	烫伤	血病	外伤
				气管	膀胱	小肠	脾	气管
				神经	性病	乳房	鼻	咽喉
				肠道	中毒	发烧	乳房	口牙齿
				传染病	心脏病	放射性病	皮肤病	性病
				忧郁症	水肿病	血病	关节	
							气血不通	

其他更多疾病的对应关系可参见本书上部八卦万物类象一节。

具体方法是，以有病之爻所在之卦所表示的人体部位来断疾病，比如，官鬼爻在坎卦，就要想到是否是肾病、性病、血液病、心脏病、耳病、腰病等，具体应该是哪一种呢？还要结合具体病爻的五行、地支、爻位以及所临的六神等，如在内卦，就不可能是耳病、心脏病；如在六爻，也不可能是腰病；如临金爻，是腰病的可能性就大了。

六、求医问药预测法

人有了病，就要医治，子孙爻为医药。

（一）所用之药、所求之医见效否？

测所用之药见效否，重点看子孙爻。子孙爻旺相有力，生合用神，用药必见效；反之，子孙爻空破休囚，化回头克，化墓化绝，用之必无效。

所求之医见效否，重点也看子孙爻，其次参看应爻。若子孙爻无力，应爻再好，应生世，也无济于事，态度好，服务好，不等于能治好病。

（二）何方求医效果佳

现在，各大城市都有很多医院，不同医院的医治水平是不同的，一所医院对不同的疾病的研究、治疗水平是有差距的，随机遇到的医生的水平更是有所差异。对于自己的病，到哪家医院医治效果好呢？当然可以通过六爻预测加以判断。

一者看旺相有力的子孙爻所居方位，如子孙爻为子水，则宜到北方求医；若子孙爻为寅木，则宜到东北方求治。

二者当子孙爻休囚无力，而应爻旺相有力，生合世爻，则宜到应爻之方，但治疗效果也是要打折扣的，因子孙为医药，见效必慢。

当然，在实际预测时，并非这样简单明了，有时需要一番分析破译，方可定出有利之方。比如，子孙爻安静旺相有力，父母爻动来克，这时，若又有妻财爻发动制父母爻，则此妻财爻的方位当为最佳求医之方。

现针对疾病预测再举几例：

例一：

1997 年 8 月 9 日，陈先生慕名前来预测，得“火雷噬嗑”变“天雷无妄”：

戊申月　癸未日

虎	巳孙	——		戌财
蛇	未财	— —	×世	申官
勾	酉官	——		午孙
雀	辰财	— —		
龙	寅兄	— —	应	
玄	子父	——		

在讲完了先生关心的事情之后，笔者针对他的身体情况做了如下预测：

脚有严重脚气或有伤；腿有风湿之类；腰不好，应该是腰脱吧；头上有疤；心脏也有点弱。总之，身体状况不强。

断完之后，先生均表示认同。

现依据上述的理论分析如下：

子水居初爻，在震卦，临玄武，被日辰害，脚必有病；寅木居二爻，在震卦，月破日库，腿必有病；四爻临酉鬼旬空又临勾陈，腰必不好；五爻变金鬼，旬空，在离、乾卦，面部有问题；六爻巳孙与月建申鬼相合、化库、在离卦，心脏有点问题。

六爻预测疾病，只要掌握了上述原则，准确率还是很高的。同时，还可以采取一些手段加以化解，达到辅助治疗的效果。

例二：

2004年8月28日，付女士求测到哪家医院治疗效果好，得“地泽临”变“水泽节”：

戊申月　己卯日

勾	酉孙	— —		子财
雀	亥财	— —	×应	戌兄
龙	丑兄	— —		申孙
玄	丑兄	— —		
虎	卯官	——	世	
蛇	巳父	——		

此卦官鬼临白虎持世，明现有病在身。六爻子孙酉金旺相暗动克官，为

求医之测。不利的是，五爻亥水发动，使酉孙克不到官，病情难治。到何方求医效果相对好呢？一般来说，到子孙之方，因子孙为医药，为治病之所，此卦是否也该到子孙之方最佳呢？不是，上面已经分析，财爻一动，子孙就不能克官，当然就不利治病了。此卦到戌方、丑方或南方较佳，因戌、丑都可制亥水，南方火可生土，亥水受制，不能通关，子孙便可有用了。或者到五院、二院也可，五为土，土可治水、生金，二为火，火生土制水。找属牛、属狗、属蛇的大夫，姓石、田、朱、陆等较佳。

例三：

2007 年 6 月 3 日，李女士问夫有病状发生，问严重否？得“雷天大壮”变“雷风恒”卦：

乙巳月　戊辰日

雀　戌兄　▅ ▅（旬空）
龙　申孙　▅ ▅
玄　午父　▅▅▅　世
虎　辰兄　▅▅▅　　　酉孙
蛇　寅官　▅▅▅　　　亥财
勾　子财　▅▅▅　○应　丑兄

此卦为六冲卦，近病逢冲可愈。此卦官鬼既为丈夫，又为病，官鬼虽不旺，但也未衰绝，子孙有气，故夫不会有危险。

病在何处呢？六爻兄弟戌土旬空逢冲，六爻为头，故病在头。初爻子水临勾陈化回头克合，子水为血液，故当为血栓。

综合观之，当为脑血栓病。

当日去医院检查，果然为脑血栓。住院半月痊愈。

第五节　官司牢狱灾害篇

人是由五行构成的，难免有时五行失衡，失衡了就要出问题，除了肌体生病之外，有时还会出现伤灾；人生活在世界上，灯红酒绿、贫贫富富，欲望难消，实难“跳出三界外，不在五行中”。所以，官司牢狱又相伴而生……

一、官司牢狱灾害预测的基本原则

1. 灾害预测以官鬼爻为灾害，包括人为伤灾、车祸、自然灾害造成的伤害等；以子孙爻为克制灾害的因素；以兄弟爻为灾害造成的经济损失；以妻财爻为官鬼的原神，当然非吉物了。

2. 牢狱预测也以官鬼爻为牢狱之灾；以子孙爻为解灾之神，又为公检法等执法机构与人员；以兄弟爻为破财之神，又为同伙；妻财爻为鬼之原神，助鬼伤身的正是它；父母爻为事情的结果、文书。

3. 官鬼持世，灾害、牢狱需防；“子孙持世事无忧”；父母持世一般有灾害的情形为少，因官鬼生父母；兄弟持世灾害易临，因官鬼与世爻是相克的关系；妻财持世要具体分析。

4. 官鬼爻越旺，灾害、官司越重；官鬼爻发动，灾害、官司更重而又快；官鬼克世、冲世最忌，官鬼合世，也为不吉，麻烦沾身，更难摆脱。

5. 父母持世，一般有灾害的可能性不大，因官鬼生父母，父母本身就有化泄官鬼旺气的作用。

6. 六神中，勾陈主牢狱、官司、塌陷，朱雀主口舌是非、火灾，青龙、螣蛇主地震，白虎主牢狱、血光之灾，玄武主偷盗。

7. 八卦论灾害：坤为塌陷、地震，震为地震，巽为风灾，离为火灾，坎为水灾，艮为山体滑坡，兑为损伤。

二、官司牢狱灾害预测细论

1. 官鬼发动，喜子孙动克，又喜父母动来泄官鬼之气，但最忌子孙与父母同动，同动则两者相战，就不管官鬼了。

这一道理就相当于找人办事，好使的找一位就可以了，找两位很多时效果更糟，极容易出现谁也不管了的局面。

2. 鬼伏世下，有潜在的灾害危机，迟早要爆发。

3. 世爻动变官鬼是最不利的一种结构，难于摆脱，难于化解。

4. 鬼临五爻为车祸的标志，临勾陈更验；鬼临金木为外伤的标志，更验于肢体；鬼临火爻为火灾的信息，临朱雀加重；鬼临水爻为水灾的信息，临玄武更应。

5. 墓库为牢狱的信息，随鬼入墓更凶。衰极入墓，需虑极刑。

6. 卦遇六合，测牢狱不利，暂无解期。

7. 刑为牢狱的标志之一，日月之刑甚于动爻之刑，临鬼刑更明显。

三、《黄金策》官司牢狱预测的经典古诀

小忿小惩，必至争长竞短；

大亏既负，宁不诉枉申冤。

欲定输赢，须详世应。

应乃对头，要休囚死绝；

世为自己，宜帝旺长生。

相冲相克乃是欺凌之象；

相生相合终成和好之情。

世应比和官鬼动，恐公家捉打官司；

卦爻安静子孙兴，喜亲友劝和公事。

世空则我欲息争；

应动则他多机变。

间伤世位，须防硬证同谋；

鬼克间爻，且喜有司明见。

身乃根因事体，空则情虚；

父为案卷文书，伏须未就。

鬼作问官，克应则他遭杖责；

日为书吏，伤身则我受刑名。

逢财则理真气壮；

遇兄则财散人离。

世入墓爻，难免狱囚之系；

官逢太岁，必非州县之词。

内外有官，事涉一司终不了；

上下有父，词兴两度始能成。

官父两强，词状表章皆准理；

妻财一动，申呈诉告总徒劳。

父旺官衰，雀角鼠牙之讼；

变衰动旺，虎头蛇尾之人。

世若逢生，当有贵人倚靠；

应衰无助，必无奸恶刁唆。

无合无生总旺，如何独脚虎；

有刑有克逢空，空效缩头龟。

兄在间中，事必干众；

父临应上，使欲兴词。

父动而官化福爻，事将成而偶逢兜欢；

父空而身临刑煞，词未准而先被笞刑。

妻动生官，须用资财瞩托；

世兴变鬼，必因官讼亡身。

子在身边，到底不能结证；

官伏世下，讼根犹未芟除。

墓逢日德刑冲，目下即当出狱；

岁挈福神生合，狱中必遇天恩。

若问罪名，须详官鬼；

要知消散，当看子孙。

卦象既成，胜负了然明白；

讼庭一部，是非判若昭彰。

现举两例：

例一：

2002年3月3日，老客户曾先生测年运，得“水泽节”变“地泽临”：

甲寅月　庚午日

蛇	子兄	— —		酉父
勾	戌官	———	×	亥兄
雀	申父	— —	应	丑官
龙	丑官	— —		
玄	卯孙	———		
虎	巳财	———	世	

曾先生已经连续三年找笔者测年运，2002年春节一过，又照例来找笔者，看看新的一年状况如何。

五爻官鬼临勾陈在坎卦发动，车祸标志明显。于是，在断完先生的其他方面以后，告诉他要注意车祸，开车、坐车都要注意安全。曾先生问什么时间，笔者告诉他10月份是最危险的月份。又问人身危险吗？笔者告诉他，人身没有大问题。

11月份，在一个场合见到曾先生，先生正式向笔者“汇报”了上个月车祸的情况：在高速公路上与它车追尾，车子损伤严重，人受了轻伤无大碍。

例二：

2002年8月31日，某国企总经理高先生求测有麻烦否？得“风泽中孚”变“水泽节”卦：

戊申月　辛未日

蛇	卯官	———	○	子财
勾	巳父	(子财) ———		戌兄
雀	未兄	— —	世	申孙
龙	丑兄	(申孙) — —		
玄	卯官	———		
虎	巳父	———	应	

此卦兄弟临日辰临朱雀持世，六爻卯官动化回头生而克世，官灾之象。

能解否呢？子孙为克官之神，但此卦子孙申金伏藏，日辰冲去了飞神，伏神可出，似有可解，但官动化回头生非常不吉，回头生为源源不断，故很难把卯官克绝，也就是很难化解。唯一的办法，“三十六计，走为上策”，“留得青山在，不怕没柴烧”，等待机会。后官方真的开始进驻审查，但先生已经按计“走为上”，开始了从长计议……

例三：

2000 年 12 月 25 日，吉林某国企张总经理来电求问检察院要来企业查账有麻烦否？得“水风井”变“地风升”卦：

戊子月　丁巳日

龙	子父	— —		酉官
玄	戌财	——	○ 世	亥父
虎	申官	— —		丑财
蛇	酉官	——		
勾	亥父	（寅兄） ——	应	
雀	丑财	— —		

从所问当知道对方关心的是什么，即是否能查出问题来，危害自己的安全。此种心态，当以官鬼爻为重观之。此卦财爻持世，得日辰之生动化亥水父母，应爻临父母爻暗动，均无麻烦之象。再看官鬼爻，休囚无气而安静，不会“兴风作浪”。因此可以断之，不会有麻烦，不会查出什么问题来。

再者，应爻之父是被子孙冲动的，也为企业安全之征。但需破费点钱财，因应下伏藏之兄弟得出，兄弟出必克财爻。

例四：

2006 年 4 月 19 日，董先生问要做一件事情，有麻烦否？得“水火既济”变“水天需”卦：

壬辰月　戊寅日

雀	子兄	— —	应	
龙	戌官	——		
玄	申父	— —		
虎	亥兄	（午财）——	世	辰官
蛇	丑官	— —	×	寅孙
勾	卯孙	——		子兄

测这种卦，关键是抓住一卦的焦点。问麻烦，一般情况下焦点必体现在官鬼和子孙。此卦兄弟持世，月克日泄，动爻又来克，而克者恰为官鬼。所以，粗略一看似有麻烦。但仔细一分析，情况就变了。日辰寅木本为子孙，又与世爻相合，与子孙相合，安全之象；二爻官鬼丑土虽动而克世，但其自化回头克，官鬼被制，无力克身，故也为吉象；再者，四爻申父暗动生身，也可化官鬼之克。综合观之，必无忧也。

于是告之，大胆去做，不会有麻烦。

第六节 出行出国篇

在当代社会，想出国的人很多。出国能否出得去，签证能否签成，出国后状况如何，都是欲出国人员非常关心的。出国实际就是最大、最远的出行，所以，出国与出行理当相近，不同点在于，出国存在一个能否出去的问题。因此，本书把两者放在一起来论述，并重点论述出国。

一、出行出国预测的基本原则

1. 父母爻为签证；官鬼爻为签证官，又为灾害；妻财爻为赚钱，又为签证之忌神；兄弟爻为出国的破耗，又为同行伙伴；子孙爻为签证之忌神，又为悠闲之神。

一般来说，喜父母爻旺相，官鬼爻旺而生世，子孙爻旺静不动，妻财爻不空不破。父母空破，签证不成；官鬼空破，签证难办；妻财空破，盘缠不足；子孙空破，难以开心。

2. 世爻为自己，应爻为所去之地，或办出国所求之人、之机构。间爻为同行者、伙伴。喜应生世，忌应克世；忌间爻发动，动则有阻，更忌间爻临兄弟发动，尤忌间爻发动克世，主中途有阻。

二、出国预测的几种情况

出国预测要分几种情况来判断：

（一）宏观预测能否出得去

这种情况主要是问能否出去，那就要看他出去是干什么，是赚钱，求学，还是其他什么，要从不同的角度来看。

如果是要出去赚钱，卦中如果无财，一般是出不去之象。同时，要结合世爻的状态，有否合冲，是否旬空之类。世爻遇合，多半是出不去之象；世爻遇冲，为出走之象。世爻旬空，当然不利。

如果是要出去求学，父母爻不在状态，求学必不成，那多半是出不去。同时，也要结合世爻的状况。

如果是其他目的，就要按照其他事情的预测规则来判断。

当然，官父也不得不看，官鬼爻为签证官，父母爻为签证，父母爻不在状态，出国难成。

（二）已运行到签证这一关，预测能否签成

这种情况，事情比较单一，相对要好判断一些。签证当以父母爻为用神，官鬼爻为签证官，又为父母爻的原神。妻财爻为忌神，因妻财克父母；子孙爻也为忌神，因子孙爻克官，签证官受克，签证怎能签成呢？所以，妻财发动，妻财持世，子孙发动，子孙持世，皆为签证不成之象。

反之，父母持世，父母旺动，官鬼持世，官鬼旺动，皆为签证易成之象。

（三）预测中介机构真伪

有好些出国者都要委托中介机构办理出国手续，这时，中介机构的真实性与能力就突出了出来。所以，很多人要关心一下中介机构的状况。在现实

中，被真假中介机构骗的也大有人在。

如果卦象出国可成，就不存在被骗的情况了。如果卦中出现官鬼克世，应动克世，都为不利之象。玄武临官鬼克世爻，纯粹诈骗。玄武临兄弟动克世爻，为被朋友所骗。

(四) 出去已没有问题，预测出去后状况如何

这种情况也经常会遇到，签完了证，却又担心出去以后的状况。有的甚至初次求测所关心的就是出去后的状况，而不是能否出成，这时，又要回到第一个问题上来，即出去是干什么？是赚钱，还是求学？如果是赚钱，就要看财；如果是求学，就要看父。同时，还一定要关注一下有没有意外，出去后大多人地两生，安全是第一位的。应爻为所去之地，如果遇到应克世，官鬼克世，都是不吉之象。

如果求测人不言什么心态，什么状态，那就要进行破译了，破译当然就较难了，要有扎实的功底，还要有大量的预测经验才行。

应生世，大吉之象；应克世，出去不利；官鬼旺动，麻烦灾害难免；官鬼克世，灾害无疑。子孙空亡，难以开心；妻财受制，经费不足。兄弟、官鬼与间爻发动，防途中多阻。六爻动，必去远方。

三、卦名卦象论出国

卦名卦象在出国预测中也有作用，要正确对待。但完全根据卦名卦象来断能否出得去国是错误的。

在六十四卦中，归魂卦一般不易出国，正所谓“归魂不出疆”；而“游魂行千里”，游魂卦就容易出国；六合卦有被绊之象，故不易出国；六冲卦，冲则动，易出之象。

但要切记，上面的规则只是一般情况，严格讲，都离不开卦爻之间的具体环境。如出现合处逢冲，反为出国之象；出现冲中逢合，又为出不去之象；归魂、游魂更要结合卦爻之间的生克制化具体分析了。

除上述规则之外，下列卦又为易出之卦：

天风姤、风地观、水山蹇、雷山小过、火山旅、泽风大过、山雷颐、雷火丰、山天大畜等；

而下列卦又为不易出之卦：

天地否、山地剥、泽水困、雷泽归妹、火水未济、风水涣、雷风恒、风天小畜、风火家人、山风蛊、水泽节、水雷屯、艮为山、风山渐、坤为地、地天泰等。

四、《黄金策》出行预测的经典古诀

出行：

人非富贵，焉能坐享荣华；

苟为利名，宁免奔驰道路。

然或千里之迢遥，夫岂一朝之跋涉。

途中休咎若个能知，就里灾祥神灵有准。

父为行李，带刑则破损不中；

妻作盘缠，生旺则丰盈足用。

世如衰弱，那堪水宿风餐；

应若空亡，难望谋成事就。

间爻安静，往来一路平安；

太岁克冲，行止终年挠括。

世伤应位，不拘远近总宜行；

应克世爻，无问公私皆不利。

八纯乱动，到处皆凶；

两间齐空，独行则吉。

世动订期，变鬼则自投罗网；

官临畏缩，化福则终脱樊笼。

静遇日冲，必为他人而去；

动逢间合，定因同伴而留。

世若逢空，最利九流出往；

土如遇福，偏宜陆地行程。

鬼地墓乡，岂堪践履；
财方父向，却可登临。
官挈玄爻刑克，盗贼惊忧；
兄乘虎煞交重，风波险阻。
妻来克世，莫贪无义之财；
财合变官，勿恋有情之妇。
父遭风雨之淋漓，舟行尤忌；
福遇和同之伴侣，谒贵反凶。
艮宫鬼坐寅爻，虎狼仔细；
卦见兄逢蛇煞，光棍宜防。
鬼动间中，不谐同侣；
兄兴世上，多费盘缠。
一卦如无鬼煞，方得如心；
交爻不见福神，焉能称意。
主人动遇空亡，半途而返；
财气旺临月建，满载而回。
但能趋吉避凶，何虑登高涉险。

行人：

人为利名，忘却故乡生处乐；
家无音信，全凭周易卦中推。
要决归期，但寻主象。
主象交重身已动；
用爻安静未思归。
克速生迟，我若制他难见面；
三门四户，用如合世即还家。
动化退神，人既来而复返；
静生世位，身未动而怀归。
若遇暗冲，睹物起伤情之客况；

如逢合住，临行有尘事之羁身。
世克用而俱动，转往他方；
应比世而皆空，难归故里。
远行最怕用爻伤，尤嫌入墓；
近出何妨主象伏，偏利逢冲。
若伏空乡，须究卦中之六合；
如藏官下，当参飞上之六神。
兄弟遮藏，缘是非而不返；
子孙把持，由乐酒以忘归。
父为文书之阻滞；
财因买卖之牵连。
用伏应财之下，身赘他家；
主投财库之中，名留富室。
五爻有鬼，皆因途路之不通；
一卦无财，只为盘缠之缺乏。
墓持墓动，必然卧病呻吟；
世合世冲，须用遣人寻觅。
合逢玄武，昏迷酒色不思乡；
卦得游魂，漂泊他乡无定迹。
日并忌兴休望到，身临用发必然归。
父动卦中，当有鱼书之寄；
财兴世上，应无雁信之来。
欲决归期之远近，须详主象之兴衰。
动处静中，含蓄许多凶吉象；
天涯海角，羁留多少名利人。

现举几例：

例一：

2000 年 9 月 17 日，刘小姐求测办出国去新西兰能成否？得“风山渐”变“风地观”卦：

乙酉月 戊寅日

雀	卯官	▅▅▅▅	应	
龙	巳父	(子财) ▅▅▅▅		
玄	未兄	▅ ▅		
虎	申孙	▅▅▅▅	○ 世	卯官
蛇	午父	▅ ▅		巳父
勾	辰兄	▅ ▅		未兄

测出国，还是要以父母爻为用神，官鬼爻为原神。此卦子孙旺而持世，不利之象。但子孙申金动而化出卯官，为化出又一原神，不利变为有利。同时，日辰之官又来冲世爻，求官易成之象。所以，笔者当即明确告知，出国能成，放心吧。刘小姐接着问，什么时候签证能下来呢？卦中父母爻两现，得日辰之生，旺逢冲，即亥月即可应之。

一个多月后，一进亥月，签证便下来了，刘小姐第一个向笔者电话报喜。

例二：

2002 年 8 月 20 日，陈女士求测去美国签证能成否？得“泽地萃”变“泽水困”：

戊申月 庚申日

蛇	未父	▅ ▅		
勾	酉兄	▅▅▅▅	应	
雀	亥孙	▅▅▅▅		
龙	卯财	▅ ▅		午官
玄	巳官	▅ ▅	× 世	辰父
虎	未父	▅ ▅		寅财

乍一看，似能去成之象，因官鬼持世，动化父母用神，但仔细一看，情况就变了，因日月为兄弟，双合世爻，阻力重重啊，怎能出成呢？

后经过了很多努力，几经变换中介机构，最后还是没有出成，最后死心了。

例三：

1997年10月5日，某中学杨老师求测学生王某出走安全否？何日回？得“山地剥”变“坤为地”卦：

己酉月　庚辰日

蛇	寅财	▅▅▅	○	酉兄
勾	子孙	▅ ▅（申兄）	世	亥孙
雀	戌父	▅ ▅		丑父
龙	卯财	▅ ▅		
玄	巳官	▅ ▅	应	
虎	未父	▅ ▅		

老师测学生，当以子孙为用神。此卦子孙持世，正为此应。子孙子水得月生，受日克，当为安全之象。从卦象看，当为子日10月1日）出走，据家长反馈正是。

去哪里了呢？坤卦重现，当在西南。

剥之坤，有大海之象，子孙临子水，能否去了海边？

何日能回呢？

我们先看一下动爻的情况，笔者多次强调，动爻非常重要，它往往成为一卦的焦点。六爻寅财动化酉金回头克，财动化克，一为情感失意，二为经济不宽，破财。根据情理，前者不合情理，后者大有可能，即所带之钱会花光。在安全的背景下，钱花光就必回来。当应在何时呢？动逢值、逢合。从当日往后数，亥日先临，寅日后到，亥日又为子孙用神，故应亥日的可能性最大。

后果然于一周后的丁亥日归家，原因正是钱花光了，去了大连，因后期钱不多了，在海上打了几天工，倍感不易，于是思家之意起，自己返回。

第七节　自然篇

自然给人类以生存的空间及营养，同时，有时也戏弄人类，特别是人类不注意与其和谐相处时，她又会惩罚人类。面对自然的种种惩罚，人类也要掌握一些面对的方法，方法之一就是如何预测自然，以达顺应自然、防范灾害之目的。

一、天气预测

天气预测是一项很有现实意义的预测，特别是在择吉中，掌握天气的状况非常必要。试想一下，不管是个人的婚礼、乔迁，还是单位的开张庆典、大厦的竣工典礼，甚至包括城市、国家的大型活动、大型庆典，如果遇到一个风雨雷电的恶劣天气，这活动还怎么搞？

随着科技的进步，尽管有人工增雨、人工驱雨的科技手段，但这手段的实施，也是离不开必要的天气条件，即将出现倾盆大雨，科技手段是无能为力的。所以，对天气的预测至关重要。

天气预报，是一种现代文明预测天气的方法，有一定的准确性，但它有两个局限性：其一，距离时间较长，无法比较准确预报；其一，因为其准确率不很高，造成重大活动选择天气时出现失误。2007 年 4 月 13 日，北京市气象局召开新闻发布会，首次全面公布了天气预报准确率，其中 24 小时气温预报的准确率为 70.4%；24 小时雨雪预报准确率为 72.2%；5 级以上大风预报准确率为 84.6%。资料统计又表明，我国暴雨预报准确率为平均 15%左右。因为其预报的重大偏差，而给某些个人和企业造成损失，中央气象台多次遭到投诉。但可以说，中央气象台也是无能为力的，因为现在的科技水平就是这种程度。

前不久，在飞机上的一本杂志中看到这样一篇文章：

2005 年 9 月 12 日上午，香港迪斯尼乐园开幕典礼。关于 9 月 12 日的天气，几天前的天气预报说有雨，但某位“风水大师”却明确告诉政府说是晴天，在12日之前，政府还多次向关注这次庆典的市民表示，不会有雨，因为“心中有底”，这个底，是来自对“风水大师”的信任。实际情况港人都知道了，确实是晴天！文章最后不禁感叹：中国古老的易经文化与科技高度发达的现代文明还真有一拼，该信谁呢？

话说多了，回到正题：

（一）天气预测的基本原则

1. 从六亲的角度论：以父母爻为雨天；以子孙爻为晴天；以兄弟爻为风天；以官鬼爻为雷雨天；以妻财爻为淡云天。

2. 从五行的角度论：以水爻为雨天；以火爻为旱天；以木爻为风天；以金爻为晴天；以土爻为阴天。

3. 父母爻旺动必雨，子孙爻旺动必晴；父母爻持世易雨，子孙爻持世易晴。雨天见财动必晴，晴天见父动当雨。

4. 从六神来看，青龙主晴、主雨、主风，朱雀主晴、主热、主闪电、彩虹，勾陈主阴，又主沙尘，螣蛇主风，白虎主雪、主冷，玄武主雨。

5. 八卦看天气：乾为晴明、为雪天，坤为重阴，离为晴天、闪电，坎为雨天、雪天，震为雷，巽为风，艮为阴、为雾，兑为雨、为雹。

（二）天气预测细论

1. 子孙爻为彩虹，父母与子孙相连，雨后出虹之象。

2. 晴天测何日雨，重点看父母爻；雨天看何日晴，重点看妻财爻，财爻发动，即为晴之征。

3. 鬼为雷，父为雨，鬼父同动，雷雨交加；兄为风，父为雨，父兄同动，风雨交加。

4. 子孙为顺风，兄弟为逆风。此用于预测前往某方风向之顺逆。

5. 一卦土爻过旺，水爻无气；或官父休衰，妻财旺动，大旱之象。

6. 鬼临土爻，为沙尘暴的标志。鬼兄相连，则尘土飞扬。

（三）《黄金策》对天气预测的经典古诀

天道杳冥，岂可度思夫旱涝；

易爻微渺，自能验彼之阴晴。

当究父财，勿凭水火。

妻财发动，八方咸仰晴光；

父母兴隆，四海尽沾雨泽。

应乃太虚，逢空则雨晴难拟；

世为大地，受克则天变非常。

日辰主一日之阴晴；

子孙管九天之日月。

若论风云，全凭兄弟；

要知雷电，但看官爻。

更随四季推详，须配五行参决。

晴或逢官，为烟为雾；

雨而遇福，为电为虹。

应值子孙，碧落无瑕疵之半点；

世临土鬼，黄沙多散漫于千村。

三合成财，问雨那堪入卦；

五乡连父，求晴怪杀临空。

财化鬼，阴晴未定；

父化兄，风雨靡常。

母化子孙，雨后长虹垂蝃蝀；

弟连福德，云中日月出蟾蛛。

父持月建，必然阴雨连旬；

兄坐长生，拟定狂风累日。

父财无助，旱涝有常；

福德带刑，日月必蚀。

雨嫌妻位之逢冲，晴利父爻之入墓。

子伏财飞，檐下曝夫犹抑郁；

父衰官旺，门前行客尚趑趄。

福合应爻，木动交而游丝漫野；
鬼冲身位，金星会而阴雾迷空。
卦值暗冲，虽空有望；
爻逢合住，纵动无功。
合父鬼冲开，有雷则雨；
合财兄克破，无风不晴。
坎巽互交，此日雪花飞六出；
阴阳各半，今朝霖雨慰三农。
兄弟木兴系巽风，而冯夷何其肆虐；
妻财火动属乾阳，而旱魃胡尔行凶。
六龙御天，只为蛇与震卦；
五雷驱电，盖缘鬼发离宫。
土星依父，云行雨施之天；
木德扶身，日暖风和之景。
半晴半雨，卦中财父同兴；
多雾多烟，爻上财官皆动。
身值同人，虽晴而日轮含曜；
世持福德，总雨而雷鼓藏声。
父空财伏，须究辅爻；
克日取期，当明占法。
要知其详，别阴阳可推晴雨；
欲知其细，明衰旺以决重轻。
能穷易道之精微，自与天机而吻合。

现举几例：

例一：

1997 年 11 月 12 日，测当日天气，得“火雷噬嗑”变“火泽睽”卦：

辛亥月　戊午日

雀　巳孙 ▅▅▅▅
龙　未财 ▅▅　▅▅　世
玄　酉官 ▅▅▅▅
虎　辰财 ▅▅　▅▅　　　丑财
蛇　寅兄 ▅▅　▅▅　×应　卯兄
勾　子父 ▅▅▅▅（旬空）　　巳孙

子孙合世，临青龙，晴天；兄弟临螣蛇旺动化进神，有风，风还挺大，克世，上班出门为逆风；下午木爻临绝地受克，上午风大，下午小些。

一天正如所测。

例二：

1997 年 8 月 1 日晨，孩子放假，一家人想出去玩。但天气预报有中雨，不知真的雨否？测卦得“地山谦”变“水山蹇”：

丁未月　乙亥日

玄　酉兄 ▅▅　▅▅　　　子孙
虎　亥孙 ▅▅　▅▅　×世　戌父
蛇　丑父 ▅▅　▅▅　　　申兄
勾　申兄 ▅▅▅▅
雀　午官 ▅▅　▅▅（卯财）　应
龙　辰父 ▅▅　▅▅

卦象一出，笔者对家人说，没有问题，白天不会下雨，有雨要在傍晚以后，而且白天还会是晴天。因在家人面前的“信誉”，一家人很快便出发了，果然，一天是晴天，玩得很开心。

子孙持世当为晴天，这是很简单的道理。笔者把此卦收入，关键不在于子孙持世，而在于子孙持世动化父母回头克，是晴是雨。子孙持世为晴天，动化父母为雨，就是说，天气当为先晴后雨。动为始，变为终，什么时候进入“终”呢？当在戌、亥时。后果然在晚 10：40 分的亥时，下起了雨。

例三：

1997 年 5 月 3 日测当日天气得“地风升”变“山风蛊”：

甲辰月　乙巳日

玄	酉官	— — ×		寅兄
虎	亥父	— —		子父
蛇	丑财	(午孙) — —	世	戌财
勾	酉官	——		
雀	亥父	(寅兄) ——		
龙	丑财	— —	应	

此卦财爻持世，旺相有力，一般当以无雨论之。但六爻官鬼临玄武发动，生亥水父母，亥水父母爻又受日冲暗动，故又当以有雨论之。什么时间雨呢？上午临子孙，当为晴天；酉官动，当应在酉时雨，因父母临亥，亥时当更大些。再看六爻官动化出兄弟，兄弟主风，二爻亥水被日辰冲开，寅木出现，也主风。

实际情况：当日上午晴天，但风很大；申时内，风停（兄弟寅木受克），微雨（酉金得帮）；戌时雨停（父母受克）；亥时又中雨，正应。

二、地震预测

（一）地震预测的基本原则

1. 地震预测以官鬼爻为灾害，子孙爻为制灾的安全因素，父母爻为房屋，兄弟爻为地震的损失，妻财爻为官鬼的原神，一般非吉物。

2. 从八卦论：坤卦为大地，艮卦为房屋建筑，震卦为地震，兑卦为损失，坎卦为灾害，离卦为地震带来的火灾，巽卦为通讯，乾卦为政府。

3. 鬼临坤卦、坤宫，鬼临震卦、震宫，都是地震的标志。

4. 在六神方面，青龙、螣蛇、勾陈为地震的标志，龙蛇临鬼动，更明显。

（二）地震预测的两种情况

一种是专门为地震而预测，另一种是在预测其他事情时带出来的信息。

1. 专门为地震而预测

当有地震的传闻时，或当有人关注地震的情况时，可专门进行地震预测。

这种情况相对较容易预测，地震标志的外延也要扩展。鬼动、鬼旺是一项最重要指标。

2. 预测其他事情时，带出地震的信息

有时，不是在专门预测地震，但卦中带出了地震的信息，应给予高度重视。比如，螣蛇临官鬼旺动坤宫，就要考虑是否要有地震发生。

这种情况下，一定要信息明显，方可有此虑，切不可小题大做，草木皆兵，扰乱人心。

出现这种信息后，建议另选时间专门再预测一下为好，做到尽量准确。

（三）地震预测细论

1. 内卦为本地，外卦为外地。鬼在内卦动，多为本地；鬼在外卦动，多为外地。

用爻在六爻动，为很远的地方，且多为境外。

2. 卦遇子孙持世，子孙发动，无震之象。官鬼旬空，官鬼受制，无震之象。

3. 卦遇应克世，鬼克世，灾害较重；兄弟大旺克财，经济损失大。

（四）地震级别的确定

关于地震的级别，为数字预测范畴，可以通过如下几种方式来确定：

1. 按卦数来定

可参照求财预测数目的确定原则来定。比如主卦数、全卦数等。笔者习惯卦数用先天数，即乾一、兑二、离三、震四、巽五、坎六、艮七、坤八。

2. 按五行数来定

官鬼爻的五行数就是地震的级别数。如官鬼为未土，则级别为五级以上；官鬼为子水，则级别在六级以上，等等。

3. 官鬼旺衰对震级的影响

除了上述的数字确定原则之外，还要结合官鬼爻的旺衰。官鬼爻旺，则地震级别就易高；官鬼爻衰，则地震级别就低。

在具体级别的确定方面，旺则卦数可加倍；衰则卦数可减半。

如卦数为25，官鬼爻为丑土，丑土又居旺地，则震级当为五级。因旺则可加倍，25加倍就为50。

现举两例：

例一：

1997年正月，盛传辽沈大地要有地震发生，2月21日，学生小赵测有震否？得“震为雷”变“地雷复”：

壬寅月　甲午日

玄　戌财　— —　世　酉官
虎　申官　— —　　　亥父
蛇　午孙　——　○　丑财
勾　辰财　— —　应
雀　寅兄　— —
龙　子父　——

此卦“震为雷”变“地雷复”，为地震而问卦象清晰。四爻子孙发动，旺相有力，五爻官鬼申金月破日克，这样的官鬼状态，怎能有地震呢？

后果然没有任何地震发生。

例二：

1999年11月29日中午，沈阳市有明显地震感觉，在办公室随机起卦，预测该震的状况，以及是否还有震。得“雷山小过”变“雷地豫”：

乙亥月　乙酉日

玄　戌父　— —
虎　申兄　— —
蛇　午官　——（亥孙）　世
勾　申兄　——　○　卯财
雀　午官　— —（卯财）　巳官
龙　辰父　— —　应　未父

此卦官鬼持世，临螣蛇，在震卦，地震之象明显。但官鬼休囚无气又旬空，下伏子孙，震级不会高；官临午火，在沈阳南部；一官居四爻又持世，一官在二爻，震中离沈阳不远，不出省；财伏官下受日兄冲，有点损失；初爻父母与日辰酉兄相合，房子有点损，在初爻，为平房。

后据地震台发布消息：1999年11月29日中午12点10分，距沈阳市148公里的辽宁省海城及岫岩交界的偏岭一带，发生5.6级地震，部分民房出现裂痕，无人员伤亡。

三、水旱灾预测

(一) 水灾预测的基本原则

1. 以官鬼爻为水灾，子孙爻为制约水灾的因素。官鬼旺，灾害大；官鬼衰，灾害小或无。子孙旺，危害不大；子孙衰，无能为力。

2. 以水爻为水灾，土爻为制约水灾的因素。水爻旺，水灾大；水爻衰，灾害小。土爻旺，灾害可制；土爻衰，灾害难以控制。

3. 以兄弟爻为灾害的损失。兄弟直克财，灾害有损，兄弟旺，损失大；兄弟衰，损失小。

4. 官鬼旬空月破，灾害不大。官鬼安静，灾害不起，或发生时间久远。官鬼暗动、明动，灾害有期，且灾害当有。

5. 父母爻为房屋，父母爻受冲克严重，房屋有损。

6. 妻财爻为庄稼、林地，妻财爻受克严重，庄稼因灾绝收。

(二) 旱灾预测的基本原则

1. 以官鬼爻为旱灾，子孙爻为制约旱灾的因素。官鬼旺，灾害大；官鬼衰，灾害小或无。子孙旺，危害不大；子孙衰，无能为力。

2. 以火爻为旱灾，水爻为制约旱灾的因素。火爻旺，旱灾严重；火爻衰，灾害小。水爻旺，灾害可制；水爻衰，灾害难以控制。

3. 以兄弟爻为灾害的损失。兄弟直克财，灾害有损，兄弟旺，损失大；兄弟衰，损失小。

4. 妻财爻为庄稼、林地，妻财爻受克严重，庄稼因灾绝收。

5. 木爻为稼禾，土重木衰，稼禾受损严重；木爻旬空，庄稼难以成实。

现举一例：

2000年4月18日，沈阳宫女士经人介绍来求测在山东的水产养殖生意，得“山地剥”变“艮为山”卦：

庚辰月　丙午日

龙	寅财	▅▅▅		
玄	子孙	▅ ▅（申兄）	世	
虎	戌父	▅ ▅		
蛇	卯财	▅ ▅	×	申兄
勾	巳官	▅ ▅	应	午官
雀	未父	▅ ▅		辰父

搞水产养殖天气雨水很重要，她求测的目的也是担心今年的天气旱涝。旱，水量不足；涝，水产易被冲走。

水产养殖以子孙爻为用神，我们看看这一卦，子孙持世，被月克日冲，又没有动爻生，被冲破了。冲世爻的是什么呢？一者为官鬼，官鬼在这里必是灾害，所以，水产品是要生病的；二者为火爻，火鬼主旱灾，所以，当年必大旱。

再看财爻，休囚旬空又化申兄回头克，破财无疑。

再看应爻，临勾陈巳官，官司麻烦之象。

“山地剥”，剥落之象；艮为止，长久不了。

综上所述，一、今年要大旱，养殖雨水必不足；二、防所养水产品生病、闹灾；三、注意官非麻烦，口舌纠纷；四、一年效益不佳，赔钱难免。

对她讲了如上四条之后，女士要求再问些别的，特殊关心自己的身体。于是，笔者根据这个卦对她讲，她身体不强，心脏有病，肾也弱，有耳鸣、浮肿等现象，腰也不好。她说，“你说得都对，浑身没有好地方，但你讲的是主要的。”

一年后，宫女士特意来汇报情况：一年赔得很惨，因大旱，政府为保农田，在她的养殖塘里抽水灌溉，宫女士与其理论也无法阻止，结果，就一个塘里还有点水，周围的地赖还时常来偷鱼虾，仅能养的一点鱼虾还闹毛病，又死了不少。真是“屋破偏逢连夜雨”。

第八节　家宅风水篇

家宅风水可以预测，掌握精良了，坐在家里就可以知道对方家宅的情况。但需强调的是，用六爻预测家宅风水，属预测范畴，不是风水学技术，读者不可不知。

一、家宅风水预测的基本原则

（一）从六爻预测风水

1. 世爻仍为预测的核心。房子是为人服务的，所以，预测家宅的风水，离不开世爻的状态。

世爻旺相房子吉，世爻休囚空破房子凶；财爻持世房宅利财，官爻持世利官，也可能为凶宅；子孙持世，安然无忧；兄弟持世，破耗多端。

2. 二爻为宅爻，忌二爻见鬼，特别是官鬼爻克世、合世更不利。

3. 五爻为道路，五二相冲，必有道路直冲建筑，为风水之大忌。

4. 三门四户，三爻为房门，四爻为院门或单元门。三四爻临兄弟动，房门有问题，不聚财，克世更甚。四爻逢冲，门关不严，有毛病。

5. 官鬼、父母爻为客厅，父母爻为天棚、为书房，妻财爻为厨房，子孙爻为佛堂、儿童房、娱乐室、为露台、为厢房，兄弟爻为门、为走廊、为墙壁、为厕所。

6. 厨房为火，卫生间为水，走廊为水，家电为火，书房属火，衣柜属木，床属木，镜子属金，灯属火。

7. 初爻为地板、地基，二爻为灶，三爻为床、神位，四爻为门户，五爻为庭院、道路，六爻为屋顶、栋梁、祖坟。

8. 父母为房子，父母爻动化进，换房之象。财动化父，买房之象。父母旺，房子新；衰，房子旧。

9. 世爻为自己家，应爻为对门。应冲世，对门易有煞冲我。

10. 子孙、妻财兴隆，资财丰隆；父母官鬼兴旺，官宦之宅。

11. 父母旬空，填实之年搬迁；官鬼旬空，填实之年应灾。

12. 青龙主新，白虎主旧，玄武主阴暗，螣蛇易多怪事发生。

13. 玄武临鬼旺，宅易遭贼。鬼空破休囚，门户不闭也不会被偷。火鬼或旺或动，防火灾。水鬼兴隆，易遭水患，在六爻，为楼上发水。在内卦，为自己家上下水所致。

14. 水爻为河；木爻为树，寅木高大，卯木矮小；金爻为重型工厂，申金为电杆；火爻为变压器、路灯。

15. 世爻位高，楼层高；位低，楼层低。

16. 三爻为床，临金为金属床。克世，对人体健康不利。

17. 二爻为宅，五爻为人。宜人克宅，不宜宅克人，宅克人与居者不利。

(二) 从卦象预测风水

1. 艮为山，为高大建筑；坎为水，为河，为湖，为水塘；乾为政府机关，为豪华建筑；坤为空地，为平房；兑为沼泽，为钢铁厂；离为变压器、变电所，为文化场所，为学校；震为农田，为噪音工厂；巽为林地。

卦中见艮，家宅周围必有山；卦中见坎，家宅周围当有河。在巽卦，周围必有林地。依此类推。

2. 坤为平房，艮乾为高楼。离卦明亮，坎卦阴暗。兑卦破旧，巽卦崭新。震卦房子粗糙。乾为高档住宅，为别墅。离卦房子不大。

现举两例：

例一：

2008 年 2 月 17 日早，几年不见的老朋友董先生上门，进门便言几年来运气不佳，家里接连出事，一个朋友说是不是家里的风水不好造成的，于是登门求教。

该先生虽为老朋友，但他对周易、风水等过去是不感兴趣的，在一起也很少谈及这些。

于是，笔者先为其“洗脑”，让他对周易、风水等有一个正确的认识，并且告诉他，“你不信我是不管的！”对方直言：“信！信！”

因笔者下午就要出差，于是起卦为其预测，得“风水涣”变“山水蒙”：

甲寅月　丁亥日

龙	卯父	▅▅▅		寅父
玄	巳兄	▅▅▅	○ 世	子官
虎	未孙	（酉财）▅ ▅		戌孙
蛇	午兄	▅ ▅		
勾	辰孙	▅▅▅	应	
雀	寅父	▅ ▅		

卦象一出，不利尽显：兄弟持世，临玄武，动化官鬼回头克，自身不利；妻财爻休囚无力又伏藏，虽飞来生伏，但飞神力单旬空，又临白虎，妻子不利；子孙不旺，原神受制，孩子不顺。够了，不必再多看了，这是一个很糟糕的卦。“这几年，你家三口人应该都不太顺吧？你生意不顺，被骗，身体不好，你妻子身体也不好，孩子学业不佳。是吗？”他忙说：“对，对！太对了！”

与房子的风水有没有关系呢？

笔者对他讲：“你家北面有条河，从西北流来，东南有个水塘、湖等，是吗？”他很吃惊地予以肯定。“主要问题应该是出在这里！”听我这么一说，先生疑惑地问：“不是有水好吗？”

风水，在中国绵延几千年，近些年来，更是不断地深入人心，但人们对风水多半一知半解。“水主财”人们都知道，但是否什么样的水都主财呢？却鲜有人知。

例二：

2008 年 2 月 24 日，学生郑先生在商业闹市开一店，租下了房子还是不太放心，于是电话求问能赚钱否，风水如何？得“天雷无妄”变“火雷噬嗑”：

甲寅月　甲午日

玄	戌财	▅▅▅		巳孙
虎	申官	▅▅▅	○	未财
蛇	午孙	▅▅▅	世	酉官
勾	辰财	▅ ▅		
雀	寅兄	▅ ▅		
龙	子父	▅▅▅	应	

子孙旺而持世，赚钱之象。但鬼动卦中，吉中藏危。五爻鬼临申金加白虎冲二爻，似有路、门、口等冲店，卦变“噬嗑”，易造成口舌是非。

当时笔者正在外地，电话简单与其讲了一下，“赚钱没问题，但需注意口舌及官方相扰。”同时，笔者问他，对面是否有道路、开口之类，对方说没有。笔者告诉他，对面易有问题，注意化解。

笔者回来后，学员电话告知，上次电话的第二天，对面突然出现了一个多角亭子，其中一个“口”正对着他的店。

二、用六爻预测买房

当代中国正处于经济高速发展的阶段，改善住房条件已成了当代国人的首要任务，如何选择一处利于事业发展与家庭合美，风水吉祥的住房，成了很多人买房前要考虑的问题。

（一）方位的选择

到何方位去买房，要根据具体卦象的情况来定夺，一般要照顾到财运、健康、婚姻等方面。

现举一例：

2006 年 2 月 28 日，老客户周女士求测买房方位，得“兑为泽”变“泽水困”卦：

庚寅月　戊子日

雀	未父	▅▅　▅▅	世	
龙	酉兄	▅▅▅▅▅		
玄	亥孙	▅▅▅▅▅		
虎	丑父	▅▅　▅▅	应	午官
蛇	卯财	▅▅▅▅▅		辰父
勾	巳官	▅▅▅▅▅	○	寅财

测买房以父母爻为用神。此卦父母持世，但衰弱无力，幸得初爻巳官动化回头生又得月建相生而生世，使世爻有力，用神可用，房子可买成。

到什么方位买好呢？

此卦的关键是官巳生世，所以，到巳火所示的东南方位去买最理想。时间要晚一点才能买成，未土旬空，故需进未月。

后果然于 2006 年 7 月，在东南方位买到了一处满意的住房。

（二）买指定房子是否合适

看好了一处房，风水如何呢？可以通过六爻预测的方法加以判断。卦象好，利财、利官、利健康、利婚姻等是要考虑的重要指标。其他方面再没有大毛病，就是上等的好房子了。

需要强调的是，好坏都是相对的，不存在绝对的好风水，所以，要知道取舍。舍掉的指标可以在装修风水布局、动土时间的选择、进住时间的选取等方面加以调整。

三、《黄金策》家宅风水预测的经典古诀

创基立业，虽本人之经纬；

关风敛气，每由宅以肇端。

要知人宅之兴衰，当察卦爻之内外。

内为宅，外为人，详审爻中之真假；

合为门，冲为路，不论卦内之有无。

龙德贵人乘旺，岳岳之侯门；

官星父母长生，潭潭之相府。

门庭新气象，重交得合青龙；

堂宇旧规模，宅舍重侵白虎。

土金发动，开辟之基；

父母空亡，相赁之宅。

门庭热闹，财官临帝旺之乡；

家道兴隆，福禄在长生之地。

交重生克，重新更换厅堂；

世应比和，一合两般门扇。

门路与日辰隔断，偏曲往来；

宅基与世应交临，互相换易。

世与日辰克宅，破祖不宁；

宅临月破克身，生灾不已。

应飞入宅，合招异姓同居；

宅动生身，决主近年迁住。

门逢三破，休败崩颓；

宅遇两空，荒闲虚废。

世临外宅，离祖分居；

应入中庭，外人同住。

宅合有情之玄武，门庭柳陌花街；

木临无气之螣蛇，宅舍茆檐蓬户。

鬼有助而无制，鬼旺人衰；

宅无破而逢生，宅兴财旺。

有财无鬼，耗散多端；

有鬼无财，灾生不已。

有人制鬼，鬼动无妨；

助鬼伤身，财多何益。

忌鬼爻交重临白虎，须防人眷刑伤；

催尸煞身命入黄泉，大忌墓门开合。

木金年命最嫌乾兑卦之火爻；
水火命人不怕震巽宫之金鬼。
官星佩印居玉堂，乃食禄之人；
贵刃加刑控宝马，必提兵之将。
财化福爻，入公门多致滞留；
贵印加官，在仕途必然迁转。
子承父业，子有跨褴之风；
妻夺夫权，妻有能家之兆。
弟纱乃兄之臂，身命相伤；
妇僭姑嫜之爻，家声可见。
妻犯夫家之煞，妻破夫家；
夫临妻禄之爻，夫食妻禄。
交重兄弟克妻身，再理丝弦；
内外子孙生世位，多招财物。
世为日辰飞入宅，鸠踞鹊巢；
应临父母动生身，龙生蛇腹。
世应隔异，兄弟多因两姓；
应爻就妻相合，外人入宅为夫；
假宫有子飞来，异姓过房作嗣。
妻带子临夫位，引子嫁人；
夫身起合妻爻，将身就妇。
木命就中空子，见子应迟；
身爻合处逢妻，娶婚必早。
夫妇合爻见鬼，婚配不明；
子孙绝处刑伤，儿多不育。
夫妻反目，互见刑冲；
兄弟无情，互相凌制。
日辰与世身相生，当主双胎；

身命与世应同爻，多应两姓。
妻财发动，不堪父值休囚；
父母交重，最忌子临死绝。
妻克世身重合应，妻必重婚；
夫刑妻命两逢财，夫当再娶。
妻与应爻相合，外有私通；
男临女子互交，内多淫欲。
青龙水木临妻位，多获奁财；
玄武桃花犯命中，荒淫酒色。
世应妻爻相合，当招偏正之夫；
财爻世应六冲，必是生离之妇。
世应为妻爻相隔逢冲，必招外郡之人；
夫妻与福德相逢带合，必近亲邻之女。
命逢死气，最嫌煞忌当头；
鬼入墓乡，尤忌身爻溅血。
恶莫恶于三刑迭刃；
凶莫凶于四虎交加。
四鬼贴身防生灾害；
三传克世易惹灾厄。
劫亡两贼伤身，青草坟头之鬼；
身命两空遇煞，黄泉路上之人。
勾陈伤玄武之妻财，女多凶祸；
白虎损青龙官鬼，夫忌死亡。

第九节　年运篇

预测年运，已经形成了很多朋友的习惯。新的一年开始，掌握一下一年的基本状况是很必要的。如果有不吉的信息，可以尽早通过手段加以化解，如果是大吉之年，便可以大胆地操作。

当然，不要把周易预测作为决策的惟一条件，因为预测都有准确率问题，谁敢说他的预测是百分之百呢？需求者也不要过于苛求预测师，其他领域允许出错，医生可以看不准病，为什么预测师就不能出一点偏差呢？但周易预测做为决策的依据之一是没有问题的。

一、预测年运的要点

（一）预测年运的最佳时间

预测年运的最佳时间是新的一年的立春之后、寅月之内。如果立春在春节前，可以选择在除夕之夜（初一的凌晨）夜深人静之时。

（二）预测年运的最佳心态

要在心态平和、没有突发情况的状况下来测，意念可以广阔些。预测年运实际为多断卦。

（三）预测年运应重点查看的方面

1. 一年有否意外灾害，包括伤灾、病灾、官灾等。

2. 一年有否大的破财。

3. 婚姻有否大的问题。

4. 事业的进展情况：从政的升迁情况，经营的效益情况等。

5. 长辈、晚辈的特殊状况。

（四）预测年运的基本原则

1. 以世爻为自己，不受重克，一年平顺；卦逢六静，一年没有波澜。

2. 父母持世的卦一般不会有灾害发生。子孙持世的卦，也为平安的标志，但为官之人要具体分析，因子孙又为剥官之神。

3. 非官宦之人、艺术中人，一般忌官鬼持世，官鬼发动，动则易生灾。

4. 生意中人官鬼为破耗，故忌官鬼持世，官鬼发动，更忌官鬼克世。兄弟持世，兄弟旺动，为与财不利的标志，要小心为是。

5. 生意中人，妻财旺而持世，子孙旺相，一年财运亨通。

6. 仕途中人，喜官鬼持世，官鬼发动生世，年内升迁之兆。

7. 测年运太岁当重点观之。太岁主一年的兴衰。但也离不开世爻、用神对日月的状态。如果世爻、用神状态极差，临太岁也没有用，不会起到本质的改变。最佳是太岁临旺相之用神，一年吉祥。

8. 六爻乱动，一年事多变化。卦逢伏吟、反吟，年内必有不愉快之事。

9. 六亲中某一爻受重克或与鬼相连，临白虎、勾陈等更要小心，要审视该六亲代表的人物是否有灾。

10. 普通之人，卦中之鬼位多反映疾病所在。如鬼临金，防肺系统疾病及外伤出现；鬼居火地临六爻，防脑血管病变，等等。

（五）年运的应期

年运的应期一般以月论。卦中反映出某种信息，多以地支所临之月应之。具体的日期可按复合应期的原则定之。

二、预测年运当注意的有关问题

（一）求测者面临重大事情时不测年运

当求测者面临重大事情时，最好不测年运，否则，容易以偏盖全，测长应短。卦中的信息都是眼前面临的事情，长期的事情难以体现。

（二）酒后或心态不平静时不测年运

酒后心情浮躁，卦易不应。过分的激动、兴奋、悲伤、愤怒等都易影响测卦的场态，故上述情况下，都不要给予预测。

（三）或好或坏，表述要恰当

从易者，当以德为先。在预测时，当时时谨记，在预测年运时，当发现求测者问题时，一定要注意表述方式，不可夸大事实，吓唬人，给客人造成压力。如有办法化解，一定要全力为之。

更不可无事生非，骗取钱财。

现举几例：

例一：

2006年2月5日立春后，赵女士测年运，得“雷泽归妹”变“震为雷”：

庚寅月 乙丑日

玄	戌父	▅▅ ▅▅	应		
虎	申兄	▅▅ ▅▅			
蛇	午官	▅▅▅▅▅ (亥孙)			
勾	丑父	▅▅ ▅▅	世	辰父	
雀	卯财	▅▅▅▅▅	○	寅财	
龙	巳官	▅▅▅▅▅		子孙	

每个人测年运，都有关注的重点。赵女士多年在家，她测年运关注的重点是想看看新的一年能否干些事情。

此卦父母持世临日辰，应该是要做事了。能否赚钱呢？要看财爻和子孙爻了。此卦财爻临月建，初看好像有钱赚。但仔细一分析，财爻虽临月建，但却动而化退。子孙无气伏藏不现，更糟的是，旬空又伏于官鬼之下，不利之极。综合观之，破财之象。震主动，又现“归妹”，去而复返之象。

应临父母，与世爻同类，当为合作对象。但临玄武，又旬空，缺乏诚意，难以成事。

事实是，正月，便自己去了北京，租了房子，但考察了一些事情后便感觉到了难度。后又求职，想先打工为生，同时积累些经验，为将来自己干做些铺垫，但求职又不成。后遇一伙伴，积极主张合伙做事，但就是“君子动口不动手”，一分钱不肯投，正应了应爻玄武戌父旬空。无奈，于未月返回。

例二：

2007 年 3 月 16 日，某房地产公司徐老板测年运，得“火水未济”变“火泽睽”卦：

癸卯月 己酉日

勾	巳兄	▅▅▅▅▅	应	
雀	未孙	▅▅ ▅▅		
龙	酉财	▅▅▅▅▅		
玄	午兄	▅▅ ▅▅ (亥官)	世	丑孙
虎	辰孙	▅▅▅▅▅		卯父
蛇	寅父	▅▅ ▅▅	×	巳兄

徐老板有一楼盘在销售，所以，年运关注的重点也是楼盘的销售回款情况。此卦虽兄弟旺而持世，但日辰临妻财，一年的回款情况应该不错。兄弟持世，意味着要继续投入。初爻父母寅木发动化兄弟，为在“父母”上要花些钱，卦中四爻财爻月破，也破在“父母”爻上，但这“父母”是什么呢？父母亲、房子、项目等都可为之，但结合徐先生的实际状况分析，当为上新项目、或买房子。

从整体卦象来看，一年基本平顺，无特别之意外发生。

笔者写到这里时，已经进入了2008年，即将进入新的一年，实际情况恰如笔者所测。

例三：

2007年2月4日，某房地产公司总裁测年运，得“巽为风”变“水风井”卦：

壬寅月　己巳日

勾	卯兄	▅▅▅	○ 世	子父
雀	巳孙	▅▅▅		戌财
龙	未财	▅ ▅		申官
玄	酉官	▅▅▅	应	
虎	亥父	▅▅▅		
蛇	丑财	▅ ▅		

世爻旺相，不受鬼克，官鬼休囚安静，一年平顺；日临子孙，财得日生，一年销售、回款还是不错的，但当在辰（4）月后方可好起来，春季销售艰辛；主卦一父，变卦又一父，有开新事业之象。

验证：春季的确销售不好，但近五一开始转好，后大半年一直不错。一年平安顺随。年底到异地开辟了一项新的事业。

例四：

2005年2月22日，省政府某处级朋友测年运，得“天山遁”变“天火同人”：

戊寅月　丁丑日

龙　戌父 ———
玄　申兄 ——— 应
虎　午官 ———
蛇　申兄 ———　　亥孙
勾　午官 — — 世　丑父
雀　辰父 — — ×　卯财

政府官员尤重事业官运。此卦官鬼午火持世，勾陈临官为执法部门，得月建生而旺相，忌神不现，局面很好。但初爻辰父发动变卯财回头克，工作变动之象显现。于是，笔者告诉他，一年事业顺利，但面临工作变动。因较熟，笔者当场问对方有变动的征兆没有，对方言没有任何征兆。对方很自然地问，什么时候会动，辰父动化卯财，必应在卯、辰月间。

没过多久，便进了卯月，一天，突然接到该先生的电话，首先赞赏年卦的准确，接着便问有到下面的市去做重要工作的可能，自己具备基本条件，但不知去可选择的哪个市较好。笔者告知，去东部的城市较佳。

又没过几天，他便如愿以偿地到了东部的城市，做上了该市的相关行业副职，而且非常顺利。

第十节　趣测杂测篇

人生活在世界上，有很多事情需要决策、判断，从大事到小事，正常的思维能力是有限的，于是，需要借助其他的手段，包括经验的推演、科技的手段、他人的智慧等等，这些方法，有时还难以达到理想的效果，于是，人们不得不再应用几千年前形成的方法——周易预测！正如《尚书·洪范》记载：殷人箕子对武王谈到："汝则有大疑，谋及乃心，谋及卿士，谋及庶人，谋及卜筮"，其意为遇到疑难，首先要通过自己判断；无法决定，就要和大臣商议，还要征求百姓的意见；再无法决定，就要通过卜筮这一最后而决定性的方法了。

大量的实践证明，周易预测确实具有相当的准确率，在重大事情面前，周易预测确实可以提供一种独特的决策依据；在生活中的小事，周易预测也具有独特的指导性和趣味性。

本节就以笔者预测过的一些杂事卦例，来展示周易预测奥妙无穷的趣味：

趣测之一——出行是否会下雨

2007 年 7 月 17 日晚戌时，陪女儿去理发，本来想走着去，也借机散散步，但因天气预报今晚有暴雨，故又不得不考虑开车去，走到地下车库时，女儿问："爸爸，你预测一下有没有雨？"是呀，为什么不预测一下呢？于是起卦一看，不会下雨。领着女儿便徒步去了理发店，结果，整晚未雨，下面我们看看这个卦，"山天大畜"变"地天泰"：

丁未月　壬子日　戌时

虎	寅官	▅▅▅	○	酉孙
蛇	子财	▅ ▅	应	亥财
勾	戌兄	▅ ▅		丑兄
雀	辰兄	(申孙) ▅▅▅		
龙	寅官	(午父) ▅▅▅	世	
玄	子财	▅▅▅		

此卦官鬼持世得日生，旺相有力，父伏官下，明现有雨之象。此卦重要的是，六爻官鬼也动，动而化子孙回头克，则表示官鬼被克住，无雨之象。那此卦以谁为用神呢？应该舍弃世爻，而用动爻。为什么呢？因为我们是去外边，相对的远处，应为六爻所指，故当以六爻官鬼为用神。那六爻的官鬼回头克，雨被制住之象，当然不会下雨了。

这卦更有趣的是，六爻官鬼寅木动化子孙酉金回头克，又临白虎，这不正是孩子理发的象吗？卦出来之后，只要六亲一定，结合理发外应，其实就可断出了，官鬼临木，头发也为木，理发不就克去了吗？

易理之妙，易趣之乐，此卦可见一斑。

趣测之二——母亲到底在何处

2007 年 7 月 23 日，岳母生病感冒，妻子惦记母亲病况，晚饭后电话询问病情，谁知无人接听电话，妻子惦记，怀疑去医院了，测之，得“火雷噬嗑”变“山雷颐”：

丁未月　戊午日

虎	巳孙	——		寅兄
蛇	未财	— —	世	子父
勾	酉官	——	○	戌财
雀	辰财	— —		
龙	寅兄	— —	应	
玄	子父	——（旬空）		

此卦测母亲，以父母爻为用神，卦中父母子水月克日冲，四爻酉金官鬼动化回头生而生用，用神父母又旬空，近病逢空即愈，当日冲实，故有病好之象。又财爻未土持世，日辰临子孙午火合世，无忧之象。父母临初爻，变山雷颐，大离之象。综合观之，母病好转，在院内纳凉。

预测完，妻子还是放心不下，因路途不远，于是开车前往，到时，母亲已上楼了，一切得到证实。

趣测之三——孩子是否已睡熟

女儿小时睡觉比较轻，未睡熟前听到一点动静便醒，1997 年 3 月 13 日晚亥时，妻子不知孩子睡熟否，测之得：“雷泽归妹”变“兑为泽”卦：

癸卯月　甲寅日　亥时

玄	戌父	— —	应	未父
虎	申兄	— —	×	酉兄
蛇	午官	——（亥孙）		亥孙
勾	丑父	— —	世	
雀	卯财	——		
龙	巳官	——		

测孩子，当然以子孙爻为用神，此卦子孙不现，伏于四爻官鬼午火之下，午官临螣蛇，说明孩子不但睡着了，而且还在做梦。“归妹”，也为睡熟之象。进屋一看，果然已进梦乡。

在此况、此卦下，子孙的旺衰已不重要，因不是焦点所在。

趣测之四——水笼头可否安全卸下

1999年11月16日，家中水笼头坏了，准备换一新的，但怎么也拧不下来，因管道比较陈旧，不敢用力，怕把管道也带坏了，于是，又想起了周易预测，马上随机起卦，得“泽地萃”变“水地比”：

乙亥月　壬申日

勾	未父	▅ ▅		子孙
雀	酉兄	▅▅▅	应	戌父
龙	亥孙	▅▅▅	○	申兄
玄	卯财	▅ ▅		
虎	巳官	▅ ▅	世	
蛇	未父	▅ ▅		

经常有学员问我，测××怎么取用神呢？我的回答往往是“卦没出来之前，我不知道怎么取，卦出来后，我才知道怎么取”。后来，这句话成了学员的口头禅。

这个卦也是一样，卦一出，象尽显。官鬼临白虎持世，正是表示破旧的水笼头，与日辰的申金相合，不正表示卸不下来吗？而此卦青龙临子孙有力发动，去冲世爻的巳官，使日辰的申金不合巳官，不正表示可以卸下之象吗？

看了卦后，笔者便大胆地用力操作，果然就卸了下来，其他任何损坏都没有造成。

情急之下又将六神装错，就算又一错卦错断吧！

由此卦可知，周易预测可以应用在生活的方方面面，应用好了，可以给我们的生活带来很大的方便。

趣测之五——西装水洗能否变形

1997年4月18日，测一西装能否自己水洗而不变形？得“火风鼎”变“雷风恒”卦：

甲辰月　庚寅日

蛇	巳兄	▅▅▅	○	戌孙
勾	未孙	▅ ▅	应	申财
雀	酉财	▅▅▅		午兄
龙	酉财	▅▅▅		
玄	亥官	▅▅▅	世	
虎	丑孙	(卯父) ▅ ▅		

卦象“火风鼎”变“雷风恒”，就表示洗后不会变形。从六爻来看也是一样：以父母爻为用神，此卦父母爻临日辰，无变坏之征，在卦中伏于初爻子孙之下，伏在解忧之神的下面，怎能变坏呢？

见了这个卦，当然可以大胆地水洗了，结果当然也很理想。

此卦可见，周易预测的应用是非常广泛的，应用好了，对生活是很有帮助的。

趣测之六——何时有车预测见

1997年5月26日，朋友测何时能有自己的车？得“天雷无妄”变“天火同人”：

乙巳月　戊辰日

雀	戌财	▅▅▅		
龙	申官	▅▅▅		
玄	午孙	▅▅▅	世	
虎	辰财	▅ ▅	×	亥父
蛇	寅兄	▅ ▅		丑财
勾	子父	▅▅▅	应	卯兄

测车子，当以父母爻为用神，此卦父母爻子水临初爻，在震卦，临勾陈，正是车之象。但其月绝、日克，又有三爻动来克，看似无望之象。不过，三爻动而化父，出现了转机，必有其日。

什么时候呢？因父母爻过衰，必要较长时间，结合朋友的现状，也要需要一些年份。衰绝待生旺，申年为生，亥子年为旺，固必当在申年（2004年）之后了。

2001年5月25日，这位朋友又测何时能有自己的车？得“雷火丰”卦：

癸巳月　戊子日

雀	戌官	— —	
龙	申父	— —	世
玄	午财	——	
虎	亥兄	——	
蛇	丑官	— —	应
勾	卯孙	——	

测车当以父母爻为用神，此卦父母申金持世，得月克而长生，不得日辰。四爻午财暗动制父母，有车时间当以年论。申父持世，当在申年应之。再结合当年之卦，定在甲申年无疑了。后果在2004甲申年3月买成。

趣测之七——冰箱故障在何处

1997年8月7日，家中冰箱故障，请修理师修理前，测冰箱为何故障？在何处？

丁未月　辛巳日　丙申时

蛇	卯官	——		
勾	巳父	（子财） ——		
雀	未兄	— —	世	
龙	丑兄	（申孙） — —		午父
玄	卯官	——		辰兄
虎	巳父	——	○ 应	寅官

断：1. 卦象断：

风泽中孚卦，卦象为大☲，为家电，为箱；上下各二阳爻为箱壁，为热，中间二阴爻为中空，为冷，冰箱之象表现无疑。内卦 ☱ 为泽，为贮存液体，为氟里昂，初爻一动变 为病，为流 ☵ 为漏。变卦风水涣亦为流散之意。卦象已显示有液漏之象。

2. 卦爻辞断：

卦辞为“豚鱼吉。利涉大川，利贞。”豚为猪，结合卦象，放猪、鱼之具亦显示为冰箱。爻辞为“虞吉，有它不宁”意为本来可正常使用，吉祥，但有故障而不能使用，明示为冰箱故障，非电源等外部使用原因。

3. 六爻断：

以初爻巳父为第一用神，为冰箱，巳父动化寅鬼，为冰箱故障。卦中财爻子水毛病最大，取为第二用神，休囚月克，日绝，又伏藏不现，且伏绝于飞，原神空伏不现，忌神持世。财爻为饮食，为能源，为动力，在冰箱中当然表示氟里昂了。财爻在卦中处于如此败地，显见氟里昂不足了。那么，氟里昂是在何处泄漏的呢？

初爻动与五爻同亲同支，子水财爻伏于五爻巳父之下，绝（断绝）于此位，故断漏在此处。在立体的冰箱上，便可大致定出其位置：上下定为上部，即“五爻”之位，前后左右定在前面左侧，即“巳火”之位。

4. 应验情况：经修理师检测，果为氟里昂漏光，为“内漏”，但确定内漏位置，却相当困难，后经笔者指点，一次找到内漏之位，令修理师称奇。

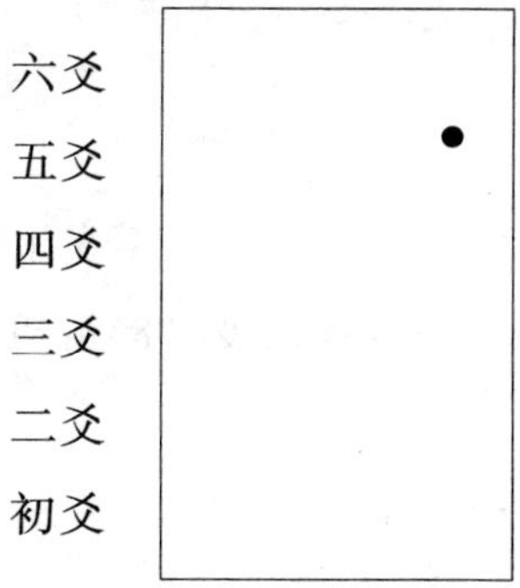

趣测之八——车牌号码显神奇

之一：

2003年9月2日，李先生问车牌号码吉凶，其号码为辽AC3368，按照车牌号码起卦原则起得“坎为水”变“水地比”：

庚申月　戊寅日

雀	子兄	▅ ▅	世	
龙	戌官	▅▅▅		
玄	申父	▅ ▅		
虎	午财	▅ ▅	应	卯孙
蛇	辰官	▅▅▅	○	巳财
勾	寅孙	▅ ▅		未官

这个车牌号的卦象为坎卦，坎卦是一个危险的卦，很多不好的事情都可以和这个卦联系起来。坎为险、坎为盗、坎为病、坎为麻烦……坎又为六冲卦，六冲必易肇事。从六爻分析，鬼动克世，玄武临父，世应相冲，此车必易肇事，且当防被盗。

还没等笔者讲完，李先生便大呼神奇。原来，他的这辆车不但经常肇事，还于2001年被盗走，后被找回。

应2001年被盗，2001年为辛巳年，卦中巳生辰土官鬼克身。“那一定是被偷到了东南方向去了，对吗？”李先生说：“正是！”

从那以后，李先生买了三次车，均请笔者为其选牌号。不好的牌号，花再多的钱也要换掉。

之二：

张女士的车牌号为辽AD2846，2003年9月2日，听李先生说车牌号码的秘密后，特电话咨询她的车号如何？得“兑为泽”变“泽雷随”：

庚申月　戊寅日

雀　未父　— —　世

龙　酉兄　———

玄　亥孙　———

虎　丑父　— —　应　辰父

蛇　卯财　———　○　寅财

勾　巳官　———　　子孙

此卦又是个六冲卦，兑卦本就有车象，重兑，即两车相并、相连，不是肇事之象吗？所以，此车也当易肇事，但情况不会太严重，因官生世，世应临土。把我的判断电话里告诉张女士后，她也连连称奇，因为她的车的确经常出现刮刮碰碰，但又都不严重。

趣测之九——有线当晚能来否

1997 年 1 月 16 日晚 8 时，有线电视信号突然中断，测当晚能来否？得“乾为天”变“泽天夬”卦：

辛丑月　戊午日　戌时

雀　戌父　———　○ 世　未父

龙　申兄　———　　酉兄

玄　午官　———　　亥孙

虎　辰父　———　应

蛇　寅财　———

勾　子孙　———

测电视信号当以父母爻为用神，此卦父母持世，月帮、日生，旺相有力，又临时辰，虽动而化退，但临旺不退，一定会来，而且不会太久。临朱雀，正为其象。

结果，测后五分钟即来。

易道奥妙，卦不欺人啊！

趣测之十——地热渗水在何处

2002年11月28日，学员段女士家地热装修后，地板下出现溢水，不知在何处，只得按照工人师傅的猜测打开几处地板来看，但一不知所渗之水为什么水，二更没有找到渗水地热管的位置。当时笔者正好开六爻班，29日，段女士便带着这一问题来到了班上，提出能否用六爻预测一下渗漏在何处？笔者当即带领大家一起预测此事，当时起卦为“地水师”变“雷水解”：

辛亥月　辛丑日

蛇	酉父	▅ ▅	应	戌官
勾	亥兄	▅ ▅		申父
雀	丑官	▅ ▅	×	午财
龙	午财	▅ ▅	世	
玄	辰官	▅▅▅		
虎	寅孙	▅ ▅		

根据这一卦象，笔者当即断为地热水，即由地热管渗出；方位当在东北角处。

按照笔者的结论，段女士回家后，告诉工人把东北角打开看看，结果，打开看后，仍然没有找到渗漏之处。段女士又打电话求证，经笔者反复论断，仍然坚持在东北角处，于是又二次打开，这次，终于找到了，果然在那个地方的管道被钉子弄伤，出现渗漏。

在下一次的班上，段女士把这件事原原本本地讲给大家听，更坚定了学员学习周易的积极性。

鬼动在丑，丑在东北；丑官连火临雀，为地热水。

趣测之十一——亚萍王楠谁夺冠

1997年5月5日，四十四届世乒赛女单决赛，与易友同测邓亚萍、王楠谁胜谁负？得“泽水困”变“坎为水”卦：

甲辰月　丁未日

龙 未父 ▅▅ ▅▅ 子孙
玄 酉兄 ▅▅▅▅ 戌父
虎 亥孙 ▅▅▅▅ ○应 申兄
蛇 午官 ▅▅ ▅▅
勾 辰父 ▅▅▅▅
雀 寅财 ▅▅ ▅▅ 世

这种比赛是较难测的，因双方都是中国人，与测者都没有利害关系，测者没有任何倾向性。那怎么定世应呢？又想起了我的那句老话："卦出来之前，我不知道以谁为世爻，卦出来了我就知道取谁为世爻了。"

此卦应爻子孙亥水发动，生世爻寅木。那子孙是谁呢？当然是小者——王楠，即应爻为王楠，世爻不就是邓亚萍了吗！此卦的关键是世应不好确定，定出了世应，卦就好断了。应生世，当然是世爻赢了。

再看卦辞："亨，贞，大人吉，无咎。有言不信。"中的大人吉，大人也是指邓亚萍。爻辞："来徐徐。困于金车，吝，有终。"中的"困于金车"，金车是谁呢？邓为兑卦属金，王为震卦，属木，"困于金车"当然也是王困于邓了，还是邓亚萍胜之象。输赢多少呢，兑卦为二数，差两局。

结果，果然老将邓亚萍再次以 3：1 取胜。

趣测之十二——无意插柳柳成荫

1997 年 5 月 30 日，易友赵先生测问妻子单位分房能分到否？得"泽火革"变"天火同人"：

乙巳月 壬申日

虎 未官 ▅▅ ▅▅ × 戌官
蛇 酉父 ▅▅▅▅ 申父
勾 亥兄 ▅▅▅▅ 世 午财
雀 亥兄 ▅▅▅▅（午财）
龙 丑官 ▅▅ ▅▅
玄 卯孙 ▅▅▅▅ 应

测妻子单位分房，妻财爻、父母爻、世爻当同看。此卦兄弟持世，月破日生，破在妻财，六爻官鬼爻动而化进克世，官不利我之象。当年的分房，官很重要，当官的帮你，要给你，有无数的理由，基本都能成；他不想给你，也有无数的理由，房子你是很难得到的。所以此卦官克世，基本注定了得不到房。

然而，终归父母临日当旺生世，六爻官动化进，六爻象辞："顺以从君也"，君为丈夫，当为丈夫单位之房可得。

于是，笔者就把这一结果告诉了对方，但赵先生当时讲，没听说他单位要分房。

令他不可思议的事情就出现在两个月之后，他们单位统一购买了一批住房，分给他了一套比她爱人单位还大的房子。房子分得后，马上给笔者打了电话。

趣测之十三——怀胎男女预测见

2007 年 8 月 1 日，怀孕的准母亲问测所怀之胎为男孩还是女孩？得"地雷复"变"震为雷"卦：

丁未月　丁卯日

龙	酉孙	▅ ▅		戌兄
玄	亥财	▅ ▅		申孙
虎	丑兄	▅ ▅	× 应	午父
蛇	辰兄	▅ ▅		
勾	寅官	▅ ▅		
雀	子财	▅▅▅	世	

断男孩女孩是不太好断的，关键是在变化多端的关系中捕捉到需要的信息。

此卦子孙爻居于六爻高位，说明孩子离临产还有较长时间。日辰卯木冲动酉金子孙，卯木为官，官为男，财为女，由此点断当为男孩。卦象变重卦震，震为男，为长子，所以，由卦象看也为男孩。

但此卦世爻子水较衰，月克、日刑，恐母亲身体欠佳。子水受鬼刑，注意肾脏。

2008 年 1 月 25 日，顺利产下一男婴。但近产期时，也许是因为饮食所致，母亲得了轻度糖尿病，住院调理了一段时间。

真是卦不欺人呀！

趣测之十四——房子何时能租出？

2005 年 12 月 3 日，王女士求测春节前房子能租出否？得“天泽履”变“火泽睽”：

丁亥月　辛酉日

蛇	戌兄	——		巳父
勾	申孙	（子财）——	○ 世	未兄
雀	午父	——		酉孙
龙	丑兄	— —		
玄	卯官	（暗动）——	应	
虎	巳父	——		

测房子出租，应该怎么看？房子为父母爻，是父母爻旺好，还是衰好？这是经常有学员向我询问的问题。这里可以准确作以回答：父母爻必须旺相。如果父母爻休衰无气，就相当于房子不佳，不佳的房子租给谁？

此卦父母爻月破，不得日生，单从该爻看是很难租出去的。幸二爻卯官被日冲暗动，从而生用神巳火父母，巳火父母得用。那应期应该在什么时候呢？巳火当旺之时，即巳火月必应，也就是要到阳历的五月才能租成。

财爻旬空，价格容易不很理想。应临玄武官鬼，当注意对方容易行为不检。

后来，到 6 月 25 日才租成，租给了一中年女士。未应巳月，却应午月，午火也为父母爻，更重要的是，午合变爻未土兄弟。25 日为乙酉日，冲动应爻。

不可思议的是，那个女士住了一个多月，搬走了一些东西，便没再回来。后来得知，骗了两个人后便逃之夭夭。但房主并没亏，她还扔下了一些东西，且还有四个多月的租金没有用完。

趣测之十五——怀孕安危可预测

2006 年 3 月 21 日，韩女士问怀孕状况如何，稳定否？男孩女孩？得“水地比”变“风地观”卦：

辛卯月　己酉日

勾	子财	⚋	×应	卯官
雀	戌兄	⚊		巳父
龙	申孙	⚋		未兄
玄	卯官	⚋	世	
虎	巳父	⚋		
蛇	未兄	⚋		

测胎孕以子孙爻为用神。此卦子孙临日辰，卦中现申金临青龙，当为已孕。然最不宜世持官鬼、旬空，日辰临用神冲之，应动又生鬼，更加不利，当为病象，恐易流产。故告之反应要大，注意保胎，注意身体。

果于辰月流产。

趣测之十六——台海之战爆发否？

2000 年，台海硝烟弥漫，人们都担心战争爆发，3 月 16 日，政府某朋友上门求测能开战否？得“火泽睽”变“乾为天”卦：

己卯月　癸酉日

虎	巳父	⚊		戌兄
蛇	未兄	(子财) ⚋	×	申孙
勾	酉孙	⚊	世	午父
雀	丑兄	⚋	×	辰兄
龙	卯官	⚊		寅官
玄	巳父	⚊	应	子财

"火泽睽"，相背之象。人们都不希望战争爆发，测战争当以官鬼为用神。此卦二爻官鬼暗动，战争的气息真的很强。但子孙临日辰持世，丑未三五两兄弟爻动而相生，更增加了子孙爻的力量。子孙为和平力量，显然和平力量很强，和平因素很多。凭得众生的酉金子孙，一定会克制住卯木暗动的官鬼——战争不会爆发！

两兄弟爻是什么呢？应该是大陆以外的调停人，同样不希望战争的国家。是谁？这属于内幕了。

常规测双方之事一般以世应论，但此卦所显，世应不是主显，故当抛弃世应而取官鬼。周易预测，重在活变！

趣测之十七——虫落车前有征兆

2004年10月7日，早晨开车上班时，车子挡风玻璃上落一硬盖瓢虫，感觉很奇怪，瞬间起卦测之，得"离为火"变"雷火丰"：

癸酉月　己未日

勾	巳兄	——	○ 世	戌孙
雀	未孙	— —		申财
龙	酉财	——		午兄
玄	亥官	——	应	
虎	丑孙	— —		
蛇	卯父	——		

此卦兄弟持世，动而化子孙，月建为财，日辰为子孙。由以上之象可断当日巳时之内有朋友带客户来。朋友或客户名字中当带火。

一到公司，客人已到。客人名字叫"×晓旭"，非但名字带火，而且正合主卦双离之象。

第十四章　六爻预测高级方法探讨

第一节　六爻法断来意

断来意，是一个较难掌握的高层次断卦问题。在求问人还没有说明所问何事的时候，你先告诉他为何而来，他怎会不说你神呢？怎能不称赞易经的神奇，中华文化的博大精深呢？断来意既需要深厚的理论功底，又需要大量的预测实践，方可达到理想的效果。

一、古籍的一些论断理论

关于断来意，古人进行了大量的探讨工作，也流传下来了一些宝贵的经验。较著名的有“何知章”、“来意玄黄论”、“来情诗”等，现依次登录如下：

（一）何知章

何知人家父母疾，白虎临爻兼刑克。
何知人家父母殃，财爻发动煞神伤。
何知人家有子孙，青龙福德爻中轮。
何知人家无子孙，六爻不见福神临。
何知人家子孙疾，父母爻动来相克。
何知人家子孙灾，白虎当临福德来。
何知人家小儿死，子孙空亡加白虎。
何知人家兄弟亡，用落空亡白虎伤。

何知人家妻有灾，虎临兄弟动伤财。
何知人家妻有孕，青龙财临天喜神。
何知人家有妻妾，内外两财旺相决。
何知人家损妻房，财爻带鬼落空亡。
何知人家讼事休，空亡官鬼又休囚。
何知人家讼事多，雀虎持世鬼来扶。
何知人家旺六丁，六亲有气吉神临。
何知人家进人口，青龙得位临财守。
何知人家大豪富，财爻旺相又居库。
何知人家田地增，勾陈入土子孙临。
何知人家进产业，青龙临财旺相说。
何知人家进外财，外卦龙临财福来。
何知人家喜事临，青龙福德在门庭。
何知人家富贵昌，强财旺相青龙上。
何知人家多贫贱，财爻带耗休囚见。
何知人家无依倚，卦中福德落空死。
何知人家灶破损，玄武带鬼二爻捆。
何知人家锅破漏，玄武入水鬼来就。
何知人家屋宇新，父入青龙旺相真。
何知人家屋宇破，父入白虎休囚坏。
何知人家墓有风，白虎空亡巽巳攻。
何知人家墓有水，白虎空亡临亥子。
何知人家无香火，卦中六爻不见火。
何知人家无风水，卦中六爻不见水。
何知人家两灶户，卦中必有两重火。
何知人家不供佛，金鬼爻落空亡决。
何知二姓共屋居，两鬼旺相卦中推。
何知一家有两姓，两重父母卦中临。

何知人家鸡乱啼，螣蛇入酉不须疑。
何知人家犬乱吠，螣蛇入戌又逢鬼。
何知人家见口舌，朱雀持世鬼来掇 (dúo)。
何知人家口舌到，卦中朱雀带木笑。
何知人家多争竞，朱雀兄弟推世应。
何知人家小人生，玄武官鬼动临身。
何知人家遭贼徒，玄武临财鬼旺扶。
何知人家灾祸至，鬼临应爻来克世。
何知人家痘疹病，螣蛇爻被火烧定。
何知人家病要死，用神无救又入墓。
何知人家多梦寐，螣蛇带鬼来持世。
何知人家出鬼怪，螣蛇白虎临门在。
何知人家人投水，玄武入水煞临鬼。
何知人家有吊项，螣蛇木鬼世爻临。
何知人家孝服来，交重白虎临鬼排。
何知人家见失脱，玄武带鬼应爻发。
何知人家失衣裳，勾陈玄武入财乡。
何知人家损六畜，白虎带鬼临所属。
何知人家失了牛，五爻丑鬼落空愁。
何知人家失了鸡，初爻带鬼玄武欺。
何知人家无牛猪，丑亥空亡两位虚。
何知人家无鸡犬，酉戌二爻空亡卷。
何知人家人不来，世应俱落空亡排。
何知人家宅不宁，六爻俱动乱纷纷。
仙人造出何知章，留与后人作饭囊。
祸福吉凶真有验，时师句句细推详。

由上面的诗文可以看出，《何知章》的论断基本是从以下六点加以剖析：

1. 六神；2. 六亲；3. 旬空；4. 神煞；5. 生克刑害；6. 旺衰。

实际上，断卦所涉及到的几大方面在《何知章》中都论及了，理解起来也不难，现逐句作以简要翻译：

怎么知道人家父母有病呢？父母爻临白虎又受刑克。

怎么知道人家父母有灾呢？妻财爻临煞神克父母爻。

怎么知道人家有子孙呢？子孙爻在卦中临青龙。

怎么知道人家没有孩子呢？卦中不见子孙爻出现。

怎么知道人家孩子有病呢？父母爻动克子孙爻。

怎么知道人家孩子有灾呢？子孙爻临白虎为象。

怎么知道人家孩子死了呢？子孙爻临白虎又空亡。

怎么知道人家兄弟死了呢？兄弟爻旬空又被鬼临白虎来克。

怎么知道人家妻子有灾呢？兄弟爻临白虎动而克财爻。

怎么知道人家妻子怀孕了呢？妻财爻临青龙又临天喜神。

怎么知道人家有多室妻妾呢？妻财爻内外卦均现且旺相。

怎么知道人家妻子亡故了呢？妻财爻化官鬼又临空亡。

怎么知道人家没有了官讼呢？官鬼爻休囚又临空亡。

怎么知道人家官司多呢？朱雀、白虎持世官鬼又来生助。

怎么知道人家人丁兴旺呢？六亲爻有气又临吉神。

怎么知道人家添人进口（娶媳妇）呢？妻财爻临青龙。

怎么知道人家富裕呢？妻财爻旺相又临辰戌丑未四库爻。

怎么知道人家田地又增多了呢？子孙土爻临勾陈。

怎么知道人家产业大了呢？妻财爻临青龙旺相。

怎么知道人家有外财呢？子孙爻、妻财爻临青龙在外卦。

怎么知道人家有喜事呢？青龙临子孙爻在三爻。

怎么知道人家富贵双全呢？妻财爻旺相临青龙。

怎么知道人家贫贱呢？妻财爻休囚又带耗神。

怎么知道人家孤独无依呢？子孙爻落空亡。

怎么知道人家炉灶破损了呢？官鬼临玄武在二爻。

怎么知道人家锅破了呢？官鬼临水爻又临玄武。

怎么知道人家住的是新房呢？父母爻旺相又临青龙。

怎么知道人家房子破损了呢？父母爻休囚又临白虎。

怎么知道人家祖墓中进风了呢？白虎临巽卦巳爻空亡。

怎么知道人家祖墓中有水呢？白虎临亥子爻空亡。

怎么知道人家没有供奉呢？卦中不见火爻出现。

怎么知道人家风水不好呢？六爻上下没有水爻。

怎么知道人家分灶吃饭呢？卦中有两个火爻之故。

怎么知道人家没有供佛呢？卦中官鬼爻临金又空亡。

怎么知道人家有两户同居呢？卦中有两个官鬼爻。

怎么知道人家有两个姓氏呢？卦中有两个父母爻。

怎么知道人家鸡乱叫呢？卦中酉金临螣蛇。

怎么知道人家狗乱叫呢？卦中戌临鬼又临螣蛇。

怎么知道人家犯口舌了呢？官鬼临朱雀持世。

怎么知道人家来口舌了呢？卦中朱雀临木爻发动。

怎么知道人家遇竞争了呢？朱雀临兄弟在世应位。

怎么知道人家犯小人呢？官鬼临玄武动临卦身。

怎么知道人家遭贼被盗呢？玄武临财官鬼又旺。

怎么知道人家有灾祸呢？官鬼临应爻来克世爻。

怎么知道人家得痘疹病呢？螣蛇临火爻是标志。

怎么知道人家病重危亡呢？用神衰弱无救而入墓。

怎么知道人家多梦呢？官鬼临螣蛇持世。

怎么知道人家出鬼怪呢？螣蛇、白虎临三四爻。

怎么知道人家有人投水了呢？官鬼爻临水又临玄武。

怎么知道人家有上吊自杀的呢？官鬼临木爻又临螣蛇。

怎么知道人家有丧事呢？官鬼临白虎而动。

怎么知道人家有丢失呢？官鬼临玄武在应爻。

怎么知道人家丢衣服了呢？妻财爻临勾陈、玄武。

怎么知道人家六畜有损呢？所属六畜临官鬼白虎。

怎么知道人家丢了牛呢？丑土官鬼在五爻旬空。

怎么知道人家丢了鸡呢？酉金临官鬼玄武在初爻。

怎么知道人家没养牛和猪呢？五爻丑和初爻亥旬空。

怎么知道人家没养鸡和狗呢？酉和戌二爻旬空。

怎么知道人家要问之人不来呢？世应二爻均落空亡。

怎么知道人家家宅不宁呢？六爻均动杂乱纷纷。

仙人编造出了《何知章》，留给后人作吃饭的本钱。

吉凶祸福真可预测，先师的每一句都要仔细推详。

在实际应用中，是不是按照上面的翻译对号入座就可知来意了？比如，一见卦中父母爻动克子孙爻，就说人家是为孩子有病而来，一见官鬼临木爻又临螣蛇，就说人家有上吊自杀的，未免太绝对。没有重点，不言程度，恰是何知章的一大不足。更是后人无所适从，不能很好掌握的根由。上面的这些歌诀，应该都有更为全面的使用条件，当一系列的使用条件都满足时，方可作出上述的判断。

面对《何知章》，有一个更为重要的观念，就是“与时俱进”的问题。时代在变迁，《何知章》的很多断语，已经严重不适应科技发达、文明进步、经济小康的今天的现实，比如，现在谁家还会锅灶破损呢？现在城市哪还有什么鸡狗猪牛？猪啊，狗啊，田土啊，锅灶啊，在现代城镇都失去了意义。

不过，《何知章》的思路和方法还是值得今天的我们借鉴的。

（二）来意玄黄论

欲知卜者来何意，先看旺相休囚气，

旺相婚姻宜官职，休囚争财官进位。

身居世上如游行，鬼更当门官忌病。

胎没怀胎犯鬼神，阴私逃避失财人。

外发胎生人觅已，内动旺相已求人。

日月合生从吉说，若知刑害则凶陈。

身在财乡欲觅财，亦忧父母及妻灾。
变入空亡奴婢死，定知丧死福临来。
日辰生卦及其世，多占父母及其身。
卦与世爻生日者，应卜妻财及子孙。
卦与世爻同克日，必须六畜及婚姻。
卦世与日无相克，应占冢墓弟兄亲。
日克世爻占丧事，并兼怪异及相论。
游魂世应自相克，卜心无定问他人。
世应日月破开刑，官灾死亡盗贼惊。
若不与人相争讼，定有亡财哭泣声。
应来克世人谋己，世动克应己谋人。
旺相生生官作碍，休囚带煞鬼相侵。
阴世月前事未至，阳爻月后事当先。
事先果断能仔细，应后实难愿天人。
卦中寻其意，何事不包罗。

《来意玄黄论》有两个重要的观点，第一，以卦的旺衰来定所问之事的类型，旺者必为问大事，如“官职”和“婚姻”等；衰则为小事，如求财等。旺衰是以八卦所属的五行与预测时的节令来确定的，而且注解为“占卜之提纲”。尽管说得很有道理，但经实践检验，应验率却极低。而且，把求财定义为“小事”也不具有时代性。第二，以世爻与日月的关系来定所问之事的类型，其实，还是由旺衰定事类的思路。而且把“六亲转换”（即以世爻为“我”，比较我生、我克、生我、克我、比合来定六亲的属性，如世爻为土，则金为子孙，火为父母……且不管世爻临什么六亲，是父母，还是官鬼……）的理论应用了起来，即把世爻和日月对比，世爻生日月，日月便为子孙；日月生世爻，日月便为父母，等等。因日月是最旺的，故日月所临之事类，便为所测之事。关于第二点，在实际应用中应验率也不高。从理论上也有些说不通。

（三）来情诗

卦中多者取来情，或向空亡之处寻，

又看世爻冲克去，卦中一事破来心。

来情诗比较简捷，其实关键就三点：第一，卦中同六亲的爻多者；第二，临空亡的爻；第三，世爻冲克的爻。以上三点，即为所测问之事。

在实际预测中，来情诗有一定的准确性，读者可多体会之。

二、六爻法断来意的方法

上述古人的断来意方法，虽有其可取之处，但皆不够系统。这么说，绝不是苛求古人，仅从学术角度言之。而且，有很多内容已经不适应今天的社会现状，因此，价值自然不大了。在大量实践的基础上，笔者就断来意的基本方法论断如下：

（一）卦名、卦意是来意的中枢

卦名、卦意往往直接地反映出了所关心事情的类型。卦名、卦意对于所问之事相当于一篇文章的题目，一道菜的菜名，所问之事往往不出其外（写文章跑题，做菜走味属另外范畴，下文会谈到）。六十四卦代表了大千世界的万事万物，当然也有其类属了。下面将六十四卦常反映的事类归纳如下：

1. 预测经济（俗称求财）：

天地否、泽山咸、泽雷随、火山旅、火天大有、雷水解、雷地豫、雷泽归妹、巽为风、风雷益、风天小畜、风火家人、水雷屯、水天需、水泽节、水山蹇、水风井、山雷颐、山泽损、地雷复、地水师等等。

2. 预测职位（求官、求职）：

乾为天、天山遁、天火同人、天雷无妄、泽风大过、泽地萃、火风鼎、火天大有、火地晋、雷天大壮、雷泽归妹、雷风恒、雷火丰、风地观、水雷屯、水地比、山天大畜、山风蛊、地泽临、坤为地、地风升等等。

3. 预测考试、职称、比赛、求名：

乾为天、天泽履、天火同人、天雷无妄、天风姤、天山遁、兑为泽、泽风大过、离为火、火天大有、火泽睽、火风鼎、火地晋、震为雷、雷天大壮、雷泽归妹、雷火丰、雷山小过、雷风恒、风天小畜、风地观、水地比、山天大畜、山火贲、山风蛊、山水蒙、坤为地、地火明夷、地风升、地水师、地雷复等等。

4. 预测疾病、健康、寿：

乾为天、天雷无妄、天火同人、天地否、天泽履、泽风大过、泽水困、火天大有、火雷噬嗑、雷天大壮、雷泽归妹、雷山小过、水火既济、坎为水、山火贲、山风蛊、山地剥、山天大畜、地天泰、地火明夷、地雷复、地风升、坤为地等等。

5. 预测感情、婚姻：

天风姤、天地否、天泽履、天火同人、泽天夬、泽山咸、泽火革、泽风大过、泽水困、离为火、火泽睽、火风鼎、雷泽归妹、雷风恒、雷地豫、风天小畜、风泽中孚、风火家人、风水涣、风山渐、水雷屯、水天需、水火既济、水雷屯、水地比、山风蛊、山火贲、山地剥、山地剥、地天泰、地雷复等等。

6. 预测官司、牢狱、纠纷、口舌是非：

天水讼、天山遁、天雷无妄、泽火革、泽地萃、泽风大过、泽水困、火雷噬嗑、火泽睽、雷水解、雷天大壮、震为雷、雷风恒、雷水解、雷山小过、风泽中孚、风水涣、坎为水、水雷屯、山风蛊、山天大畜、地天泰、地火明夷等等。

7. 预测合作：

天火同人、天水讼、兑为泽、泽火革、泽雷随、泽山咸、泽天夬、离为火、火泽睽、雷地豫、巽为风、风泽中孚、山泽损、山火贲等等。

8. 预测灾害：

天雷无妄、泽风大过、离为火、震为雷、雷火丰、雷风恒、雷山小过、雷地豫、巽为风、风水涣、坎为水、艮为山、山风蛊、山地剥、地火明夷、地雷复、地水师等等。

其中，离为火、雷火丰多主火灾、爆炸；坎为水、风水涣多主水灾；雷地豫、地雷复、地火明夷多主地震；艮为山、山地剥等多主山体滑坡；巽为风、山风蛊多主风灾；山风蛊又主虫灾；雷风恒、雷山小过、地火明夷、天雷无妄、泽风大过等又主人为灾害。

（二）动爻是来意的首要敏感点

动爻在一个卦中非常重要，除了日月之外，就属它的作用大了。在六爻的运算规则中也提到了“动爻可克静爻，静爻即使旺相也不能克动爻”。动爻的另一个重要作用就是反映了一卦的焦点，也就是所问之事。正如《通玄赋》所言：“易爻不妄成，神爻岂乱发”。如动爻临官鬼，则首先要考虑是问求官、求名，还是疾病、官灾？动爻临妻财，则要考虑是问财，还是问父母文书之事？等等。其实，无外乎是将动爻看成用神，或看成忌神。那么，到底是用神之事，还是忌神之事呢？这就要结合断来意的其他手段了。下面将六亲发动所主常见事类归纳如下：

	父母	官鬼	妻财	兄弟	子孙
吉事	父母 工作 职称 房子	丈夫 官职 名声	妻子 发财 升官 买房	兄弟 投资	孩子 发财 喜乐 解忧
凶事	父母 孩子 破耗	疾病 灾害 官司 兄弟	妻子 父母 职称 单位 寿数 疾病	妻子 破财 花钱 阻隔	女婚姻 剥官 去职 损名

上表实际就是针对六亲的属性与作用而进行的归类，如父母动，好事就容易应在工作、职称等方面，坏事则容易应在孩子身上，因为父母爻表示工作、职称，同时，父母动必克子孙，所以，也容易反映在孩子身上。再如财爻动，是发财的表现，同时，财动必克父母，当然也容易反映在父母身体、工作阻滞等方面。

现举一例说明：

2004 年 9 月 20 日，张先生经友人介绍来求测，因不熟，简单寒暄之后便进入了主题。根据其来的时间，起出了如下的卦，“火雷噬嗑”变“山雷颐”：

癸酉月　壬寅日

虎	巳孙	▅▅▅		寅兄
蛇	未财	▅ ▅	世	子父
勾	酉官	▅▅▅	○	戌财
雀	辰财	▅ ▅		
龙	寅兄	▅ ▅	应	
玄	子父	▅▅▅		

看了卦象及动爻之后，我对他说，你是为官司的事而来吧？张先生非常吃惊地说：“你怎么知道的，我什么也没有说呀？你也没问我出生时间，我又没摇卦！”

这是一个非常典型的卦，“火雷噬嗑”是一个典型的官司口舌卦，从卦中六爻看，四爻官鬼又临勾陈动，又是一个强烈的信号，不是为官司为啥呢！还用“问”吗？

关于动爻反映一卦的焦点，其实古人也有论述，只是与断卦中动爻的作用混在一起谈了，最典型的论述是《六亲发动诀》，现将其登录如下，值得今人深入玩味。

六亲发动诀

父动当头克子孙，病人无药主昏沉，
姻亲子息应难得，买卖劳心利不存，
观望行人书信动，论官下状理先分，
士人科举登金榜，失物逃亡要诉论。

子孙发动伤官鬼，占病求医身便痊。
行人买卖身康泰，婚姻喜美是前缘。
产妇当生子易养，词讼私和不到官。
谒贵求名休进用，劝君守分听乎天。

官鬼从来克兄弟，婚姻未就生疑滞，
病困门庭祸祟来，耕种蚕桑皆不利，
出外逃亡定见灾，词讼官非有囚系，
买卖财轻赌博输，失脱难寻多暗昧。

财爻发动克文书，应举求名总是虚，
将本经营为大吉，亲姻如意乐无虞，
行人在外身将动，产妇求产易脱除，
失物静安家未出，病人伤胃更伤脾。

兄弟交重克了财，病人难愈未离灾，
应举夺标为忌客，官非阴贼耗钱财，
若带吉神为有助，出路行人尚未来，
货物经商消折本，买婢求事事不谐。

（三）世爻是来意的又一信息点

世爻是来意的又一信息点。什么爻持世，就多为问什么事。有时，也为忌神持世，即什么爻持世，也要想到它所克的事类。其实，这一条和上一条道理是一样的。因预测时，用神持世和忌神持世的情况为多。如兄弟持世，多半是问兄弟之事、阻隔之事，或求财之事、男婚之事；子孙持世，多半是问游乐之事、平安之事，或求官之事、女婚之事等。

关于这一信息点，其实古人也有一定程度的论述，《诸爻持世诀》，谈的就是这一问题，现将其收录于下：

诸爻持世诀

父母持世

父母持世主身劳，求嗣妾众也难招。
官动财旺宜赴试，财摇谋利莫心焦。

占身财动无贤妇，又恐区区寿不高。

子孙持世

子孙持世事无忧，求名切忌坐当头。

避乱许安失可得，官讼从今了便休。

有生无克诸般吉，有克无生反见愁。

官爻持世

官爻持世事难安，占身无病也招官。

财物时时忧失脱，功名最喜世当权。

入墓愁疑无散日，逢冲转祸变成欢。

财爻持世

财爻持世益财荣，兄若交重不可逢。

更遇子孙明暗动，利身克父丧文风。

求官问讼宜财托，动变兄官万事凶。

兄弟持世

兄弟持世莫求财，官兴须虑祸降来。

朱雀并临防口舌，如摇必定损妻财。

父母相生身有寿，化官化鬼有奇灾。

《诸爻持世诀》读起来是讲的诸爻持世的特点与所主，反过来遇到什么爻持世了，当然要有相应的事情在里面，这不就是断来意吗！

现举一例：

1994年8月9日，老友贾先生来求测，因老友开门见山就问，看看这次我来问什么事？

按照本书介绍的随机起卦法，起出了如下的卦，“天泽履”变“天水讼”：

壬申月　丁卯日

龙	戌兄	———		
玄	申孙	（子财） ———	世	
虎	午父	———		
蛇	丑兄	— —		午父
勾	卯官	———	应	辰兄
雀	巳父	———	○	寅官

一看此卦子孙持世，又有一定的旺度，有可能是为孩子之事了。再结合动爻，父母临朱雀动，来合世爻，文书之事又显，结合当时的时段，一定是孩子高考之事了。

于是，我坚定地告诉他，是为孩子高考之事而来。他哈哈大笑，“你真厉害”！

这卦实际很清晰，可以说是一目了然！

经常有学生问我，王老师，你讲的卦为什么都那么清晰，而我们测的卦就那么模糊呢？

的确有这一现象。什么原因呢？主要是“场”的问题，学习的过程，除了掌握知识外，更重要的是在“修”场，当你的“场”修好了，来人所问之事自然很“上卦”，否则，就不“上卦”，断起来当然就难了。

过去很讲究师门，要敬重你的师傅，要和师傅进行很好的心灵沟通，你的技艺提高得才快，违背师门规范，口是心非，你的“功力”必然大打折扣！刚入道，要学会“借场”，借谁的场，你跟谁学就借谁的场！不多说了。

（四）六神断来意

青龙、朱雀、勾陈、螣蛇、白虎、玄武六神在断来意时也有应用。六神的不同特性可以起到相当的辅助作用。笔者总结一下，当有如下两方面的辅助作用：

1. 辅助确定所问之事的类型

根据六神的特性，在六亲范畴之内，进一步确定所问之事的类型。比如，卦中父母爻发动了，临青龙可能是父母亲或文书方面的喜庆之事；临朱雀，基本可以确定为文书之事；临勾陈，则变成了土地、房产之事；临白虎，则最易反映父母亲身体之事。

2. 确定所问之事是好事，还是坏事

六亲并不都是反映好事或坏事，某一六亲发动了，是好事还是坏事呢？六神是进一步确定的主要依据之一。比如，卦中官鬼爻发动了，是加官进爵的好事，还是疾病灾害的坏事呢？这可从六神加以窥视。如果官鬼临青龙，一般为好事。如果官鬼临朱雀、勾陈，则一般为官司纠纷等；如果临白虎，则一般为疾病血光等。

现举一例：

2001 年 8 月 23 日，客户王先生来求测，他刚要表达要求测什么，根据我的习惯，打断了他，“你不要着急讲！先请坐！”

一般情况下，笔者都先起出卦后，再与来访者沟通。一者，看来意，以定“上不上卦”；二者，定场，我们的“主场”一定要压住“客场”，预测效果才会更佳。

这次起的卦是“山风蛊”变“艮为山”：

丙申月　戊午日

雀	寅兄	——	应	
龙	子父	(巳孙) — —		
玄	戌财	— —		
虎	酉官	——	世	申官
蛇	亥父	——	○	午孙
勾	丑财	— —		辰财

来者相貌堂堂，出语不凡。该卦官鬼持世，旺相有气，难道是问官？但仔细一看：山风蛊，蛊坏之象；白虎临官；子孙有欲出之象。于是笔者告知：“您是为疾病而来吧？”先生眼睛放光，马上应答：“对！”

这一卦，六神在卦中起了不小的作用。白虎临官，七分为病。

（五）卦身与来意

善用卦身者，也可从卦身的角度断来意，比如，卦身合之爻，也可能为所问的焦点，即来意。

因笔者不善用卦身，故此点不具备多论述的资格。

用卦身断来意，可结合古人的《过去未来章》，会有所启迪。

（六）易辞是来意的辅助手段

在上部中，已就易辞在纳甲中的应用进行了阐释，实践证明，易辞在断来意方面同样有着辅助的作用，把易辞结合起来，对来意的把握一定会更准确。

因易辞多数比较直白，直接便可读出来意，故本节不做更多的解释。

现举一例：

2002 年 6 月 29 日老客户李女士来求测，按照规矩排出卦来为“山水蒙”变“山风蛊”：

丙午月　戊辰日

雀	寅父	———		
龙	子官	— —		
玄	戌孙	（酉财） — —	世	
虎	午兄	（亥官） — —	×	酉财
蛇	辰孙	———		亥官
勾	寅父	— —	应	丑孙

此卦子孙持世，多为孩子之事；动爻兄弟发动而化财，有为“财”——经济、女朋友等信息；再看爻辞：“勿用取女，见金夫，不有躬，无攸利”，意为“不要娶这个女子，因为她见了有钱人便会失节……”根据上述三条，特别是爻辞说得已清清楚楚。于是，笔者便告之，这次是为儿子的婚事而来吧？李女士点头应允。

那结果好不好呢？从六爻看，现在的状态还不错，但也可反映出“见金夫，不有躬”之害。

综上，笔者认为，断来意最重要的是动爻，其次是世爻。卦名卦意、六神、易辞等也有着辅助作用。只有把这些融会贯通了，才能很好地应用，才能真正做到“来人不用问”！

第二节　一卦多断论

六爻预测法为一种具体事情的预测方法，最见长的就是针对一些具体事情的预测。比如测某笔财能否得，某次提升机会能升否，疾病何时愈，某段具体的情感如何发展等等。然而，六爻预测法并非仅此而已，它可以断得更广、更细、更全面——这便是一卦多断的概念。

一卦多断自古有之，有些著作便论及此。比如《卜筮正宗》、《易隐》等都多少论及。

文明进入了21世纪，易学也随之有了更大的发展，多位纳甲法研究人士针对一卦多断著书立说，大多海阔天空，似乎断得越多越广则越高。

笔者认为，六爻法的长项就是具体事项的预测定性，所以还是当以一卦一断为根本，如果抛开了这一根本，一味去追求多断、海断、神断，可以说是走上了歧途。

然而，笔者也并非否定多断，适当的多断可以使卦更丰富、更可信、更具实用价值。在定性准确的前提下的多断，对实际操作的指导性会更强。

学习纳甲法的人士，在进入一定的层次后，大多容易犯与上述相反的毛病，即忽略了对所问事情的定性或没有把握准对所问事情的性质，而盲目地，或有意地去追求多断，甚至断出与所问之事毫无关系的事情，这是不可取的。

在办学中学员常犯上述毛病。某人问一事结果如何，他先不答之，而告之了一些与之无关而相对好断的事情，有些还很准确，最后当求测人问之，所测之事如何时，他却无言以对，吱唔难下结论了。出现这种现象，只有一个原因，基本功不扎实。就像体育运动员一样，练习某一运动项目，动作必须规范，动作不规范，成绩进步快，又相对较好，也难有大发展。

一、一卦多断的概念

所谓一卦多断，就是在预测某一件事情时，除了预测出所问之事外，还额外预测出了与之不相关的其他事情。

比如，某人为财而求测，卦师断出了他的婚姻、疾病等信息，且十分准确，这就是一卦多断。

再如，某人预测升迁，卦师预测出了他家的房子如何，祖坟什么环境等，都属一卦多断。

又如，某人预测工作，卦师断出了他兄弟姐妹，甚至他叔叔、姑姑的事情状况，更属一卦多断。

预测出所测之事的细节，不算一卦多断。

比如，预测求财，卦师断出了求财的类型、方位、合作对象等信息，不能算是一卦多断，只能算是卦断得比较精细，水平较高。

二、一卦多断的方法

（一）卦名参与多断

卦名是一卦的“全息”，卦名往往蕴涵着测卦人的一些信息。有些卦名反映了所问的事情，有些卦名却没有反映所问的事情。对于没有反映所问事情的卦名，更有多断的挖掘价值。比如，测身体，得“火雷噬嗑”卦，就要想到最近有口舌官司在身；测孩子考学，得“山泽损”卦，就要想到有否破财损财之事；测生意得“艮为山”卦，就要想到卦主的祖坟在山上，地势较高，等等。

要想做到卦名参与多断，必须对六十四卦卦名、卦意熟烂于胸。

（二）卦象参与多断

卦象更是一卦信息的外在彰显，从卦象中也可捕捉卦主的一些信息状态，从而达到多断的目的。比如，测一笔生意能成否，得“山雷颐”卦，颐为大离之象，可断卦主的办公环境很大；测出国得“山地剥”卦，因剥卦仅一阳在上，群阴在下，下肢瘫软之象，可断卦主腿有病，下肢无力，等等。要想做到卦象参与多断，要有对卦象的灵活掌握及丰富的想像力。

（三）易辞参与多断

如上部所述，易辞包括卦辞、爻辞、象辞、彖辞、序卦辞、杂卦辞等，这些辞在多断中都会有所应用，当然，应用起来是比较难的，首先需要对这些辞的灵活理解；其次，逢卦就去翻书会有伤大雅，所以，需要记忆，把这些辞都记住，对有些人来说比登天还难。但如果掌握了，对多断确实会很有帮助。

比如，测事得“火地晋”卦二爻动，二爻的爻辞为“晋如，愁如，贞吉。受兹介福，于其王母”，可断卦主做事有女贵人相帮，单位领导的夫人很喜欢他，象辞“受兹介福，以中正也”，说明卦主做事坚守中正之道；测事得“天风姤”卦二爻动，二爻爻辞为“包有鱼，无咎，不利宾”，就可以断卦主家当天吃鱼。因这句话的意思就是厨房有鱼，而且是自己家人吃，不是招待客人。

2000 年 8 月 1 日，学员小李（男）来测工作调动，得“泽山咸”卦三爻动：

癸未月　辛卯日

蛇	未父	▅▅　▅▅	应	
勾	酉兄	▅▅▅▅▅		
雀	亥孙	▅▅▅▅▅		
龙	申兄	▅▅▅▅▅	○ 世	卯财
玄	午官	▅▅　▅▅		巳官
虎	辰父	▅▅　▅▅		未父

在给他讲完了工作之事后，笔者告诉他，他在处对象。小李肯定地说：“真瞒不过王老师的卦呀，刚处了一个，还不知道怎么样呢！”笔者说：“你知道瞒不过我，还不如实交代，已经处到那种程度了，还说刚处，不知道怎么样？”小李顿时脸红了，忙问：“怎么看出来的？”

“泽山咸”卦，讲的就是男女相亲相爱的事，第三爻爻辞为“咸其股，执其随，往吝”，“股”为大腿，即已经感应相亲到大腿的程度……初爻“咸其拇”，指脚指；二爻“咸其腓”，指小腿度。此卦三爻，即已经经过了初爻、二爻的初始阶段，不是已经很深了吗？

(四) 六爻论多断

六爻论多断重要的是用好合、冲、刑、害、空、破、动、变等六爻的关系。

1. 相合、相冲、相刑、相害的两个爻及日月均表示存在关系，或好、或坏，这两个爻，即表示两个人，也表示两件事。

2. 旬空、月破的爻也是多断的信息点，因空有空的原因，破有破的道理，这“原因”和“道理”，就是所要求问的事。

3. 六神也是多断可以参考的一个方面，青龙主喜，白虎主伤，在多断中会增加很多信息。

4. 六爻爻位理论也是断卦细节的一个方法。初爻为孩子，六爻为老人；初爻为足，六爻为头；初爻个矮，六爻个高；初爻为近处，六爻为远处……可参照前章的相关内容。

5. 内外卦理论也有应用。内卦为我方，外卦为对方；内卦为本地，外卦为外地。

总之，六爻的基本原理都可以应用在多断方面。

现举几例：

例一：

1998 年 7 月 24 日，辽宁省政府赵处长求测欲参选下派副县长可否？得“天泽履”变“天雷无妄”：

己未月　壬申日

虎	戌兄	▅▅▅		
蛇	申孙	(子财) ▅▅▅	世	
勾	午父	▅▅▅		
雀	丑兄	▅ ▅		辰兄
龙	卯官	▅▅▅	○ 应	寅官
玄	巳父	▅▅▅		子财

此卦实质是求官，虽所求之职职位不比现在高，但应属于对领导干部再升迁的一种训练机会。所以，当以官鬼为用神。此卦子孙忌神持世，应爻临

用神，动而化退，且用神月墓日克，毫无生气，故所求必不成。于是，笔者委婉告之，对方当然会意。

之后，赵处长问，还能看出别的什么吗？

于是，笔者又断曰：1992 年起财运好；性情有些抗上，波折较多；头受过伤；常有手梳头的习惯；有一兄早亡；孩子较好；最近要修房子……

以上所断，对方皆予以确认。

例二：

2000 年 11 月 27 日，刘女士慕名前来测运，得“泽火革”变“天火同人”：

丁亥月　己丑日

勾	未官	— —	×	戌官
雀	酉父	——		申父
龙	亥兄	——	世	午财
玄	亥兄	（午财）——		
虎	丑官	— —		
蛇	卯孙	——	应	

卦象一出，笔者对她讲了如下几点：1. 经济状况不佳；2. 婚姻不美，离过婚，目前处的男友关系也不好，常有纷争；3. 这段时间头部不适； 4. 心脏弱；5. 消化不好；6. 最近跌过跤；7. 1990、1991 年吃过官司； 8. 明年财运会更好； 9. 2003 年防情变。

笔者讲完后，一一予以验证，过去的刘女士皆表示赞同，特别说到跌跤一事时，哈哈大笑，开玩笑地说：“你是不是大仙啊？”因来的时候，在路上刚跌了一跤！至于未来的两条就不得而知了。

上面的预测沟通完之后，刘女士问要做某种传销可否？从上卦看，财爻旬空无气，又伏藏被克，毫无财气，兄弟爻又受克，找谁去呢？怎能做成呢？

上面的分析论断，其实都比较直观：官动克世，婚姻能好吗？官鬼爻旬空化进，必为重婚。鬼临六爻克世，头必痛，鬼临土克世，消化不好。1990

年庚午、1991年辛未，勾陈临官克世，官司得应之年。明年巳火冲掉亥水飞神，伏神午财得出，财运好。

例三：

1999年7月27日辰时，某女×琪测运程，得“天泽履”变“天雷无妄”：

辛未月　庚辰日

蛇	戌兄	▅▅▅		
勾	申孙	(子财) ▅▅▅	世	
雀	午父	▅▅▅		
龙	丑兄	▅ ▅		辰兄
玄	卯官	▅▅▅	○ 应	寅官
虎	巳父	▅▅▅		子财

根据卦象，笔者断出：1. 性格抗上，不服管；2. 性格耿直，人品佳，心慈；3. 家庭经济状况一般；4. 不适合当官，适宜经商，抓经济；5. 睡眠不很好，爱做梦；6. 腿有风湿；7. 做掉过孩子，当在1992年；8. 婚姻不佳，夫妻不合，夫有压抑感，现在还在闹矛盾，有离婚之虞；9. 一生无大灾难； 10. 爱人有心计，个子较高，当在1.8米以上，但较瘦；11. 孩子为男孩，学习一般；12. 父亲身体不好，心脏有病，曾有过婚外情；13. 家里有教师……

上述的论断，除其父的婚外情外，该女士均表示认同。

下面来简要分析一下：

子孙旺而持世，抗上、耿直、善良、为人正；但不服管，欺夫，克夫。财不得日月，经济状况不佳。螣蛇临六爻暗动，人多梦。玄武临木鬼在二爻，腿有风湿。子孙旬空，做掉过孩子。官临应衰弱化退，有离婚之虞。应官动合六爻，个子高；临玄武，心计重。子孙居乾卦，阳爻阳位，为男孩。初爻之父休囚临白虎，身体不好，化财，曾有婚外情。

第三节　外应在六爻预测中的作用

外应可以作为六爻预测的辅助方法。

一、外应的概念

外应，又叫“机”，或“天机”。是指在进行预测（起卦、断卦）的时刻，与测卦的内环境毫不相干的外部环境出现的一些现象。这些看似毫不相干的现象，其实和所测之事都有着千丝万缕的联系，往往反映所测之事的性质。

外应，传统周易预测学主要在梅花易数中应用，而且是很重要的一个方面。实践证明，在六爻预测中也可以应用。

易学其实就是时空学，研究的就是时间和空间，以及时间和空间的关系。在同一时空之内，事物必然有着同样的运行变化规律。按照易学的原理，把这一时空剖析开，就是预测。四柱命理学依据的就是这一原理。

二、外应的种类

概括来说，外应有如下几种：

（一）自然类

风、雨、雷、电，雾、雪、霾、砂等都可以作为外应之“机”。在办一件事情的时候，比如庆典、开张、搬迁等，都期望有一个风和日丽的好天气，这就是外应思想的扩展应用。

在进行六爻预测时，出现上述的不同现象，对六爻卦都会产生不同的作用。如正预测间，下起了大雨，卦中水爻不旺也旺了。

（二）人物类

男、女、老、少，官、民、军、警等也可以作为外应之机。在进行六爻预测时，突然有上述不同的人物到场，对卦爻会产生不同的强化作用。比如，预测间有公安人员到场，官鬼爻不动也动了。

（三）事物类

如声音、气味、物品、动物等等的出现，也是外应的一种。在进行六爻预测时，突然出现上述种种现象，对所测之卦会产生不同的效果。比如，预测间有香味出现，必是进财之兆；有噪音出现，事情必然纷乱无头。

三、外应的应用方法

（一）直接应用外应的预测

所谓直接应用外应的预测，就是根据外应的现象，直接得出所测事情的结果。而不再需要排卦、分析卦象了。

比如，某人问妻子怀的是男孩还是女孩，这时，进来一个抱球的男孩，不用测，怀的一定是男孩。因进来的是男孩，球为乾卦，纯阳之象，更是男孩。

再如，某人问老人病，正预测间，突然有人说："不行了！"这种情况下，就不用再起卦了，结果已出来了。

（二）把外应纳入五行

把外应纳入五行，就是起卦后正预测间，突然某五行之事出现，这时，就可以把该五行以发动论，该五行为火，就为火爻动；该五行为金，就为金爻动。

比如，2006年初夏，正为王先生预测财运，起得"泽雷随"卦，刚排出卦开始分析，突然一阵风吹进屋内，这时，笔者果断抓住这一外应断曰："你最近破财了，财破得很突然，也不小。"王先生感觉很奇怪，"怎么这么快就断出来了，确实破财了！"

为什么作出这一判断呢？因风五行属木，突然风动，就相当于卦中木动，而"泽雷随"木爻为兄弟，也就是兄弟旺动了，兄弟旺动必然劫财了。笔者又进一步告诉他，破财之数为三，当为三万吧！先生予以肯定。

（三）把外应纳入六亲

把外应纳入六亲，就是在断卦时突然出现某六亲之人、之事，这时，就可以该六亲发动论，该六亲为父母，就为父母发动；该六亲为子孙，就可以子孙发动论。

比如，2004 年 4 月，孔先生测儿子高考如何，得“风地观”变“山地剥”卦。正分析间，突然，一老友从外地出差归来，给笔者带来了一些当地的特产美味，大声说着进了笔者的房间。笔者当即抓住这一外应，告知高考效果不好，外地更去不了。

为什么呢？特产美味六亲为财，测高考财爻发动怎能好？因该财来自外地，所以，外地去不了。

孔先生很遗憾地表示，儿子就想去西安读书，看来不行了。

现再举一生活中的外应例：

2003 年，笔者欲买一处住房，从风水、环境、档次、面积等多个角度都看好了，但当再深入洽谈时，突然出现了一个意想之外的事情，那个房子没有煤气。住宅部分下一步铺不铺煤气管道还不好说，这就是销售人员的回答。

本人犹豫了。因煤气对于生活很重要，可以说是一个决定性的指标。正犹豫的日子里，突然有一天一早，晚报报道了一条关于欲头之楼的消息——该楼头一天着了一把火，但因发现及时，很快就扑灭了，没有造成什么损失。真是“报者无意，闻者有心”，也许是职业特点，晚上我高兴地告诉家人：“那处房子我们可以买了，煤气管道很快就会决定铺设。”家人自然要问：“是开发公司通知的吗？”我自信地告诉家人，过几天就会知道了。果然着火后一周，销售代表就给本人打了个电话，告诉笔者那楼决定铺煤气管道了！

怎么知道的呢？外应！着火为五行火出现，煤气也为火。此火应彼火也。

第十五章　六爻法动态择吉论

第一节　择吉方法散谈

一、择吉的概念

所谓择吉，这是选择有利的时间去开始某些重要的事情。比如，搬家、安葬、开张、结婚、庆典等等。择吉包括择年、择月、择日、择时，甚至于择刻。

择吉又称择日学，古代又称择吉术。择吉术在汉代便已产生，绵延两千余年，经久不衰。古代的日历——所谓“黄历”上就标注着某日宜与不宜什么的择吉内容。近些年，每年世面上都有多种版本的“黄历”，但质量不一，有的甚至互相矛盾，令信奉者无所适从。

所谓有利的时间，一是指对事情的未来有吉祥的诱导作用，确保所做之事有一个圆满的结果；二是要确保仪式的过程能够顺利进行，包括天气的因素、交通的因素等等。前者要到整个事情结束才能知晓，短则几个月、几年，长则几十年，甚至直至一个人的终生。后者则在仪式的进程中就会感受到，比如，仪式过程中下雨、下雪、刮风等，则仪式很难顺利进行了，这时，人们的心情是可想而知了。

对于前者，功能也是有限的，确切地说，应该是在大限之内的好时间，对事情的未来起到量的作用，而想通过择吉改变事情的性质几乎是不可能的。所以，当通过你的择吉，某件事情的结果非常圆满，你不应该请满功，须知你的作用是一定程度的；当通过你的择吉事情的结果不圆满时，主人也不该过分地责备你，因你的择吉很难改变事情的性质。但话说回来，很多事情的最后结果需要很多年来验证，很多时候当事情有中间或最后结果时，主人与你已经各奔东西了。不过，后者就不是这样了。

对于后者，均在当场验证。坏天气的出现，会使你很尴尬，甚至无法出场。因为，普通人对我们的要求是很高的，他们会认为我们是神，就不该出现恶劣的天气。但把瞬息万变的天气把握准确谈何容易！何况时间的选择往往都是在很早以前，数天、数月以前。所以，预测师增加天气预测的本领非常重要。至于临近能否改变天气，属另外范畴探讨的事情，本节到此止笔。

因此，传统的择吉观，往往更注重对事情结果的诱导作用；现代是开放、张扬的社会，往往需要昭告天下，所以现代的择吉观当两者有效兼顾，缺一不可。所以，现代择吉更难了。

二、择吉的两种方法

从大的方面，笔者将择吉方法分成两类，一类是静态择吉法，一类是动态择吉法。

所谓静态择吉法，是指不结合主人状况的择吉方法，这一类方法中有很多具体方法，古代出现过很多关于静态择吉的书籍，如《玉匣记》、《万宝楼》、《敖头通书》等，但最完整、最具代表性的当属清代乾隆年间编撰的《协纪辨方书》。

《协纪辨方书》共三十六卷，讲述了择吉的种种方法，其中虽也包含一些动态择吉的方法，但更多的还是静态手段。比如，神煞法、十二建星法、九星法、二十八星宿法等等。笔者愚见，静态择吉之法，抛开了个体人的特殊性，固定地论述某日的吉与凶，是没有说服力的，在实践当中也是很难应验的。试想一下，在同一天结婚的，有多少人婚姻美满，又有多少人同床异梦，更甚者中途各奔东西！同一天开张，有多少生意兴隆、财源滚滚，又有多少门可罗雀，甚至关门倒闭！至于数百种之多的神煞，更是让人无所适从。当日忌理发、忌修指甲、忌沐浴、忌会友……定之为迷信真不为过！

至于天气等情况的把握，就更不是静态择吉所能做到的。

所以简言之，静态择吉更多的是故弄玄虚，不具有实际价值。更不适宜快节奏的现代文明背景下的实际情况，不具实际价值者当果断弃之！

所谓动态择吉法，就是结合具体人与事的实际情况进行择吉的方法。这样，就出现了同一天有人为吉，有人为凶的状况了。关于动态择吉，又有很多方法，比如四柱命理法、六爻法、奇门法等等。本书介绍的就是动态择吉法中的六爻动态择吉法，下一节，就专门论述这个问题。

第二节　六爻动态择吉法

一、六爻动态择吉法的概念

所谓六爻动态择吉法，就是把主人的信息与宇宙的信息都结合起来进行择吉的方法。这种方法即保证了时间对事情的吉祥作用，又可保证仪式进行在理想的环境当中。

六爻动态择吉法是建立在准确的六爻预测的基础上。所以，进行六爻动态择吉，首先要有扎实的六爻预测基本功。

六爻动态择吉首先要对所择之事的状况有一个基本的预测，预测结果当然就有两种情况，一种为吉，一种为不理想。为吉者，择吉的作用就是锦上添花、好上加好；不如人意者，择吉的作用就是化凶为吉、趋利避害。

所以，在进行择吉时，对事情的状况就应该有一个基本的了解。如果事情的结果不好，主人又必须做，则要以一定方式提示主人事情可能出现的不利，同时，除了进行时间的择吉外，还可建议主人通过风水等方法加以调整。

二、六爻动态择吉的方法步骤

（一）通过不同的起卦方法，起出事情所主之卦

这就要求择吉师除了会铜钱摇卦之外，还可通过其他高级方法起卦。不然，主人非得到现场方可进行，就很不方便。拙著本部介绍的起卦方法都可

使用。

(二) 论断所主之事的吉凶成败性质

装出卦后，就要判断事情的吉凶成败了，卦理分析不清楚，就谈不上后面的择吉了。

(三) 根据六爻理论选择有利的时间

选择时间会遇到两种情况：一种为事情的状况较好；一种为事情的状况不好。

1. 状况良好的时间选择

状况良好时，一般为用神持世，用神旺相，原神发动等，这种情况下，一般选用神或原神的时间。

现举一例：

2003 年 5 月 15 日，客户李先生问饭店开张时间，得“水天需”变“地天泰”卦：

丁巳月　戊子日

雀	子财	— —		酉孙
龙	戌兄	———	○	亥财
玄	申孙	— —	世	丑兄
虎	辰兄	———		
蛇	寅官	(巳父) ———		
勾	子财	———	应	

择开张时间，当以财爻为用神，此卦子孙持世，五爻兄弟发动化财来生世。此卦世爻较弱，幸有兄弟来生，故兄弟生世，为此卦之焦点。于是，选 5 月 25 日的戊戌日为开张时间，当日恰为周日，也适合开张。

经过十天的筹备，饭店如期开张，开张当日爆满，后又翻台。尽管当日有些优惠政策，且请了几桌朋友，但像这样火爆的开张也是不多见的。

后来，笔者又去了几次，每次都红红火火，笔者当然为其高兴！

2. 状况不好的时间选择

状况不好时，一般为忌神持世，忌神发动，仇神发动，用神化回头克，原神化回头克，用神空破休囚等等。针对种种的不吉状况，要选择不同的六亲时间，现简要列举几种情况：

(1) 忌神发动的情况，一般选原神当令的时间；

(2) 仇神发动的情况，一般选用神的时间；

(3) 用神空破休囚的情况，一般选用神旺相的时间；

(4) 忌神持世的情况，一般选克制忌神的时间或原神当令的时间。

有一位哲人曾说过：幸福的情况大致相同，不幸的状况却千差万别了。择吉时遇到的不利情况就好比人生的不幸真是千差万别的，不能一一列出。其实，择吉就是找毛病，一旦找到了毛病所在，就可以通过时间来修正了。

现举一例：

2001 年 4 月 7 日，刘女士求饭店开张时间，得“风雷益”变“水雷屯”卦：

壬辰月　庚子日

蛇	卯兄	——	○应	子父
勾	巳孙	——		戌财
雀	未财	— —		申官
龙	辰财	— —	世	
玄	寅官	— —		
虎	子父	——		

此卦也为求饭店开张时间，也当以效益为中心，即以财爻为用神。此卦财爻临月建持世，本为有利之象，但应爻临兄弟发动克世，破财之象显现。此卦所现，该饭店效益不佳，且当防亏损。

选什么时间相对有利呢？此卦一定要启动巳火子孙，如果五爻巳孙发动，卯兄生巳孙，巳孙生辰财，连续相生，便出现了进财之象。

于是告之，一定要等到巳火月，即阳历的 5 月 5 日之后开业，不然效益难保。

刘女士是经朋友介绍而来，本身对周易又很相信，于是，真的就等到了笔者为其选定的巳月己巳日，即 5 月 6 日开张。开张后虽不很火，但还说得过去，并且干了两年多。

3. 用神回头克情况的处理

用神回头克基本为事情不成的标志，而且为无药可救的情况，下面还会专题论之。这种情况一般无法化解，所以，遇到这种情况，应尽力建议客人停止所做之事，以免造成更大的损失。但如客人无法停止，再为其择吉，为其化解。

（四）结合其他理论进一步圈定有利时间

1. 四柱命理理论的结合

在进行六爻择吉时，如果懂四柱，最好将求问人的四柱结合起来参断效果会更好。比如，从六爻看，选亥日、子日均可，但求问人的四柱中巳火为偏官，则不宜选亥日了，因巳亥冲，而一般情况下偏官是不宜受冲的，所以，只能选子日。

再如，从六爻看，选亥日或巳日均可，但求问人四柱喜水忌火，则只能选择亥日，而不能选择巳日了。

2. 重要静态择吉理论的结合

静态择吉理论并非都没有道理，有些理论参考一下效果会更好。比如，要见某位领导，最好避开岁破日，太岁为领导，冲太岁不就是冲领导吗？

再举一例：

2006 年 6 月 2 日，某楼盘求选开盘时间，得“泽火革”变“泽雷随”卦：

癸巳月　壬戌日

虎	未官	— —		
蛇	酉父	——		
勾	亥兄	——	世	
雀	亥兄	（午财）——	○	辰官
龙	丑官	— —		寅孙
玄	卯孙	——	应	子兄

此卦兄弟持世，月破日克，原神不动，状态极差。财爻伏而被克，子孙

与鬼作合，综合观之，在其预期的时间之内应该不具备开盘条件。

什么时间可以呢？卦中酉动生身，冲开子孙之合，当为佳期。也就是，酉月（阳历9月）为好。

后来，因开盘的条件一直不具备，一直到9月方成熟。

临近时，8月29日，楼盘老板又问9月16日开盘可否？得“天水讼”变“火水未济”：

丙申月　庚寅日

蛇	戌孙	▅▅▅		巳兄
勾	申财	▅▅▅	○	未孙
雀	午兄	▅▅▅	世	酉财
龙	午兄	▅ ▅		
玄	辰孙	▅▅▅（亥官）		
虎	寅父	▅ ▅	应	

此卦状况好了很多，应该具备了开盘的条件。月建为财，日辰为父，两个重要六亲都居于旺地。财临月建，动化子孙回头生，开盘回款较理想。9月16日为戊申日，冲动初爻寅父，寅父动而生身。

父母爻有申金财爻动克，不会有雨。

于是告之，这一天不错，可以开盘。

结果，头一天下了一场透雨，当天红日高照，空气清新，场面热烈，成交喜人。

第十六章　六爻法调运解灾论

第一节　六爻法调运解灾的概念

一、六爻法调运解灾的概念

六爻法调运解灾，是指通过六爻预测的原理进行调运和解灾的方法。

在六爻实际预测中，时常会出现求测人运气不佳的状况，有的财运不济，有的仕途不畅，有的身体欠安，有的婚姻不美，更有甚者灾难相随。所有这些，都是人们不愿出现的。

既然这些现象都能通过六爻法预测出来，那能否通过六爻法加以化解呢？多年的实践证明，是可以一定程度做到的，通过六爻地支之间的生克制化原理可以达到调运解灾的目的。

二、六爻法调运解灾的原理

六爻法调运解灾，是依据易学象、数、场统一的原理，以及五行之间生克制化的方法进行。

易学认为，象、数、场是三种不同状态的物质。象，就是物质的形象，包括形状、材质、颜色、气味等；数，就是数字，包括正数、负数，也包括实数、虚数（笔者认为，实数就是阳数，虚数就是阴数）；场，是物质周围看不见、摸不着的，能够对其他物质产生作用的一种能量，电场、磁场等是场的两种表现，这里所说的场，是更广义的场，是现代仪器还无法检测到的一种能量。

这里又涉及到了物质的概念，什么是物质？并非看得见、摸得着的才是物质，有很多看不见、摸不着的东西也都是物质。随着现代科技的进步，现代文明的发展，传统的物质概念正在逐渐地发生变化。

无线电波，内含信息，是物质；气功的气，具有能量，是物质；人的意念，也是物质，因为国内外的很多现象足以证明意念有能量。

再说象、数、场，风水文化其实就是象的能量理论的一种应用。不同形状的建筑，能量不同；不同结构的建筑，能量不同；甚至不同的颜色，能量也是不同的。数字应用好了，可以调病，可以调运，这是大量的实践证明了的事实，说明数字也有能量。有能量就有场，人在某种场下，就会受到该场的影响。

把具有能量的不同物件摆在人的周围，把不同的生肖挂在人的胸前，就会对人产生作用。这就是六爻法调运解灾的基本原理。

第二节　六爻法调运解灾的方法

一、六爻法调运解灾的方法

六爻法调运解灾是建立在六爻预测的基础之上。当六爻预测的卦中出现不利的信息时，原则上都可以通过六爻之间生克制化的原则加以化解。

六爻法调运解灾主要应用具有能量的十二生肖来进行。十二生肖与卦爻的十二地支相对应，从卦中看有不吉的信息，无外乎是某个地支出了问题，或被克，或被冲，或被刑、被害。这时，如果有克制克神的地支参与其中，局面就会改观。所以，把所需的地支转换成生肖，把这一具有场态的生肖加入其中，就会起到化解的作用。

比如，毛病出在酉金受午火克，戴一鼠的生肖坠便可解之。因子鼠可冲克午火，使午火受伤，便不克酉金了。

现举一例：

2001年9月1日，司机王先生陪同其领导来咨询，领导结束后，王先生顺便也问一下他的运程，得“雷山小过”变“雷火丰”卦：

丙申月　丁卯日

龙	戌父	▅▅ ▅▅		
玄	申兄	▅▅ ▅▅		
虎	午官	▅▅▅▅▅	世	
蛇	申兄	▅▅▅▅▅		亥孙
勾	午官	▅▅ ▅▅		丑父
雀	辰父	▅▅ ▅▅	×应	卯财

此卦出来后，笔者对其讲了如下事情：

1. 身体方面心脏弱，消化也不好，头也有点问题；
2. 孩子不好管，爱人做掉过孩子；
3. 妻子身体不太好；
4. 最近要动房子；
5. 注意车肇事。

前四条对方都表示认同，最后一条很关注，问什么时间，严重不？笔者告诉他，不很严重，人身没有大危险。时间当注意12月份，小寒之前。王先生很内行地问：有化解的办法吗？根据六爻解灾理论，笔者告之戴一羊的生肖坠可解。

于是，王先生便在笔者处请了一个羊的生肖项坠。

转眼过去了三个多月。有一天突然打来电话，要再请一个羊坠，并且一定要再见一下笔者。约定时间后王先生如约而来，见面便大呼“神”。

原来，在打电话的头一天晚上，王先生拉领导去郊区洗澡，回来时约晚上八点多，当天晚下雾，但马路较宽，车也不多，车速当时约70公里，突然，从路边冲出一匹马来，虽急刹车还是撞在了车挡风玻璃上，玻璃损坏，胳膊小伤。当时，他并没注意，后来用手一摸胸前，生肖坠不见了——显然是忘在了洗浴中心。情节描述完之后，他说，自从戴上之后，出来时从来没摘掉过，就当天没戴，当天就出事，真是太不可思议了。况且，正常情况下，十冬腊月的晚上，马怎么出来呢？更不可思议！

我们回过头来再看看当时的卦，鬼在午火，午为马，让其戴羊，羊为未，午与未合，相当于马被合，即马被拴，被拴当然不会撞了。羊丢了，合没了，马就自由了。

由此奇特现象可以证明，戴生肖坠是可以解灾的。

二、六爻法调运解灾特殊说明

六爻法虽可调运解灾，但她绝非万能。有很多因素制约着效果的最大体现。不易达到理想效果主要有如下几种情况。

(一) 卦中问题出在回头克的情况，不易化解

回头克是最难化解的，或者说从六爻的角度就不能化解。因上文论述过，变爻很难受制，日月都奈何不了它，何况外力！

现举一例：

戌月　甲寅日

玄	戌财	— —	应	
虎	申官	— —		
蛇	午孙	———		
勾	酉官	———	○ 世	午孙
雀	亥父	———		辰财
龙	丑财	— —		寅兄

此卦世爻酉金动化子孙午火后头克，如果为仕途中人，则此官必剥，如为求官之卦，则此官不得。

那能否通过六爻理论化解呢？不可，回头克之午火是制不掉的，可以说，通过六爻的方法是无能为力的。

(二) 信任程度不够，难于化解

在下面“通灵论”一章中会讲到三场理论。主场与客场的有效对接，是预测准确的条件之一。至于化解，更需要这种场态的有效沟通。

所以，当对方不信周易，或不信你时，是很难化解的，这时，你更不要主动去为其化解了，否则也是徒劳无功！

（三）所用之物要有足够的场态，否则效果不佳

预测师的能量强，场态稳，所用之生肖能量就相对强，预测师还没有形成一个稳定的场态，所用之生肖也易效果小……

再举一例：

2002 年 8 月 14 日，政府某领导求测仕途发展，因其在常务副职位已多年，上面的正职也离职近一年，但迟迟没有扶正的信息，而其最大的愿望就是在此位得正，而不是调走提升。笔者在其办公室随机起卦，得“山风蛊”变“火风鼎”卦：

戊申月　乙卯日

玄	寅兄	———	应	巳孙
虎	子父	(申兄) — —		未财
蛇	戌财	— —	×	酉官
勾	酉官	———	世	
雀	亥父	———		
龙	丑财	— —		

测官运，以官鬼爻为用神，此卦官鬼酉金持世，月建在旺地，被日冲暗动，状况不错，晋职在即。但四爻戌财动化酉官而生世，有另外一职位之象。世爻之官被日辰之兄弟冲，应爻寅兄又临玄武，有他人窥视本职。

对方明确表示，不动最好，能否通过什么方法调整一下，达到不动的目的。笔者为其采取了一些办法，告知可以试一下。

2002 年 8 月 28 日，该领导又约见笔者，再次关注自己的工作变动问题，笔者现场又随机起卦得“泽火革”变“泽山咸”卦：

戊申月　戊辰日

雀　未官　▅▅ ▅▅

龙　酉父　▅▅▅▅

玄　亥兄　▅▅▅▅　世

虎　亥兄　（午财）▅▅▅▅　　　申父

蛇　丑官　▅▅ ▅▅　　　午财

勾　卯孙　▅▅▅▅　○应　辰官

此卦状况与上卦大同小异。兄弟持世，相争之象。但月临父，日临官，状况并不差。应爻卯孙发动，化出一官，还是工作变动之象。

对方再次求不动之法，在上次的基础上，笔者又为其想了点办法。

对方又问什么时间可成，笔者告知明年阳历三月，即卯月。

后来，在阳历四月一日如愿以偿，在原位上扶了正。这一天虽过了阳历三月，但懂周易的人都知道，以节气为准仍然在卯月。而这一天正好是甲辰日。当天电话告诉了笔者，笔者为其祝贺。

第十七章　通灵论

第一节　周易预测三场理论

周易预测的机理，是一项现代文明尚没有完全揭示开的谜。一代代先贤圣哲在其中遨游，探究其中的奥妙，体味预测的灵机，但因种种原因，留下来的资料却寥寥无几。

笔者在多年的预测实践中，体味之一就是三场理论，现斗胆简陈如下，以期与易界同仁探讨。

一、三场理论的概念

所谓三场，是指主场、客场及宇宙场。主场，是指周易预测师的场；客场，是求测者的场；宇宙场，是指存在于宇宙自然时空中的场。

要想实现预测的准确性，预测师扎实的理论功底与丰富的实践经验固然重要，但只有这一条还不够，还需要场态的配合，即主场、客场、宇宙场的“同频共振”。

二、三场理论的应用

掌握三场理论，是提高预测准确率的重要方面。在三场没有沟通好的情况下，贸然预测，往往效果不佳。

（一）三场不具备的几种情况

1. 预测师研习时间短，场态不稳

有的预测师习易时间不长，尽管有时也很准确，但场态不稳，忽高忽低，造成有时预测不准确。

2. 预测师身体状态极其不佳

这种情况属主场有病，容易压不住客场，造成主客场沟通不好，预测出现偏差。

3. 对方不信周易

这种情况下，属客场不具备，主客场很难沟通，预测当然很难准确。

4. 对方对你的信任程度不够

这种情况和上面的情况一样，主客场难于沟通，预测准确率必低。也许这正是“信则灵”的根由吧。

5. 对方状态不好

比如对方醉酒、愤怒、重疾等情况下，场态也极不稳定，与主场也很难沟通。

（二）古人提出子时不占卦的原由

过去有一种说法“子时不占卦”，究其原因有多种说法，但笔者认为，子时不占卦是古时没有钟表，也就无法确定每一时辰、每一天准确的相交点，所以，就来个“子时不占卦”吧。

笔者经实践证明，子时可以占卦，只要不占亥子相交的时刻即可。

（三）针对三场不具备情况采取的措施

1. 针对主场

主场不稳定，首先是基础不扎实。所以，要通过学习，具备扎实的基本功。相对稳定的准确率，绝对是建立在扎实的基本功之上，熟能生巧。

其次，学习的过程，既是掌握知识的过程，又是修主场的过程。易学知识渊博了，场态就会强。

再次，不得不提的是，学会借助师门的场，也是提高主场稳定性的方法。背叛师门，主场受损。

2. 针对客场

在客场不具备，又不得不为对方预测的情况下，首先需要稳定客场，使主客场得以沟通，一定要使主场“压住”客场。方式可以通过交流、聊天、介绍、讲解等形式。

有时一些易友在一起，共同预测一件事情，往往公认水平最高、名声最大的人预测得最准确，其他人极容易出口就错。为什么呢？一方面是他的水平的确高，另一方面，他的场最强，可以压制其他人的场，使其他人难以正常发挥。

就好比一个局长，在处长、科长面前发挥得一定非常好，思维敏捷、谈吐得体，但当他在省长，乃至中央领导面前时，就容易发挥失常，有时会像个小孩子。什么原因呢？场态的问题！

3. 针对宇宙场

“离地三尺有‘神灵’”。针对宇宙场的情况比较复杂，本书不谈。

第二节　错卦错断理论

错卦错断是进行六爻预测理论应用一段时间都会遇到的，不可思议的一种特殊情况。

一、什么是错卦错断？

所谓错卦错断，就是在进行六爻预测时，起出的卦错了，但当时作出的预测结果却是正确的，但当发现错了，改正过来按正确的理论分析后，结果却又不对了。简言之，错卦就按错卦来断反倒是正确的。

二、错卦错断的几种情况

错卦错断有下列一些情况：

1. 摇卦阴阳爻画错了

摇卦时，把卦画画错了，起出的卦就是个错卦。但预测的结果却是对的。

2. 时间起卦加错了

时间起卦需要数字相加，有时算错了，起出的卦自然错了，但按错卦预测的结果却是对的，一旦改正，结果反倒不对了。

3. 装卦装错了

更有时把卦装错了，或六亲、或六神，不管多熟练的手，有时也难免出现，但结果却是对的。

4. 预测时间干支用错了

六爻预测离不开月日的天干地支。有时把测卦时的日子记错了，如把癸丑日当成甲寅日了，甚至在月份交节的前后，把月份都能搞错，但预测出的结果却是对的。

凡此种种，都为错卦错断的情况。

现举一例：

2002 年 2 月 25 日下午，老同学身份证丢失，情急之中想到了笔者，当时按时间起卦为“水风井”变“水天需”：

壬寅月　甲子日

玄	子父	— —		
虎	戌财	———	世	
蛇	申官	— —		
勾	酉官	———		辰财
雀	亥父	———	应	寅兄
龙	丑财	— —	×	子父

根据此卦，笔者告诉他，身份证没丢，在桌子、柜子等下面的抽屉里，和什么东西连在了一起，或在盒子、袋子里。

几分钟后，老同学打来电话，开门就说：“你真是神仙啊！”原来，在办公室书柜最下面的一个文件袋的文件中找到。

后来，给学生讲卦例，一个学生发现了错误，因为用当时的时间计算，得出的卦不是这个卦，而是下面的卦，“坎为水”变“风水涣”：

壬寅月　甲子日

玄 子兄 ▅▅ ▅▅ × 世　　卯孙
虎 戌官 ▅▅▅▅▅　　　巳财
蛇 申父 ▅▅ ▅▅　　　未官
勾 午财 ▅▅ ▅▅ 应
雀 辰官 ▅▅▅▅▅
龙 寅孙 ▅▅ ▅▅

如果按照这个卦来断，怎么也得不出能找到的理由，更得不出在柜子下面袋子里的结论。

这个卦是典型的错卦错断实例。

第三节　卦不准简论

所有周易预测都有准确率，不存在百分之百的准确，六爻预测也是一样。

其实，世界上的所有事情都没有绝对的，现代科学也是一样。几天前，在《辽沈晚报》上看到一篇文章很受启发，这篇文章是根据全军解剖学组织胚胎专业委员会委员、全国抗癌协会淋巴瘤委员会委员、全国全军及北京市医疗事故鉴定委员会专家、主任医师、教授、博士生导师纪小龙在电视台做节目讲述的内容整理而成，题目是《医生永远是无奈的》。纪教授讲，目前中国医院经过各种仪器检查、专家会诊后，误诊率是30%，门诊普通看病误诊率是50%。而美国的前一种情况误诊率是40%，英国是50%。

对于误诊的原因，纪教授讲："误诊的原因是多方面的，太复杂，一时说不清。"

这篇文章我非常喜欢，因为他第一次敢于公开面对误诊，公布误诊的概率。文章最后纪教授讲："作为医生，我给自己只能打20分，为什么？有三分之一的病医生无能为力；有三分之一的病是病人自己好的；医学只解决三分之一的病，而这三分之一的病，我也不可能解决那么多，我能打20分就很不错了。作为医生这么多年，我有一种感慨：医生永远是无奈的，因为他每天都面临着失败。”

周易预测呢？准确率就要成为百分之百，为什么？首先，对周易预测的需求者对周易预测多有一种苛求，你测对了九次，有一次测错，就有点接受不了；或者测对了九个人，有一个人测错了，这个人更是不可理解。再者，预测师们也夸海口的多，也许是人们期望过高造成的，也许是出于其他原因，出口言自己预测绝对准确的不在少数。其实周易预测那么复杂，怎能绝对准确呢？何况造成不准确的原因是多方面的，很复杂，有些原因甚至不是预测师的水平决定的。这节就要论述这一问题。

一、卦不准的几个原因

六爻预测有时是不准的，有的是应期不准，有的是定性都不对。不论是谁，都有一个准确率的问题，百分之百准确的不是人，是神。所以，谁讲自己的预测是百分之百，谁就是在吹牛。

顺便多说几句，六爻预测是这样，其他方法预测也是一样，不论是六壬、奇门还是太乙，也不论是四柱命理还是紫微斗数，都有解不开的题……

但测不准的情况却不同，一种是预测师水平的问题，还有一种不是预测师水平问题，而是由求测者等原因造成的，也就是上文所说的客场、宇宙场不具备，请参照上文的三场不具备的几个原因。第三种情况是预测师没有把求测者的真实意图搞清楚，以至取错用神，预测的结果自然就不对了。关于这一点，可以参照前章破译用神等内容。

二、古籍对卦不准的认识

关于卦不准的情况，古来就有论述，《卜筮正宗》中就有专门一论，即——卦有验不验论第十八：

“凡人问卦，至诚可以感格神明。故斋庄戒谨，指占一事，神前祝告而后卜之。则是用、是原、是忌、是仇，动静生克，合冲变化，旬空月破，月建日辰，研究其理，无不验也。

如卜者不审其本来之心而妄断之，则理有不通，不验也；兼问几事，则数有不逮，不验也；如奸盗邪淫之事，则天有不容，不验也；或乘便偶占，毫无诚敬，不验也；又如与人代占，必先明说是何名分，方可就其亲疏、上下分别用神以为占验，庶无差误。假如奴仆代主来占，则以父母爻为用神，今乃有人自顾体面，不说实情，假托亲戚，以致用神误差，虽占无益，不验也；更或来卜之人，心虽诚敬，或阻于他事，令人代卜，而代卜之人心或不诚，不验也；又或一事而今日占之，明日又占之，或一人连占四五卦，是再三渎，渎则不告，不验也。”

这一名段，讲出了卦不验的种种情况，在当代，我们虽要结合自己的预测特点辩证地吸取，但关于卦有不验之理是相通的。

现举一例：

2006 年 12 月 8 日，南方某领导求测仕途，得“雷火丰”变“雷山小过”：

丙戌年　庚子月　辛未日

蛇	戌官	— —		
勾	申父	— —	世	
雀	午财	——		
龙	亥兄	(午财) ——		申父
玄	丑官	— —	应	午财
虎	卯孙	——	○	辰官

此卦一出，有利之象尽显：父母持世，得日辰生，旺相有力。应爻临官，在月帝旺，得日冲暗动生世，得官之象。但初爻卯孙动而克官，为忌神发动，不过，又变出了另一用神官鬼，为在变动中升官晋职。

当应在什么时间呢？卯孙动化辰官，应期当在明年的卯辰月。

实际情况是：一直到来年的 12 月 22 日方通过人大表决，得以晋升，即应在了丁亥年、壬子月、庚寅日。

这是笔者遇到的为数不多的应期不合的卦例之一。如果知道了结果硬去靠，也许要这样靠：子月的原因是，子与丑合，应爻暗动之官逢合；寅日的原因是，寅申相冲，父母文书静而逢冲。但为何没有应在卯辰月，笔者不得其解，也请教各位读者高师了！

不过，此卦又不能说全不准。首先，定性是对的，即一定能升。其次，当时笔者为其多断出了一些事情而得以应验。

预测完了上述的事情后，对方问笔者还要注意点什么，笔者告诉他，关于自身没有什么太大的意外，但须注意公共灾害。对方问是交通肇事否，笔者告知不是。应该是火灾、爆炸，或企业事故，而且要死人的。对方又问会发生在什么时间，笔者告知下个月就要注意，四月份还要注意！

结果，一进丑月，便发生了企业爆炸事故，死伤多人。进辰月又发生严重火灾。

而且，上述两起事故的应期都与卦理相合。

曾与多位学生讲，我的预测也不是都对的，也有一个准确率问题，有的学生感觉很惊讶，王老师造诣到这种程度，还有测不准的情况？

实事求是地说，每年都会遇到预测错误的情况。上例只是笔者没有预测准确的一例，还不是最不准的，最起码有一部分是准确的。定性搞错的卦也不是没有，事情应验了之后，也搞不明白为什么错。既然周易预测是科学的，就要以科学的态度面对它。随着科学的进一步发展，现代文明的进步，中国传统文化、易学文化的机理一定会得到科学的透彻阐释。

第四节　关于主动窥察别人状态的方法探讨

按照一般的预测原则，六爻预测必须有问，方有答。也就是有求测者，方可起卦预测。但笔者认为，只要预测师的场态到位，在对方没有发问的前提下，同样可以起卦预测对方的状况。

一、主动窥察别人状况的起卦方法

当你想知道别人的某些状况时，可以应用六爻预测的高级起卦方法进行起卦，一般以所要了解之人的某些特征为信息点起卦较好。

当对方想了解第三者的某些情况时，也可以按照六爻预测高级起卦方法起卦进行预测。这时，可以对方或第三者的特征为信息点进行起卦。

二、主动窥察别人状况的断卦方法

断卦时，当以世爻为欲知道之人。整个卦就相当于对方求测的一样。在断卦时，当然要将断来意的方法都用上，方可得到令人信服的结果。

现举一例：

2000年2月14日，应同学之约一起吃饭，到了饭店方知是情人节，因饭店人很多，好不容易找了个座位坐了下来。这时，外面又进来几个人，其中一个女孩很有特点，同学半开玩笑地说，大师能测一测那个女孩是干什么的吗？真是搞周易研究时时离不开易，而且趣味十足，笔者随机起卦，得“泽火革”变“水火既济”：

戊寅月　壬寅日

虎	未官	▅ ▅		子兄
蛇	酉父	▅▅▅		戌官
勾	亥兄	▅▅▅	○ 世	申父
雀	亥兄	▅▅▅（午财）		
龙	丑官	▅ ▅		
玄	卯孙	▅▅▅	应	

此卦兄弟持世，与日月子孙相合，动化父母回头生，又占兑卦，工作当为教师。于是，笔者告诉同学，这个女孩是教师。谁知，他来了兴趣，居然让服务员把女孩请了过来，问道：“你是教师吧？”这么一问，把女孩问愣了，“你怎么知道？你认识我？”同学无法回答了，便转给了我，这位是易经大师，是他给你预测的。女孩当然很感兴趣，让我再继续说些，勾起了人家的兴趣必须要有个交代，于是，笔者对她说，她现在想调转工作；不久前与男朋友分手了，目前没有男朋友；消化系统不好；头上有伤……

第十八章　六爻重要观点问答

一问：六爻预测一定铜钱摇卦才准吗？

经常有学员问，六爻预测必须摇卦才准吗？确实有些学者这样认为，而且持这种观点的人并不在少数。至于有的人认为，六“摇”，六“摇”，一定是“摇”才准了。其实是把六爻的“爻”和摇卦的“摇”搞混了。

甚至有的人认为，摇卦只有用古铜钱，而且只有乾隆钱才准，笔者更是不敢苟同。

试想一下，在清朝乾隆年间之前如何摇卦？

再试想一下，在先贤发明以钱代蓍法之前，如何应用周易来预测？

经过大量的实践证明，应用本书的高级起卦方法起卦一样是准确的。而且高级起卦法具有摇卦法无可比拟的优势，这种方法不受地点、场地的制约，不受求测人心态的瞬间变化影响，受周围环境影响的概率也大大缩小。有人担心，高级起卦法只一个动爻，而摇卦可以有很多的动爻，因动爻是信息点的体现，所以，动爻多，信息量就大。这种担心是有道理的，但笔者认为，不会影响信息量，因一卦的信息点有多种表现形式，动爻是虽重要的一种体现，但不是惟一，还有暗动、旬空、月破、合、刑、害等很多种表现形式。所以，虽没有多个动爻，但卦中的玄机一定会以其他的方式体现出来。

所以，“大道至简”，六爻预测的方法在不影响预测的准确率的前提下，也要随时代的发展而进步才是。

二、有时卦不应验是怎么回事？

答：预测都存在一个准确率的问题，不管用什么方法，都没有百分之百的准确，六爻预测也不例外。常见的测不准、断不验有如下几种情况：

1. 理论技术问题，即理论技术没有学到位，断得不对。这种情况事情过后再来看卦会看明白，错在什么地方，从此也就不会再犯同样的错误，正所谓“失败乃成功之母”。这种情况不可怕，随着卦技的提高，经验的积累，这种情况会逐渐减少，直至基本消失。

2. 求测人不信或心不在焉，也是造成卦不准的重要原因之一。如果求测人属此种情况，卦多半不准，不是你没有断准，而是卦本来就没有反映出来。所以，我在每个学习班上都反复强调不要主动给别人测（练手除外），他本来不信，你非要通过你的预测让他信，甚至打赌，测准了如何如何，测不准如何如何，这都是应该予以避免的。他信与不信都是一种安排，就是机缘未到，你与他较这真儿有什么用？往往影响了自己的形象，不但没有对易学起到正名的作用，反而适得其反。

3. 上述两种情况都不是，卦就是不准，有时是因为求测者内心深处的真实动机你没有搞清楚，以至用神取错，卦自然就难以测准了，有时甚至结果恰恰相反。

比如某学员为人测的一卦：

2001 年 4 月 24 日，某官员出现一些麻烦，问程度如何，能剥官否？得“天泽履”变“兑为泽”卦：

壬辰月　丁巳日

龙	戌兄	▅▅▅	○	未兄
玄	申孙	（子财）▅▅▅	世	酉孙
虎	午父	▅▅▅		亥财
蛇	丑兄	▅ ▅		
勾	卯官	▅▅▅	应	
雀	巳父	▅▅▅		

他认为，测能剥官否，属测官范畴，测官以官鬼为用神，子孙为忌神，此卦得子孙持世而旺，属忌神持世，又得兄弟动而相生，剥官之象，故告诉求测人必剥职无疑。谁知，几个月后，此官之麻烦通过运作完全“摆平”

了，官牢牢地坐住了。

此卦断得听起来头头是道，那么，错在什么地方呢？关键在对求测人的真实动机没有揣摩清楚，他关心的关键是麻烦能否摆平，能否散去，若如此，则官位必稳。否则何止剥官？这种心态下，官鬼爻不是官，而是鬼；子孙爻不是剥官之忌神，而是去鬼之吉神。那子孙旺而持世不就为吉，也就是官位如山了吗？

由上述可知，求测者的真实动机需要揣摩，需要破译。但问题不要归罪于对方，不是对方不说实话，而是你没有破译清楚，没有把对方内心深处的东西理清搞透！所以，在预测没有把握时，不妨与对方多沟通、多交流，以理清思路，再下结论。

三问：卦中用神不现，可以日月为用神，而不用查伏神对吗？

答：这一从古来流传下来的观点是错误的，最起码错了一半。

预测一件事情一般要解决两个问题：一个是这个事情的结果如何？即是成是败；一个是应期的问题，即成在何时？而上述观点回答的只是针对第一个问题，要想回答第二个问题，必须查伏神。

日、月有用神可以解决事情成败的问题，即用神有力，一般所断之事可成。但什么时间成，就不是由日、月的用神可以看出的，必须通过卦中伏神的状态，即伏神的空、破，以及与飞神的关系，是得生、受克、还是受泄耗，都是判断应期不可缺少的条件。

如：2001 年 6 月 26 日，陈女士孩子在外读书，听说要提前放假，测何日回？得“泽雷随”变“兑为泽”卦：

甲午月　庚申日

蛇	未财	— —	应	
勾	酉官	——		
雀	亥父	(午孙) ——		
龙	辰财	— —	世	丑财
玄	寅兄	— —	×	卯兄
虎	子父	——		巳孙

测孩子何日回，当以子孙爻为用神，今子孙临月建可知平安，可回。但什么时候回，不查伏神是无论如何也不能断出来的。此卦无子孙，查伏神，子孙午火伏在四爻亥水父母下面，且飞来克伏，必得冲去飞神之时，子孙方可显现，故断7月5日已巳日可回，后果验。

四问：大象回头克一定不吉吗？

答：大象回头克一定不吉，测事不成，不必看用神。这一观点是错误的。

关于这个问题，各部书中都提到了，而且都说得很绝对。

所谓大象回头克，是指宫头卦而言，即卦变回头克。其实只有如下十三种情况：即乾卦变离卦，兑卦变离卦，离卦变坎卦，震卦变乾卦，震卦变兑卦，巽卦变乾卦，巽卦变兑卦，坎卦变坤卦，坎卦变艮卦，艮卦变震卦，艮卦变巽卦，坤卦变震卦，坤卦变巽卦。

卦变回头克，不等于用神变回头克，也不等于世爻化回头克。当世爻有力，用神得位时，测事仍可成。“实践是检验真理的惟一标准”，笔者就遇到过不只几例的相反情况。

比如：1993年7月9日，胡女士测单位精减能被减否？得“震为雷”变“兑为泽”卦：

己未月　辛卯日

蛇	戌财	▅ ▅	世	未财
勾	申官	▅ ▅	×	酉官
雀	午孙	▅▅▅		亥父
龙	辰财	▅ ▅	应	丑财
玄	寅兄	▅ ▅	×	卯兄
虎	子父	▅▅▅		巳孙

此卦即为大象回头克之卦，当然又为六冲变六冲之卦，按说测事必不成。但分析清楚卦理便会看出，此卦为吉象，求测人不会被裁下。

此卦的关键、焦点在兄动化进克世，官动化进制兄。兄弟为竞争者，官为领导。竞争者受制，怎能下岗？且兄弟旺，官也不衰，且官本克兄。一进立秋，官进旺地，不战而胜。

此卦胡女士曾找多人看过，结果异口同声，大象回头克，六冲变六冲必凶，准备下岗吧！但事情的最后结局，果有领导为其说话，八月份便明确，留住了。

五问：六冲变六冲测吉事一定不成，对吗？

很多书中都讲：六冲变六冲测吉事必以凶推，不必看用神。笔者认为，这种说法是错误的，说“多半不吉”较确切。为了说明这个问题，现举一例：

比如，测财得“震为雷”变“离为火”卦：

戌财	▅▅ ▅▅	× 世	巳孙
申官	▅▅ ▅▅		未财
午孙	▅▅▅▅▅		酉官
辰财	▅▅ ▅▅	× 应	亥父
寅兄	▅▅ ▅▅		丑财
子父	▅▅▅▅▅		卯兄

财爻持世，动化子孙巳火回头生，只要日月不是特差，此卦一定是有财的，何来之凶？

再如，公职人员测事业，得“艮为山”变“巽为风”卦：

寅官	▅▅▅▅▅	世	卯官
子财	▅▅ ▅▅	×	巳父
戌兄	▅▅ ▅▅		未兄
申孙	▅▅▅▅▅	应	酉孙
午父	▅▅ ▅▅	×	亥财
辰兄	▅▅ ▅▅		丑兄

如果在寅卯月测，官鬼爻当令，官坐得一定是很牢的，至于二爻父动化回头克，五爻财动化父，只能说工作变动，但是因财而动，动后薪水更高

了，又何凶之有呢？

此等例子不一而足。

所以，是不能抛开用神、世爻的状态，只从六冲与六合的关系来谈事情的成与败的。

六冲变六冲是这样，六合变六合一样，也并非测吉事都为吉，也一定要结合用神、世爻的状态才能作出正确的判断。

六问："旺不为空，动不为空，有日辰生扶者不为空"怎么理解？

初学者往往会认为，"旺不为空，动不为空，有日辰生扶者不为空"，就是该爻不空，和不空爻一样论。其实，这样理解《增删卜易》的这句话是错误的。

本书正文中已经提到了笔者定义的真空与假空的概念，即旺相有力之空为假空，休囚衰弱之空为真空。本句话的"旺不为空，动不为空，有日辰生扶者不为空"之空，是相对于真空而言，就是说，这种情况下，不为真空，却为假空，不能说就不空，假空终究为空，在出空、逢冲等之前一般仍以空论之。

七问："舍其闲爻而用持世，舍其无权而用日月，舍其安静而用动爻，舍其不破而用月破，舍其不空而用旬空。"对吗？

著名的十八问中有这样一问，有的学员看不懂，因为取用神的原则中还有这样一条:舍静而取动，舍空而取不空，舍破而取不破等。这样一来，就矛盾了。

其实，上述两种说法都对，而且还不矛盾。"舍静而取动，舍空而取不空，舍破而取不破"是针对定性而言的，"舍其闲爻而用持世，舍其无权用日月，舍其安静而用动爻，舍其不破而用月破，舍其不空而用旬空"是针对应期而言的。

现以一例说明：

2003 年 4 月 29 日，某政府官员预测升迁，得"水泽节"变"水天需"

卦：

丙辰月　壬申日

虎	子兄	▅▅ ▅▅			
蛇	戌官	▅▅▅▅▅			
勾	申父	▅▅ ▅▅	应		
雀	丑官	▅▅ ▅▅	×		辰官
龙	卯孙	▅▅▅▅▅			寅孙
玄	巳财	▅▅▅▅▅	世		子兄

此卦财爻巳火持世，似乎为忌神，但其与日辰之申父作合。月建为官，五爻戌土一官，三爻丑土又一官。五爻之戌月破旬空，三爻之丑有力，又动而化进，综合观之，升迁可成。什么时间呢？三爻丑土无病，而五爻戌土破而又空为病，所以必当戌土实破实空之时，此官方得。后果应在戌月的丑日，而没有到丑月。

八问：九流术士求财以官鬼爻为用神对吗？

著名的《黄金策》有“九流术士，偏宜鬼动生身”，所以，后世的很多书都言：九流术士空手求财，不以妻财爻为用神，而以官鬼爻为用神。实际情况是这样吗？

笔者认为，这种解释是错误的。

《黄金策》的这句话是在强调空手求财和将本求财的不同。因空手求财要靠名声，名声越大，求财越容易，而官鬼爻是主名声的。所以，“鬼动生身”说明名气大，遭人信任，得财自然容易。

但有没有财，绝不是通过官鬼爻体现的。如果卦中无财，或财爻空破休囚，绝对不会有财。

所以，空手求财，妻财爻也是第一用神才对。官鬼爻只能作为第二用神。也就是说，妻财爻状态好，官鬼爻也好，才是最佳状态。

九问：兄弟持世一定没有财吗？

答：兄弟持世不一定就没有财。

兄弟为求财之忌神，一般情况下，如财跑人追之象，当然对求财不利。但如下几种情况则状况逆转，仍然有财。

1. 财临日、月合世，世爻无大病

如：1999 年 4 月 18 日，郝先生测公司财运，得“山泽损”变“山水蒙”卦：

戊辰月　庚子日

蛇	寅官	———	应	
勾	子财	— —		
雀	戌兄	— —		
龙	丑兄	— —	世	午父
玄	卯官	———		辰兄
虎	巳父	———	○	寅官

测财以财爻为用神，兄弟为忌神。此卦兄弟持世，本为不利。然子日为财，合世爻丑兄，为有财得财之象，故告之财运尚可，可谓“天天进财”。

2. 世兄动而化财，财有气而身不弱

如：2002 年 3 月 7 日，马老板测一笔生意能赚否？得“泽山咸”变“泽地萃”卦：

癸卯月　甲戌日

玄	未父	— —	应	
虎	酉兄	———		
蛇	亥孙	———		
勾	申兄	———	○世	卯财
雀	午官	（卯财）— —		巳官
龙	辰父	— —		未父

测生意以财爻为用神，此卦兄弟持世，显为不利。主卦财爻不现，原神

亥孙无力，不利之极。然世爻一动，自化卯才临月，可谓独臂转乾坤，此生意必赚，得财于月内无疑。

3. 财临日辰冲世，世爻旺相

如：1997 年 9 月 21 日，林女士测一笔财得否？得“水山蹇”变“地山谦”卦：

己酉月　丙寅日

龙　子孙　— —　　　　酉兄
玄　戌父　———　○　亥孙
虎　申兄　— —　世　丑父
蛇　申兄　———
勾　午官　— —（卯财）
雀　辰父　— —　应

此卦兄弟持世，测财为忌。主卦财伏官下，不利之象。然日辰为财冲世，世爻申兄有力，得财之象。

4. 财爻发动冲世合世，财爻不化坏

如：1998 年 9 月 16 日，黄先生测投资一生意能否赚钱？得“坎为水”变“水风井”卦：

辛酉月　丙寅日

龙　子兄　— —　世
玄　戌官　———
虎　申父　— —
蛇　午财　— —　×应　酉父
勾　辰官　———　　　亥兄
雀　寅孙　— —　　　丑官

此卦兄弟持世，不利求财。然午才发动冲世爻，有财之象。且世爻得月生，午财得日生，又化酉父临月令，得财无疑。顺便断此生意为饮品，他说为矿泉水。

5. 财临日月旺相不冲合世爻，测长期之生意也为有财

如：1996 年 9 月 29 日张经理测公司生意前景得“火水未济”卦：

丁酉月　己巳日

勾	巳兄	▅▅▅	应
雀	未孙	▅ ▅	
龙	酉财	▅▅▅	
玄	午兄	▅ ▅	世
虎	辰孙	▅▅▅	
蛇	寅父	▅ ▅	

测公司生意以财爻为用神，子孙爻为原神，兄弟爻为忌神，此卦财爻与兄弟爻不相干，但财临月建，测长远生意也断为有财，但破耗多端，暗损不断，不过不会赔。几年下来果如所测。

6. 测双方合作生意，不忌兄持

如：2001 年 10 月 28 日，孙女士测与人合作一生意前景如何，得“火地晋”变“火雷噬嗑”卦：

戊戌月　甲子日

玄	巳官	▅▅▅		
虎	未父	▅ ▅		
蛇	酉兄	▅▅▅	世	
勾	卯财	▅ ▅		辰父
雀	巳官	▅ ▅		寅财
龙	未父	▅ ▅	× 应	子孙

测生意合作，重财爻、世爻、应爻、兄弟爻。此卦兄弟持世，日月无财，卦中财又未动，但财得日生。故测合作，兄持无妨。应动化孙而生世，大吉之象。故告之可以合作，有钱赚。惟小有口舌，属正常范围无妨。

7. 原神发动可以铺路，求财亦有

如：2000 年 4 月 15 日，田先生测一小本生意如何？得“天水讼”变“天地否”卦：

庚辰月　癸卯日

虎	戌孙	▅▅▅		
蛇	申财	▅▅▅		
勾	午兄	▅▅▅	世	
雀	午兄	▅ ▅		卯父
龙	辰孙	▅▅▅	○	巳兄
玄	寅父	▅ ▅	应	未孙

此卦都不属上述范畴，然子孙辰土临月建发动化回头生，世爻旺相，财爻得生，也可断有财。但因兄弟持世，这种财不会大，不会积累很多。

上述七种情况都是在预测求财时经常遇到的，但大量的实践证明都为有财，故切不可一见兄弟持世就言无财了。

上述的原理，也可以引入求官、求名、求学等其他预测中，有很多条也一样适用，故本书不再展开。

十问：怎么理解您的“模糊理论”？

六七年前，笔者提出了周易预测的模糊理论。所谓模糊理论，是指周易预测中的原则都是模糊的，而非数据性的，在周易预测的是与非之间没有绝对的界线，笔者经常用“无级变速”与“挡位控制”来形容周易预测中的某些原理。也就是说，周易预测中的原则都是“无级变速”的。比如暗动与日破的区分，什么是暗动，什么是日破，初学者往往要较真，按照书上的关于暗动与日破的定义去区分，有时又很难分。经常有学员问我：“这是暗动还是日破呀？”其实，在暗动与日破之间真的没有明确的界线，有力量，能成事，就是暗动；反之，没多少力量，成不了事，当然就是日破了！

但客观地说，模糊理论容易使人摸不着头脑，不易理解，而如果能够数据化，则好学多了，只要记住相应原则，就可以断卦了。遗憾的是，在现实断卦中，数据化了，入门容易，深入难！

还需要强调的是，“模糊”不是“含糊”，不是似是而非，六爻预测是要下确切结论的，所谓的模糊，是在分析判断的过程中出现的现象与思维方式。

中国传统文化大多属于模糊范畴的，中国人的很多习惯都与模糊有关，比如，有人问你生意怎么样，很多中国人会说：还可以吧！这“可以吧”是什么意思呢？是好还是坏呢？你去感悟吧！西方人一般不会这样回答，不是好，就是坏，大概也正因如此，与西方人在一起，不该问的就不要问了，因为他们实在不会像中国人这样回答问题！

中国老祖宗都掌握模糊理论，而西方到了20世纪才创立所谓的“模糊学”、“混沌学”。1965年，美国数学家扎德发表了论文《模糊集合》，标志着一门新的数学学科——模糊数学的诞生。与经典数学不同的是，模糊数学主要研究和处理现实生活中大量存在的模糊现象。比如，漂亮与丑陋，什么叫漂亮，什么叫丑陋，都是相对的。而类似的情况在现实社会中是大量存在的。

易学，首先是模糊学，周易预测更是模糊学。不掌握模糊理论，周易预测难以达到高境界。

后　记

在中华民族伟大复兴的历史时刻，在中华优秀传统文化正倍受世人关注的今天，阐释周易六爻预测机理的拙著《还本归宗——六爻预测指南》和易友见面了，愿她能架设起和易友交流互动的桥梁。如果有缘的读者在该书中得到了一点点启发，也是笔者最大的心愿。

在本书写作过程中，笔者虽竭诚而为，以期能经受住历史的检验，但周易六爻预测理论精微，机关众多，书中仍不免有不妥之处，望业界同仁不吝赐教，也愿与有缘人就六爻预测的深层次机理展开探讨，共同提高。

在本书写作过程中，得到了很多易友、学生的关注与支持，在此一并表示感谢！

同时，还要感谢梁奕明先生及出版社的编辑们，为本书的出版付出了辛勤的劳动。

接下来笔者将继续写作《探本溯源——四柱命理学指南》《起名真诠——中华姓名学正源解析》以飨读者。

王炳中于沈阳市周易研究会

作者联系资料：

沈阳市周易研究会地址：沈阳市和平区胜利南街 356-14 号 1 门（越秀星汇蓝海小区临街门市）

沈阳市周易研究会网址：www.syzyyj.cn，微信公众账号：bzyx769288154

邮箱：syzyyj@163.com　喜马拉雅平台：炳中谈周易与国学

电话：024-81205510　助理手机（微信同步）：13079247443

作者微信：wbz6188　专用邮箱：707206188@qq.com